GRACIELA REYES

PALABRAS EN CONTEXTO

Pragmática y otras teorías del significado

ARCO/LIBROS, S. L.

Colección: *Bibliotheca Philologica*
Dirección: Lidio Nieto Jiménez

© by Arco/Libros-La Muralla, S. L., 2018
Juan Bautista de Toledo, 28. 28002 Madrid
ISBN: 978-84-7635-972-3
Depósito Legal: M-11.461-2018
Impreso en España por Cimapress, S. L. (Madrid)

ÍNDICE

Prólogo	7
Accesibilidad	21
Carácter y contenido	29
Código lingüístico	37
Comunicación	41
Condiciones de verdad	49
Constituyentes no articulados	53
Contenido semántico mínimo	59
Contexto	63
Contextualismo	67
Cooperación	73
Cortesía	77
Deixis	87
Desambiguación	95
Lo dicho	101
Efectos poéticos	105
Efectos pragmáticos fuertes y débiles	107
Enriquecimiento libre	109
Explicatura	115
Gramaticalización	127
Grice: lógica y conversación	129
Implicatura	141
Implicitura	161
Indexicalismo	169
Inferencia	175
Intención comunicativa	183
Intensión y extensión	185
Interpretación	189
Interpretaciones preferidas (teoría de Levinson) ..	193
Ironía	205
Literalidad	219
Mentiras e implicaciones falsas	225
Metáfora	229

Metarrepresentación 255
Minimalismo 263
Modulación y microlenguajes 281
Modularidad y comunicación 283
Pluralidad de los contenidos de los actos de habla 287
Polifonía 289
Polifonía (teoría de Ducrot) 299
Pragmática de las condiciones de verdad 305
Presuposición 313
Procedimentales 319
Proposición 337
Proposicionalismo 341
Referencia como fenómeno pragmático 343
Relativismo 349
Saturación 359
Subdeterminación semántica 365
Teoría de la convención y la imaginación 371
Teoría de la relevancia 391
Teoría de los actos de habla 407

Glosario 425

Bibliografía 449

PRÓLOGO

1. Temas de este libro

El propósito de este libro es explicar las nociones fundamentales de las teorías sobre el significado lingüístico, en especial las teorías más recientes, que están floreciendo en este siglo. Junto a temas importantes de la filosofía del lenguaje y de la semántica, se tratan en estas páginas, dándoles un lugar central, las teorías de la pragmática, una disciplina filosófica, lingüística y cognitiva, nacida en los años setenta del siglo pasado, que ha alcanzado gran difusión e influencia. La filosofía del lenguaje, la semántica y la pragmática comparten conceptos básicos y se enfrentan a problemas comunes, entre ellos, en situación prominente, cuál es el papel del contexto en la comprensión del significado y cómo construir una teoría adecuada de la relación entre significados lingüísticos y contextos.

He seleccionado algunos temas básicos de las tres disciplinas, como, por ejemplo, la distinción entre *sentido* y *referencia* y entre *carácter* y *contenido*. Otros asuntos son más recientes, discutidos intensamente en los últimos veinte años, en especial cómo explicar la oposición entre la estabilidad de los significados lingüísticos y la variabilidad de esos significados en el uso del lenguaje. Cuando transmitimos al oyente O lo que dijo el hablante H en otro contexto, y lo hacemos sin faltar a la verdad, debemos captar un significado suficientemente estable de lo dicho por H, para que este significado se mantenga en el cambio de contexto, de locutor y de destinatario. ¿Cómo caracterizar lo estable y lo variable? El debate no ha concluido. En estas páginas se analizan nociones que se relacionan directamente con la variabilidad del significado, entre otras las de *saturación, modulación, contenido semántico mínimo,* s*ensibilidad al contexto, literalidad,* etc., y además se reseñan y contrastan las teorías semánticas que participan en el debate: *contextualismo, minimalismo, relativismo, indexicalismo.*

Una de las mayores virtudes de las lenguas naturales, su flexibilidad para querer decir un número infinito de cosas en situaciones diferentes, es un gran problema para las teorías del significado, que deben explicar de forma adecuada por qué el lenguaje es estable e inestable a la vez, cambia no solamente en el tiempo, sino de un contexto a otro en un periodo acotado, y cambia, además, si usamos significados que consideramos, en forma preteórica, "literales", o bien significados que sabemos que no son literales y exigen usar la imaginación, más allá de lo que diga el diccionario.

En las cortes de justicia, le corresponde al juez determinar los significados exactos de la ley, que tienen interpretaciones variables y sujetas a discusión, lo que puede dar lugar a fallos contradictorios, como muestran los resultados de las apelaciones para revocar sentencias. Una ley, idealmente, tendría que tener un significado unívoco e inalterable, pero ninguna expresión lingüística lo tiene, salvo quizá los términos científicos, creados *ex profeso* para que signifiquen siempre lo mismo en el contexto de las ciencias. En la conversación, que es el campo principal de las teorías del significado, la variabilidad del lenguaje exige una serie de operaciones pragmáticas para fijar los significados.

La pragmática se lleva la parte del león en este libro. Se tratan, de manera extensa, las teorías de Paul Grice sobre el *significado intencional* y la *implicatura*, dos nociones revolucionarias en su momento, que son los fundamentos de la pragmática; se describen también las teorías de los filósofos contemporáneos y colegas de Grice, entre ellos John Austin, que analizaron el lenguaje como una forma de comportamiento y pusieron en primer plano el estudio del lenguaje corriente. Finalmente, se explican las teorías inspiradas en las ideas de Grice, ideas que sufrieron críticas y modificaciones diversas. Entre los modelos posteriores a Grice se describe con pormenor la *teoría cognitiva de la relevancia*, la más influyente en la actualidad, y sus conceptos básicos, como la modularidad del cerebro y la distinción entre *gramática* e *inferencia*. Se incluye también la primera crítica radical, procedente de la filosofía del lenguaje, a los principios generales de la pragmática.

Se trata en este libro, exclusivamente, la *pragmática inferencial*, es decir la que se inspira en las ideas filosóficas de Paul Grice sobre la conexión entre los conocimientos lingüísticos y los extralingüísticos en el proceso de comprensión del lenguaje. Desde Grice, es una verdad incuestionable que no nos comunicamos solamente codificando y descodificando signos, sino también haciendo razonamientos que conectan lo dicho con el contexto. La importancia de la inferencia en la comunicación ha ido aumentando en las teorías actuales; se propone ahora que las inferencias no son necesarias solamente para comprender los significados implícitos que transmite el hablante, sino también el significado explícito de los términos léxicos, aunque parezcan simples, como *libro*, *verde* o *difícil*, ya que debemos ajustarlos en cada ocasión para que esos significados correspondan a lo que creemos que quiere decir el hablante.

La pragmática ha tenido un éxito que sorprende a los lingüistas, no solo a los que la rechazaron al principio sino incluso a los que la acogieron con entusiasmo en la década de los setenta, y ha llegado hasta hoy sin renunciar a las ideas filosóficas fundadoras, como revela la obra de los investigadores neogriceanos cuyas teorías se tratan en este libro, entre ellos Stephen Levinson, François Recanati, Kent Bach, Laurence Horn y otros. Las teorías pragmáticas se presentan aquí en panoramas de conjunto, pero también se analizan, en artículos separados, sus nociones fundamentales.

La teoría de la relevancia tiene credenciales científicas y utiliza, junto a los métodos intuitivos habituales en esta disciplina, procedimientos empíricos, pero sigue manteniendo la idea de que el significado lingüístico es intencional y se obtiene por procesos metapsicológicos, como propuso Grice, y que los significados proceden en parte de la descodificación de las señales lingüísticas y en parte de inferencias de tipo no demostrativo, como las que hacemos en la vida diaria constantemente, que son inferencias cuyas conclusiones pueden cancelarse si se cambian las circunstancias del acto de habla. La teoría de la relevancia extiende el papel de la inferencia en la comprensión lingüística, y así lo muestra la obra de sus principales exponentes: Dan Sperber, Deirdre Wilson, Robyn Carston, Diane Blakemore, entre otros, y ocupa, por lo tanto, un lugar prominente en la pragmática inferencial.

Finalmente, forman parte de este libro categorías, nociones y puntos de vista que pueden servir de precedentes a las teorías actuales del significado, o completarlas desde otras perspectivas, como, por ejemplo, algunas teorías sobre el discurso y nuevas descripciones, procedentes tanto de la filosofía como de la pragmática, del lenguaje poético y del lenguaje figurado, en especial la metáfora y la ironía.

2. Conversación y contexto

¿Qué es el significado lingüístico? ¿Qué aspecto o nivel de ese significado se explica en este libro? Para contestar a estas preguntas, distingamos dos niveles: el semántico y el pragmático, con la advertencia de que están tan entrelazados, que no siempre es fácil separarlos.

Simplificando la definición, por ahora, podemos decir que el significado, en el nivel semántico, es lo que dice una oración en un contexto, y se determina combinando los significados de sus partes, que a su vez están dispuestos en la oración siguiendo las reglas de la sintaxis: mediante ese procedimiento composicional se llegan a obtener las condiciones de verdad de la oración en un contexto. Las condiciones de verdad determinan cómo debe ser el mundo para que la oración sea verdadera y valga como una descripción de un estado de cosas. Fuera de contexto, la oración tiene un significado codificado, o significado tipo, pero, como no se refiere a nada, no puede tener valor de verdad.

Supongamos que encontramos un papel caído en la calle, que dice lo siguiente:

Nico se llevó tu libro.

Entendemos perfectamente los significados convencionales de estas palabras, pero no podemos asignar a la oración ningún valor de verdad, ya que no sabemos qué condiciones tendría que cumplir el mundo para que la oración fuera verdadera: no podemos identificar a Nico, ni al libro, ni al interlocutor señalado por el pronombre posesivo, y ni siquiera entendemos qué relación hay entre el interlocutor y el libro, si, por ejemplo, el interlocutor es el autor del libro, o el dueño, o el que lo estaba leyendo, etc. Tampoco podemos estar seguros de qué significa exactamente la expresión verbal "se llevó". Puede querer decir que Nico lo llevó a algún lado (como estaba convenido, por ejemplo) o que lo robó, y muchas posibilidades más. Esta oración tan simple es ininteligible sin contexto, tanto por los pronombres que están suspendidos en el vacío como por la ausencia de referentes para el nombre propio y la expresión definida "el libro", a lo que se une la dificultad de entender qué quiere decir el autor de ese enunciado al utilizar el verbo "llevarse".

Cuando damos ejemplos de gramática en clase, improvisando

oraciones, los ejemplos se parecen mucho a una oración encontrada en la calle: son, por lo general, oraciones bien formadas, que muestran las estructuras que estamos analizando, pero no las emite nadie, no son oraciones usadas, son tipos y no ocurrencias. En las ilustraciones de semántica y pragmática, en cambio, debemos añadir los datos del contexto indispensables, para que pueda imaginarse, al menos, un contexto estereotípico, ya que queremos que en esos ejemplos el lenguaje se parezca lo más posible a lenguaje usado. Los lenguajes humanos exigen contextos para transmitir significados que puedan considerarse acertados o falsos, y también, ya en otro nivel, para transmitir una gran riqueza de significados implícitos, que no existirían fuera de contexto.

La semántica y la filosofía del lenguaje proponen una serie de descripciones de qué es un contexto, una noción que es la estrella principal de los estudios sobre el significado, posiblemente la noción más mencionada, y no por eso mejor acotada. El contexto es, en ocasiones, el *deus ex machina* de las explicaciones sobre el significado, y por lo tanto un elemento poderoso pero a la vez mágico, indescriptible. En este libro se tratan algunas teorías semánticas que critican ese recurso a lo mágico en el estudio del significado, y por eso desconfían de la pragmática.

Pero la pragmática sostiene que solamente acudiendo a datos contextuales, a veces muy amplios, se puede explicar sistemáticamente qué comunican los hablantes cuando usan las oraciones. Supóngase, por ejemplo, un diálogo como el siguiente, que tiene lugar entre dos amigas:

Inés: ¿Así que no vas a veranear en California este año?
Lía: Es más barato pasar las vacaciones en algún pueblo de la costa, aquí cerca.

La respuesta de Lía cumple, posiblemente, con las expectativas de su interlocutora, ya que confirma el hecho de que Lía no va a ir a California y además ofrece una razón para ese cambio de planes. Inés debe completar lo expresado explícitamente con inferencias que se valen de diferentes datos del contexto. En primer lugar, tiene que identificar un referente para las expresiones locativas y en especial la frase deíctica "aquí cerca". Gracias a su conocimiento del entorno comunicativo y del mundo, identifica fácilmente la costa cercana a la que se refiere Lía. Como la conversación tiene lugar en Chicago, la costa es la del lago Michigan, y los pueblos pueden ser los del estado vecino de Michigan, de los que ya han hablado las interlocutoras otras veces. Lía, teniendo en cuenta los conocimientos que comparte con Inés, guía a su oyente en sus inferencias, que puede prever. En este proceso, lo explícito se completa con lo implícito, que surge de inferencias surgidas de un terreno de conocimientos comunes, de conversaciones anteriores y de datos extralingüísticos compartidos, como, por ejemplo, que es caro veranear en California. Se pueden sacar conclusiones implicadas, por ejemplo que este año Lía no tiene dinero como para costearse unas vacaciones caras. Podemos considerar que esta implicación es transmitida por Lía, ya que dice que es más barato el nuevo plan de vacaciones en un pueblo cercano. Otras implicaciones, que también puede derivar Inés, son más débiles, porque corren por cuenta de la oyente más que de la hablante, por ejemplo que a Lía le va mal en su profesión y tiene menos dinero que antes, o que está disgustada por no poder ir a California, que tanto le gusta, entre otras muchas implicaciones posibles, transmitidas y no transmitidas, quizá, por la hablante, pero fácilmente derivables de lo dicho.

Mientras la semántica intenta teorizar, como hemos visto, qué es lo que dice una oración en contexto, la pragmática tiene por objetivo describir qué transmite el hablante a su interlocutor mediante un enunciado. Lo que interesa, en pragmática, es qué quiere decir el hablante con las palabras que usa. Es frecuente en la conversación que un participante, que ha entendido perfectamente el significado lingüístico de lo que le dice otra persona, le pregunte "¿Qué quieres decir con eso?". Es más importante lo que quiere decir el hablante que lo que dice el enunciado, pero sin embargo no pueden separarse los dos niveles, ya que al conversar codificamos y descodificamos signos lingüísticos que tienen significados en contexto, y, conjuntamente, hacemos rápidas inferencias, mayormente automáticas, para dar el significado intentado a las palabras que oímos, y también para captar los significados implícitos que formen parte del significado del hablante.

A veces los hablantes creen entender mejor qué quiere decir un locutor que lo que realmente dice, literalmente, con sus palabras. En esos casos, el valor semántico literal queda desplazado por otros significados promovidos por el contexto. Cuando nos hacen una pregunta, por ejemplo, no contestamos siempre a lo que la pregunta expresa en su literalidad, sino a lo que entendemos que el hablante quiere preguntar. En un cuento de G. K. Chesterton, titulado "El hombre invisible", cuatro personas (dos porteros, un policía y un vendedor de castañas) tienen el encargo de vigilar por unos minutos la entrada de una casa de apartamentos, porque se teme que entre un asesino. Los cuatro miran atentamente la entrada, sin descuidarse ni un momento, y, cuando se les pregunta si entró alguien, contestan que no entró nadie, y no mienten, porque descartan el valor literal de "nadie", y solamente atienden al valor esperado de la palabra en ese contexto: 'alguien desconocido', 'alguien sospechoso'. El asesino había entrado y salido, con un muerto a cuestas, en sus propias narices, pero los que vigilaban no lo tuvieron en cuenta, porque iba disfrazado de cartero, con su uniforme y su bolsa de correspondencia, y no contaba como alguien extraño o sospechoso, era "invisible". Lo invisible es, en este caso, el significado literal de la palabra.

Se dice a veces que la pragmática es el estudio de los significados implícitos. En realidad, la pragmática estudia el significado completo que transmite el hablante, es decir, lo explícito y lo implícito, pero, hasta una famosa conferencia de Grice sobre el principio de cooperación y la implicatura, impartida en 1967, no había ninguna manera de explicar de forma sistemática cómo se transmitían significados implícitos, salvo los provenientes de implicaciones lógicas y de presuposiciones, estudiadas tradicionalmente por la filosofía y la lógica. No existía una teoría de los significados implícitos ocasionales, de importancia clave en la comunicación, y, a partir de Grice, la pragmática tuvo el mérito exclusivo de construir un sistema para interpretar lo que Grice llamó implicaturas, las proposiciones implícitas comunicadas por el hablante, y por eso se dice que el objetivo de la pragmática es el significado implícito. Las implicaciones lógicas pertenecen al lenguaje, pero las que surgen en la conversación solamente se obtienen si se conoce el contexto, que puede ser amplísimo.

En respuesta a la segunda pregunta que hicimos al comienzo de este apartado, podemos ya decir que en este libro se estudia el significado lingüístico comunicado por un hablante en un contexto. Es la pragmática la que estudia la comunicación, los procedimientos, lingüísticos y cognitivos, mediante los que, en relación con un contexto lingüístico y extralingüístico, los agentes humanos intercambian significados entre sí, pero no podríamos estudiar la comunicación si no tuviéramos una teoría semántica, dado el papel esencial del lenguaje en el proceso. Y esa teoría semántica debe dar cuenta de la variabilidad de los significados, aun antes de que podamos incorporar lo implícito. Para estudiar la comunicación, es necesario conocer también el funcionamiento interno del lenguaje.

Este libro propone situar a la pragmática entre las teorías del significado, y no, como se hace a veces (siguiendo la tradición de la *pragmática radical*, descrita en el Glosario), como una teoría en conflicto con la semántica. Esto tiene una ventaja destacable: así como la semántica estudia funcionamientos internos del lenguaje sin proponer una teoría de la comunicación, pero aportando a esa teoría el conocimiento del lenguaje, la pragmática, por su parte, al estudiar operaciones que relacionan lo lingüístico con lo extralingüístico, y al incluir al hablante en la teoría, contribuye a su vez a iluminar los mecanismos lingüísticos mediante los cuales las lenguas construyen los significados. Entre varios ejemplos semejantes, los operadores llamados *procedimentales*, que guían las inferencias pragmáticas, nos permiten ver con gran claridad la relación entre la semántica de la lengua y el uso de la lengua, entre gramática e inferencia.

Las lenguas naturales son, por naturaleza, contextuales. Compárense los dos enunciados siguientes:

20 es múltiplo de 5.
Susi es alta.

El primer enunciado es una fórmula matemática inalterable, y por lo tanto dice lo mismo en cualquier contexto. El segundo enunciado, compuesto, gramaticalmente, por un sujeto, un verbo copulativo y un adjetivo graduable, pertenece a un tipo mucho más frecuente en la conversación. Esos son los enunciados que interesan a las teorías del significado. No podemos determinar, fuera de contexto, qué significa exactamente "alta", es decir, qué descripción de una persona así considerada sería verdadera, fuera de un contexto. Este adjetivo adquiere su valor semántico si se compara con una clase de personas, por ejemplo las que tienen la misma edad de Susi, o con respecto a una escala preestablecida de alturas. Esos datos –si Susi es alta respecto de quiénes o de qué escala– forman parte del contexto. No son solamente expresiones como *yo*, *tú*, *aquí*, *mañana*, llamadas *deícticos*, las que cambian su referencia al mundo según los contextos, sino también muchas otras expresiones, por ejemplo una clase íntegra de adjetivos, como *alto, rico, inteligente, bajo, flaco, cansado, contento, cercano, caliente, fácil,* etc., los que requieren, para comprenderse, conocer ciertos datos del contexto.

El fenómeno más difícil de sistematizar, sin embargo, es un tipo de dependencia contextual más difusa: la que puede asignarse a casi todas las expresiones de una lengua, ya que los conceptos expresados lingüísticamente varían según quién hable, dónde, cuándo, a quién, etc. La palabra es la misma, pero lo expresado puede cambiar, y esto se revela cuando queremos definir palabras como *independencia, progreso, amor, causa, matrimonio,* o palabras aparentemente unívocas como *persona*. En un contexto, una persona es una persona a partir de su nacimiento; en otros contextos, la palabra tiene otro significado, ya que incluye el feto, lo que tiene importantes consecuencias morales y legales. Del mismo modo, no es lo mismo decir "adoro a mis hijos" que "adoro a María Moliner" o "adoro a ese actor". El amor, en los tres casos, es diferente, ya que los contextos son diferentes. Es muy larga la lista de palabras cuyo significado debemos precisar en contexto, y lo hacemos, por lo general, automáticamente, como parte de nuestra competencia pragmática.

El contexto es muy amplio y también muy complejo: incluye un conjunto de conocimientos y percepciones, por ejemplo una enciclopedia mental sobre el mundo, conocimientos compartidos sobre los participantes, memorias, percepción del entorno físico, captación de los estados mentales del interlocutor, en especial de sus intenciones comunicativas, etc. Sin contexto –sin un contexto muy amplio– no podríamos comunicarnos. Basta pensar en cómo podría ser un robot capaz de usar el lenguaje como lo usamos los humanos, capaz de charlar, discutir, bromear, argumentar, y también de captar y comunicar emociones. Tendríamos que dotar a ese robot de una gran cantidad de conocimientos sobre el lenguaje, sobre el mundo, sobre los interlocutores, sobre las prácticas y supuestos sociales que constituyen el plano de fondo que nos permite entendernos, y también proveerlo de una serie de habilidades para transmitir información, para reafirmar su poder o posición respecto de otros, para transmitir emociones, y para comportarse de acuerdo con las exigencias de la situación y de la cortesía.

Solamente si tuviéramos una lista completa de los elementos del contexto que van a necesitarse en cada intercambio entre el robot y un humano, podríamos equipar adecuadamente al robot. Pero los robots no pueden charlar, porque nadie ha construido todavía ese contexto tan complejo y variable para insertarlo en la mente de las máquinas. Como sabemos, hay muchas cosas que los robots hacen tan bien o mejor que los humanos, pero todavía no saben conversar. Cuando los robots sean capaces de mantener conversaciones espontáneas, no se distinguirán de los humanos. Por eso el estudio de la comunicación es central al estudio del ser humano.

3. Organización del libro

Este libro intenta poner las ideas fundamentales de la pragmática y de otras teorías del significado al alcance de estudiantes y profesores. Consiste en una serie de respuestas, ordenadas por orden alfabético de temas, a preguntas, aquí implícitas, que empiezan con la frase *qué es*, o *qué quiere decir*, o *en qué consiste la teoría de…* ¿Qué es una "explicatura", una "implicitura", una "metáfora", un "significado procedimental"? ¿En qué consiste la noción de "metarrepresentación" y por qué importa tanto para entender el uso del lenguaje? ¿Qué quiere decir "relevancia", qué quiere decir "minimalismo", "contextualismo", "indexicalismo"? ¿Hasta qué punto la interpretación de un enunciado depende de convenciones lingüísticas? ¿Por qué algunos filósofos del lenguaje critican ahora la noción sagrada de implicatura conversacional?

He escrito este libro pensando en las preguntas que he oído durante años y que sigo recibiendo fuera de la clase. Estas últimas proceden de mis ex alumnos, ya profesores, y de otros estudiosos de las teorías del significado. Esos ex alumnos y colegas han influido mucho en la decisión de escribir este libro y en el formato de diccionario que quise darle en un principio. Me propuse, en efecto, escribir un diccionario *sui generis*, con artículos más largos de lo común. Esta idea fue descartada, pero de esa etapa de la composición quedó la organización alfabética de los contenidos, que me parece buena porque facilita encontrar la respuesta completa a una pregunta. ¿Qué es la ironía? Busque en la letra I. ¿Qué es un parásito contextual? Busque en la P, y, si no está en el cuerpo del libro, busque en la letra correspondiente del Glosario para tener una idea general de la noción que le interesa.

Cada artículo explica un tema de manera autónoma. Las nociones tratadas se conectan y se contrastan, y he puesto muchas referencias internas para que los lectores puedan dirigirse a otras partes del libro, pero cada artículo está construido de manera que los lectores no deban leer nada extra: he tratado de que cada exposición contenga el material necesario para entender el asunto, y a la vez facilite aclaraciones y ampliaciones dentro del libro. Las remisiones se marcan en letras negritas precedidas de asterisco. Algunos lectores, siguiendo los itinerarios propuestos, van a leer todo el libro, y otros van a leer solamente los temas que les interesen. En el mejor de los casos, los primeros habrán completado un curso sobre teorías del significado, y los segundos habrán aprendido lo que querían aprender. El libro cumplirá su objetivo cualquiera que sea la lectura elegida, y lo cumplirá todavía mejor si los lectores continúan el estudio de los temas en las obras recomendadas en la Bibliografía.

El orden alfabético, además de facilitar la consulta, hace el libro complementario de los excelentes manuales de pragmática y de filosofía del lenguaje publicados en estos años, ya que, en muchos casos, los artículos de este libro sirven de introducción a los capítulos de las enciclopedias, que a veces dan por conocidos conceptos básicos, y por lo tanto no los explican. En los manuales, los temas se explican en el contexto de otros asuntos: por ejemplo, en algunos manuales de pragmática la cortesía lingüística se encuentra dentro del capítulo dedicado a la teoría de los actos de habla, lo que es razonable si se tiene en cuenta la teoría predominante sobre la cortesía, pero deja de lado otras teorías. En varios manuales la teoría de la relevancia aparece en el mismo capítulo que otras teorías que se inspiran en las ideas fundadoras de Paul Grice (por cierto, el autor más nombrado en este libro), lo que es correcto pero no facilita la tarea del lector que tiene una duda ni destaca la originalidad, difusión e influencia del relevantismo en la pragmática actual. Cada manual presenta los temas asociándolos a su manera, como debe ser, pero eso exige estudiar sistemáticamente el manual. Yo quiero dar más libertad para usar este libro, pensando en lectores que pueden hacer preguntas, porque conocen al menos los rudimentos de estas teorías, o de algunas de ellas, pero que no conocen los temas a fondo, por lo cual no escatimo información básica.

La estructura de cada artículo es la siguiente: en el primer párrafo, a veces el primero y el segundo, se da una definición del concepto indicado en el título del artículo, y, cuando es posible, un ejemplo, para facilitar la comprensión. En algunos artículos se distinguen parágrafos, con titulillos, y en todos abundan los ejemplos, que son el peor dolor de cabeza para los autores, ya que los ejemplos de lenguaje en uso tienen la tendencia a sonar artificiales, extraños y a veces un poco ridículos. Una cosa es dar un ejemplo de verbo transitivo, o de oración impersonal, y otra cosa mucho más difícil es ilustrar fenómenos pragmáticos, presentar gente conversando, convocar mágicamente un contexto. Un buen ejemplo de implicatura conversacional requiere crear una narración, es una novelita, salvo que se trate de un contexto muy estereotipado.

Da igual que los ejemplos provengan, como es frecuente en los míos, de conversaciones reales: al pasar al texto, al perder su entorno, sus hablantes, su historia, sus intenciones, se vuelven desabridos. Algunos autores dan mucha información sobre el contexto en que aparecen los ejemplos, y eso ayuda a comprenderlos, pero yo no podía hacer nada de eso en un libro de consulta que quiere ser directo y claro, sin distracciones.

Como consecuencia de mi deseo de evitar distracciones, los ejemplos no reflejan las variedades del español, pese a que la mayor parte de ellos se originan en hablantes reales cuyos enunciados o bien grabé y comenté con mis alumnos o apunté inmediatamente en mi libreta. Estos hablantes proceden de diferentes partes del mundo hispanohablante, pero no se verán, casi, peculiaridades de léxico o sintaxis, ni siquiera el voseo, pese a que es la forma única de tratamiento informal para varios de los hablantes citados aquí. Los nombres de estos "personajes" creados por los ejemplos son los únicos que sugieren, en algunos casos, sus procedencias geográficas diversas.

El libro tiene tres secciones bibliográficas. En la primera de ellas se enumeran los manuales, introducciones y tratados generales sobre filosofía del lenguaje, pragmática y algunos temas de análisis del discurso que son pertinentes. La segunda parte de la Bibliografía comprende las obras citadas en el texto, y la última sección incluye las obras literarias y de crítica literaria utilizadas al tratar la metáfora y el lenguaje poético.

4. Cuestiones de estilo

Este trabajo nació como un diccionario y quiere mantener la austeridad estilística de un diccionario. Mi objetivo principal es ex-

PRÓLOGO

plicar claramente cada cosa. He tratado de cumplir con el requisito griceano de claridad y orden, sacrificando el ingenio o, incluso, la elegancia, y permitiéndome repeticiones cuando me parecía que hacían falta para la mejor comprensión del tema. Confío, sin embargo, en transmitir el entusiasmo que siento por el estudio del lenguaje, y mi placer, que quiero compartir, por analizar su significado.

Se ha impuesto, en los estudios de semántica y pragmática en lengua inglesa, una convención en el uso de los pronombres personales y otras formas que tienen terminación de género: la persona que habla es siempre una mujer, "ella", y el oyente siempre un hombre, "él". En los diálogos, en su mayor parte construidos por los autores, que se usan como ejemplos en estos estudios, siempre se trata de la hablante y el oyente. Cuando se usan nombres, el de la locutora es de mujer, el del oyente es de hombre. Es una convención muy difundida, pero no la he seguido en este libro, en gran parte porque muchos de mis ejemplos proceden de conversaciones en las cuales las mujeres hablan entre ellas, o los hombres entre ellos. Aunque no afectaría mucho la explicación del ejemplo, no cambié el sexo de mis hablantes para hacerlos corresponder con la convención, ni cuando hacía otros cambios en sus palabras. Creo que la asignación obligatoria de sexos vuelve los ejemplos todavía más artificiales.

En las explicaciones he preferido usar el masculino singular: digo "el hablante" y "el oyente", o "el locutor" y "el interlocutor", para referirme a los papeles alternantes que cumple cada persona en la conversación. "El hablante" designa al agente o la agente de un acto comunicativo que tiene el papel de hablante, y "el oyente" es el o la agente que oye. Las propiedades de las nociones de hablante y oyente se encontrarán en el Glosario.

ACCESIBILIDAD

Se llama *accesibilidad* a la relativa facilidad con la que un contenido se capta y comprende durante el proceso de interpretación. La accesibilidad de un significado, explícito o implícito, determina el orden de los procesos de interpretación: la *desambiguación, la asignación de referencias, las asociaciones entre significados e inferencias pragmáticas. La accesibilidad puede estar marcada en el discurso, tanto por la entonación como por construcciones sintácticas que sirven para establecer coherencia o para focalizar la información. También la señalan las *partículas o construcciones procedimentales*, que tienen por función guiar las inferencias pragmáticas durante el proceso de interpretación (véase *procedimentales). En lo que sigue tendremos en cuenta cómo analizan la accesibilidad dos teorías: la *pragmática de las condiciones de verdad propuesta por Recanati (2010) y la *teoría de la relevancia en pragmática.

La pragmática de las condiciones de verdad sostiene que la pragmática es indispensable para fijar la semántica de un enunciado, ya que es imposible determinar el valor de verdad de una proposición sin recurrir a operaciones pragmáticas. Y esto es así, según esta teoría, porque el lenguaje es, por lo general, sensible al contexto, es decir, el significado de las expresiones varía según las ocasiones de habla y las intenciones del locutor. Un valor semántico es *accesible* durante el proceso de interpretación cuando se activa y se selecciona como el valor preferido en la interpretación. Los elementos claves del procedimiento de comprensión son: saliencia de un valor semántico, activación de ese valor, y asociación con otros valores, lo que puede provocar nuevas activaciones y asociaciones. El intérprete llega así a una interpretación de la oración enriquecida pragmáticamente, que contiene las condiciones de verdad de la proposición. Recanati llama al enunciado enriquecido pragmáticamente *lo dicho máximo*, o *lo dicho intuitivo*, ampliando mucho la noción griceana de *lo dicho, que solamente admitía, como contribuciones pragmáticas, la desambiguación de las expresiones ambiguas y la asignación de referencias a las frases nominales.

La descripción del proceso, según Recanati, es como sigue: una expresión codifica cierta representación, y esa representación se activa cuando alguien usa la expresión, pero el oyente asocia esa representación con otra que también se vuelve activa, incluso más activa que la representación que le da origen, si la nueva representación cuadra mejor en el contexto, y resulta entonces seleccionada en la interpretación. Por ejemplo, en el caso de (1), en un contexto en que el hablante esperaba un café caliente y el café que le sirven no tiene la temperatura deseada:

(1) Este café está helado.

En este caso se activa un valor semántico de *helado* que no es exactamente el codificado, y que en este caso podría ser 'no suficientemente caliente', 'tibio'. En otro contexto, el mismo adjetivo puede activar el valor 'frío':

(2) (Al saludar a su amiga con un beso:) Tienes la cara helada.

En otros casos, el significado más activo es metafórico:

(3) Juan se quedó helado.

En (3), *helado* se refiere a un estado anímico asociado con sorpresa, ausencia de reacciones o parálisis. Recanati sostiene que en casos como estos el oyente debe adaptar al contexto, o *modular*, los significados del adjetivo, y que el significado metafórico no se diferencia, esencialmente, de los otros, ya que todos sufren el mismo procedimiento de interpretación, partiendo de la activación del concepto de 'helado', que se va acomodando a los diferentes contextos. Debe notarse que la frecuencia del uso del adjetivo *helado* con valor hiperbólico o metafórico, como los ilustrados por (1-3), contribuye a la accesibilidad y rapidez de las asociaciones.

Para Recanati, los procesos primarios de interpretación, es decir, las operaciones que fijan las referencias y ajustan los significados de lo dicho explícitamente, que él llama ***saturación** y ***modulación**, respectivamente, no son inferenciales, sino asociativas. Las implicaturas, en cambio, son derivadas mediante inferencias. La interpretación final de un enunciado, según Recanati, incluye los productos de varios procesos pragmáticos que son ciegos, mecánicos, y no exigen ninguna reflexión. Todo el trabajo lo hace la dinámica misma de la accesibilidad (Recanati, 2004, cap. 2).

ACCESIBILIDAD

La teoría de la relevancia sostiene, por el contrario, que todas las operaciones pragmáticas que permiten derivar significados en contexto son operaciones *inferenciales*, o sea razonamientos no demostrativos, a veces rapidísimos y subpersonales (véanse ***inferencia** y ***enriquecimiento libre**). La accesibilidad, en la teoría de la relevancia, está relacionada con el esfuerzo y gasto de energía cognitiva necesarios para procesar significados. La *relevancia* de un enunciado se mide por la relación entre esfuerzo y ganancia cognitiva, y todo el procedimiento de comprensión, guiado por la búsqueda de relevancia, sigue el camino del menor esfuerzo. En la medida en que hace los procesos más rápidos y eficientes, la accesibilidad de un contenido garantiza más relevancia, o sea, mayores efectos cognitivos.

La noción de accesibilidad, su alcance y sus limitaciones, se analizan, desde el punto de vista de la teoría relevantista, en un estudio de Wilson y Matsui (2012) sobre un proceso inferencial, *bridging*, 'tender un puente'. Este proceso ilustra bien cómo opera la accesibilidad en la interpretación. El *bridging* consiste en añadir un referente que no está mencionado en el discurso precedente, pero que puede inferirse, y así salvar la distancia, o tender un puente, entre lo expresado en la primera parte del enunciado y el referente necesario para comprender la segunda parte del enunciado. Supóngase un enunciado como el siguiente:

(4) Lorena llevaba un vestido negro. La falda era muy corta.

El antecedente de *la falda* es, sin duda, *el vestido negro*, lo que no está dicho de manera explícita, pero se infiere fácilmente, ya que la noción de 'vestido' da acceso a una serie de nociones, entre ellas la de 'falda'. En las gramáticas textuales, se habla de marcos (*frames*): un concepto evoca una serie de elementos y relaciones habituales entre los elementos. La noción de 'colegio', por ejemplo, evoca inmediatamente nociones asociadas, como 'profesora', 'clase, 'mapa', etc.

Los teóricos relevantistas refutan las propuestas de los analistas del discurso, que proponen que la accesibilidad se explica a partir de la noción de *coherencia textual* (véase Calsamiglia Blancafort y Tusón Valls, 1999, cap. 8). Según la teoría de la relevancia, la estructura de un texto, el modo de distribuir la información o de ordenar los complementos, no son decisivos en la interpretación. Lo decisivo es que los intérpretes tengan ciertas expectativas y quieran satisfacerlas, en su búsqueda de relevancia. Los significados accesibles incluyen, en primer lugar, los que aporta un enunciado, que provocan, según su nivel de accesibilidad, cierto orden en la descodificación y sirven de guía para las inferencias pragmáticas. A partir de ellos el oyente debe tener acceso lo más fácil y rápido posible a otros significados, procedentes de su memoria o conocimiento del mundo, para formar el contexto adecuado que le permita obtener el significado compatible con la máxima relevancia. Cuanta más accesibilidad menos esfuerzo y, si el beneficio cognitivo, medido en cantidad y calidad de información, es aceptable, más relevancia.

La *aceptabilidad pragmática* es correlativa de la accesibilidad. Es aceptable lo que satisface expectativas de relevancia. El oyente presta atención a un enunciado porque este enunciado promete ganancia cognitiva, ya se trate de adquirir nuevos conocimientos o de corregir o eliminar otros reales o potenciales. Esta expectativa de efectos cognitivos puede hacer que los oyentes no presten atención siempre a lo más accesible, si lo más accesible, aunque cuesta menos esfuerzo, no produce los efectos esperados. Supóngase un ejemplo como el siguiente:

(5) Fuimos a la casa de los abuelos antes de ir al zoológico. Los osos polares son muy divertidos.

La posición sintáctica de la frase nominal *la casa de los abuelos* exige, en un texto coherente y bien formado estilísticamente, que sea el antecedente de la frase *los osos polares*. Del marco de ideas convencionales sobre las casas o sobre las casas de los abuelos deberían derivarse supuestos implícitos, que permitieran insertar en ese marco la expresión *los osos polares*. Pero no es así, y el antecedente debe ser la frase nominal *el zoológico*, ya que esa expresión hace accesible la idea de osos polares, aunque la gramática dificulte la conexión. Compárese con (6):

(6) Pasamos por el taller mecánico antes de salir de viaje. El coche necesitaba anticongelante.

Aquí, la frase nominal *el taller mecánico* tiene la misma posición que *la casa de los abuelos* en (5). Pero en (6) el concepto de taller mecánico es el antecedente de *el coche*, como lo indica su posición sintáctica, y también su accesibilidad y su aceptabilidad pragmática, ya que si alguien dice que pasó por el taller mecánico, su interlocutor espera información que satisfaga preguntas posibles, como por qué o para qué, o con qué resultado. La interpretación también tiene plausibilidad factual, ya que en los talleres mecánicos se revisan y reparan los coches.

En el caso anterior, (5), el texto no está construido de forma coherente, y se puede considerar que la construcción es defectuosa. Pero lo más interesante, para la pragmática relevantista, es que este texto y muchos otros por el estilo se comprenden sin dificultad, si satisfacen expectativas de relevancia. La interpretación está siempre guiada por expectativas: para Grice, expectativas de verdad factual e informatividad adecuada, pertinente y comprensible, y, para la teoría de la relevancia, expectativas de relevancia. Las expectativas pueden afectar a la accesibilidad e incluso a la plausibilidad factual. La interpretación más accesible de (5) ni es plausible, por contradecir los hechos (no es plausible que los abuelos tengan osos polares en su casa), ni es tampoco relevante, ya que sus efectos cognitivos serían negativos, erróneos. Este es un ejemplo de cómo las expectativas de relevancia alteran la accesibilidad.

En otros casos, sucede que la interpretación más accesible puede alterar la aceptabilidad de un enunciado: el intérprete admite la interpretación que parece menos aceptable, si es la más accesible por el modo en que está presentada la información. Wilson y Matsui dan el siguiente ejemplo:

(7) Prefiero la ciudad al campo. El tráfico me molesta mucho.

Un 80% de los informantes del estudio consideraron que el antecedente de *el tráfico* era *el campo*. Los autores del experimento consideran que en este caso los informantes, careciendo de expectativas específicas, eligieron la interpretación más accesible, en su mayoría, aunque esta interpretación contradiga los hechos, ya que todos sabemos que el tráfico es propio de la ciudad y no del campo. Si se agrega un elemento procedimental, que organiza las inferencias, la interpretación varía totalmente:

(8) Prefiero la ciudad al campo. Sin embargo, el tráfico me molesta mucho.

Los informantes, guiados por la expresión procedimental *sin embargo*, consideraron de manera unánime que el antecedente de la frase *el tráfico* es *la ciudad*, en concordancia con nuestro conocimiento del mundo.

El análisis relevantista de la accesibilidad la hace interactuar, como se ve, con la aceptabilidad pragmática, y tiene en cuenta ante todo las expectativas del oyente, que se van creando durante la conversación, por lo que bien pueden estar ya instaladas antes de que se produzca la interpretación. Una de las ventajas de este análisis es que no requiere considerar varias interpretaciones para elegir la mejor, ya que el procedimiento de comprensión, movido por la búsqueda de relevancia con el menor esfuerzo posible, es directo y no plantea bifurcaciones.

La teoría de la relevancia no tiene una máxima, o convención, que exija que el hablante diga la verdad y que pueda probarlo (como en las teorías de Grice y sus seguidores). Pero debe tenerse en cuenta que cuanto más fuerte, o sea, más susceptible de ser probada y confirmada, sea una afirmación, mayores serán los efectos cognitivos que produzca. Compárense los siguientes enunciados:

(9) El planeta Plutón tiene hielo en su superficie (lo acaba de fotografiar un satélite).

(10) El planeta Plutón es muy feo.

La afirmación de (9), que presenta un hecho cierto y comprobado, es más fuerte que la de (10), que enuncia una impresión, y por lo tanto (9) tiene más efectos cognitivos y permite acceder a muchos otros (por ejemplo, a si el hielo significa que en Plutón no hay vida). El intérprete dará preferencia a los enunciados fuertes, que son los que tienen *plausibilidad factual*, sobre los enunciados débiles. Esto indica que la plausibilidad factual puede reforzar la plausibilidad pragmática, o lo que hace a un enunciado aceptable, y que la accesibilidad debe estudiarse en su interacción con estos factores, que en muchos casos, quizá la mayoría, dejan la accesibilidad en segundo lugar, durante el procedimiento de comprensión.

Estas conclusiones son diferentes, a veces opuestas, y, según Wilson y Matsui, superiores, a las conclusiones de los teóricos griceanos basadas en la noción de verdad factual y las conclusiones de los teóricos del discurso, que dan un papel central a la coherencia.

Debemos tener en cuenta que en las conversaciones normales y cordiales, que son las que estudia la pragmática, los hablantes muestran que son cooperativos acomodando los contenidos más allá de las reglas de coherencia discursiva. Supóngase que en el contexto de dos compañeras de clase, Lupe y Mariana, no figura que Lupe tiene un hermano, ya que nunca lo ha mencionado. Pero

ACCESIBILIDAD 27

si Lupe emite un enunciado como el siguiente, Mariana añadirá al contexto ese hermano, y la conversación seguirá adelante:

(11) Conozco Ginebra; fui varias veces a visitar a mi hermano, que vive allí.

Esta maniobra mediante la cual el oyente acepta como conocida una información que en realidad es nueva, se llama *acomodación*, y es puramente pragmática (véase **Glosario**, s.v. *acomodación*). Así como (7), que es un caso de *bridging*, revela la tendencia a pasar por alto las irregularidades gramaticales o discursivas, si así se obtiene relevancia, (11) ilustra el caso en que el oyente cooperativamente, y en busca de relevancia, da por conocida una información desconocida.

CARÁCTER Y CONTENIDO

1. La dependencia contextual del significado

Las teorías del significado tienen el propósito de determinar cuál es el contenido de una oración y cuáles son sus condiciones de verdad en contexto. Las nociones de *carácter* y *contenido*, términos que designan dos niveles de significado lingüístico, provienen de la influyente teoría de David Kaplan (1989). Esta teoría se propone explicar sistemáticamente el hecho de que el significado de las oraciones y de las partes que las componen varíen de contexto en contexto. La sensibilidad del lenguaje al contexto es profusa, y es inseparable de cómo se usan los significados en la comunicación (véase *sensibilidad al contexto). Dar cuenta de este fenómeno es un tema importante, quizá el más importante, para la semántica y la pragmática, y es tratado también por los investigadores que niegan que la dependencia contextual sea tema de la semántica, ya que deben justificar esa exclusión (véase al respecto *minimalismo).

Algunas teorías semánticas y pragmáticas coinciden en puntos esenciales. Un ejemplo de este acuerdo es la teoría semántica llamada *contextualismo y la *teoría de la relevancia en pragmática. Ambas proponen una semántica subdeterminada que exige operaciones pragmáticas para que los contenidos de las oraciones puedan determinarse y evaluarse por su verdad y falsedad (véase *subdeterminación semántica). Otras teorías semánticas, por ejemplo el *indexicalismo, niegan que la semántica sea subdeterminada. La teoría de Kaplan difiere de las demás porque reconoce que la mayor parte de las oraciones y palabras dependen del contexto para adquirir significado, y trata de explicar este fenómeno mediante una teoría semántica.

Kaplan describe las relaciones entre significado y contexto distinguiendo dos niveles semánticos: el *contenido* y el *carácter*. Supóngase una oración como (1):

(1) Yo soy la profesora.

Esta oración varía según quién sea la locutora, es decir, (1) tiene diferentes intensiones en diferentes contextos, que determinan diferentes valores de verdad: (1) es una oración verdadera si la locutora es la profesora, pero no si es una estudiante, por ejemplo. A las oraciones que, como (1), son sensibles al contexto, no se les puede asignar un solo significado: hay que asignarles un significado que funciona como una regla o instrucción que, a su vez, determina el significado de la oración *en cada contexto*. La regla se llama, en la teoría de Kaplan, *carácter*: el carácter es la función que va de un contexto a la referencia de una expresión en ese contexto. El carácter de una oración o del componente de una oración determina el *contenido* de la oración en un contexto, y el contenido, a su vez, determina el valor de verdad de la oración en un contexto. El contenido se representa como una función que va desde las circunstancias de evaluación de la verdad a las extensiones o denotaciones (véase ***intensión y extensión**).

Tomemos el caso de los deícticos, por ejemplo *yo, este, aquí, hoy,* etc. En los deícticos, el carácter es una instrucción sobre cómo identificar al referente, ya que el referente, y como consecuencia la denotación del deíctico, varían en cada contexto. El demostrativo *aquí*, por ejemplo, puede referirse a muchos lugares diferentes, según la situación de habla, y adquirir, por lo tanto, distintos contenidos. Estos contenidos están determinados por el carácter. El carácter es constante; lo que varía en cada ocasión de uso es la función que realiza (véanse ***deixis** y ***saturación**).

Kaplan ofrece una lista de las expresiones sensibles al contexto cuyo carácter determina su contenido, que varía según los contextos. La lista de Kaplan es la siguiente: pronombres personales como *yo, tú*; demostrativos como *ese, esta*; adverbios como *ahora, hoy, ayer,* etc.; ciertos adjetivos como *actual, presente,* etc. Estas expresiones son sensibles a un contexto formado por los siguientes parámetros: persona, tiempo, lugar y mundo posible. El conjunto de expresiones sensibles al contexto, en la teoría de Kaplan, es más restringido que el de los teóricos contextualistas y en consecuencia su lista es aceptada por otros autores, incluso los de tendencia minimalista, como Cappelen y Lepore (2005), que quieren reducir o "minimizar" todo lo posible la intervención de operaciones pragmáticas en la interpretación de una oración en contexto.

En las teorías actuales de la semántica, la distinción entre carácter y contenido se aplica no solamente a los deícticos y expresiones sensibles al contexto que interesaban a Kaplan, sino también a cualquier expresión sensible al contexto. Se considera, en general, que el carácter es el *significado lingüístico* de palabras u oraciones, independiente del contexto e invariable, por oposición al *contenido*, que se relaciona siempre con un contexto y por lo tanto es variable. Desde esta perspectiva, el carácter de una oración es su significado independiente del contexto, y en cambio el *contenido* de una oración relativo a un contexto es la proposición expresada por esa oración, en relación con ese contexto (véase Stanley, 2011).

La teoría de Kaplan sobre carácter y contenido ha inspirado a los teóricos del *relativismo actual, que estudia la variación en el valor de verdad de ciertas proposiciones. En el sistema de Kaplan, la verdad de una proposición puede depender del contexto de enunciación, como en el caso de los deícticos, y también de la circunstancia de evaluación, que Kaplan presenta como una combinación de *tiempo* y *mundo posible*: el contenido de una oración puede variar según los tiempos y los mundos en que se evalúe su verdad. Esto hace posible que la misma proposición, con el mismo contenido semántico, tenga diferentes valores de verdad, en relación con la circunstancia de evaluación.

2. Monstruos y parásitos

Kaplan considera, y rechaza, la existencia de lo que llama *operadores monstruosos*, o *monstruos*, que son expresiones que provocan desplazamientos de contexto y por lo tanto de significado. Este tema tiene que ver con la propiedad semántica llamada *rigidez*, tratada en este libro bajo *intensión y extensión. Son rígidas las expresiones referenciales que tienen la misma intensión en todos los contextos, es decir, que designan siempre el mismo objeto, cualquiera sea el contexto. El pronombre personal *yo*, por ejemplo, señala siempre a la misma persona, no cambia el referente en ningún contexto. Kaplan no cree que haya monstruos, o sea construcciones capaces de desplazar la referencia de las expresiones rígidas, haciéndolas cambiar según los contextos.

Esta imposibilidad se debe a que los monstruos operarían sobre el carácter, no sobre el contenido, lo que es inaceptable en la teoría de Kaplan, donde el carácter permanece constante y solamente el contenido cambia según los contextos. Admitir la posibilidad de cambios de carácter, de que la regla que determina la intensión de deícticos como *yo* pueda ser cambiante, y servir para designar en un contexto a un locutor y en otro contexto a otro locutor, haría tambalearse la distinción entre carácter y contenido. El deíctico *mañana*, por ejemplo, selecciona siempre un tiempo: el día siguiente del momento en que se habla, no el día siguiente de otro hecho que se pueda mencionar en la oración. Las oraciones (2) y (3) tienen significados diferentes:

(2) El sábado, Pedro me dijo que se iba de viaje <u>al día siguiente</u>.

(3) El sábado, Pedro me dijo que se iba de viaje <u>mañana</u>.

La expresión *al día siguiente* se refiere a un día después del anuncio de Pedro, es decir, al domingo. En cambio en (3) el deíctico *mañana* se refiere al día siguiente del día en que el locutor de (2) relata lo que dijo Pedro. Mientras la expresión *al día siguiente*, que no es rígida, puede reflejar el contexto de Pedro, y por lo tanto cambiar de referencia, el deíctico es rígido, y siempre se refiere al aquí y ahora del hablante, sin cambiar.

Hay construcciones monstruosas, sin embargo, en varias lenguas que se estudian en la actualidad, entre ellas el navajo, el amárico hablado en Etiopía, el coreano y el zazaki, hablado en Turquía. En estas lenguas, los operadores que Kaplan llama monstruos suelen ser los verbos *decir* o *pensar*, que dan lugar a dos interpretaciones posibles de los deícticos. En un caso como (4), por ejemplo, estas lenguas permiten entender que el deíctico *yo* se refiere al hablante o, también, a la persona cuyas palabras se relatan:

(4) Adelaida: Eva dijo que yo soy feliz.

En la interpretación monstruosa, *yo* no se refiere a Adelaida, como se espera si se cree en la rigidez del pronombre, sino a Eva: la feliz es la misma Eva, no es la persona que se refiere al discurso de Eva. A veces, esta interpretación es optativa.

En español y otras lenguas europeas, el estilo indirecto libre, propio de la narración literaria, nos da ejemplos muy abundantes de desplazamientos contextuales que no respetan la rigidez de los deícticos. Véanse los ejemplos siguientes:

CARÁCTER Y CONTENIDO 33

(5) Evelyn apoyó la cabeza en la ventana y miró la calle ya oscura. ¿Dejaría mañana a su familia para irse a América con su novio?

(6) El año próximo era el último de su vida militar. Él no había elegido envejecer en esta fortaleza alejada del mundo. Pero ahora no quería dejarla.

En (5), la primera oración inicia el relato, en tiempo pasado, y la segunda oración es un ejemplo típico de estilo indirecto libre, que narra lo que Evelyn piensa, sin indicarlo de manera explícita. El deíctico *mañana* ya no señala, como establece la teoría de Kaplan, un día posterior al día en que el narrador relata lo que piensa el personaje, sino el día siguiente del personaje. Ha habido un desplazamiento contextual, provocado por una construcción anómala, aunque admitida en la literatura y, a veces, en otros géneros y hasta en la lengua coloquial.

Del mismo modo, en (6), la intensión de los deícticos ha sufrido cambios. En la primera oración, la localización temporal futura pertenece, por su forma, al pensamiento del personaje, en contraste con el verbo, que, como es habitual en las narraciones, está en un tiempo pasado, el imperfecto. La frase *el año próximo*, si mantuviera su carácter, tendría que referirse al año próximo del narrador, no del agente que piensa. La expresión *esta fortaleza* presenta un demostrativo que no es rígido, ya que se refiere al lugar del personaje, y no, como esperaríamos, al del locutor de (6), y lo mismo sucede con el adverbio temporal *ahora*, que se ha movido al pasado, perdiendo así su intensión invariable, y por lo tanto su carácter. El deíctico *ahora* abandona su carácter en muchas ocasiones, para aplicarse al pasado, no solamente en la literatura sino también en la conversación. En el estilo indirecto libre, los operadores monstruosos están implícitos, pero son los que provocan la interpretación anómala. Los deícticos que sufren desplazamientos suelen ser los que se refieren a tiempo y lugar (*ayer*, *aquí*); los pronombres personales mantienen, por el contrario, su intensión constante.

Los monstruos son una manifestación de un fenómeno más extenso llamado parasitismo. Se llaman *parásitos* las expresiones que, pese a ser sensibles al contexto, y por lo tanto variar de significado cuando cambian los parámetros de persona, tiempo lugar o mundo, a veces se mantienen intactas al pasar a un contexto diferente. Esto sucede cuando los hablantes refieren palabras ajenas en estilo indirecto, como en los ejemplos de monstruos que acabamos de ver.

Por lo general, los hablantes adaptan los deícticos y la mayoría de las expresiones sensibles al contexto a su propio contexto. Por ejemplo, un enunciado como "Verónica me dijo 'yo te quiero'" se transforma en "Verónica me dijo que (ella) me quería", donde se ha adaptado el pronombre personal y el tiempo verbal a la situación de quien refiere el enunciado de Verónica en estilo indirecto, de modo que *yo* se transforma en *ella*, *te* pasa a *me*, y el tiempo presente original a imperfecto. Pero algunas expresiones, que forman parte de la lista mínima de sensibilidad al contexto propuesta por Kaplan, pueden permanecer idénticas en la trasposición contextual.

La frase *a la derecha*, por ejemplo, es sensible al contexto, ya que depende de la posición en que esté el hablante: su derecha podría ser la izquierda para alguien que estuviese en otro lugar. Por lo tanto, si Miquel dice, por ejemplo,

(7) Mi casa está a la derecha.

se espera que otro hablante, Sebastián, modifique la expresión *a la derecha* para adaptarla a su propio contexto. Pero esto no siempre sucede. Sebastián puede citar las palabras de Miquel diciendo:

(8) Miquel dijo que su casa está a la derecha.

En (8), la expresión *a la derecha* es parásita en el nuevo contexto, es decir, es todavía "huésped" del contexto original de la cita, y se traslada como tal al nuevo contexto. El deíctico contenido en el pronombre posesivo *mi*, en cambio, debe recontextualizarse y transformarse en *su*, como es la norma con los pronombres personales, que son inmunes al parasitismo, al menos en las lenguas europeas, no en las lenguas mencionadas arriba, que no respetan siempre la rigidez de los pronombres.

Ciertas expresiones, como *a la derecha*, *a la izquierda*, *detrás*, etc., tienen tendencia a no variar cuando pasan al estilo indirecto, aunque sean sensibles al contexto, y producen una *fusión* de contextos. Este fenómeno interesa a los teóricos que tratan de fijar el contenido compartido por diferentes hablantes en diferentes contextos: las expresiones que no cambian al recontextualizarse tienen un significado estable que comparten los interlocutores, fusionando los contextos (véase ***contenido semántico mínimo**). Los parásitos mantienen la identidad contextual en diferentes situaciones de habla, y por lo tanto mantienen el significado. Sin embargo, su alcance es limitado y algunos ejemplos son discutibles.

El fenómeno de los parásitos y los monstruos se puede interpretar de otra manera, que nos permitiría mantener sin excepciones la teoría del carácter y el contenido propuesta por Kaplan en relación con las expresiones sensibles al contexto. Puede decirse, en efecto, que todos los ejemplos de parasitismo y monstruosidad vistos en este apartado son, en realidad, casos de citas encubiertas, en especial las citas sin comillas, pero entendidas como citas (véase una introducción en Reyes, 1994). Si admitimos la existencia de citas sin comillas, podemos interpretar como citas sin comillas los usos que venimos analizando, en que los deícticos se comportan de modo anómalo. Las citas sin comillas se usan en todo tipo de textos:

(9) Hola, soy Clotilde.

(10) Lámpara es una palabra esdrújula.

Las oraciones de (9) y (10) podrían (¿deberían?) llevar comillas en "Clotilde" y "lámpara", ya que "Clotilde" es el nombre de la hablante, y no es la hablante misma, y, en (10), "lámpara" es una palabra de la que se habla en una expresión metalingüística. Al margen del problema de si este tipo de uso es correcto, o incluso gramatical, debe incluirse entre las modalidades de la cita, porque su uso es muy frecuente. En los usos citativos se ve con gran claridad cómo interactúan la semántica y la pragmática. En efecto, para entender que los usos ilustrados por (9) y (10) incluyen una cita parcial elíptica, que sería explícita si se entrecomillaran "Clotilde" y "lámpara", se ha propuesto que (9) y (10) son obviamente ambiguos, y requieren, por lo tanto, operaciones pragmáticas, en estos casos una implicatura conversacional, ya que, semánticamente, casos así no son citas (véase Cappelen y Lepore, 2007, y Recanati, 2010).

Si se admite esta explicación, los parásitos y los monstruos pasarían a ser un tema de pragmática, y por lo tanto dejarían de interesar directamente a las teorías semánticas, y no serían un peligro para la teoría de Kaplan. Cuando la semántica presenta casos de ambigüedad como estos, es la pragmática la que determina el significado en contexto, mediante inferencias.

CÓDIGO LINGÜÍSTICO

Un *código* es un sistema de signos y de reglas para combinarlos. La gramática de una lengua es un conjunto de códigos, en los cuales se determinan las asociaciones convencionales, en gran parte arbitrarias, entre las formas lingüísticas, las reglas que gobiernan sus combinaciones, y los significados de las palabras, frases y oraciones. Según la explicación clásica de Saussure (1945), cada signo del código lingüístico compartido por una comunidad, que llama *langue* y considera el objeto de estudio de la lingüística, tiene significado y significante, unidos en una relación no motivada y estable, si se observa en cortes sincrónicos. Saussure concebía la comunicación como un proceso de codificación y descodificación, en el cual un hablante codifica, usando signos lingüísticos, el contenido que quiere transmitir, y el receptor lo descodifica.

La pragmática, desde sus inicios en la teoría del significado del filósofo Paul Grice, sostiene que la comunicación lingüística no se limita a procesos de codificación y descodificación, sino que requiere inferencias mediante las cuales se obtienen significados no explícitos pero voluntariamente transmitidos (véase ***inferencia**). Las inferencias dan como resultado expresiones léxicas enriquecidas o precisadas, que el oyente obtiene gracias al contexto y al reconocimiento de la intención comunicativa del hablante, y también dan como resultado implicaturas, es decir, proposiciones implícitas transmitidas intencionalmente (véase ***implicatura**).

Obsérvese la diferencia entre lo codificado y lo inferido en la interpretación de un par de enunciados del habla cotidiana. Si alguien dice algo como

(1) Me llevó tiempo limpiar la araña del comedor.

el oyente descodifica la construcción *llevar tiempo*, pero a su sentido trivial en la oración (cualquier tarea requiere cierto tiempo) debe agregar el significado inferido gracias a los datos del contexto y el reconocimiento de la intención del locutor, de modo que la expresión "tiempo" significa, en su interpretación de lo que quiso decir el hablante, 'mucho tiempo' o, quizá, 'más tiempo de lo previsto'. Estos ajustes son inferencias que van más allá del valor codificado de la expresión (véase *enriquecimiento libre).

En el ejemplo siguiente se ilustra el caso de una implicatura conversacional:

(2) Lita: ¿Por qué te separaste de Jaime?
Liliana: No me gustan los mentirosos.

En este caso, podemos imaginar que Liliana quiere transmitir una implicatura como 'Jaime es mentiroso', pero no lo dice directamente: lo que comunica está implícito, suponiendo que quiera responder a la pregunta que se le hace, pero lo que dice, explícitamente, mediante el código del español, es que no le gustan las personas que mienten. El significado de esas palabras en ese contexto se obtiene haciendo inferencias, no solamente por la descodificación de los signos utilizados.

Según la pragmática y algunas teorías de la semántica, como el *contextualismo, el código es, sin duda, un componente esencial de la comunicación, pero no basta para satisfacer las necesidades comunicativas de los hablantes, porque la gramática de una lengua está subdeterminada, y por lo tanto requiere ser enriquecida, desambiguada y completada por medio de operaciones pragmáticas. Una correcta interpretación de las intenciones del hablante y de los datos del contexto nos permite asignar significado a los enunciados, que contienen —la mayoría de ellos— una gramática subespecífica (véase *subdeterminación semántica).

Pero esta subdeterminación no nos impide comunicar todo lo que queremos decir. El filósofo Gottlob Frege observó, en un texto de 1923, "es asombroso lo que puede hacer el lenguaje. Con unas pocas sílabas puede expresar una cantidad incalculable de pensamientos". Los pragmatistas y los filósofos contextualistas ven la subdeterminación como una ventaja, no un defecto, ya que da a las lenguas su economía de formas y su flexibilidad, que son complementadas por la capacidad humana de hacer hipótesis sobre las intenciones comunicativas y los estados mentales de los interlocutores, capacidad esencial para comprender un enunciado. El código lingüístico humano es rico y complejísimo, y admite desarrollos teóricamente ilimitados de signos y combinaciones de signos, a los

CÓDIGO LINGÜÍSTICO

que se añaden inferencias cuyas premisas dependen del reconocimiento de la intención del hablante y del conocimiento del mundo compartido por los interlocutores.

Si el código fuera suficiente para comunicarse, cada signo debería tener un significado invariable en todos los contextos, lo que está lejos de suceder. Tampoco podrían existir ambigüedades (como cuando la misma señal produce varios mensajes posibles), ni expresiones deícticas (ver *deixis), que cambian de significado según quién hable, dónde, cuándo. La cuestión central, en pragmática, es explicar cómo, empezando por descodificar un mensaje, llegamos a comprender lo que el hablante quiere transmitir con ese mensaje, que suele ir mucho más allá de las palabras emitidas.

A veces no utilizamos ningún código lingüístico para comunicarnos. Esto sucede cuando las dos partes no comparten el mismo código, o cuando hay obstáculos para entenderse, como pasa en lugares ruidosos, por ejemplo. En esos casos, recurrimos a la gesticulación o a la mímica. La forma universal de comunicarse sin usar lenguaje es señalar con el dedo, pero también podemos comunicarnos bien mimetizando acciones, por ejemplo haciendo el gesto de apoyar la mejilla en las manos y cerrar los ojos para indicar que alguien se ha dormido, o que es hora de volver a casa, etc.

Nuestra capacidad de entender gestos descansa en la más general de adivinar o "leer" los estados mentales de otras personas. Ningún ser humano es transparente para otro ser humano, pero distinguimos la intencionalidad de las acciones y, si tenemos suficientes datos contextuales y observamos conductas conocidas, podemos adivinar lo que el otro siente, quiere y desea que sepamos, aunque no medien palabras (véase *metarrepresentación). La comunicación que utiliza un código lingüístico compartido (o más de uno, en caso de que los hablantes posean dos o más lenguas en común) es más completa y satisfactoria, gracias a la riqueza y la flexibilidad del código lingüístico y a la capacidad comunicativa del cerebro humano: capacidad para usar el código como principio de un conjunto de operaciones que nos llevan a comprender no solamente las palabras emitidas por un hablante, sino lo que nos quiere comunicar con esas palabras.

Las lenguas son dinámicas y sus códigos cambian continuamente. No solo cambian a lo largo de los siglos, sino que pueden presentar diferencias dentro de una misma conversación, por ejemplo cuando uno de los hablantes logra imponer el significado o el matiz de significado que quiere darle a cierta palabra, y al final de la conversación ese nuevo significado es el que entienden todos los participantes del intercambio (véase ***modulación y microlenguajes**).

A la pragmática le interesan especialmente los cambios debidos a las presiones del uso sobre la gramática. Debido a esta influencia, el código lingüístico se va modificando poco a poco, y ofrece más indicaciones sobre la interpretación. La ***gramaticalización** es el cambio que se produce cuando un término con valor conceptual pasa a tener un valor gramatical. Se trata de un proceso histórico por el cual una expresión, a causa de la frecuencia de su uso en ciertos contextos, va perdiendo su significado conceptual y adquiere valores no conceptuales sino operacionales o procedimentales: sirve como guía para los procesos inferenciales de interpretación (véase ***procedimentales**).

En español, son buenos ejemplos de gramaticalización las perífrasis verbales, donde el verbo auxiliar ha perdido totalmente, o casi totalmente, su significado conceptual, para adquirir un valor procedimental, como en *tengo que irme*, *volvió a llamar*, *se largó a llover*, etc. Según Wilson (2011), es muy plausible la hipótesis, ya avanzada por Ducrot (1972), de que todos los términos conceptuales tienen al menos algún significado procedimental: el significado procedimental se va reforzando con el tiempo, a costa del significado conceptual, que se vuelve superfluo. Este cambio, siempre en la misma dirección, demuestra que el código contiene elementos pragmáticos, para facilitar las inferencias que los hablantes deben hacer para interpretarlo.

COMUNICACIÓN

1. Humanos, animales y máquinas

La comunicación es el intercambio de información entre dos o más agentes, que pueden ser humanos, animales y también máquinas, y se valen de distintos tipos de señales: palabras, sonidos, signos, comportamientos.

Los animales se comunican con gritos, cantos o movimientos del cuerpo que corresponden a ciertos contenidos, por ejemplo anuncios sobre la proximidad de peligros, o sobre la disponibilidad de alimento; o bien realizan exhibiciones para atraer pareja reproductora. Al menos algunos de los grandes primates poseen, como los humanos, la capacidad de leer la mente ajena, requisito esencial para la comunicación lingüística o gestual de los humanos. Sin embargo, las vocalizaciones de los grandes simios están fijadas genéticamente y ligadas a emociones específicas, y se divulgan a todo el que esté cerca, no tienen destinatarios determinados. Estas vocalizaciones son más expresivas que realmente comunicativas (Tomasello, 2008).

Gracias a la capacidad de hacer inferencias para orientarse en el entorno y para su supervivencia, los animales hacen inferencias continuamente, adaptándose, incluso, en muchos casos, a cambios ecológicos y a situaciones nuevas (véase Mercier y Sperber, 2017). Pero, según los especialistas en cognición y los antropólogos, los lenguajes animales que se conocen son más repetitivos y más rígidos que el humano, que se caracteriza por su complejidad y su flexibilidad.

El lenguaje es la más importante de las competencias de la especie humana, y la razón fundamental del éxito del *homo sapiens* y de su predominio sobre las demás especies. Sirve para transmitir información sobre lo inmediato y lo remoto, sobre el presente, el pasado y el futuro, sobre lo posible y lo imposible, sobre lo real y lo imaginario. Es un sistema que se refiere al mundo y a sí mismo: en algunas de sus codificaciones, las lenguas naturales instruyen al usuario sobre su propio funcionamiento, y, además, su gramática es dinámica y va cambiando y consolidando en sus formas y reglas las necesidades comunicativas de una cultura.

Según una hipótesis sobre el origen del lenguaje propuesta por algunos antropólogos, entre ellos Tomasello (2008, 2014, 2016), y puesta a prueba en numerosos estudios experimentales sobre grandes simios e infantes humanos, la comunicación nació de la necesidad de coordinar actividades realizadas con otros individuos, actividades muy ventajosas para los agentes, basadas en la cooperación y la capacidad de tener metas comunes. Los primeros medios de comunicación fueron los gestos, que exigían de los participantes prestar atención a las mismas cosas y captar las intenciones del otro. A partir de esta etapa, según proponen Tomasello y sus colaboradores, los humanos fueron construyendo lenguajes convencionales, primero gestuales y después vocales, y gracias a sus capacidades imitativas y a su talento para aprender, fueron consolidando y transmitiendo culturalmente las convenciones que constituyen la gramática del lenguaje.

La comunicación humana, en cuanto práctica cooperativa, solo pudo desarrollarse, según Tomasello, porque *homo sapiens* es supersocial y supercooperativo, como resultado de un largo proceso de autodomesticación, en el cual fue aprendiendo a cooperar con los demás miembros del grupo en tareas comunes como cazar o recolectar, y también fue desarrollando la capacidad de establecer parejas duraderas para criar a los hijos, y, finalmente, la de actuar, al menos a veces, con altruismo, es decir, poniendo el bienestar de un miembro de su familia, un amigo o, también, un extraño, por delante de sus intereses personales. La generosidad, la preocupación por el bienestar ajeno y los actos altruistas responden, en principio, a la necesidad de tener buena reputación en el grupo y a asegurarse retribución en el futuro, pero pueden estar motivados también por emociones, como la simpatía y la compasión, o por un sentido de la justicia de mayor alcance que los impulsos emotivos. El sentido moral de los humanos es un producto de la cooperación básica de las relaciones entre los individuos, cuya práctica más exitosa es la comunicación (Tomasello, 2016).

Las máquinas programadas para simular la inteligencia humana superan a los humanos en algunas tareas, como los cálculos matemáticos, pero no han desarrollado todavía, entre otras habilidades humanas, la de *conversar*, es decir, la práctica espontánea en la que dos o más personas hacen comentarios sobre el mundo, transmiten informaciones, piden favores, establecen posiciones sociales o buscan acuerdos. En la conversación espontánea hay una serie de componentes que todavía no admiten la simulación digital, en especial la intimidad afectiva entre los hablantes y los conocimientos compartidos sobre sí mismos, que, si bien no son indispensables para comunicarse, puesto que nos comunicamos también con extraños, son parte importante de muchos intercambios entre personas que se conocen.

Sin embargo, las máquinas conversan, a distancia, con humanos y logran, en algunos casos, pasar por humanos. La *prueba de Turing* es una competición que se celebra cada año para evaluar la eficacia de los programas de computación diseñados para conversar. Los jueces escriben en sus terminales a interlocutores remotos que pueden ser personas o máquinas, y tienen que decidir después de unos minutos si el interlocutor es o no es humano, y a veces se equivocan, es decir, las máquinas los engañan, aunque todavía no han ganado ningún certamen. Los programas para simular la conversación, llamados *chatterbots* o *chatbots*, se crean con una base de datos de cientos de miles de conversaciones humanas. De esa inmensa red de voces fantasmales la computadora elige cómo responder a su interlocutor, y en algunas ocasiones logra imitar tan bien a un humano, que engaña a su juez.

La comunicación estudiada por la pragmática tiene como escena básica la interacción de dos hablantes que actúan cooperativamente y que comparten un espacio, un tiempo y un conjunto de conocimientos comunes, entre ellos el de la lengua o las lenguas que utilizan. Esta escena básica de dos personas frente a frente, intercambiando información, ideas, creencias u opiniones sobre el mundo, es lo que suele llamarse, en los trabajos de pragmática, conversación. Fue el estudio de los significados del lenguaje en la conversación, frente al significado libre de imprecisión, ambigüedad o confusión que proponía la lógica, lo que dio origen a las teorías de la pragmática: la pragmática inferencial, de origen filosófico, nació como la teoría sobre el significado lingüístico expresado en la conversación. La famosa conferencia de 1967 en que Grice explicó el *principio de cooperación* se titulaba "Lógica y conversación": así quedaron distinguidos, en la filosofía, dos tipos de significado. El significado de la conversación tiene un componente implícito que no se obtiene por descodificación, sino por inferencias, y estas inferencias están guiadas, en el modelo de Grice, por la expectativa de cooperación (véanse ***Grice: lógica y conversación** y ***cooperación**).

En las teorías de la pragmática, los agentes son racionales, y por eso la conversación no consiste en una serie de contribuciones desconectadas, sino que tiene cierta dirección o propósito, y los participantes mantienen expectativas sobre cómo va a ser la contribución de su interlocutor: *suficiente, pertinente, verdadera, claramente expresada*, según la teoría de Grice; o bien *relevante*, de modo que produzca efectos cognitivos beneficiosos por el mínimo costo de procesamiento, según la teoría cognitiva de la relevancia (véase ***teoría de la relevancia**).

Una idea esencial de la pragmática es que la comunicación lingüística es intencional, y que solo se realiza efectivamente si la intención comunicativa del hablante es reconocida por el oyente. Con este fin, los hablantes deben expresar pública y abiertamente sus intenciones comunicativas, que podrán, así, ser reconocidas por el oyente (véanse ***implicatura** y ***significado intencional**).

2. Representaciones mentales

La finalidad inmediata del proceso comunicativo es producir representaciones en la mente de los destinatarios; estas representaciones deben causar, a su vez, ciertos efectos en los interlocutores, ya sea modificar (o corroborar) sus conocimientos o emociones, o impulsarlos a la acción. La producción de representaciones exige que el hablante guíe al oyente, presentando su enunciado del modo que sea más accesible para la comprensión del hablante (véase Sperber y Wilson, 1995). Los efectos que produzca la comunicación en el oyente dependen de varios factores, pero el más importante es que el oyente no solo comprenda lo que dice e implica el hablante, sino que también lo crea. Como se verá en el apartado siguiente, las lenguas poseen mecanismos destinados a reducir el riesgo, siempre presente, de desconfianza en el hablante o en lo que dice.

La comprensión de un enunciado verbal, acompañado o no de gesticulación, exige tareas de dos tipos: descodificación de señales e inferencias para asociar esas señales al contexto de la interacción. Las teorías del uso del lenguaje proponen mecanismos diferentes para explicar la comprensión, pero todas tratan la comprensión como un proceso que consiste en metarrepresentar los pensamientos transmitidos por el comunicador (véase ***metarrepresentación***).

Según la teoría de la relevancia, las representaciones obtenidas no son idénticas a las del comunicador, sino solamente *semejantes*. Serían reduplicaciones del pensamiento del locutor si la comunicación consistiera meramente en codificar y descodificar contenidos, pero los contenidos semánticos no son suficientes casi nunca para comunicar lo que el hablante quiere decir, y el hablante anticipa que el oyente hará inferencias para interpretar un enunciado (u otras señales transmitidas intencionalmente, como gestos, movimientos del cuerpo, etc.). Los contenidos de la comunicación no son necesariamente datos nuevos, desconocidos por el oyente, sino que son datos que puedan modificar, enriquecer, confirmar o eliminar conocimientos previos del destinatario. La finalidad de la comunicación, desde la perspectiva de la teoría de la relevancia, es producir y controlar modificaciones cognitivas, de manera abierta e intencional.

Como las representaciones transmitidas por el comunicador y metarrepresentadas por el destinatario no están totalmente codificadas por el material lingüístico del enunciado, gran parte del significado del hablante es implícito y se obtiene mediante razonamientos inferenciales no demostrativos, sujetos a cancelación o corrección (véanse ***interpretación** e ***inferencia**). Los significados implícitos son más indeterminados que los que provienen de la descodificación, y se requieren procesos complementarios para confirmarlos. La posibilidad de incomprensión está siempre presente, y no solo en relación con lo que quiere decir un hablante mediante una implicatura, sino en relación con cómo usa el hablante los signos del código: los procesos de comprensión exigen casi siempre ajustes de esas palabras, para darles el sentido que cuadra mejor con la intención comunicativa del hablante. Tanto los ajustes léxicos como la derivación de implicaturas, especialmente si son implicaturas débiles, pueden crear incomprensión.

2.1. *Conocimiento mutuo*

Suele llamarse conocimiento mutuo al conjunto de conocimientos compartidos por los participantes del acto de comunicación, y considerados pertinentes e importantes por ambas partes en relación con su interacción. También se lo llama *terreno común* o *contexto intersubjetivo*. Este conjunto de datos y supuestos comunes es imprescindible en una práctica cooperativa como la comunicación, que consiste en acciones individuales coordinadas con las acciones individuales de otros: para que la coordinación sea posible, tienen que existir conocimientos, creencias y suposiciones comunes sobre el mundo, sobre cómo actúa racionalmente la gente en ciertas situaciones, sobre lo que otras personas consideran interesante, etc.

Este conjunto de datos compartidos no comprende todos los elementos del entorno de la comunicación (hora del día, ruidos, etc.) sino solamente los que tienen al menos dos propiedades. En primer lugar, debe tratarse de datos considerados interesantes y salientes por los hablantes en relación con su actividad de comunicarse; en segundo lugar, deben ser datos que cada hablante sabe que el otro participante conoce y considera también importantes. El conocimiento mutuo comprende, por lo tanto, todo lo que ambos saben y saben que ambos saben, potencialmente al infinito, aunque en la práctica solamente se utilizan los datos necesarios para que se realice la comunicación (véase ***contexto**).

Actuamos comunicativamente sobre un terreno compartido tanto con las personas que conocemos cuanto con otros que no conocemos personalmente, pero que forman parte del mismo grupo social y cultural. Gracias a los conocimientos mutuos podemos comunicarnos con gestos, cuando no tenemos un lenguaje común. Véanse Clark (1996), Tomasello (2008) y Levinson (1995).

3. Riesgos y vigilancia epistémica

Ya en su definición de significado lingüístico o *significado no natural*, antes de esbozar su programa sobre el principio de cooperación y la implicatura, Grice (1957) definió el significado en la conversación por la capacidad de causar efectos en el oyente. En las teorías cognitivas actuales, los efectos son cambios positivos en el panorama mental del oyente, por ejemplo la adquisición de conocimientos nuevos, o la eliminación de supuestos erróneos. Este objetivo de la comunicación va más allá de la comprensión. En efecto: un oyente puede comprender perfectamente un enunciado, pero, por ejemplo, no creer en su contenido. En ese caso, la comunicación no se cumple.

El riesgo de recibir información errónea es muy grande, ya que la evolución ha diseñado individuos más empeñados en actuar a favor de sus propios intereses, aun a costa de engaños, que individuos dotados de sinceridad y credulidad a toda prueba. Para el oyente, la comunicación presenta sobre todo el riesgo de recibir información errónea. Las palabras, por sí mismas, no son fiables, ya que, como aprenden tempranamente los niños, sirven para engañar. Es tan grande la importancia de la comunicación, tan indispensable para la supervivencia, que ambos interlocutores deben emplear todos sus recursos cognitivos para aprovechar las ventajas que obtienen de su capacidad comunicativa y para evitar sus riesgos.

En trabajos recientes de pragmática y de psicología evolucionista, se estudia cómo filtran los hablantes la información que reciben de otras personas. Los mecanismos cognitivos que tienen por función proteger a los oyentes de los riesgos de la información errónea constituyen, en conjunto, el proceso llamado *vigilancia epistémica* (Mercier y Sperber, 2017; Wilson, 2016).

La vigilancia epistémica incluye dos tipos de evaluaciones: por un lado, el oyente debe evaluar si el comunicador es confiable, y por otra parte, si la información comunicada es correcta. Al comunicador le interesa mucho parecer honrado y digno de confianza, y de este modo influir en el oyente. Una manera de lograrlo consiste en indicar las fuentes de su conocimiento o bien su grado de confianza en lo que dice: si lo cree o si tiene dudas o reservas. Para transmitir esos escrúpulos, que aumentarán su reputación de persona digna de confianza, el comunicador dispone de indicadores lingüísticos: los *evidenciales* y las formas que expresan *modo epistémico*.

Como se puede ver en el artículo sobre ***procedimentales**, algunas lenguas han gramaticalizado la función de indicar las fuentes del conocimiento, y otras, en cambio, como el español, expresan evidencialidad casi exclusivamente mediante adverbios o diferentes construcciones. Los evidenciales dan al oyente pruebas de fiabilidad: indican que la información es correcta porque el comunicador ha visto con sus propios ojos el hecho que afirma, o bien revelan el proceso de transmisión de un conocimiento, por ejemplo, en el caso más frecuente, el de los evidenciales llamados *citativos*, señalan que el conocimiento procede de palabras ajenas. De forma complementaria, el modo epistémico permite mostrar el grado de certeza del hablante sobre la factualidad del contenido que afirma: en español tenemos usos del subjuntivo, del condicional y de ciertos adverbios que están dedicados a indicar el grado de factualidad de una afirmación. Los evidenciales y el modo epistémico sirven para mantener la reputación y la influencia del comunicador, y permiten a los oyentes juzgar la validez de la información que reciben.

Se ha propuesto también que los conectores discursivos, como *por lo tanto, pero, así que*, que forman parte del conjunto de las codificaciones procedimentales, influyen en la capacidad del comunicador para persuadir o causar otros efectos en el destinatario, ya que son instrumentos idóneos para argumentar, mostrando la coherencia entre unas ideas y otras, o señalando contradicciones. Los argumentos sirven tanto para convencer a los demás de algo como para justificar las ideas propias. (Véanse Anscombre y Ducrot, 1994, y Mercier y Sperber, 2017).

CONDICIONES DE VERDAD

La semántica lógica determina que el significado de una oración se conoce cuando se conoce *en qué condiciones esa oración puede usarse para hacer una afirmación verdadera* sobre el mundo. En el ejemplo tradicional de la lógica, la oración *la nieve es blanca* es verdadera si y solo si la nieve es blanca. Debe haber una correspondencia entre lo afirmado y el mundo para que lo afirmado se pueda evaluar como verdadero.

Esto indica que una oración fuera de contexto no puede tener *valor de verdad*, o sea, ser verdadera o falsa, pero sí tiene las *condiciones* que deberá cumplir, en caso de ser enunciada, para decir una verdad sobre el mundo, o, dicho de otro modo, determina cómo debe ser el mundo para que la oración enunciada sea verdadera. La semántica sostiene que nuestro conocimiento del léxico y de la gramática nos da acceso a unas condiciones de verdad para cada oración bien formada de la lengua. Las reglas pueden aplicarse fuera de contexto, a oraciones tipo, y determinar sus condiciones veritativas, pero los filósofos del lenguaje suelen considerar que una oración sin contexto, o sea sin determinación de las referencias de los nombres y de los deícticos (por lo menos) no puede tener valor de verdad. El contenido de la oración apto para ser evaluado como verdadero o falso *en un contexto* se llama ***proposición**.

Bertrand Russell, en un famoso artículo de 1905, analizó las *descripciones* y sostuvo que si se describe un referente que no existe en el mundo, la descripción es falsa. Una descripción como (1), en el ejemplo propuesto por Russell, no es verdadera:

(1) El rey de Francia es calvo.

La proposición contenida en (1) no es verdadera, según Russell, porque no existe un rey de Francia. La frase nominal *presupone*, erróneamente, la existencia de un rey de Francia, y como tal individuo no existe, la proposición es falsa (véase ***presuposición**).

Desde la perspectiva del filósofo y matemático Gottlob Frege, que fue el iniciador del estudio del significado lingüístico, a fines del siglo XIX, una oración como (1) tiene *sentido*, o *intensión*, pero no tiene *extensión* o *denotación*, porque no se refiere a nadie (véase ***intensión y extensión**). Para Frege, el significado de una expresión está en su intensión o sentido, no en la referencia al mundo. Para Russell, en cambio, el significado es la referencia, ya que la referencia es lo que nos permite verificar la verdad o falsedad de una proposición. La proposición de (1), al no tener referencia, no es verificable, y no cumple con el principio de la lógica de dos valores, que exige que cada proposición pueda considerarse verdadera o falsa.

Según Russell y sus discípulos, entre ellos el joven Wittgenstein, el lenguaje tiene por función expresar proposiciones que, en su estructura lógica, tienen dos propiedades fundamentales: verdad y falsedad. Para Wittgenstein (1922/2009), comprender una proposición significa saber cómo es el mundo si la proposición es verdadera. Otros filósofos de Oxford, como Ayer, afirmaban que una proposición significa algo para una persona si y solamente si esta persona sabe cómo verificar la proposición, o sea, si sabe qué observaciones la van a llevar a aceptar la proposición como verdadera o a rechazarla como falsa. La idea que estos filósofos compartían es que el lenguaje es el instrumento para poder afirmar la verdad, meta del conocimiento científico. Russell creía que el lenguaje natural es vago, impreciso y poco confiable, y que la ciencia necesita un lenguaje artificial más riguroso y unívoco (véase ***teoría de los actos de habla**).

En los comienzos de la pragmática, algunos teóricos, intentando definir la nueva disciplina y siguiendo a Grice, proponían que los contenidos convencionales, codificados, que pueden determinarse por condiciones veritativas, son semánticos, y el resto es pragmática. La pragmática quedaba así a cargo de explicar los significados *no verificables* que exigen conocimiento de un contexto amplio, incluida la intención del hablante, factor crucial en la comunicación, según la teoría de Grice sobre el significado lingüístico en la conversación (véase ***Grice: lógica y conversación**). Grice distinguió, sin embargo, un tipo de significado híbrido entre semántica y pragmática: las *implicaturas convencionales* (véase ***implicatura**), que son de naturaleza pragmática, ya que pueden cancelarse sin afectar el valor de verdad del enunciado, pero, a diferencia de otras implicaturas, están siempre asociadas a una expresión, por lo cual se las considera convencionalizadas. Grice da como ejemplo de implicatura convencional, entre otros, el significado de oposición o contradicción expresado por la conjunción *pero*. Según él, este contenido no es semántico, pese a su convencionalidad, sino pragmático, ya que no afecta las condiciones de verdad. En el ejemplo siguiente,

(2) Andrés es pobre pero honrado.

lo que se afirma es que Andrés es pobre y honrado, ya que Andrés debe tener esas dos propiedades, ser pobre y honrado, para que sea verdadera la proposición: podemos sustituir *pero* por *y*, sin modificar las condiciones del mundo que deben cumplirse para que el enunciado sea verdadero. (Véase otro modo de teorizar estas implicaturas bajo ***procedimentales**.)

Contrariando a Grice, la mayor parte de las teorías actuales de la pragmática y de la filosofía del lenguaje consideran que el valor de verdad de una expresión requiere operaciones pragmáticas, de modo que la noción de valor de verdad no sirve para distinguir semántica de pragmática. Para algunos filósofos, las condiciones de verdad se obtienen por dos operaciones que actúan en tándem: descodificación semántica e inferencias pragmáticas. Esta es la tesis de la ***pragmática de las condiciones de verdad**, propuesta por Recanati (2010).

La ***teoría de la relevancia** considera que el contenido semántico de un enunciado es meramente un esbozo o guía de interpretación, no una proposición completa y evaluable, y propone, de la misma manera que la teoría semántica llamada ***contextualismo**, que para llegar a las condiciones de verdad de una oración necesitamos operaciones pragmáticas, desde la desambiguación y asignación de referencias de los deícticos (operaciones ya admitidas por Grice para establecer *lo dicho), hasta los ajustes necesarios para especificar los contenidos conceptuales de las expresiones en ese contexto. Solamente así obtendremos una *proposición completa* que coincidirá con nuestra intuición de lo que el hablante "dijo", y que podremos juzgar como verdadera o falsa, reportar, rechazar, etc.

El ***minimalismo**, en cambio, teoría semántica inspirada en la semántica lógica, mantiene todo lo contrario: que el contenido semántico de una oración bien formada es una proposición, y que el oyente accede a la proposición gracias a su conocimiento de los significados léxicos y la estructura gramatical de la oración, sin pedir auxilio a la pragmática, o pidiendo el mínimo auxilio necesario para asignar referentes a los deícticos y poco más. Para la teoría semántica que suele llamarse ***indexicalismo**, por otra parte, las condiciones de verdad intuitivas de una oración enunciada dependen de determinaciones gramaticales que se encuentran en la estructura sintáctica de la oración, y que guían al intérprete para seleccionar qué datos del contexto forman parte del significado de la oración.

CONSTITUYENTES NO ARTICULADOS

En algunas teorías actuales sobre el significado se postula la existencia de *constituyentes no articulados lingüísticamente*, es decir, constituyentes oracionales que no tienen manifestación fonológica, pero que son, sin embargo, componentes de la proposición enunciada. El contenido de estas partes no articuladas *procede del contexto* y permite completar el significado de la oración emitida, para ser evaluada como una proposición verdadera o falsa. La existencia de estos constituyentes ha sido propuesta, entre otros, por Sperber y Wilson (1995), Recanati (1993) y Carston (2010), y en general por los teóricos que defienden la intervención de la pragmática en el establecimiento de valores semánticos. La niegan, en cambio, como se verá más abajo, las teorías que mantienen que la gramática de una lengua –léxico, sintaxis y semántica– contiene suficiente información como para que el intérprete pueda obtener una proposición completa sin necesidad de ajustes contextuales de tipo pragmático, es decir, ajustes "libres", no exigidos por la gramática.

El reconocimiento de constituyentes sin articulación forma parte del proceso general llamado ***enriquecimiento libre**. Se atribuyen constituyentes no articulados a enunciados que se refieren al tiempo, por ejemplo:

(1) Está nevando.

Este enunciado parece tener un locativo implícito, que indica dónde está nevando. El locativo, aunque ausente, da información necesaria para obtener una proposición completa, cuya verdad o falsedad sea verificable. Esta expansión no realizada fonológicamente se atribuye frecuentemente a los verbos que se refieren al tiempo, como *llover*, *hacer frío*, etc., entre otros casos.

Un constituyente no articulado en relación con una oración emitida puede definirse como un objeto, una propiedad o una función que cumple tres condiciones: 1) es un constituyente que un hablante competente considera, intuitivamente, expresado por la oración enunciada; 2) no corresponde al valor de ninguna de las expresiones que forman parte de la oración; y 3) no puede rastrearse hasta la estructura sintáctica de la oración emitida, ya que se recupera solamente en el contexto.

Algunos investigadores sostienen que las restricciones del dominio de los cuantificadores están implícitas bajo la forma de constituyentes no articulados. Véase, por ejemplo, el enunciado siguiente:

(2) Cada alumno debe entregar una monografía.

Este enunciado lleva implícita una variable que debe completarse en contexto, por ejemplo, 'cada alumno de la clase de filosofía'. Lo mismo sucede en casos como el ilustrado por (3):

(3) Esa clase no le gusta a nadie.

El cuantificador *nadie* contiene una restricción que procede del contexto: 'nadie de nuestro grupo', 'nadie conocido', etc. Sin completar las variables ocultas, no se obtiene una proposición que pueda juzgarse como verdadera o falsa. Esa compleción solo puede suceder en contexto, y por lo tanto se la presenta como totalmente pragmática.

Otro ejemplo de construcción a la que suele atribuirse un constituyente no articulado puede verse en la siguiente situación: Fernando se queja porque tiene que escribir de nuevo un capítulo de su libro, y Adela le dice, poco solidariamente, algo como

(4) Bueno, no te vas a morir.

Fernando debe entender que no se va a morir por escribir otra vez el capítulo, no que no se va a morir *tout court*, y sin embargo, no hay señal de este significado extra en la superficie: el significado que vale en el contexto, 'no te vas a morir por tener que escribir otra vez un capítulo', es una expansión invisible, sin la cual el enunciado sería absurdo, y obviamente falso (Bach, 1994).

Este tipo de enriquecimiento plantea varios problemas teóricos. Sobre todo, no está claro todavía en qué casos es válida, o conveniente para una teoría del significado, la noción de constituyentes no articulados. Es fácil encontrar usos de los verbos que se refieren a fenómenos meteorológicos en que la locación no es pertinente, por ejemplo en enunciados como los siguientes:

(5) Llueve cuando el vapor de agua se condensa.

(6) Cada vez que hago lavar el coche, llueve.

En casos así, algunos investigadores (entre otros Recanati, 2004) piensan que no hace falta, para interpretar el enunciado, recurrir a una estructura locativa oculta. Para los casos más habituales, en los que la locación es pertinente, puede proponerse que esta se obtiene mediante las inferencias pragmáticas que toman en cuenta la intención del hablante y los datos relevantes del contexto para ajustar o enriquecer los significados explícitos. Este enriquecimiento puede incluir, según cómo se lo conciba, el añadido de contenidos implícitos aunque no haya rastros lingüísticos de su existencia, sin por eso proponer la categoría de componentes ocultos.

En otros casos, se considera más simple admitir la existencia de un componente no articulado. Los lenguajes llamados *pro-drop* tienen articulaciones no expresadas, que el oyente debe completar en cada caso, como un deíctico:

(8) A. ¿Y (él) qué dijo?
B. (Él) no dijo nada, (él) se quedó mudo. Ya sabes (tú) cómo es (él).

Sin embargo, en estas construcciones el sufijo verbal concuerda con el pronombre inexpresado, y por lo tanto el pronombre no está completamente oculto, sino que forma parte de una relación de concordancia con manifestación lingüística. Por otro lado, los pronombres sujeto no "caen" siempre, sino que se manifiestan fonológicamente en varios casos, incluso cuando no son necesarios para indicar énfasis o contraste, sino solamente para mantener la coherencia del discurso, de modo que las lenguas que admiten estas omisiones permiten construcciones en que el pronombre se realiza en la superficie.

La discusión actual sobre constituyentes no articulados pone de relieve el problema que se plantea la pragmática desde sus inicios: la distinción entre semántica y pragmática. Grice intentó mantener la semántica, con sus significados convencionales y estables, lo más independiente posible de los significados ocasionales producidos por la derivación de implicaturas (véase ***lo dicho**). Algunas teorías actuales, como la de Bach (véase ***implicitura**), la de Borg (2012) y la de Cappelen y Lepore (2005), tratadas aquí en el artículo sobre

***minimalismo**, distinguen claramente una semántica autónoma. Por el contrario, algunas teorías influyentes de la filosofía del lenguaje y de la pragmática, en especial la teoría de la relevancia, han reinterpretado la noción de lo explícito y lo implícito, proponiendo que parte del contenido de lo explícito procede de inferencias. Según estas teorías, los constituyentes no articulados se obtienen también por inferencias (véase ***inferencia**).

La crítica más interesante a la noción de constituyentes no articulados procede de una teoría semántica, el ***indexicalismo**, que no acepta que el contexto proporcione *libremente* los datos que se requieren para obtener el valor de verdad de una proposición enunciada. No hay tal libertad, según esta teoría, ya que la relación entre la proposición y el contexto está asegurada por normas lingüísticas, y por lo tanto no existen constituyentes no articulados.

Según el indexicalismo, las expresiones nominales y verbales contienen, en contexto, variables encubiertas, no realizadas fonológicamente, pero activas en la estructura sintáctica de la oración, y estas son las que regulan la relación con el contexto. Al igual que los deícticos, estas variables llevan consigo una regla gramatical que controla qué elemento del contexto es el referente de la expresión y qué elemento no lo es. El pronombre deíctico *tú*, por ejemplo, tiene una regla gramatical por la cual su referencia debe ser el interlocutor, y así sucede, con mayor o menor laxitud, con las demás formas deícticas.

El indexicalismo extiende la noción de deixis, al proponer variables o posiciones estructurales que es obligatorio rellenar con datos del contexto. De este modo, la relación entre lenguaje y contexto está regulada por las normas de la lengua. Para recuperar un constituyente no articulado se requieren inferencias que operan sobre un contexto amplio, no restringido, mientras que para recuperar las variables no realizadas fonológicamente, y añadir su valor en cada contexto, el proceso es más simple y directo: solo hace falta conocer las reglas lingüísticas, ya que son estas las que controlan la relación entre la oración emitida y el contexto, mediante variables semejantes, en su comportamiento, a los deícticos tradicionales.

En el caso tan debatido de los verbos que se refieren a fenómenos meteorológicos, como *llover*, *nevar*, etc., un teórico indexicalista, Stanley (2007), propone que el verbo *llover* y semejantes tienen una variable de situación o evento que, como un deíctico, toma su denotación del contexto, según normas gramaticales. En un enunciado como "Está lloviendo" el hablante hace una referencia deíctica a un hecho o situación, que a su vez sucede en un lugar. Pero este lugar no es un constituyente no articulado, sino que la proposición enunciada trata de un evento, y la variable de evento guía la relación con el contexto sin necesidad de postular un constituyente no articulado.

Si esto es así, quedarían explicados los casos en que el verbo *llover* no parece necesitar un complemento de lugar, lo que es una anomalía para quienes consideran que estos verbos de fenómenos meteorológicos requieren un constituyente no articulado que indique un lugar, si se quiere obtener una proposición completa, evaluable como verdadera o falsa. En un ejemplo como (6) (Cada vez que hago lavar el coche, llueve), la variable de evento está en función de lo expresado por el cuantificador *cada vez*, pero el análisis es el mismo que en los casos en que se utiliza este verbo sin complementos: la variable de situación o evento, según Stanley, es la mejor explicación de la relación entre esta clase de verbos y el contexto.

CONTENIDO SEMÁNTICO MÍNIMO

La noción de *contenido semántico mínimo* de una oración en contexto proviene de las teorías semánticas que se agrupan bajo el nombre de *minimalismo. Estas teorías intentan limitar todo lo posible la participación de los datos del contexto en el significado de las oraciones enunciadas, y mantener así una semántica autónoma, que pueda estudiarse sistemáticamente. El contenido semántico mínimo admite ser compartido entre muchos hablantes porque, según los teóricos minimalistas, está libre de dependencias contextuales; es el contenido nuclear de una oración enunciada y su propiedad fundamental es no variar de contexto a contexto.

La teoría minimalista de la *semántica insensible* (Cappelen y Lepore, 2005, 2006), propone que dos enunciados de la misma oración tienen un núcleo común de significado, que es invariable o casi invariable: esa zona común es el contenido semántico mínimo. Fuera del área compartida, existen otras proposiciones no compartidas, de significado contextual u ocasional, pero de esa zona de significado no se ocupa la semántica. Cappelen y Lepore consideran correcta la intuición de que cada acto de habla tiene varios contenidos, y proponen tener en cuenta lo que llaman *pluralidad de los contenidos de un acto de habla** al mismo tiempo que la existencia de una proposición central invariable.

En la teoría de la semántica insensible se reduce al mínimo el número de formas lingüísticas que pueden considerarse sensibles al contexto, y se admiten solamente los deícticos tradicionales: pronombres como *yo*, *tú*, demostrativos como *aquí*, adverbios como *ahora*, *mañana*, y poco más (véase *carácter y contenido** y también *saturación). La teoría semántica llamada *contextualismo** y la *teoría de la relevancia** en pragmática afirman, por el contrario, que el rasgo que caracteriza a los deícticos, su variabilidad contextual, puede extenderse a prácticamente todo el lenguaje. Así, expresiones que no son deícticas pueden variar de significado, siquiera levemente, en diferentes situaciones comunicativas, y los intérpretes deben ajustar los significados según lo requiera el contexto. Mediante estos ajustes para calibrar los significados, el intérprete llega a captar lo que el hablante quiere decir con una expresión en una ocasión de habla. El contextualismo afirma que los significados son variables, ocasionales, mientras el minimalismo busca, por el contrario, delimitar lo que la teoría considera permanente, invariable y compartible.

En su defensa de una semántica insensible, Cappelen y Lepore (2005) afirman que si la sensibilidad al contexto se extiende más allá de los deícticos, la comunicación se vuelve más difícil e incierta, operando con significados cambiantes, de modo que se podría llegar al extremo de no poder transmitir y acumular conocimientos. En especial, no podríamos reportar lo que otro sujeto dijo, salvo si conociéramos el contexto amplio en que se produjo ese enunciado, y el significado que tuvieron las palabras en esa ocasión. Sería imposible, en la mayor parte de los casos, utilizar el discurso indirecto sin faltar a la verdad, ya que no siempre conocemos los matices ocasionales de significado que tuvieron las palabras originales en su contexto.

Compartir un contenido semántico, según los autores, consiste en poder citar, aprobar, desaprobar, discutir, elogiar, rechazar, lo que otro u otros hablantes dicen o dijeron, suponiendo, así, que es posible comprender lo que otro dijo aunque se desconozcan los datos contextuales en que se originó cada enunciado. La transmisión de conocimientos sería imposible, según Cappelen y Lepore (2007), si no existieran núcleos significativos invariables, que pueden comunicarse muchas veces, en distintas situaciones de habla, sin faltar a la verdad, aunque no se tenga acceso a los contextos de enunciación de las proposiciones originales.

Supongamos que dos personas, Joaquín y María, emiten, en diferentes ocasiones, el siguiente enunciado:

(1) Elsa come demasiado.

Una tercera persona, Luisa, podría unir las proposiciones expresadas produciendo el enunciado (2)

(2) Joaquín y María estuvieron de acuerdo en que Elsa come demasiado.

Luisa podría emitir (2) sin mentir aunque desconociera en qué contextos se produjeron ambos enunciados, y todos los significados que tuvieron en cuanto actos de habla históricos, situados en un tiempo y lugar, determinados por las intenciones comunicativas de los respectivos enunciadores. Según esta visión del problema, lo que se pierde al citar o reproducir un enunciado es la pluralidad de sus significados *en cuanto actos de habla*, pero no su contenido mínimo.

Para los minimalistas, los significados ocasionales, que varían de momento a momento según las intenciones del hablante y los demás factores contextuales, es pragmático y casi totalmente irrecuperable para los que no han estado presentes en la emisión original del enunciado, y, en cambio, lo que nos permite citarnos unos a otros, discutir ideas, establecer acuerdos y desacuerdos, en suma, el significado al que podemos recurrir siempre, por encima de las circunstancias variables de la comunicación, es un significado semántico, invariable, independiente del contexto.

Cappelen y Lepore (2007) atacan especialmente a la teoría de la relevancia, que propone una sensibilidad al contexto muy extendida y la necesidad de inferencias pragmáticas para captar el significado exacto de los elementos léxicos de un enunciado. Estos investigadores dicen continuar el pensamiento de Grice, que intentaba también distinguir, dentro del significado completo transmitido por un hablante, el núcleo semántico, o sea *lo dicho, de las implicaturas producidas en la conversación, más allá de la semántica.

Pero la semántica que proponen Cappelen y Lepore no es totalmente insensible, porque debe incluir los deícticos, cuyo significado es una función del contexto. Con el reconocimiento de los deícticos, la semántica deja de ser totalmente "insensible". Y más aún si se tiene en cuenta que hay deícticos que requieren no solamente un contexto mínimo, constituido por hablante, lugar, tiempo, sino un contexto muy amplio. El demostrativo *aquí*, por ejemplo, que forma parte del grupo básico de deícticos, puede referirse tanto a la habitación en que está el hablante, como a la casa, el barrio, la ciudad, el país, el planeta. En estos casos no podemos seguir proponiendo un contexto mínimo, e incluso Cappelen y Lepore llegan a admitir, al pasar, la necesidad de tener en cuenta, en algunos casos, la intención del hablante (véase Cappelen y Hawthorne, 2009).

En suma, la proposición mínima propuesta por Cappelen y Lepore no es suficientemente mínima como para garantizar que será siempre fielmente citada, aprobada, discutida, etc., puesto que contiene expresiones deícticas que se deben completar en contexto, lo que no puede descartarse en una teoría de la comunicación. Por otro lado, según Carston (2008), la proposición mínima es demasiado mínima, porque los hablantes no tienen acceso a ella, está más allá de lo que pueden captar intuitivamente. Esto es algo admitido por Cappelen y Lepore (2005), que dicen que la proposición mínima, la que puede compartirse, es solamente una de las proposiciones afirmadas en un acto de habla.

Si la semántica y la pragmática quieren explicar, en sus teorías, las intuiciones de los hablantes, las que les permiten comunicarse con facilidad y éxito en la mayor parte de las interacciones lingüísticas, la noción idealizada de contenido semántico mínimo no parece ser útil ni necesaria. Pero para los teóricos minimalistas como Borg (2012), la semántica debe tratar los significados de las palabras como entidades discretas, independientes del contexto, que, combinadas en oraciones bien formadas, pueden ofrecer una proposición evaluable por su verdad o falsedad, es decir, la controvertida proposición mínima, aún admitiendo que los hablantes no las perciben ni tampoco tienen un papel que cumplir en la comunicación (véase ***proposicionalismo***).

En un libro reciente, Cappelen y Dever (2016) reexaminan varios intentos de las teorías minimalistas por superar el conflicto entre la variabilidad y la estabilidad de los significados, y llaman a la teoría de la semántica insensible expuesta en Cappelen y Lepore (2005) "minimalismo misterioso". Ponen como ejemplo enunciados del tipo de "Clara está lista", oración verdadera en contexto, según la teoría de la semántica insensible, en caso de que Clara esté lista, sin más, sin admitir la necesidad de otros datos contextuales. En casos como este, afirman Cappelen y Dever, la proposición mínima realmente no dice nada sobre el mundo, y por lo tanto no se ve para qué sirve reportarla. Solamente el conocimiento del contexto convierte enunciados como ese en proposiciones evaluables por su verdad o falsedad.

CONTEXTO

El *contexto* es una selección de los componentes de la situación de comunicación, selección que incluye los rasgos que son *pertinentes* para producir y comprender un enunciado, por ejemplo los datos de persona, tiempo y lugar de la comunicación, que proporcionan referencias a deícticos como *yo, ahora, aquí*. Estos datos básicos que permiten asignar referencias a los deícticos forman lo que suele llamarse *contexto estrecho*. Pero el contexto activo de las interacciones lingüísticas, a veces llamado *contexto amplio*, abarca una gran cantidad de datos diversos, y puede ser descrito como un conjunto de conocimientos compartidos por los hablantes: conocimiento de los papeles de los hablantes (quién habla, a quién se dirige) y su estatus social, del lugar, el tiempo, el medio de comunicación empleado, y todos los conocimientos compartidos que hacen posible la comprensión y van ampliando y alterando ese contexto. El contexto amplio incluye la intención del hablante, que la pragmática considera el factor clave de la interpretación (véase *intención comunicativa).

En la teoría de Grice, el contexto está formado por los datos *mutuamente conocidos* por los hablantes. Al producir su enunciado, el hablante calcula que el oyente tiene ciertos conocimientos, y que el oyente, a su vez, sabe que el hablante sabe lo que él sabe (*yo sé que tú sabes que yo sé que tú sabes que yo sé...*). Este proceso, en principio infinito, se detiene cuando esos cálculos no son ya necesarios, o sea, cuando el oyente capta el significado del hablante (véase *Grice: lógica y conversación).

Sperber y Wilson (1995), autores de la *teoría de la relevancia, critican la noción de *conocimiento mutuo* por considerarla psicológicamente implausible y proponen en cambio la noción de *entorno cognitivo*, o conjunto de todos los hechos "manifiestos" para el hablante y el oyente, o sea los hechos que se conocen o pueden conocerse. Esta noción de contexto es *cognitiva*: no incluye solamente una lista de elementos exteriores al enunciado, sino el modo en que son percibidos y utilizados para la comunicación. Sperber y Wilson sostienen, en efecto, que el contexto de un enunciado incluye datos sobre la situación en que se produce el intercambio (lugar, tiempo, otros individuos) y sobre los conocimientos previos de los interlocutores, y que todos estos datos deben considerarse material psicológico, o sea, material *percibido, supuesto o conocido* por los hablantes. Hablante y oyente tienen que compartir un contexto, que es *aportado por el oyente con la guía del hablante*. Si el hablante quiere que su enunciado se entienda de determinada manera, debe esperar que el oyente sea capaz de suplir el contexto que permite llegar a la interpretación buscada.

Los componentes del contexto no son siempre representaciones mentales, ya que no todo lo que forma parte del entorno cognitivo son representaciones mentales. En lugar de la noción de representación, Sperber y Wilson proponen la de *manifestación*, que es más débil, y por lo tanto más amplia. En la noción de *lo manifiesto* entra, por un lado, *lo sabido* (mentalmente representado con una garantía de verdad), *lo presumido* (mentalmente representado pero sin garantía de verdad), y *lo manifiesto*, o sea, lo que el individuo es capaz de inferir o percibir, aunque todavía no lo haya hecho. También son manifiestas las cosas que percibimos sin prestarles atención, como ciertos ruidos.

El *entorno cognitivo completo de un individuo* es una función de su entorno físico y sus habilidades cognitivas. No consiste solamente en todos los hechos de los que tiene conciencia, sino también en todos los hechos de los que es capaz de tener conciencia. Si la superposición de entornos cognitivos entre los interlocutores no es suficiente, o contiene información contradictoria, entonces la comunicación puede fallar.

En este marco teórico, el hablante tiene que hacer hipótesis sobre el contexto que es capaz de construir su interlocutor, y que puede incluir cosas que el hablante no sabe pero que puede inferir fácilmente o notar fácilmente. Cada acto de comunicación exige un cálculo de contextos.

La noción de contexto, tanto en la teoría de Grice como en la teoría de la relevancia, es psicológica, ya que se presenta como un conjunto de conocimientos compartidos o susceptibles de ser compartidos, y es dinámica: cada aporte a la conversación va ampliando y modificando el contexto, ya sea porque cada aporte ofrece información o porque insta a presuponerla.

El hablante es responsable de guiar al oyente en la construcción de un contexto interpretativo, pero, en algunas ocasiones, el oyente debe suplir datos omitidos, que surgen en la conversación como si fueran conocidos, pero no lo son. Este procedimiento interpretativo que consiste en agregar una información a un contexto se llama *acomodación*, y suele darse como ejemplo de cooperación entre los hablantes. Por lo general, la información que se "acomoda" al contexto ha sido presentada por el hablante como ya conocida, pero en realidad no lo es. En el enunciado "Voy a llamar a mi marido", la expresión referencial definida *mi marido*, que presupone la existencia del marido de la hablante, se presenta como si esa presuposición hubiera sido satisfecha antes y formara parte del contexto. Si el oyente ignora la existencia del marido, suele actuar cooperativamente y añadir esa información al contexto (Thomason, 1990).

CONTEXTUALISMO

Se llama *contextualismo* a una tendencia teórica en semántica y filosofía del lenguaje, que da un papel central al contexto para determinar el significado lingüístico. El contextualismo propone que la mayor parte de las expresiones lingüísticas son sensibles al contexto, y que los hablantes necesitan realizar operaciones pragmáticas en todas las etapas de la interpretación, porque los contenidos semánticos no son suficientes para obtener el significado completo de un enunciado.

La noción semántica de contextualismo tiene una aplicación importante en epistemología, ya que los filósofos contextualistas consideran que el vocabulario epistémico, por ejemplo el verbo *saber*, varía según cuál sea el entorno contextual en que se utiliza. Un enunciado que atribuye conocimiento, por ejemplo "Jorge sabe que tú te vas a Buenos Aires", puede tener, desde la perspectiva contextualista, valores semánticos diferentes en relación con diferentes contextos de enunciación, ya que el verbo *saber* no está provisto de un contenido invariable. Por lo general la variabilidad se atribuye al grado de exigencia de los contextos: el contenido de *saber* no es el mismo en una charla informal, donde el estándar de exactitud es poco exigente, que en un juzgado o en la clase de epistemología, donde el estándar de verdad es más alto.

El contextualismo sostiene que la variabilidad del vocabulario epistemológico y de muchos otros términos, por ejemplo los adjetivos graduables como *sabroso, divertido, fácil,* etc., se origina en el hablante y en su contexto. Por su parte, las teorías relativistas, que tratan los verbos epistémicos y algunos adjetivos graduables, atribuyen los cambios de significado no al contexto de enunciación sino al contexto de evaluación, o sea, no al hablante, sino al oyente (véase ***relativismo**, y los artículos reunidos por Preyer y Peter, 2005).

En filosofía del lenguaje hay diferentes versiones de contextualismo. Para algunos teóricos de esta tendencia, todas las expresiones lingüísticas, sin excepción, son sensibles al contexto (véase, por ejemplo, Travis, 2000). Para otros, llamados "contextualistas moderados" (Recanati, 2004), hay un nivel de significado literal que es independiente del contexto, pero no es suficiente en la comunicación. Lo que tienen en común todas las versiones del contextualismo es la creencia en que gran parte de las expresiones lingüísticas adquieren el significado que el hablante quiere transmitir gracias a los datos contextuales que el intérprete, con la guía del hablante, utiliza en la interpretación. La extensión de la sensibilidad contextual en las lenguas naturales ha pasado a ser en los últimos años un tema central de la filosofía del lenguaje, y se ha intentado explicar de diferentes maneras (véase *carácter y contenido, donde se trata la teoría de Kaplan, 1989).

Los deícticos nos dan el ejemplo más claro de sensibilidad al contexto: palabras como *yo, aquí, ayer*, tienen diferentes extensiones o denotaciones según a qué referente apunten, y por lo tanto la misma oración, con los mismos deícticos, puede tener, usada en diferentes situaciones de habla, diferentes significados. De la misma manera, según los teóricos contextualistas, muchas expresiones, entre ellas, por ejemplo, los adjetivos graduables como *alto, bajo, grande*, solo adquieren una denotación si pueden contrastarse con una norma de altura, tamaño, etc. En un enunciado como "Quique es alto", donde se habla de un niño, el enunciado tiene sentido si se aprecia la altura de Quique en relación con niños de la misma edad, o con una escala de alturas para esa edad.

Del mismo modo, los cuantificadores, como *nadie* o *cualquiera*, las construcciones preposicionales como *el libro de Omar*, las expresiones que atribuyen color a los objetos (por ejemplo en una frase como *las manzanas verdes* o *el lápiz rojo*, que admiten interpretaciones diferentes, según se refieran al interior o al exterior del objeto) e incluso expresiones que expresan conceptos como *libertad, persona, democracia, igualdad, novio, amigo*, etc., tienen diferentes significados en diferentes contextos (véanse los casos tratados bajo *sensibilidad al contexto).

El relativismo, ya mencionado a propósito de los verbos epistémicos, presenta, a lo largo de su historia, explicaciones que pueden confundirse con las del contextualismo. En un momento de esta historia, la denominación *contextualismo* reemplazó a la denominación *relativismo*, y *relativismo* pasó a querer decir *contextualismo*, lo que agravó la confusión. Quizá baste con recordar, a fin de evitar estas superposiciones, que el contextualismo actual propone que las expresiones varían en su significado según los datos del contexto de enunciación, de modo que si el profesor dice "El examen es difícil", el significado del adjetivo graduable *difícil* puede ser diferente del que adquiera la misma oración emitida por un alumno, es decir, por un hablante diferente en un contexto diferente. Pero las teorías del relativismo tienen en cuenta también las variaciones que impone el *contexto de evaluación* de un enunciado, y analizan el fenómeno, no tratado por los contextualistas, de que dos hablantes no estén de acuerdo con el mismo enunciado, al que otorgan diferente valor de verdad, siguiendo sus opiniones o preferencias personales.

Algunas teorías contextualistas proponen que, debido a la sensibilidad al contexto y al dinamismo de las lenguas humanas, el significado literal o convencional de las palabras es solamente uno entre varios posibles, y los significados se negocian en la conversación, de modo que son, en cada caso, diferentes, según el acuerdo al que lleguen los participantes sobre cómo entender las expresiones (Ludlow, 2014) (véase ***modulación y macrolenguajes**). En otras versiones del contextualismo, las oraciones y componentes de las oraciones tienen significados básicos, literales, relativamente estables, pero que son esquemáticos y deben completarse en contexto para comprender el significado del hablante (Recanati, 2004). Pero todas las variantes del contextualismo insisten en que el contenido semántico de las palabras que expresan conceptos es insuficiente, y que la sensibilidad al contexto es un fenómeno generalizado en las lenguas humanas. La semántica, por sí misma, ofrece solamente esquemas conceptuales, tanto en los elementos léxicos como en las oraciones, y, según los contextualistas, esta información es insuficiente y debe ser completada por inferencias pragmáticas, que extienden, estrechan, y, en general, precisan esos significados esquemáticos (véase ***subdeterminación semántica** y ***enriquecimiento libre**). Aunque el modelo clásico de Grice no incluye este asunto, las teorías neogriceanas desarrollan la idea de las inferencias presemánticas (véase ***interpretaciones preferidas**). Los teóricos contextualistas, por ejemplo Recanati (2004, 2010), afirman que los hablantes hacen inferencias en cuanto comienza la actividad comunicativa, ya que cada unidad composicional de la oración exige ajuste pragmático antes de que el intérprete llegue a comprender el significado de la proposición enunciada (véase ***pragmática de las condiciones de verdad***).

La pragmática actual, en especial la ***teoría de la relevancia***, es también contextualista. El relevantismo propone una semántica mínima, que consiste en un esbozo del significado que quiere transmitir el hablante, y requiere inferencias pragmáticas para completarse y enriquecerse. Las inferencias son imprescindibles desde el inicio del proceso comunicativo, y permiten ir fijando los contenidos explícitos e implícitos de las palabras y las proposiciones implícitas transmitidas mediante implicaturas.

Para los contextualistas (al menos para los moderados), las expresiones tienen un contenido codificado (literal, convencional, propio de la expresión tipo y no de sus actualizaciones), que es estable pero no suficiente. La teoría de la relevancia sostiene que este contenido literal es la proyección lingüística de un concepto de nuestro lenguaje mental, pero en cada enunciación se produce un reajuste del significado básico al contexto, según las intenciones del hablante, y por lo tanto el intérprete debe inferir cuál es el significado de la palabra en cada contexto particular. Según esto, dos elementos pragmáticos por excelencia, las intenciones del hablante y las inferencias del oyente, son parte del proceso de atribuir valor de verdad a una proposición.

Los partidarios de la *semántica minimalista* (véase ***minimalismo***) consideran que el contextualismo no explica adecuadamente el significado lingüístico y la comunicación, ya que la continua inestabilidad y necesidad de ajuste semántico propuestas por el contextualismo comprometerían nuestra capacidad para referir lo que alguien ha dicho en un contexto distinto del contexto del reportaje. Según los minimalistas, si el significado necesitara modulaciones constantes, no podríamos estar de acuerdo con lo que dijo alguien en un contexto que no conocemos, ni citar lo que dijo otra persona, ni decir que varias personas opinaron lo mismo en contextos diferentes uno de otro (véase ***contenido semántico mínimo***).

El debate entre contextualismo y minimalismo es uno de los más apasionados de las teorías sobre el significado. Los minimalistas defienden la estabilidad del significado frente a los avatares del contexto y frente a la idea de que solo se comprende lo que dice alguien si conocemos el contexto completo de su enunciación. Estas ideas son compatibles con las de otras teorías recientes que revalorizan el papel de la gramática en la comunicación: el ***indexicalismo**, que propone reglas gramaticales suficientes para completar significados sin acudir al contexto, y las nuevas teorías sobre las convenciones gramaticales, que niegan los principios generales de la pragmática (véase ***teoría de la convención y la imaginación**).

COOPERACIÓN

Según las teorías de la pragmática, y también de la filosofía, la antropología, la psicología evolucionista y las ciencias de la cognición, la *cooperación* entre los hablantes, en un acto de comunicación, es una condición esencial para que ambas partes puedan comunicarse. La cooperación depende, a su vez, del grado de *coordinación* que alcancen los agentes. La coordinación está determinada por expectativas ya fijadas para regular la cooperación, pero estas expectativas son flexibles y admiten adaptaciones y redefiniciones.

En el uso del lenguaje, de un modo semejante al de otras prácticas que se realizan entre varios agentes con intereses comunes, la cooperación es la actitud por la cual un individuo quiere ser útil a otros, ofreciendo, en el caso de la actividad comunicativa, información, y esperando a cambio retribución, de modo que ambas partes de la interacción se beneficien. El filósofo Paul Grice, que estableció los fundamentos teóricos de una teoría del uso del lenguaje, propone que la expectativa de cooperación, junto con la confianza en la racionalidad de los demás hablantes, es lo que hace posible, en primer lugar, la comunicación, y por eso llama al principio básico del comportamiento comunicativo *principio de cooperación*. Este principio se complementa, en su programa, con una serie de expectativas, que Grice llamó *máximas* para subrayar su carácter contractual: decir la verdad, no dar más ni menos información de la requerida, decir lo que viene al caso, ser claro (véase **Grice: lógica y conversación*).

Los hablantes esperan siempre cooperación. Si, al enunciar un deseo, por ejemplo el deseo de beber agua, sabemos que el interlocutor va a entenderlo como una petición, y va a tratar de complacernos, dándonos un vaso de agua, es porque confiamos en que es cooperativo. Racionalidad, cooperación y coordinación mental (que se basa en compartir un terreno común de conocimientos y prestar atención conjunta a los que sean pertinentes) son las propiedades básicas de la comunicación, según las teorías pragmáticas, desde Grice en adelante (véase *comunicación).

Para actuar en forma cooperativa, los hablantes deben compartir intenciones, que son las intenciones que tiene un sujeto plural, *nosotros*, es decir, los individuos que tienen metas compartidas y se apoyan en conocimientos, creencias e intenciones también compartidas. Los primates más cercanos al *homo sapiens* carecen de esta infraestructura, no son cooperativos. Tomasello (2008) propone que en un momento de la evolución humana, la cooperación dio una gran ventaja adaptativa a un grupo de individuos, y les permitió prosperar y crear un lenguaje mucho más eficaz que el de los gestos, y una cultura.

Dada la importancia vital de la cooperación en los grupos humanos, la evolución tuvo que resolver los problemas que surgen en la cooperación, por ejemplo cómo detectar a los individuos que engañan a los demás miembros del grupo, aportando poca cooperación, o ninguna, y obteniendo, sin embargo, los mismos beneficios que los miembros cooperativos. La estructura de la cooperación se fue regulando de modo de descubrir y castigar a los transgresores. En el caso de la comunicación, el castigo del mentiroso es el aislamiento y la mala reputación (véase *mentiras e implicaciones falsas).

El acto de la comunicación, sustentado por la actitud cooperativa y la capacidad de coordinación de los hablantes, es un acto creativo, cuyas estrategias, si bien se basan en convenciones lingüísticas y en expectativas prefijadas, están abiertas a las innovaciones que exijan la situación y los fines compartidos por los hablantes. Los humanos –a diferencia de los animales y, por ahora, de las máquinas inteligentes– son capaces de adaptar el acuerdo entre ellos a nuevas situaciones, cambiando las expectativas si hace falta y creando otras. Para que esto sea posible, es necesario crear una *coordinación* muy efectiva. Los jugadores de un equipo de fútbol, que entran en la cancha con una estrategia preestablecida, deben ser capaces de cambiarla si el partido no se desarrolla como estaba previsto, sin dejar en ningún momento de confiar en sus compañeros de equipo, sabiendo qué esperar de ellos. Un jugador, bien apoyado por un acuerdo instantáneo con sus compañeros, puede, por ejemplo, cambiar su lugar de juego (pasar de la defensa al ataque, digamos) si el partido lo exige, y de ese modo reestructurar el juego del equipo.

En la comunicación, las partes deben evitar, en lo posible, el malentendido, no solamente en relación con los enunciados que intercambian, sino en relación con los fines comunes de la interacción y sobre todo con lo que cada parte puede esperar de la otra. La cooperación debe formar expectativas mutuas que sean seguras. Para lograrlo, los humanos han desarrollado normas sociales, que regulan las interacciones, de la misma manera que las reglas de tráfico regulan el tráfico. Otro modo de asegurar expectativas mutuas depende de la capacidad de leer la mente ajena: si somos capaces de conocer los estados mentales de nuestros interlocutores, podremos coordinar mejor nuestro comportamiento. Pero, según Mercier y Sperber (2017), ni las reglas sociales ni la lectura de la mente nos aseguran la coordinación satisfactoria con otras personas. La mejor manera es revisar, discutir y negociar la interacción, es decir, justificar la conducta propia con argumentos. Esta es, según los autores, una de las funciones específicas de nuestra capacidad de razonar, que ellos consideran una capacidad *interactiva*, es decir, diseñada por la evolución para poder argumentar con los demás, convencerlos, influir en ellos. En relación con la coordinación indispensable para que funcione la cooperación, las justificaciones ponen de manifiesto la fiabilidad del comunicador, realzan y protegen su reputación, y crean la exigencia de igual fiabilidad en el otro participante de la interacción. Así se crean las expectativas comunes y la confianza mutua indispensables para que la cooperación sea fructífera.

CORTESÍA

1. Niveles y manifestaciones

Se llama *cortesía* o también *manejo de las relaciones interpersonales*, o *trabajo relacional*, al sistema de prácticas sociales dedicadas a establecer y afianzar las buenas relaciones entre los individuos. Por medio de comportamientos que un grupo sociocultural considera corteses, se intenta crear, conservar y promover la armonía en las interacciones de los miembros de la comunidad, exaltar su mutuo respeto y aprecio, y contribuir al éxito de sus tareas comunes, entre ellas, en lugar especial, la comunicación.

Las repercusiones de la cortesía en el uso del lenguaje se señalaron ya en las teorías fundadoras de la pragmática, sobre todo en la ***teoría de los actos de habla**, que analiza cómo la cortesía afecta la forma de algunos actos, y da lugar a modos indirectos de realizar aquellos actos que puedan parecer imposiciones al interlocutor, como pedir, preguntar, ordenar, etc. (Searle, 1969 y 1975). Las normas de cortesía no solamente influyen en la forma de un acto de habla, sino que pueden afectar su función, si, por consideración hacia el interlocutor, nos vemos obligados a trasgredir las máximas de cooperación: no decir exactamente la verdad, por ejemplo, si creemos que el interlocutor va a ofenderse, o, en el deseo de mitigar la ofensa que pueden provocar nuestras palabras, dar rodeos y, en general, extendernos más de lo que determina la máxima griceana "sea claro". Grice señaló que sin duda hay, además de las máximas que acompañan al principio de cooperación, otras máximas de distinta índole, morales, estéticas o corteses, respetadas generalmente por los hablantes, que pueden provocar implicaturas conversacionales (Grice, 1989, cap. 2).

Puede crearse un conflicto, en efecto, entre las normas de cortesía y las máximas que, según la teoría de Grice, aseguran la cooperación necesaria para comunicarse (véase al respecto Leech,

1983), pero las normas de la cortesía ofrecen grandes beneficios para el buen funcionamiento de las relaciones sociales, y de ahí que se considere aceptable ponerlas por encima de las reglas de la cooperación racional.

Debido a la importancia de las creencias de una comunidad sobre qué se considera cortés y qué se considera descortés, en varias investigaciones recientes sobre cortesía se distingue entre la cortesía de *primer orden* y la de *segundo orden*. La cortesía de primer orden incluye las maneras en que los grupos socioculturales perciben los comportamientos corteses y hablan de ellos. La cortesía de segundo orden es una construcción teórica, que examina e intenta sistematizar las ideas preteóricas y desarrolla explicaciones sistemáticas sobre comportamientos sociales y lingüísticos (Terkourafi, 2011). La capacidad de comprender las normas de cortesía de un grupo sociocultural es esencial para intentar describir las normas de cortesía de ese grupo. La cortesía depende enteramente de percepciones, que solo valen en contexto. No hay ninguna fórmula en el lenguaje que sea por sí misma, intrínsecamente, más cortés que otras, ya que todo depende de la situación y de las percepciones de los hablantes. En algunas ocasiones, la cortesía más exquisita, que se vale, por ejemplo, de honoríficos como *señora, doctora,* y de fórmulas como *¿tendría la bondad?,* o *si fuera Ud. tan amable,* puede sonar falsa y amenazante, en lugar de crear armonía entre los participantes. A su vez, formas directas y perentorias de hablar pueden considerarse más sinceras, y por eso más dignas de confianza. Solamente los miembros de una comunidad sociocultural saben, o creen que saben, qué es cortés y qué no lo es para ellos. Los investigadores de la cortesía de segundo grado van a la zaga, intentando sistematizar esas percepciones contradictorias y sutiles.

Somos conscientes de que cada vez que hablamos damos una imagen de nosotros mismos. Hemos aprendido, en el proceso de socialización y adquisición de nuestra lengua materna, que si pedimos algo amablemente, o agradecemos cada pequeña atención o favor, o nos disculpamos humildemente, siguiendo ciertas rutinas aprendidas, tenemos más probabilidades de conseguir lo que queremos de los demás, ya sea información, consideración o afecto. Una motivación complementaria de los actos corteses es evitar los conflictos que están siempre amenazando nuestras interacciones sociales, y eso lo logramos, por ejemplo, reconociendo el lugar de los otros en la escala social, mostrando aprecio y respeto por lo que los demás hacen o dicen.

La cortesía se ha definido como un sistema de relaciones interpersonales que facilitan la interacción reduciendo la posibilidad de conflictos (Lakoff, 1990). En ese sistema, una parte importante es la cortesía lingüística, o, más exactamente, la cortesía que se manifiesta por medios lingüísticos. Entre las manifestaciones no lingüísticas se encuentran gestos, como, por ejemplo, aplaudir al final de una conferencia, saludar con la mano, extender el brazo para invitar a alguien a pasar primero, inclinarse o bajar la cabeza para indicar humildad (como los músicos al recibir un aplauso, por ejemplo), levantarse para ceder el asiento, etc. También forman parte del sistema de la cortesía conductas sociales que pueden ser complicadas y requerir talentos diplomáticos: a quiénes invitar a una boda o a un simposio de expertos, qué decir en situaciones embarazosas, cómo pedir disculpas si la ofensa es grande, etc.

Lo que tienen en común todas las formas de cortesía es un rasgo esencial: exaltar al otro, muchas veces en detrimento de uno mismo. Este comportamiento suele llamarse *altruismo* (Leech, 2014). No se trata del altruismo generoso y desinteresado que algunas personas son capaces de ofrecer calladamente, sino de un altruismo *mostrado*, que no necesita ser sincero, sino parecerlo, para tener el efecto que se busca. El aparente altruismo, si no busca retribución inmediata, es una manera de asegurar que la persona que recibe nuestra consideración o generosidad va a recompensarnos en el futuro, y que además consolidamos una buena reputación en nuestro grupo. En el marco de una teoría de la comunicación humana centrada en la noción de cooperación mutua, Tomasello (2008, cap. 5) observa que el acto de habla de agradecer un favor es un modo de hacer publicidad a la persona que hizo el favor, y garantizar que a quien agradece se le harán favores en el futuro, ya que reconoce y difunde la generosidad que recibe de otros. Además, la cortesía nos exige evitar dar órdenes y en cambio mostrar, más o menos abiertamente, un deseo, permitiendo que el interlocutor actúe por su propia voluntad para complacernos, lo cual merecerá mayor agradecimiento. Algunas maneras de mostrar lo que uno quiere de otro son muy indirectas, y eso deja un margen para mantener las buenas maneras de ambos participantes: uno ofrece algo sin que se le pida abiertamente, el otro lo agradece, y los dos quedan bien uno frente al otro y los dos frente al grupo.

La reputación, o imagen pública de uno mismo, tal como la ven los demás miembros de la comunidad, es el concepto esencial de la teoría de la cortesía de Brown y Levinson (1987), que parte de la noción sociológica de *face*, literalmente 'cara', que aquí debe entenderse como *imagen pública de uno mismo*, o, también, *reputación*. En inglés hay varias expresiones en la lengua coloquial relacionadas con este sentido de *face*: *losing/saving face*, por ejemplo, que reflejan las percepciones preteóricas de los hablantes (el sistema de cortesía de primer grado) sobre la pérdida, mantenimiento y realce de la reputación.

2. Cortesía e imagen social

La teoría de la *face*, desarrollada por Brown y Levinson en 1978, y reeditada, con un prólogo nuevo, en 1987, compite con varias teorías y con una gran cantidad de trabajos sobre la cortesía, quizá el tema más tratado en los campos de la sociopragmática y la pragmática cultural (véase Bravo y Briz, 2004). Pero varios pragmatistas reconocen, en trabajos recientes, que la teoría de Brown y Levinson, ya clásica, sigue siendo el intento más logrado de sistematizar el fenómeno de la cortesía (Leech, 2014; Huang, 2007; Chapman, 2011).

La noción de *face* o *imagen pública* proviene de los trabajos de un sociólogo, Erving Goffman (1967), que describió la imagen pública como el valor social positivo que las personas tratan de mostrar en las interacciones sociales, y que es también una forma de respeto a sí mismo. La imagen de sí mismo se compensa con comportamientos que muestran consideración a los demás, ya que ambos participantes en la interacción desean mantener y proteger la imagen propia y la del otro. Siguiendo esta idea, la teoría de Brown y Levinson propone una explicación sistemática de cómo las exigencias de salvaguardar la imagen propia y ajena presionan sobre el modo en que usamos el lenguaje y modifican la forma de los actos de habla. Para ello analizan detenidamente los actos de habla considerados *amenazantes* para la imagen, y las maneras en que los hablantes tratan de mitigar la amenaza.

En la teoría de Brown y Levinson, la imagen pública presenta un aspecto positivo y uno negativo. El aspecto positivo es el deseo que tiene un individuo de ser aceptado y aprobado por otros. La imagen negativa es el deseo de mantener el derecho individual a ser independiente, a no sufrir imposiciones, a ser respetado. La cortesía que busca complacer la imagen positiva utiliza recursos lingüísticos que expresen solidaridad, acorten las distancias sociales y realcen el compañerismo y la confianza. El tuteo y su variante el voseo, en español, son mecanismos lingüísticos que crean o realzan la solidaridad. La imagen negativa del individuo, a su vez, exige diseñar los actos de habla de modo que muestren *deferencia*: el uso de *usted* en lugar de *tú* puede indicar, en el contexto adecuado, deferencia, y también los actos indirectos, en los que se disfraza un acto con otro, por ejemplo la orden de abrir la puerta se presenta como la pregunta *¿Puedes/Podrías/Querrías/Me harías el favor de abrir la puerta?*, que deja un margen de libertad, aunque sea ficticio, al interlocutor.

Brown y Levinson estudian detenidamente los actos de habla que son amenazantes para la imagen ajena y también la propia. Las peticiones, actos de desaprobación, críticas, acusaciones o insultos amenazan la imagen positiva del interlocutor. Las órdenes, consejos y advertencias son proclives a afectar su imagen negativa. Las quejas y amenazas pueden dañar ambas imágenes. Por otra parte, algunos actos corren el riesgo de disminuir la imagen del propio hablante, como, por ejemplo, agradecer un cumplido, si no se hace con la dosis de humildad requerida, no menos, y no más.

Algunos actos amenazantes tienen más fuerza o peso que otros y esto se mide por tres variables: la *distancia social* entre el hablante y el oyente, el *poder relativo* del oyente sobre el locutor, y en tercer lugar el *nivel absoluto* de la imposición en una cultura. Es necesario sumar las tres variables para medir la fuerza del acto y la cantidad de cortesía que hay que aplicar. Brown y Levinson proponen cinco estrategias para evitar o mitigar un acto amenazador. Si el riesgo para la imagen del interlocutor es grande, tenemos la posibilidad de renunciar a hacer el acto, lo que puede traer consecuencias peores: si, por ejemplo, no criticamos un hábito desagradable de algún amigo, el amigo seguirá comportándose de esa manera, y nuestra irritación aumentará, y posiblemente la de otros, que se alejarán de él: en ese caso, abstenerse de hacer el acto ofensivo no es bueno para nadie.

Las demás estrategias tratan de lograr que el acto de habla, por más amenazante para la imagen que sea, salvaguarde la imagen de ambos participantes. Debemos elegir primero entre realizar un acto abiertamente o encubiertamente. Si el riesgo es muy bajo, podemos realizarlo abiertamente y sin emplear reparaciones. Si dos personas están haciendo un trabajo juntas, una le puede pedir un destornillador a la otra sin molestarse en estrategias de reparación, simplemente pidiendo lo que necesita. Se ha notado en varios estudios que los actos hechos abiertamente y sin manifestaciones de cortesía (ni de descortesía) no solamente no son descorteses en determinados contextos, sino que, en algunas situaciones, contribuyen a complacer la imagen positiva del oyente, que se siente así incluido, aprobado y parte de un grupo de iguales.

Pero en muchas ocasiones los actos amenazantes, hechos abiertamente, requieren reparaciones corteses, que cumplan con los deseos positivos y negativos de los interlocutores. Solidaridad y deferencia son, como hemos visto, las actitudes que debemos mostrar, según exija la situación. Las lenguas poseen distintos recursos para señalar estas actitudes, tanto las que han gramaticalizado formas de tratamiento como las que, pese a no tener esas distinciones en su gramática, poseen recursos de otros tipos.

Finalmente, una forma muy común de cortesía es hacer el acto de manera encubierta, por ejemplo insinuar algo para motivar una acción del otro. Muchas implicaturas conversacionales nacen de recursos de cortesía: en lugar de pedirle a alguien que cierre la ventana, quejarse del ruido de la calle; anunciar que uno tiene sed para que el interlocutor ofrezca una bebida; abrazarse a sí mismo para indicar que hace frío y lograr, por ejemplo, que alguien encienda la calefacción. Todo esto lo hacemos continuamente, sin arriesgar nuestra imagen pidiendo nada, y dando al otro el gusto de recibir nuestro agradecimiento por habernos hecho un favor *sponte sua*.

La teoría de Brown y Levinson ha interesado y sigue interesando a los pragmatistas, en especial a los que pertenecen a la escuela de Grice, porque intenta dar a la teoría de la conversación de Grice y a la teoría de los actos de habla el contexto social de que ambas carecen. Para hacerlo, debe crear, forzosamente, una teoría a caballo entre la sociolingüística y la pragmática, y por lo tanto recurre a nociones y métodos de trabajo que difieren de los habituales en pragmática. Pero hay una conexión, sin duda, entre la pragmática como estudio de la inferencia en el uso del lenguaje y una teoría lingüística y social de la cortesía como la de Brown y Levinson. La pragmática, en su versión tradicional, intenta explicar la relación entre el significado del hablante y el significado literal de una expresión, y las teorías de la cortesía, a su vez, quieren explicar por qué las presiones sociales influyen de maneras tan notorias en el uso del lenguaje, como señaló Lakoff en un trabajo pionero, poco después de difundirse la teoría de la conversación de Grice (Lakoff, 1972).

El modelo de la cortesía de Brown y Levinson (1978/1987) es el primer estudio sistemático de un tema muy difícil de sistematizar, y los autores lo presentan, desde el título de su libro, como un estudio con aspiraciones de universalidad. La lectura del libro, el análisis cuidadoso de cada dato, han sido muy apreciados por los lectores. Sin embargo, la primera crítica que provocó este libro fue que contenía pocos datos: no era, como pretendía, un modelo "universal" de la cortesía, sino un estudio de la cortesía en tres culturas y tres lenguas no relacionadas entre sí: inglés, tamil y tzeltal, que no pueden bastar para dar universalidad a los hallazgos de los investigadores. Además, la noción de *face* se refiere exclusivamente al individuo, no a la comunidad, y por lo tanto no explica satisfactoriamente cómo funciona la cortesía en sociedades donde la imagen colectiva del grupo importa más que la imagen individual. Pero, más allá de las críticas a la teoría de la *face*, los estudiosos de la cortesía sostienen que esta es un fenómeno, que se manifiesta en el uso de todos los lenguajes que conocemos, aunque sus manifestaciones varían de una cultura a otra, de un lenguaje a otro.

3. Cortesía, descortesía y variaciones culturales

La cortesía motiva diferentes elecciones que hacemos al hablar: no solamente la forma de ciertos actos de habla, sino el vocabulario que usamos, evitando palabras ofensivas o inadecuadas a la situación, y también nuestra selección de tonos de voz, entonación, dicción, gestos y posturas del cuerpo. También se revelan normas de cortesía en nuestro comportamiento durante la conversación: interrumpir a quien está hablando es descortés, respetar los turnos de habla es cortés. Como se ha visto, en los actos de habla que se perciben como amenazantes son más evidentes los esfuerzos y artificios de la cortesía, y también en esos casos está gramaticalizada mediante construcciones sintácticas *ad hoc*.

Pero la cortesía puede brillar por su ausencia, y, como la cortesía debe mostrarse, si no se muestra el acto puede ser considerado descortés. En sus trabajos sobre la noción de imagen social, Goffman (1967, 1971) señala que la ausencia de cortesía no es neutral, sino que revela hostilidad, cualesquiera que sean las intenciones del hablante. Hay numerosos estudios recientes sobre la *descortesía* (*impoliteness*) (véase Culpeper, 2011). La descortesía es una actitud negativa que produce comportamientos sociales inaceptables, porque contradicen lo que los miembros de la sociedad creen o esperan, especialmente si esos comportamientos ofensivos parecen ser intencionales. La descortesía abarca desde los insultos y el lenguaje que expresa hostilidad hacia un grupo o un individuo hasta manifestaciones más sutiles de falta de respeto y consideración hacia otros. Las normas de la así llamada *political correctness* intentan evitar algunas descortesías, pero a veces esas normas tienen efectos contrarios a los buscados, y, en general, no son aceptadas por todos los hablantes, si se juzgan artificiales e hipócritas. También hay que tener en cuenta, en el estudio de la falta de cortesía, que lo que es ofensivo en ciertas comunidades no lo es en otras.

En los estudios de pragmática cultural (véase, por ejemplo, Bravo y Briz, 2004) se apunta la tendencia de los países del sur de Europa a valorar las formas de cortesía positiva más que las de cortesía negativa. En el mundo hispanohablante ciertos dialectos, como el rioplatense, tienen preferencia por las manifestaciones de cortesía positiva, usando el tratamiento informal *vos* en la mayor parte de las interacciones y realizando actos de habla directos más a menudo. Otras comunidades del español muestran rasgos opuestos, por ejemplo, favorecen el tratamiento de usted y las fórmulas de cortesía que ponen distancia y respeto entre hablante e interlocutor.

En las sociedades que valoran las demostraciones de solidaridad por encima de las muestras de respeto y distancia, los hablantes expresan abiertamente su interés por los demás, por ejemplo mediante elogios que en otras comunidades serían impertinentes, haciendo preguntas indiscretas, ofreciendo ayudas, consejos o advertencias no solicitadas. Estos hablantes cuidan menos la imagen negativa, tanto la del interlocutor como la propia, y por eso realizan actos de habla más directos, respetan menos los tabúes sociales y lingüísticos, y pueden expresar más libremente descortesía, o lo que otros hablantes juzgan descortés, que puede ser, por ejemplo, una "verdad" dicha sin miramientos, una confesión personal que pone incómodo al interlocutor, o una crítica imprudente (véase Terkourafi, 2015).

Las ironías, sobre todo entre desconocidos, se permiten con más frecuencia en los grupos socioculturales que favorecen la cortesía positiva. La ironía crea o refuerza la complicidad entre los hablantes, y a veces es muy arriesgada, ya que, una vez que salimos de temas inofensivos (el tiempo, los pequeños inconvenientes de la vida cotidiana), la ironía presupone ideas en común, por ejemplo opiniones políticas compartidas.

Entre los fenómenos gramaticales cuya motivación es mostrar respeto o, por el contrario, intimidad, el tratamiento es el más importante. Varias lenguas, como el español, el francés, el italiano, el alemán, tienen formas especializadas para indicar mayor o menor distancia con el interlocutor, pero todas las lenguas poseen alguna manera de reconocer la posición social de los interlocutores. Como todos los temas relacionados con la cortesía, el uso de los tratamientos es difícil de sistematizar. El tuteo o voseo se asocia, en principio, con la cortesía positiva, pero también puede ser una clara señal de descortesía, si implica superioridad social o desprecio. El cambio de *tú* a *usted* en la misma conversación, lejos de indicar distancia, puede ser expresión de cariño en algunas comunidades, cuando se invierten, lúdicamente, los indicadores de distancia y de intimidad. Los cambios en el uso, cuando son frecuentes, se van gramaticalizando. La cortesía ha penetrado, por ejemplo, en el sistema verbal del español y otras lenguas románicas. En esas lenguas el imperfecto de indicativo puede servir para preguntar o pedir cortésmente, en enunciados como el esp. *quería pan, por favor*, o el italiano *volebo del pane*. El significado básico del imperfecto es 'pasado en transcurso', pero este significado se explota, con verbos modales como *poder* y *querer*, para suavizar una orden, alejándola en el tiempo (véase **polifonía*).

4. Cortesía y metapragmática

Goffman (1967) estudió, junto con la noción de *face*, la noción relacionada de *ofensa virtual*, retomada por Brown y Levinson (1987). Goffman observa que los hablantes imaginan, con pesimismo, lo que podrían interpretar sus interlocutores en el peor de los casos. Esta aprensión da lugar a una serie de enunciados metapragmáticos, que se refieren al acto mismo que se está cumpliendo, como cuando decimos "¿Puedo hacerte una pregunta indiscreta?",

"Espero que mis palabras no te parezcan ofensivas", "Si me permites un consejo...", "Debo advertirle que...", "Mira, voy a hablar francamente", etc.

La persona que se refiere explícitamente a su deseo de no ofender con lo que va a decir, o pide permiso para dar un consejo, o anuncia que va a decir algo francamente, tiene conciencia de lo que hace y de los riesgos para la imagen ajena y propia. Como observa Leech (1983), no decir nada para evitar ofensas virtuales o reales tampoco es una alternativa válida, ya que callar puede verse como un acto de descortesía.

Los comentarios sobre nuestros actos verbales, que pueden evitar ofensas posibles, o al menos predisponer mejor al interlocutor, son innecesarios desde el punto de vista de la eficacia comunicativa: no mejoran el cumplimiento del principio de cooperación y sus máximas, ni hacen más *relevantes* (más informativos con menor esfuerzo de procesamiento) los enunciados que enmarcan, sino que sirven, en cambio, para lubricar las relaciones entre los hablantes, lo que, por supuesto, incide en el éxito de cualquier empresa conjunta. Aparte de su valor preventivo, los comentarios metapragmáticos revelan que el hablante es consciente del problema de cómo construir sus enunciados, es consciente de cómo trata al otro, y de cuál es la imagen de sí mismo que proyecta. El uso de la lengua se compara siempre con un baile de salón, ya que, se dice, los participantes deben coordinar sus mentes, intentar leer los pensamientos del otro, cooperar para hablar del mundo y llegar juntos a conclusiones. La cortesía es un segundo nivel de inteligencia entre los bailarines, es un sistema de normas de comportamiento lingüístico que sirven no solamente para evitar pisarse los pies, sino para que cada uno se vea apreciado y respetado.

DEIXIS

1. Los deícticos

Se llama *deixis* (o también *deíxis*) a la función del lenguaje que consiste en conectar el enunciado con los componentes del contexto de la comunicación. Las formas lingüísticas que cumplen esta función –por ejemplo pronombres y adverbios como *yo, aquí, ahora*– se llaman *deícticos*. Los deícticos *apuntan, señalan,* pero no describen al referente, solamente dan una instrucción para identificarlo. La instrucción no varía, pero, en cada contexto, sirve para que el oyente identifique a una persona, lugar o tiempo diferentes. Los deícticos son semánticamente incompletos, porque no tienen significado denotativo, pero son, por eso mismo, un sistema flexible y económico, capaz de señalar un número indefinido de objetos.

Todas las lenguas que se conocen gramaticalizan o lexicalizan la deixis, asegurando la conexión del enunciado con los tres elementos del contexto reconocidos tradicionalmente por la lingüística y la filosofía del lenguaje: 1) las personas que participan en la comunicación; 2) el lugar en el que se encuentra el locutor, en relación con el cual se señalan otros lugares próximos o lejanos; y 3) el tiempo, medido a partir del presente del locutor.

Algunas expresiones y morfemas son inherentemente deícticos, pero cualquier expresión referencial puede usarse también como deíctica, si ancla la enunciación en un contexto personal, espacial o temporal. Los deícticos propiamente dichos son, en primer lugar, los *demostrativos*: pronombres como *esto, eso, aquello*; determinantes como *este color, aquellas chicas*; y adverbios de lugar y tiempo, por ejemplo *aquí, hoy, entonces*. Son también deícticos los pronombres personales de primera y segunda persona, *yo* y *tú*, y los posesivos de primera y segunda persona, *mi casa, tu cartera, las suyas,* que se refieren a objetos en relación a los participantes en la conversación. El sistema deíctico incluye también los morfemas de tiempo de la flexión verbal, que sitúan la acción del verbo en el pasado, presente o futuro del hablante.

El proceso de asignación de referentes de los deícticos suele llamarse ***saturación**. Sin saturar los deícticos, es decir, sin identificar sus referentes, y, en consecuencia, completar sus denotaciones, las proposiciones enunciadas no pueden tener valor de verdad. La saturación es un proceso pragmático, ya que requiere conocimiento de los componentes extralingüísticos de la situación señalados por los deícticos, que son, a su vez, elementos semánticos, ya que están codificados por las lenguas.

El sistema deíctico es egocéntrico: los deícticos se organizan a partir del yo-aquí-ahora de la enunciación, que es el *centro deíctico*, aunque este se desplaza en ciertos casos, por ejemplo en la narración literaria, donde *yo* puede señalar a un locutor que no es el autor del texto, sino un personaje, con sus propias referencias de lugar y tiempo (Fillmore, 1997).

Véanse algunos ejemplos típicos del uso de los deícticos:

(1) Esta es tu llave.

(2) Tú eres más alto que yo.

(3) Andrés llegó ayer.

(4) Las herramientas están allí.

(5) Gastón llevaba una barba larga hasta acá.

(6) Esto es un secreto: los Coll van a divorciarse.

La comprensión de los enunciados, en (1-6), depende de localizar en el contexto (o, en el caso de (6), en el texto contiguo) los referentes de los deícticos. En (1) y (2), el pronombre personal *yo* se refiere al locutor de ese particular acto de habla, el pronombre personal *tú* y el posesivo de segunda persona se refieren al interlocutor, y el pronombre demostrativo *esta* a un objeto, que puede señalarse a la vez con un gesto. En (3), el morfema de tiempo verbal indica una acción pasada respecto del centro deíctico, y el adverbio un pasado medido desde el presente de la comunicación. En (4), el adverbio demostrativo indica un lugar diferente del lugar en que está el hablante, y en (5), la expresión deíctica hasta acá se completa con un gesto, en un caso típico de lo que suele llamarse *deixis ostensiva* o *deixis ad oculos*. En (6) el deíctico se refiere a la proposición que sigue, es decir, no señala objetos extralingüísticos, sino otra parte del enunciado. Este es un caso de *deixis discursiva*.

2. Uso gestual y uso simbólico

En los ejemplos anteriores pueden verse *usos gestuales* y *usos simbólicos* de los deícticos. Un gesto, por ejemplo señalar algo con el dedo, puede funcionar como deíctico sin necesidad de palabras, pero otras veces usamos a la vez deícticos y gestos. En ambos casos los interlocutores deben compartir un contexto físico y prestar atención a los mismos objetos, ya que el objeto señalado, si se usan deícticos puros, no se describe, y corre por cuenta del destinatario del enunciado seleccionar el objeto al que se refiere el locutor. El uso gestual exige conocer el entorno físico y observar sus cambios momento a momento. La atención de los interlocutores debe enfocarse en un mismo objeto u objetos, y además el interlocutor debe reconocer las intenciones comunicativas del locutor, condición *sine qua non* de cualquier acto comunicativo, pero obvia en el caso de los deícticos, que solo tienen una semántica mínima.

El uso simbólico requiere solamente conocimiento de los parámetros contextuales de persona, tiempo y lugar respecto del centro deíctico. En los siguientes ejemplos, la versión (a) indica un uso lingüístico y gestual, la versión (b) un uso simbólico, y la versión (c) un uso no deíctico:

(7) a. Dame dos de estos bollos y dos de aquellos.
b. Esta semana voy a terminar el trabajo.
c. Y ni hablemos de esos chicos que se pintan el pelo de color turquesa.

(8) a. Tú, pasa, por favor.
b. Tú deberías ahorrar dinero para tu viaje.
c. (Tú) puedes llamar a esa oficina mil veces, que no te contestan.

En (7a) debemos imaginar que el demostrativo está acompañado de un gesto que señala primero los bollos que están más cerca del hablante, y después otros más distantes respecto del centro deíctico. En (7b) el demostrativo tiene su habitual función simbólica, señala un tiempo inmediatamente posterior al presente del hablante. En (7c) no hay función deíctica, ya que el objeto determinado por *esos* no forma parte de la situación de enunciación.

De la misma manera, en (8a) el locutor se dirige a alguien mirándolo o haciendo un gesto con el brazo, lo que no es necesario en (8b), donde el deíctico tiene valor simbólico. En (8c) estamos ante un caso de expresión impersonal, en que el pronombre no se refiere a nadie específico y por lo tanto no es deíctico.

Señalamos con las manos, con la mirada, con movimientos del cuerpo y con las palabras, expresiones o morfemas deícticos. También utilizamos expresiones referenciales no deícticas como si fueran deícticas. Por ejemplo, el pronombre de tercera persona, *él* o *ella*, no son deícticos, pero pueden funcionar como tales, y también cualquier frase nominal:

(9) ¿Los ves? Ella es mi hermana y él mi primo Antonio.

(10) La mujer vestida de rojo es la autora del libro.

(Sobre casos como (10), véase ***referencia como fenómeno pragmático**.)

3. Los deícticos como procedimentales

Los deícticos propiamente dichos y las formas que pueden usarse como tales forman parte de la categoría de las codificaciones procedimentales, expresiones dedicadas a guiar las inferencias durante el proceso de interpretación (véase ***procedimentales**). El significado gramatical de los deícticos, que es invariable, se llama *carácter* y es parte de la semántica de las lenguas (véase ***carácter y contenido**). Por formar parte de la gramática y servir para guiar procesos pragmáticos, los deícticos son un caso típico de expresiones procedimentales. Son, en efecto, señales que tienen la función de situar los enunciados en relación con los hablantes y sus parámetros de lugar y tiempo, es decir, incluyen los datos de la situación de habla en el sistema lingüístico. Como partes del sistema, son elementos gramaticales y tienen significado gramatical, su carácter, pero, a la vez, su semántica es insuficiente y deben completarse con datos del contexto, por lo cual decimos que los deícticos, y los procedimentales en general, guían operaciones pragmáticas.

Los deícticos que señalan las personas se diferencian de otros procedimentales, según los teóricos de la teoría de la relevancia (Wilson y Sperber, 1993), porque contribuyen a las condiciones veritativas del enunciado, a diferencia de la mayoría de los procedimentales. Compárense el conector discursivo de (11), un procedimental típico, con el pronombre de (12):

(11) La novela es mediocre pero entretenida.

(12) Yo soy el secretario.

El procedimental *pero* no tiene ningún significado propio, sino que señala una contradicción, ya que el hablante implica algo que contradice lo que puede esperarse, que la novela es mediocre y aburrida. Este conector, como la mayoría de los componentes de esta categoría, no aporta nada a las condiciones de verdad del enunciado: si lo reemplazamos por una conjunción copulativa, las condiciones de verdad de (11) no cambian. En cambio, el deíctico de (12) tiene una denotación que sí debe considerarse para asignar a este enunciado un valor de verdad: el referente del pronombre *yo* tiene que ser el secretario para que el enunciado sea verdadero. Lo mismo puede decirse de otros deícticos, como *aquí*, *hoy*, etc. El procedimental de (11) cumple la función de guiar al intérprete para comprender lo que el hablante implica (que hay algo contradictorio o inesperado entre las dos partes del enunciado). En casos como (12), en cambio, el procedimental guía al hablante para construir la proposición completa o ***explicatura**, que puede ser evaluada por su verdad o falsedad, y que puede dar lugar a implicaturas.

Casi todas las oraciones que usamos en la conversación tienen deícticos, y esto es común a todas las lenguas conocidas, y muestra que las lenguas naturales están fuertemente ancladas en el entorno físico de la comunicación cara a cara, que fue, probablemente, la primera forma de comunicación entre humanos (véase ***comunicación**). Antes de la creación del lenguaje, los humanos se comunicaban por medio de gestos naturales. Las primeras formas comunicativas de los humanos fueron, según Tomasello (2008), la acción de señalar con el dedo y la pantomima, que consiste en imitar movimientos y hacer gestos, sin hablar. Sin embargo, los animales más cercanos genéticamente al animal humano, que son los chimpancés y los bonobos, no saben señalar ni entienden tampoco los señalamientos o pantomimas de los biólogos que los estudian. Las señales de los animales, por ejemplo los gritos de alarma, valen solamente en el aquí y ahora del grito, ya que indican la presencia de un depredador en ese mismo momento. El lenguaje animal está siempre establecido en el aquí y ahora, cualquiera sea su contenido. El lenguaje humano se distingue, entre otras cosas, porque puede expresar significados independientes, o casi independientes, del contexto de producción del enunciado, que son frases que no requieren referencias deícticas.

No hay continuidad filogenética en la capacidad de señalar elementos de la situación, ya que los chimpancés y bonobos no conocen los gestos correspondientes, pero sí hay una primacía ontogenética de la deixis, porque los niños señalan antes de poder hablar, aunque luego tardan unos años en dominar el sistema deíctico, que es complicado debido al juego de puntos de vista: quien dice *yo* se convierte luego en *tú*, y *ayer* se vuelve *hoy*, y si alguien dice "el bosque está a mi derecha", y luego se da vuelta 180 grados, dirá "el bosque está a mi izquierda", y el bosque, por supuesto, está siempre en el mismo lugar, pero la perspectiva cambia en cada enunciado, y por eso cambian los significados denotativos. En psicología evolucionista se cree que la capacidad de señalar elementos del entorno es precursora del desarrollo posterior de un sistema de comunicación, el lenguaje humano, mucho más sofisticado, que va más allá de señalar cosas del entorno, pero que depende también, como las señales, de reconocer intenciones, o sea de "leer" la mente ajena (véase ***significado intencional** y ***metarrepresentación**).

En suma, la deixis es un fenómeno que exige tres tipos de esfuerzo cognitivo: la *atención conjunta* de los participantes al componente contextual señalado, el *reconocimiento de la intención* del que hace el señalamiento, y el *conocimiento de los componentes de la situación* que el hablante señala con deícticos. En cuanto a la primera tarea, los deícticos son, en su mayoría, poco precisos, y para localizar el referente –salvo en el caso de los pronombres de primera y segunda persona– es necesario coordinarse con el hablante para prestar atención al mismo elemento. Esta coordinación es, a partir de las teorías de Grice, uno de los elementos esenciales de la comunicación (véanse ***Grice: lógica y conversación** y *cooperación**). La segunda tarea, reconocer la intención del hablante, es necesaria también para identificar los elementos señalados por los deícticos, ya que debemos comprender qué quiere decir alguien cuando dice *allá* o *entonces*, o cuando señala algo. Si un hablante señala una hoja de papel, por ejemplo, puede referirse al papel, a las palabras escritas en el papel, a la forma o el color del papel, etc.

El conocimiento de los datos extralingüísticos no es gramatical, sino pragmático: la deixis, como fenómeno procedimental, está en la frontera entre semántica y pragmática. Fijar esa frontera, como puede constatarse en casi todos los artículos de este libro, es una tarea muy difícil que provoca grandes disensiones entre los teóricos del significado: las corrientes teóricas llamadas ***minimalismo** y ***contextualismo**, por ejemplo, tienen puntos de vista opuestos sobre esta frontera, y reducen o extienden, respectivamente, el espacio de los deícticos y de las palabras que, como los deícticos, tienen contenidos que requieren compleción contextual.

La deixis formaba parte, antes de la institucionalización de la pragmática, de los temas que, según Bar Hillell (1970), los lingüistas tiraban a la papelera, porque no podían estudiarlos, ya que, aunque eran lingüísticos, exigían incluir en la descripción elementos extralingüísticos. Pese a los avances que se han hecho en estos temas relegados por la lingüística hasta hace poco tiempo, y rescatados ahora, los investigadores reconocen que queda trabajo por hacer.

DESAMBIGUACIÓN

La *desambiguación* es un proceso pragmático que consiste en seleccionar un significado entre los dos o más que puede presentar una expresión *ambigua*. Las expresiones que se consideran semánticamente ambiguas contienen dos o más significados distintos, autónomos, codificados por el sistema de la lengua. La palabra *banco*, por ejemplo, es semánticamente ambigua, ya que tiene varios sentidos, entre ellos 'institución financiera',' asiento', 'conjunto de peces', 'depósito (de datos, de sangre, etc.)'.

Se necesitan inferencias pragmáticas, respaldadas por todos los datos pertinentes del contexto de la comunicación, para fijar cuál es, cuando la semántica ofrece dos o más opciones, el significado que el hablante quiere transmitir a su interlocutor. Solo después de las inferencias necesarias se obtendrá una ***proposición** que podrá interpretarse. Este es un caso en que la pragmática precede a la semántica: en la desambiguación, es la pragmática la que fija la semántica, contrariamente a la idea tan difundida de que la pragmática comienza cuando termina la semántica (Recanati, 2010).

La ambigüedad se presenta en el nivel del léxico, de la sintaxis, de los actos de habla e incluso de las presuposiciones de un enunciado. Ha sido estudiada por gramáticos y filósofos desde Aristóteles, pero no hay consenso sobre sus límites. En semántica se intenta deslindar la ambigüedad de otros fenómenos similares, como la *vaguedad* o falta de precisión de las expresiones y, en general, la *sensibilidad al contexto* propia de los deícticos y de otras formas lingüísticas. Antes de tratar la desambiguación, veamos algunos casos en que los cambios de significado no son producto de la ambigüedad de los términos.

La noción de ***subdeterminación semántica**, central en pragmática, incluye la ambigüedad entre sus manifestaciones, pero es una noción más amplia que la de ambigüedad. Casi todas las expresiones lingüísticas, según la pragmática actual, están subdeterminadas semánticamente, por lo cual, durante la interpretación, el oyente, guiado por el hablante, debe hacer ajustes de los elementos léxicos para interpretar lo que quiere transmitir el hablante. Cualquier palabra, y no solamente las que sean ambiguas, puede requerir ajustes o enriquecimientos en la conversación. Términos como *libro, amigo, colegio* no son ambiguos pero sin embargo pueden usarse con diferentes sentidos, recuperados por el proceso pragmático llamado ***enriquecimiento libre**, "libre" porque no obedece a reglas gramaticales, sino que surge de la necesidad de sintonizar una palabra con el contexto y la intención del locutor.

La conjunción copulativa *y* es, en algunas teorías, un ejemplo de subdeterminación semántica:

    (1) a. Miriam es profesora de francés y Alma enseña matemática.
        b. Ernesto se casó y tuvo dos hijos.
        c. Débora comió algo en mal estado y se enfermó.
        d. Cristina está enferma y sigue yendo a trabajar.

En (1a), la conjunción *y* tiene el mismo valor que el signo & de la lógica; la oración es verdadera si cada una de las cláusulas unidas por la conjunción copulativa lo es, cualquiera que sea el orden de las cláusulas. Pero en (1b) y (1c) la misma conjunción tiene otros significados, además del significado copulativo. En (1b), indica un orden temporal: significa 'y después', y, si cambiamos el orden de las cláusulas, obtendremos un significado diferente: "Ernesto tuvo dos hijos y se casó". En (1c), la conjunción *y* expresa que un hecho causa otro hecho, de modo que puede entenderse que *y* es equivalente a 'y como consecuencia'. En (1d), la conjunción copulativa podría indicar, en contexto, adversación entre las dos partes del enunciado.

Algunos semanticistas han considerado que *y* es una expresión ambigua, que exige desambiguación en cada caso. Los pragmatistas sostienen, por el contrario, que la conjunción *y* no tiene varios significados, sino solamente uno, básico, el de los lógicos, pero que adquiere otros significados, como los que ejemplifican (1b-d), y estos se obtienen por inferencia, utilizando los datos pertinentes del contexto. La inferencia requerida puede ser un enriquecimiento o una implicatura conversacional generalizada, según las teorías (véase Ariel, 2008).

Tampoco se consideran ambiguas las palabras cuyo cambio de significado contextual está determinado por la gramática. El caso típico es el de los deícticos. Los deícticos tienen distintos referentes, según los contextos. Así, el deíctico *yo* puede referirse a cualquiera que sea la locutora o el locutor de un enunciado. Pero su significado gramatical es invariable, señalar a la persona que habla. El proceso pragmático mediante el cual se asignan referentes a los deícticos se llama ***saturación**.

Una vez indicado qué fenómenos *no* son ejemplos de ambigüedad, veamos algunos casos de ambigüedades del léxico y la sintaxis. El cuantificador *cualquier, cualquiera* ofrece una ilustración de ambigüedad. La gramática del español considera que esta forma puede tener valores diferentes, ya que, según el contexto, puede significar 'todos, quienes sean' o 'uno solo, cualquiera'. En el primer caso las gramáticas españolas lo llaman *cuantificador universal*, y, en el segundo caso, *cuantificador existencial* (Real Academia Española, 2009). Ejemplos de cada caso:

(2) a. Cualquier alumno puede llevarse libros de la biblioteca (= todos los alumnos).
b. Este trabajo puede hacerlo cualquiera (= todos, todo el mundo).

(3) a. Puedes elegir cualquier color (= un color, el que sea).
b. Pregúntele a cualquiera (= alguien, quien sea).

Las ambigüedades pueden ser también sintácticas, como muestran los ejemplos siguientes:

(4) Se proponen recortes de gastos excesivos.
(5) Es una pieza antigua ornamentada con una mujer de senos desnudos, en estado impecable.

En estos casos es el alcance que podemos asignar a los complementos lo que produce ambigüedad, ya que no sabemos qué complemento modifica a otro. En (4), *excesivos* pueden ser tanto los gastos como los recortes: es ambiguo a qué sustantivo se refiere el adjetivo. En (5), la calificación "en estado impecable" podría modificar a *pieza*, a *mujer*, y a *senos desnudos*. El intérprete, para llegar al significado de estos enunciados, debe deshacer la ambigüedad, que en casos como estos, especialmente si se trata de textos escritos, se considera una torpeza estilística.

Si el hablante quiere transmitir dos significados codificados a la vez, se produce un *zeugma*, anomalía semántica que también puede ser una figura retórica, llamada a veces *silepsis* o *dilogismo*. En esos casos, una expresión debe entenderse de dos maneras a la vez:

(6) Gutiérrez ganó mucho dinero y el odio de sus empleados.

En este caso, el verbo *ganar* debe interpretarse positivamente y también negativamente. Se cruzan sentidos antagónicos en una sola ocurrencia, que produce el efecto gracioso de un juego de palabras.

En trabajos recientes, algunos filósofos del lenguaje consideran que la desambiguación es la única tarea de la pragmática (Lepore y Stone, 2015). Esta idea se origina en una crítica radical a los fundamentos de la pragmática, en la que se desmantelan las nociones de enriquecimiento libre y de implicatura. Para los críticos de la pragmática griceana, la semántica es mucho más amplia de lo que proponen los pragmatistas, y presenta convenciones que se aprenden junto con el lenguaje (véase ***teoría de la convención y la imaginación**). Desde esta perspectiva, las ambigüedades semánticas no desaparecen; por lo contrario, se considera que el lenguaje está plagado de ambigüedades, y que estas no se resuelven partiendo de razonamientos generales basados en los conceptos de cooperación o de relevancia. Veamos el siguiente enunciado:

(7) ¿Puedes cerrar la ventana?

Los pragmatistas consideran que este enunciado es, literalmente, una pregunta, que en la conversación se reinterpreta como una petición. Para la ***teoría de los actos de habla**, es un *acto de habla indirecto* (Searle, 1969). Lepore y Stone proponen, por el contrario, que este enunciado es ambiguo: cuando aprendemos el lenguaje, aprendemos que ciertas oraciones interrogativas con el verbo *poder* sirven para hacer preguntas o para pedir u ordenar. Si no fuera así, dicen los autores, no podría agregarse con toda naturalidad la expresión *por favor*, propia de las peticiones:

(8) ¿Puedes cerrar la ventana, por favor?

Según la pragmática clásica, el enunciado (7) tiene que ser interpretado primero con su valor literal de pregunta sobre la capacidad de alguien para abrir la ventana. Después, ajustándolo al contexto, se *reinterpreta* como una petición. Lepore y Stone rechazan la exigencia de reinterpretación. Para ellos, los hablantes, gracias a sus conocimientos del lenguaje, saben que estas oraciones, por convenciones gramaticales, son preguntas y son peticiones, y eligen la fuerza ilocutiva que corresponda a la situación.

Si es parte del contexto de los interlocutores que la ventana tiene la madera hinchada o cualquier otro desperfecto, (7) será por lo menos en parte una pregunta sobre la capacidad del interlocutor para abrirla (si tiene fuerza, si se da maña, etc.). Pero si el locutor de (7) acaba de indicar que tiene frío o que hay mucho ruido en la calle, su enunciado se interpretará como petición. En lugar de proponer una interpretación de dos pasos, la teoría de la convención propone considerar que este enunciado es convencionalmente ambiguo y que en la conversación se desambigua atendiendo a la intención del hablante y a los factores contextuales que sean pertinentes.

Como se ve, la teoría pragmática de los actos de habla indirectos y la teoría de la convención permiten llegar a la misma interpretación, pero las metodologías son diferentes y exigen dos maneras diferentes de considerar y de evaluar la ambigüedad: mientras la pragmática tradicional, en especial la corriente conocida como *pragmática radical* (Cole, 1981), trata de reducir las ambigüedades semánticas, la nueva teoría de la convención, al ampliar la semántica, reestablece la ambigüedad y la extiende.

LO DICHO

En la teoría del significado de Paul Grice, *lo dicho* (*what is said*) es el contenido de lo que el hablante *dice* (afirma, declara): el contenido transmitido por las palabras que el hablante usa para comunicarse, *intencionalmente* y *explícitamente*. Grice opone la noción de *lo dicho* a la de ***implicatura**, significado también intencional, pero implícito, que el oyente recobra a partir de *lo dicho* (véase ***Grice: lógica y conversación**). En el conjunto de significados intencionales formado por *lo dicho* y lo implicado, *lo dicho* es lo explícito. Para Grice, *lo dicho* es también la parte semántica del enunciado, y por eso se pueden determinar las condiciones que lo hacen verdadero o falso, según la teoría semántica que equipara el significado de una oración en contexto a las condiciones que deben cumplirse en el mundo para que tal afirmación sea verdadera o falsa (véase ***condiciones de verdad**).

La diferencia entre *lo dicho* y las implicaturas que deriva el hablante partiendo de *lo dicho* se pueden ver en el ejemplo siguiente. Supóngase que Monique, que está preparando un examen con una compañera, mira su reloj y dice lo siguiente:

(1) Qué tarde se ha hecho. Son casi las 12 de la noche.

Podemos imaginar que Monique intenta transmitir con estas palabras una implicatura del tipo de 'dejemos de estudiar por hoy'. Pero lo que no es expresado lingüísticamente puede anularse sin contradicción, si el contexto cambia, por ejemplo si, en este ejemplo, la hablante agregara algo como "pero no tengo sueño, así que sigamos trabajando un rato más, si quieres".

Lo dicho, en la teoría de Grice, no es solamente lo que las palabras mismas expresan en un contexto, sino lo que el hablante quiere decir con ellas, ya que *lo dicho*, aunque es de naturaleza semántica, forma parte del conjunto que Grice llama *significado del hablante*, compuesto por *lo dicho* y lo implicado. *Lo dicho* es lenguaje usado intencionalmente que cumple condiciones de verdad. Esto lo diferencia del significado codificado de las expresiones, que es convencional y ajeno a intenciones comunicativas. Cualquier oración posible, fuera de contexto, tiene un significado semántico composicional, también llamado *significado tipo*, independiente del uso de la oración, lo que nos permite otorgar contenidos a oraciones aisladas como (2) y (3):

> (2) Pepe compró una casa.
>
> (3) Un avión vuela sobre el lago.

A oraciones como estas, independientes de cualquier acto de habla, también se les pueden adjudicar unas condiciones veritativas abstractas: (2) es verdadera si un individuo del sexo masculino compró una casa, y (3) es verdadera si un avión vuela sobre el lago en el momento en que el hablante lo dice (véase ***literalidad**). Pero el valor de verdad que interesa para el estudio del uso del lenguaje es el que tienen las oraciones cuando se convierten en enunciados y se emplean en situaciones de comunicación. El significado de las oraciones fuera de contexto, o sea el codificado, una vez *usado por un hablante en una comunicación*, y solo entonces, se convierte, para Grice, en *lo dicho*. De *lo dicho* se derivan, en su teoría, todas las implicaturas que el hablante quiera y pueda comunicar y el oyente infiera a través de un cálculo basado en expectativas de racionalidad y cooperación (véase ***implicatura**).

Grice sentó los fundamentos de la pragmática, en especial con su teoría de la implicatura, pero intentó mantener la autonomía de la semántica, y por eso *lo dicho* es a la vez 'lo que la oración dice' y 'lo que el hablante dice (explícitamente) con esa oración', y tiene valor veritativo en contexto. Grice (1989) concedió, además, que *lo dicho* requiere, casi siempre, algún trabajo inferencial del oyente. Los deícticos, por ejemplo, tienen significados solamente en contexto, y lo mismo sucede con las expresiones ambiguas, que requieren inferencias para su ***desambiguación**. Pero, sobre todo, *lo dicho* es parte del *significado del hablante*, noción fundamental de la teoría de Grice. El significado del hablante es intencional y requiere por lo tanto interpretaciones que tengan en cuenta esa intención, y no solamente la semántica desnuda de un enunciado.

La noción griceana de *lo dicho* intenta ser semántica pero es en gran medida pragmática; esa duplicidad hace difícil acotarla. Los teóricos actuales de tradición griceana proponen diferentes modificaciones del concepto. Las que predominan actualmente son las que amplían la noción original de Grice, dejando entrar, en *lo dicho*, significados implícitos. Se han propuesto nociones como *lo dicho máximo, lo dicho intuitivo, lo dicho directamente*, y, en la ***teoría de la relevancia**, el concepto de ***explicatura**. (Véase también ***implicitura**, noción que no amplía sino que reduce *lo dicho* griceano, pero agregándole, como complemento, un nivel de implicitud.)

En estas versiones de *lo dicho* se incluyen significados implícitos que forman parte de lo explícito, llamados a veces *inferencias explícitas, explicitadas o explicadas* (Ariel, 2008) y que no son solamente los significados inferenciales admitidos por Grice (provenientes de la resolución de ambigüedades o de la asignación de referencias), sino también el resultado de los ajustes que hace el intérprete, según las necesidades del contexto, y que consisten sobre todo en ampliar o reducir los significados léxicos. También entran en *lo dicho máximo*, según pragmatistas como Sperber y Wilson (2012) y filósofos como Recanati (2010), expresiones figuradas que se interpretan automáticamente, mediante un proceso de ajuste que suele llamarse ***enriquecimiento libre**. Sobre los tipos de inferencias que, según la pragmática actual, afectan *lo dicho* griceano, véase ***inferencia**.

EFECTOS POÉTICOS

La ***teoría de la relevancia** se propone explicar cómo interpretamos los textos *evocativos* o *poéticos,* que producen lo que Wilson y Sperber (2012) llaman *efectos poéticos.* Los *efectos poéticos* son esencialmente similares a los demás efectos cognitivos producidos por la comunicación, es decir, agregan información positiva obtenida con la menor cantidad de recursos cognitivos posible, pero su impacto es más débil y difuso.

Un efecto cognitivo de tipo no poético modifica el *entorno cognitivo* del oyente, su "paisaje mental", constituido por todos los hechos que una persona conoce o es capaz de inferir, dependiendo del medio físico en que se encuentre y de sus capacidades cognitivas. Un enunciado, o cualquier otro estímulo intencional, por ejemplo un gesto, produce modificaciones en el entorno cognitivo cuando agrega una nueva información o corrige o anula informaciones previas (Sperber y Wilson, 1995).

Los enunciados poéticos también modifican el paisaje mental, pero no tanto por añadir información o corregir información previa, sino por resaltar ciertos aspectos de una serie de supuestos en la mente del lector, produciendo *impresiones*. Hay un *continuum* entre transmitir información específica y provocar efectos poéticos, captados como impresiones: son dos extremos del mismo proceso de modificación del entorno mental.

Para Wilson y Sperber (2012), los *efectos poéticos* constituyen un conjunto muy amplio de *implicaturas* débiles, es decir, significados transmitidos por el hablante poético, pero que requieren la activa participación de los destinatarios. En los enunciados evocativos, tanto en el coloquio como en textos literarios, se activa la imaginación del intérprete, que se siente inspirado para extender el contexto y buscar, mayormente por cuenta propia, una serie de implicaturas débiles, quizá no todas intentadas por el hablante, lo que explica, en parte, que un texto poético tenga varias interpretaciones posibles. La relevancia de un poema consiste en provocar una serie de impresiones, que variarán de intérprete a intérprete. Si bien la interpretación poética exige un esfuerzo mayor, el esfuerzo queda compensado por la obtención de efectos más amplios, asociados a imágenes y emociones.

La teoría de la interpretación poética de Lepore y Stone (2015) rechaza la idea de un *continuum* en la comprensión de textos poéticos y no poéticos, y propone que la interpretación poética es totalmente diferente de la interpretación de los significados convencionales de la conversación. Descarta, también, la noción de implicatura (fuerte o débil) en el proceso de interpretación de la poesía, pero hace hincapié, asemejándose en esto a la teoría de la relevancia, en el papel central de la imaginación del intérprete y en su mayor autonomía (véase ***teoría de la convención e imaginación**).

EFECTOS PRAGMÁTICOS FUERTES Y DÉBILES

Las nociones de *efectos pragmáticos fuertes* y *efectos pragmáticos débiles* se originan en los debates recientes sobre las operaciones pragmáticas necesarias para atribuir condiciones de verdad a una proposición. Ningún investigador opina que la pragmática es innecesaria para acceder al valor de verdad; por el contrario, todos coinciden en que la semántica exige aunque sea un mínimo de operaciones pragmáticas, para asignar referentes a las expresiones deícticas (*yo, aquí, este,* etc.), cuya denotación varía de contexto a contexto. Lo que se discute es la extensión del papel de la pragmática en la interpretación de los constituyentes no deícticos del enunciado, que no obedecen a reglas gramaticales de conexión con el contexto (véase ***deixis**).

Los que patrocinan una semántica independiente de la pragmática solo reconocen *efectos pragmáticos débiles*, que son los que participan en el proceso de dar referentes de persona, tiempo y lugar a los deícticos. Los efectos pragmáticos débiles operan en *contextos estrechos*, constituidos por los datos contextuales mínimos necesarios para la compleción o ***saturación** de las expresiones con referencia al contexto: hablante, tiempo, lugar y quizá mundo posible (véase King y Stanley, 2005).

Los teóricos que proponen una intervención mayor de la pragmática para completar los valores semánticos reclaman, por el contrario, *efectos pragmáticos fuertes*. La diferencia principal entre unos efectos y otros es que los fuertes incluyen el reconocimiento de la intención del hablante. Este proceso de reconocimiento de intenciones es ajeno a la gramática, ya que no involucra a la *facultad del lenguaje,* o módulo del cerebro especializado en el conocimiento de la lengua nativa, sino a un *módulo pragmático* o al menos a una capacidad mental llamada *teoría de la mente*, por la que se llega, recursivamente, a captar las intenciones que motivan el comportamiento (lingüístico o cualquier otro) de una persona (Wilson y Sperber, 2012; Corballis, 2014). (Véase ***modularidad y comunicación**.)

Si se acepta que para atribuir valor de verdad a una proposición se requieren los efectos pragmáticos fuertes que operan en un *contexto amplio*, se debe admitir que la semántica y la pragmática no están separadas, y que la pragmática debe cooperar para que la semántica pueda determinar el valor de verdad de las proposiciones. Esta posición es cada vez más influyente dentro de la pragmática. Según algunos teóricos, incluso los deícticos puros pueden necesitar el conocimiento de intenciones. En el ejemplo siguiente, la referencia del deíctico no se obtiene sin conocer la intención del hablante en contexto:

(1) Aquí se vive bien.

Aquí puede significar, según el contexto, 'en esta casa', 'en este país', etc.

La teoría semántica llamada ***minimalismo** admite solamente efectos pragmáticos débiles en la semántica; por el contrario, el ***contextualismo**, radical o moderado (por ejemplo, la ***pragmática de las condiciones de verdad**), considera que la pragmática ejerce efectos fuertes en la semántica. Los pragmatistas, y sobre todo los proponentes de la ***teoría de la relevancia**, no creen que exista la *proposición mínima*, o ***contenido semántico mínimo**, no contaminado de pragmática, y se dedican a extender la así llamada contaminación a todo el proceso interpretativo. Los relevantistas admiten que las unidades del código lingüístico tienen un valor básico, pero sostienen que, en el uso del lenguaje, los hablantes ajustan los contenidos que tiene cada expresión en ese contexto, y el valor contextual, obtenido pragmáticamente por medio de inferencias, no tiene por qué coincidir con el valor codificado.

ENRIQUECIMIENTO LIBRE

Se llama *enriquecimiento libre* al conjunto de operaciones pragmáticas que completan, extienden o precisan el significado codificado de las expresiones usadas por un hablante, sin que lo exijan las reglas gramaticales. Estas operaciones, necesarias para enriquecer el contenido explícito de un enunciado, son inferencias que hace el intérprete utilizando datos del *contexto amplio*, del que forma parte la intención comunicativa del hablante. El proceso de enriquecimiento es completamente pragmático, libre de gramática, y tiene un papel teórico muy importante en la *teoría de la relevancia (Carston, 2002, 2010) y también en la *pragmática de las condiciones de verdad (Recanati, 2010).

Los teóricos del significado distinguen dos procedimientos de enriquecimiento libre: el *ajuste* o *modulación* de los significados léxicos y el añadido de *constituyentes no articulados*. El primer proceso, que consiste en ajustar el valor de los términos al contexto, es aceptado por la mayoría de los pragmatistas y por algunos semanticistas; el segundo ha sido objeto de más objeciones, como veremos.

Los ajustes o modulaciones de significado tienen como fin afinar o sintonizar el significado de las expresiones para que cuadren con la intención del emisor y con el contexto. Por operar sobre lo explícito, algunos autores (por ejemplo Ariel, 2010; Bach, 1994) llaman a estos procesos *inferencias básicas*, *internas*, o, a veces, *explicadas*, por oposición a *implicadas*. Pero la denominación más usada para esta clase de trabajo pragmático es *modulación* o bien *enriquecimiento libre*, que puede incluir o no el proceso de añadir constituyentes no realizados lingüísticamente. El enriquecimiento opera sobre palabras y frases, localmente, a diferencia de otras operaciones pragmáticas requeridas para derivar las *implicaturas*, o contenidos implícitos e indirectos del enunciado, que se derivan globalmente del conjunto de lo dicho (véase *implicatura).

El problema de por qué hace falta enriquecer lo que alguien

nos dice explícitamente es un tema central de la pragmática, tema nunca tratado por Grice, que propuso una semántica autónoma (proyecto que siguen defendiendo algunos teóricos de la semántica: véase ***minimalismo** y, desde una posición radicalmente diferente, ***indexicalismo**). Con su noción de ***lo dicho**, Grice intentaba mantener lo que el hablante dice explícitamente lo más cerca posible de los significados convencionales de la semántica.

El término *modulación* procede de los trabajos de Recanati (1993, 2004, 2010), proponente de una teoría semántica contextualista, llamada ***pragmática de las condiciones de verdad**. Recanati sostiene que para poder obtener una proposición completa, el intérprete debe completar el enunciado emitido, transformando ese significado todo lo que sea necesario para obtener una proposición evaluable en términos de verdad o falsedad. A diferencia de los teóricos de la pragmática, Recanati sostiene que la modulación no se realiza mediante inferencias, sino mediante asociaciones que activan los significados que mejor cuadran con el contexto. Pero la modulación es, de todos modos, un proceso pragmático típico, ya que se realiza de arriba hacia abajo, de los datos del contexto al enunciado particular de una expresión, y no obedece a reglas lingüísticas (que actúan siempre en sentido inverso, de abajo hacia arriba). Supóngase un enunciado como el siguiente:

(1) A un costado de la plaza hay un oso; espérame allí.

Este enunciado exige adaptar, modular, el significado de *oso*, que aquí significa 'estatua de un oso'. El mismo procedimiento, en otro contexto, puede producir un significado diferente por completo:

(2) Eugenio es un oso.

En esta metáfora, los oyentes deben seleccionar un conjunto de cualidades del oso que puedan aplicarse, metafóricamente, a Eugenio, por lo que *oso*, en este caso, significaría 'feo, peludo' y quizá también 'enorme'. La interpretación de las metáforas en la teoría de Recanati, y también en la teoría de la relevancia, es un caso de modulación.

Algunas modulaciones, quizá la mayoría, son automáticas, y otras requieren alguna reflexión, pero el proceso es siempre de arriba hacia abajo y consiste en que un enunciado cuadre en un contexto, alcance su significado intencional completo. La semántica, según los contextualistas y los pragmatistas, no es casi nunca tan específica como para expresar todo lo que el hablante intenta transmitir con sus palabras en cada contexto de comunicación. Algunos teóricos sostienen que tenemos más conceptos en la mente que palabras en el código para expresarlos (véase Wilson y Sperber, 2012, cap. 2), de modo que no hay correspondencia uno a uno entre un concepto mental y un ítem léxico, y los conceptos expresados lingüísticamente necesitan ampliación o, a veces, estrechamiento de su significado codificado, o bien ambos procesos, consecutivamente. El enriquecimiento es un ajuste continuo que se va produciendo durante la interacción comunicativa. La propiedad general del lenguaje que nos obliga a hacer inferencias sobre lo explícito para interpretar un enunciado se llama *subdeterminación semántica.

Palabras de apariencia inocente, que no son ambiguas ni vagas, como, por ejemplo, *libro,* son, en realidad, subdeterminadas. En un trabajo sobre la modulación, Ludlow (2014) propone un ejemplo semejante al que sigue. Supóngase que A pregunta a B lo siguiente:

(3) ¿Cuántos libros has escrito?

Una respuesta adecuada exige saber a qué llama "libro" el que pregunta, ya que los interlocutores deben ponerse de acuerdo sobre el alcance semántico de la palabra *libro*: ¿libros de los que B es autor, libros que escribió con otros, libros para especialistas, libros de texto, libros editados o coordinados, libros de poemas, catálogos de museos, folletos de cualquier índole, guías de lectura…? En otros contextos, *libro* se refiere al contenido del libro y no a su condición de objeto, por ejemplo si decimos algo como (4):

(4) Es un buen libro.

y también puede tener los dos significados, el abstracto y el concreto, como en (5):

(5) Jochy escribió un libro muy bueno que pesa más de un kilo, y no lo puedo llevar en la maleta.

Los significados modulados o ajustados en contexto pierden su ambigüedad, su vaguedad o su imprecisión; para algunos filósofos, como Ludlow, toda conversación exige que las dos partes cuestionen sus modulaciones, para hacerlas coincidir.

Si el lenguaje fuera un instrumental inventado, artificial, en el que a cada expresión le correspondiera un solo significado inequívoco, sería muy difícil aprenderlo y usarlo, ya que consistiría en cantidades enormes de signos, cada uno la contrapartida de un concepto de la mente, o de una percepción. Un río caudaloso, a lo largo de unas pocas horas, muestra más colores que los que contiene el vocabulario del español, de modo que sería muy difícil describir con absoluta precisión los colores en cada momento del día. Quien hojee un catálogo de pinturas para paredes observará los esfuerzos de los fabricantes por distinguir lingüísticamente un azul de otro, por ejemplo: "azul celeste", "azul marino", "azul de Prusia", "azul puerta", "azul real", "azul grisáceo", "azul denim", "azul medianoche", etc.

No hay una palabra para cada objeto o percepción, y las palabras que tenemos requieren, en casi cada uso, cierta modulación, de acuerdo con los conocimientos compartidos por los hablantes y las intenciones comunicativas. Solamente en el lenguaje científico las expresiones no varían contextualmente, al menos no de la misma manera que en la conversación corriente, aunque hay términos que exigen modulación, en la ciencia y hasta en la ley, donde esperaríamos conceptos unívocos e invariables. Piénsese en las diferentes modulaciones propuestas o exigidas, legalmente, para palabras como *democracia, patriotismo, libertad, nación, crisis*, y muchísimas más.

Por lo general, la vaguedad y la imprecisión se solucionan gracias a datos del contexto, pero los filósofos del lenguaje disienten en cuanto al grado de dependencia del contexto que muestran las expresiones lingüísticas: para algunos, los *contextualistas radicales*, los signos varían en cada ocasión de uso. Para otros, situados en el extremo opuesto, la semántica es insensible o cuasi insensible al contexto, como sostienen los teóricos llamados minimalistas. Estos teóricos defienden una intervención *mínima* de la pragmática en el proceso de comprender un enunciado; por lo general, esta participación se reduce a asignar referentes a las expresiones deícticas, que no requieren enriquecimiento pragmático, sino solamente ***saturación**.

La saturación se realiza siguiendo instrucciones gramaticales: el pronombre *tú* siempre se refiere al interlocutor, sea real o imaginario. Su *carácter* indica que se refiere al interlocutor; pero quién es el interlocutor –a quién se refiere *tú* en cada uno de sus usos– es infinitamente variable (véase ***carácter y contenido**). Los enriquecimientos libres, en cambio, no son exigidos por la gramática, o sea que no son obligatorios, sino optativos. En el ejemplo (1), repetido aquí,

(1) A un costado de la plaza hay un oso; espérame allí.

un usuario competente del lenguaje comprende, sin necesidad de reflexionar, que el oso no es un animal vivo, y ajusta el significado de oso a este contexto. Algún gracioso puede recuperar, sin embargo, el significado literal de oso, para hacer un chiste, y esto es posible porque, pese a la rapidez y automatismo con que modulamos las expresiones, el significado literal es casi siempre accesible, aunque no sea el primero que se nos ocurre.

Los listos que recurren al significado literal en casos como este suelen tener poco éxito social, ya que la comunicación consiste en transmitir más que lo literal, y el que no lo hace, pudiendo hacerlo, no juega limpio. Supóngase que Pancho está enojado y no quiere oír razones y Emilio trata de calmarlo:

(6) Emilio: Mira, lo que yo quiero decir es que...
Pancho: Yo no miro nada.

En este caso, Pancho rompe las reglas de la comunicación, al modular de una manera inesperada y poco cooperativa el verbo *mirar*, o sea, en este caso, tomándolo literalmente. La comunicación no funciona si los participantes no están de acuerdo en sus modulaciones. Por otra parte, los significados literales están ahí, y si no son los intentados, existen sobre todo como indicadores de lo que quiere decir el hablante, de modo que la comprensión de un enunciado requiere dos procesos: descodificación e inferencias.

Pese a la rapidez y automatismo de los procesos interpretativos, en muchos casos tenemos conciencia de que estamos modulando significados, incluso en la conversación corriente, en la cual hablamos del mundo y también del lenguaje con que hablamos del mundo. Todos los hablantes competentes intuyen que las palabras se usan con varios significados y que hay que aclararlas, que es lo que todos hacemos continuamente, no solamente los filósofos del lenguaje o los lingüistas. Aunque no sepamos cuál es el significado literal de una expresión, sabemos que hay un significado que es inadecuado, demasiado estrecho, o demasiado laxo, y tenemos que discutir el significado que ambas partes consideran adecuado para establecerlo y hacer avanzar la conversación. Muchas, quizá la mayoría, de las conversaciones espontáneas tienen un nivel metapragmático, en que los hablantes comentan su uso del lenguaje.

La forma más debatida de enriquecimiento libre es el reconocimiento de los constituyentes no articulados, formas que no tienen manifestación fonológica, pero que son, sin embargo, componentes de la proposición enunciada. El contenido de estas partes no articuladas *procede del contexto* y permite completar el significado de la oración emitida, para ser evaluada como una proposición verdadera o falsa. La existencia de estos constituyentes ha sido propuesta, entre otros, por Sperber y Wilson (1995), Recanati (1993) y Carston (2010), y en general por teóricos que defienden la intervención de la pragmática en el establecimiento de valores semánticos. La niegan, en cambio, las teorías que mantienen que la gramática de una lengua –léxico, sintaxis y semántica– contiene suficiente información como para que el intérprete pueda obtener una proposición completa sin necesidad de ajustes contextuales de tipo pragmático, es decir, no sometidos a reglas gramaticales. Véase *constituyentes no articulados.

En suma, según las teorías predominantes en pragmática, las inferencias pragmáticas que completan y enriquecen lo explícito, o inferencias *internas*, o *básicas*, pueden ser el producto de las operaciones de saturación de deícticos o de enriquecimiento libre. El enriquecimiento libre, a su vez, tiene dos tipos, la modulación o ajuste y la recuperación del contenido de variables ocultas:

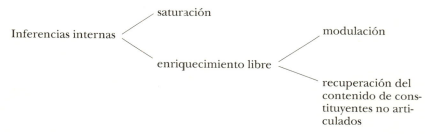

Este esquema es válido si consideramos que la recuperación del significado de los constituyentes no articulados es un proceso pragmático libre, no obligado por la gramática.

Como sostiene Carston (2010), si el enriquecimiento libre, ya sea modulación o recuperación de contenido encubierto, es un proceso inferencial, debe ser, por definición, cancelable, y lo es, al menos en los casos en que al cambiar el contexto cambia la significación especificada por enriquecimiento. Todo el material implícito recuperado por inferencia, por no ser afirmado, sino transmitido implícitamente, puede modificarse cambiando el contexto, tal como sucede con las implicaturas.

EXPLICATURA

1. Contenido híbrido de la explicatura

En la *teoría de la relevancia se llama *explicatura* a la proposición comunicada por el hablante que es *resultado del desarrollo de la forma lógica contenida en su enunciado*. "Desarrollo" significa, en esta definición, *enriquecimiento mediante inferencias pragmáticas* (Sperber y Wilson, 1995, cap. 4).

La explicatura es la parte explícita de un enunciado, procede directamente de su forma lógica y debe enriquecerse con inferencias hasta constituir una proposición. Esta proposición, en su conjunto, da lugar a otros significados implícitos, las implicaturas (véase *implicatura).

Para obtener la explicatura comunicada, el intérprete debe, ante todo, descodificar la forma lógica, que es, en la teoría de la relevancia, una prueba de lo que quiere decir el hablante, no un contenido completo sino una guía para que el oyente construya el significado transmitido. La descodificación es instantánea y se hace sin esfuerzo, gracias al módulo mental que nos permite descodificar lenguaje. A la descodificación le siguen inferencias, que tienen por fin obtener una proposición completa, evaluable por su verdad o falsedad: la explicatura. Algunas de las inferencias requeridas para obtener las explicaturas y las implicaturas de un enunciado son automáticas, ya que los humanos (y también los animales no humanos), pueden hacer inferencias inconscientes, que son rapidísimas. Otras inferencias son más o menos conscientes: las inferencias que hacemos continuamente, tanto para interpretar lenguaje como para subsistir en diferentes entornos, forman parte de un *continuum* que va de lo inconsciente a lo consciente (Mercier y Sperber, 2017).

Las tareas inferenciales requeridas por la explicatura son las siguientes:

- desambiguar los significados, donde sea necesario;
- asignar referentes a las frases nominales y deícticos;
- ajustar o enriquecer los significados que se van descodificando.

Estas inferencias no son lineales, sino que se van realizando con movimientos hacia adelante y hacia atrás, completando lo previo a la luz de nuevas inferencias, resolviendo una ambigüedad, por ejemplo, después de obtener una proposición y no antes, o incluso, a veces, después de captar una implicatura que echa luz sobre la explicatura, como se verá más abajo.

Tanto en la teoría de la relevancia como en otras teorías pragmáticas posteriores a Grice, entre ellas las teorías llamadas neogriceanas (véase *interpretaciones preferidas), lo explícito exige que el hablante haga inferencias, y no solamente descodificaciones, ya que la explicitud casi nunca es completa. Las inferencias para completar lo explícito se llaman *locales*, o también *inferencias explicadas* (Ariel, 2010) (véanse *inferencia y *enriquecimiento libre). La necesidad de operaciones pragmáticas para completar lo explícito se debe a la *subdeterminación semántica del lenguaje, que no codifica todo lo que puede querer decir el hablante, pero sirve como guía para recuperarlo.

La idea de que lo explícito exige contenidos implícitos que provienen del contexto se aparta de la teoría de Grice, que intentaba mantener una semántica independiente, aunque abrió la posibilidad de este desarrollo teórico al considerar que *lo dicho es parte del significado intencional del hablante, que comprende contenidos implícitos comunicados. La explicatura, por ser en parte explícita y en parte implícita, requiere dos operaciones cognitivas diferentes, realizadas, según la teoría de la relevancia, por módulos cognitivos especializados: la descodificación, obra del módulo lingüístico, y las inferencias pragmáticas, que dependen del módulo metacomunicativo (véase *modularidad y comunicación). En virtud de esas operaciones se construye la explicatura, conjunto híbrido, que es una proposición completa en contexto, a la que el intérprete puede asignar, siguiendo sus intuiciones, condiciones de verdad.

Véase un ejemplo del carácter híbrido de la explicatura:

(1) Miriam: No tenemos nada para comer.
    Paco: Podemos abrir una lata de sardinas.
    Miriam: Sí, claro.

EXPLICATURA   117

El enunciado en que Miriam afirma que no hay *nada* para comer es descodificado y enriquecido por Paco, que restringe la extensión de *nada*, y entiende algo así como 'nada fresco, o nada preparado o que se pueda preparar rápidamente'. Cuando Miriam admite que sí hay en la casa una lata de sardinas, no se está contradiciendo, porque lo que ella ha transmitido no es el significado literal de *nada*, sino el significado enriquecido que ha captado su interlocutor. En una situación de verdadera penuria, la expresión *nada*, en un enunciado semejante, conservaría su significado literal.

Véanse otros ejemplos:

(2) El novio de Poldi es un robot.

(3) Quique se cayó y se fracturó el brazo.

(4) Al estreno de la obra no fue nadie.

En (2), el oyente debe ajustar el significado de la expresión *robot*, que aquí es metafórica. El novio no es, seguramente, un robot, sino una persona, pero comparte propiedades de los robots, quizá su falta de expresión, su excesiva eficiencia, etc. Las metáforas se interpretan mediante inferencias locales llamadas *modulaciones* (véase ***metáfora**).

En (3) la conjunción copulativa *y* debe enriquecerse para que signifique 'en consecuencia', ya que en este enunciado expresa el orden de las dos acciones en el tiempo, y ese orden no puede alterarse, ya que ambos hechos tienen una relación causa-efecto que forma parte de las condiciones de verdad del enunciado. La conjunción copulativa no solamente une sino que, gracias a una inferencia, indica que un hecho es causa del otro, o el segundo consecuencia del primero.

En (4), el cuantificador *nadie* exige también un ajuste de significado, ya que significa, en este contexto 'muy pocas personas', de modo que la explicatura expresa este significado, y no el literal. En otros usos, *nadie* parece conservar su significado literal:

(5) No llamó nadie.

(6) En casa no hay nadie a esta hora.

Pero aun en casos como (5) y (6), que en ciertos contextos pueden tomarse literalmente, el locutor o locutora puede comunicar, al decir *nadie*, algo como 'no llamó nadie que te pueda interesar', aunque haya llamado el repartidor de la frutería para anunciar su llegada, o una anciana tía para charlar. En (6), un hablante puede afirmar que en su casa no hay nadie queriendo decir 'nadie de la familia', pero sin contar a los niños, a la joven que cuida a los niños, o al carpintero que está reparando una ventana. *Nadie*, en un enunciado enriquecido por inferencias, puede significar, en suma, 'ninguna persona relevante (útil, etc.) en este contexto'. En el cuento de Chesterton mencionado en el prólogo de este libro, "nadie" no incluye al cartero que entra y sale del edificio tranquilamente. No es que el cartero sea invisible, sino que no parece importante, aunque sea, como sabemos después, el asesino disfrazado de cartero.

La pragmática actual presenta un concepto de *lo dicho* por el hablante que abarca lo semántico y lo pragmático, partiendo de la idea de que hay una brecha entre lo estrictamente dicho y lo que se quiere decir, y que esa brecha se salva con inferencias, tanto locales como globales. Para mantener la relación con la noción griceana de *lo dicho*, algunos teóricos llaman a la explicatura *lo dicho máximo*, *lo dicho intuitivo* (Recanati, 2010) y *lo dicho básico* (Ariel, 2010), que son también designaciones adecuadas, ya que captan, por un lado, no solo el origen griceano de la oposición entre lo dicho y lo implicado, donde *implicado* solamente designa las implicaturas, sino que describen propiedades importantes: la propiedad de abarcar significados de diferente origen (lo dicho máximo), la de coincidir con las intuiciones de los hablantes sobre las condiciones de verdad (lo dicho intuitivo) y el hecho de que esta ampliación del concepto de Grice es fundamental para explicar el proceso de interpretación de los enunciados. Pero estas denominaciones no designan nociones totalmente equivalentes a la de explicatura, ya que proceden de teorías que diseñan de otro modo el proceso inferencial (véase *accesibilidad).

Contrastando con las explicaturas, las implicaturas son las proposiciones no comunicadas explícitamente. Desde el punto de vista cognitivo, no requieren, como las explicaturas, dos procesos mentales diferentes, descodificación e inferencia, sino solamente inferencias. Grice consideraba que en casos como el de (3), arriba, en que *y* tiene un significado implícito extra 'en consecuencia', el hablante obtiene ese significado derivando una implicatura. En la pragmática moderna, (3) es, como hemos visto, un ejemplo del uso de la conjunción copulativa enriquecida por una inferencia local, de modo que el contenido extra de *y* no es una implicatura, sino parte de la explicatura. Algunos teóricos han ideado pruebas para distinguir la explicatura de la implicatura, y han propuesto, por ejemplo, que las explicaturas quedan bajo el alcance de la negación o de construcciones condicionales, a diferencia de las implicaturas, que no son afectadas. Véase el siguiente diálogo, semejante a uno de los que utilizó Grice para explicar la noción de implicatura:

(7) a. Sol: ¿Juan tiene novia?
   Mario: Va a Burdeos todos los fines de semana.
   b. No va a Burdeos todos los fines de semana.
   c. Si va a Burdeos todos los fines de semana, hablará el francés mejor que antes.

La respuesta de Mario permite derivar la implicatura de que Juan tiene una novia que vive en Burdeos, y por eso viaja todas las semanas a esa ciudad. Pero esa implicatura queda fuera de la negación de (b) y la subordinación condicional de (c), que solamente afectan a la explicatura, es decir, a lo comunicado explícitamente (Carston, 2002, § 2.6).

En suma, la explicatura, en la teoría de la relevancia, es el resultado de un proceso de interpretación doble: por un lado, la descodificación, subpersonal, automática, de las señales lingüísticas que constituyen el estímulo comunicativo, y por otro lado el conjunto de inferencias pragmáticas necesarias para dar cuerpo a los significados codificados, que se consideran poco específicos, vagos o ambiguos.

2. Orden de las inferencias locales y globales

Los teóricos relevantistas sostienen que las explicaturas y las implicaturas conversacionales se procesan paralelamente, y no, como podría parecer, que las explicaturas preceden a las implicaturas en todos los casos. A veces, una implicatura sirve para completar el significado de una explicatura, y esto demuestra que el intérprete vuelve atrás y reconsidera, o bien procesa todo a la vez. Supóngase este diálogo entre dos estudiantes:

(8) Hugo: No sé si presentarme al examen ahora o en el próximo turno.
   Lucy: El examen va a ser difícil.

Si Hugo considera que el enunciado de Lucy es una advertencia y saca una implicatura como 'no es sensato presentarse ahora al examen', o 'si no estás bien preparado no te presentes', dará al adjetivo *difícil,* parte de la explicatura del enunciado de Lucy, una significación que resultará enriquecida por la implicatura, algo como 'extremadamente difícil', ya que si la compañera advierte que es mejor no presentarse, es porque sabe que el examen va a ser especialmente difícil, más que otros. Del mismo modo, si alguien, recordando a un novio que la hizo muy desdichada, justifica su amor por él diciendo:

(9) Es que Bernardo era <u>encantador</u>.

podría querer implicar algo como 'era imposible no enamorarse de él'. En ese caso, la justificación que ofrece la implicatura intensifica el significado del adjetivo, que pasa a significar algo como 'irresistible'. Dado el uso tan común del adjetivo *encantador* en posición predicativa, referido a personas, solamente la implicatura, en contexto, puede dar más fuerza a la descripción, lo que demuestra nuevamente que la implicatura puede incidir en la interpretación de la explicatura.

Los relevantistas consideran que la explicatura funciona como una *premisa* en el razonamiento completo que lleva a derivar una implicatura, y esto significa que en algún punto del proceso el intérprete posee una explicatura completa que es previa, al menos lógicamente, a las implicaturas, que, a su vez, proceden de la explicatura tomada globalmente. Wilson y Sperber (2012, Introd.) enumeran las siguientes tareas realizadas por el intérprete de un enunciado:

(10) *Tareas del proceso de comprensión*:
(a) Construir una hipótesis adecuada sobre las explicaturas, desarrollando la forma lógica codificada.
(b) Construir una hipótesis adecuada sobre los contenidos contextuales intentados (premisas implicadas).
(c) Construir una hipótesis adecuada sobre las implicaciones contextuales intentadas (conclusiones implicadas).

Wilson y Sperber insisten en que estas tareas no suceden en el orden en que se enumeran en (10): el oyente no descodifica primero la forma lógica, luego construye una explicatura, luego construye el contexto adecuado y finalmente deriva una serie de conclusiones implicadas. El orden de procesamiento varía en cada contexto, según las expectativas sobre qué conclusiones se deben derivar, lo que puede llevar a reanalizar la explicatura, como se ha visto en los ejemplos (8-9). Según los teóricos relevantistas, el proceso completo esquematizado en (10) se realiza bajo la guía de la búsqueda de relevancia, que conduce al oyente a *buscar el camino del menor esfuerzo para llegar a una interpretación que satisfaga sus expectativas de relevancia.*

Grice observa que los contenidos implicados corren más riesgo de no ser comprendidos que los explícitos (Grice, 1989). Las explicaturas más explícitas, es decir, que requieren menos inferencias, se comprenden mejor. Por eso en la teoría de la relevancia se distinguen explicaturas *fuertes* y *débiles* (y también implicaturas fuertes y débiles). Cuanto más explícita la explicatura, mayor será su fuerza y el grado de certeza de la interpretación, ya que la descodificación es instantánea y más segura que la inferencia. Las explicaturas débiles se caracterizan por dar lugar a una gama amplia de interpretaciones plausibles, entre las cuales el oyente elegirá la más relevante, siguiendo el camino del menor esfuerzo.

La mayor o menor explicitud depende de cómo el hablante acomoda la información para que el oyente pueda comprenderla utilizando los datos compartidos por ambos en un contexto. Véanse las versiones del siguiente enunciado:

(11) a. Lidia vivió varios años en Extremo Oriente.
b. Lidia Spinetto vivió varios años en Extremo Oriente.
c. Lidia Spinetto vivió varios años en China y Japón.
d. Lidia Spinetto es una buena candidata para dar una conferencia sobre China y Japón.

La explicatura de (11a) es menos específica que la de (11b), y (11c) implica lógicamente a (11b), y por lo tanto es más informativa que (11b). Como (11c) es la explicatura más específica, es la premisa para la implicatura de (11d).

Algunas explicituras muy lacónicas están respaldadas por un terreno común muy amplio y firme, que permite hacer inferencias con rapidez. Véase el siguiente ejemplo. Un matrimonio mayor hace compras en un supermercado, en una ciudad pequeña en donde están de vacaciones, y en un momento el marido dice, señalando una estantería con huevos:

(12) Teresa, mira: huevos.

Esta explicatura lacónica y aparentemente no informativa tiene sentido gracias a los datos compartidos por los dos interlocutores, que permiten a la oyente, Teresa, asignar intenciones comunicativas a su marido y comprender la información implícita. Entre estos datos contextuales podrían encontrarse, por ejemplo, una conversación anterior en que los dos hablantes han comentado que tenían que comprar huevos, o que no habían visto dónde estaban los huevos en ese supermercado, o en la que alguno de ellos prometió hacer una tortilla, etc. Según los contextos que requiera su interpretación, esta explicatura puede parafrasearse de varias maneras, entre ellas las siguientes:

>   (13) a. Mira, aquí hay huevos.
>   b. Mira, aquí están los huevos que no encontramos ayer.
>   c. Mira, aquí están los huevos que necesitamos.

A partir de allí, la implicatura que surge más fácilmente sería 'compremos huevos', pero hay otras posibles. Si los esposos han comentado que en el país que están visitando no se ponen los huevos en la nevera (contrariamente a los usos del país en que ellos viven), el comentario implícito puede indicar solamente que allí hay otra prueba de esa costumbre. Podemos imaginar varias explicaturas y varias implicaturas, que se deben a lo poco explícito que es el hablante, confiado en que la oyente no necesita más información. Quizá el mismo efecto se hubiera obtenido simplemente con un gesto: señalar los huevos con el dedo. El gesto de señalar con el dedo se considera precursor del lenguaje en la evolución de *homo sapiens*. El gesto puede provocar muchas informaciones diferentes, según cuáles sean los conocimientos compartidos por los hablantes, y entre ellos también los conocimientos que *saben* que comparten. (Véase un análisis de un ejemplo similar a (13), pero sin lenguaje, en Tomasello, 2008, cap. 1.)

En el ejemplo siguiente, una hablante emite un enunciado cuyo significado literal podría ser incomprensible (además de falso y absurdo) para alguien que no fuera de la familia. El hijo adolescente de la locutora de (14), llamado Javier, tiene la costumbre de dejar tirados en cualquier lugar de la casa los envoltorios de los dulces que consume continuamente. La madre encuentra un día un papel pegajoso en un sitio inapropiado y dice enfadada:

>   (14) Este es Javier.

La forma lógica de este enunciado exige desarrollo inferencial para que la explicatura signifique algo como 'el que ha hecho esto es Javier', 'el culpable es Javier'. La hablante podría haber dicho solamente *Javier*, o *Mira: Javier*, y, en el contexto adecuado, con el interlocutor adecuado que compartiera sus conocimientos sobre Javier, lograría comunicar la misma explicatura.

3. Explicaturas de nivel más alto

La noción de explicatura, en la teoría de la relevancia, es más amplia que las nociones semejantes mencionadas arriba, como *lo dicho máximo* (Recanati, 2010), ya que presenta una jerarquía de dos niveles de explicaturas: las que hemos venido viendo hasta ahora, básicas o de primer nivel, y las *explicaturas de nivel más alto*. Las explicaturas de nivel más alto son descripciones cuyo significado está por encima de las explicaturas básicas, que quedan a su vez subordinadas. Las explicaturas de nivel alto pueden ser más o menos explícitas y se comprenden de la misma manera que las de nivel básico. Véase un ejemplo:

(15) Alicia: El libro de Mariano es muy bueno.
   a. Alicia dice que el libro de Mariano es muy bueno.
   b. Alicia cree que el libro de Mariano es muy bueno.

(a) y (b) son explicaturas de nivel más alto que aportan una descripción relevante, que por supuesto varía según los contextos. Si el oyente sabe que Alicia no aprueba, en general, el trabajo de Mariano, lo más relevante es que *diga* que el libro es bueno, y eso forma parte del conjunto de explicaturas transmitidas. De la misma manera, un verbo de actitud proposicional como *creer*, que revela la actitud del hablante ante la proposición, puede tener mayor o menor relevancia, según los contextos.

Pero en los casos de explicaturas de nivel más alto totalmente implícitas, no está claro si el hablante tiene la intención de transmitir dos explicaturas (la básica y la de mayor nivel) o una sola, la que expresa, como en (15). La idea de que Alicia quiere transmitir, por inferencia, una proposición ilocutiva (*digo que*) o una proposición que designa una actitud (*creo que*) es bastante dudosa (Carston, 2010a).

Los adverbios que suelen llamarse "extraoracionales" porque no forman parte de la proposición comunicada, son ejemplos muy claros de explicaturas de nivel más alto:

(16) a. Francamente, prefiero los vinos españoles.
   b. Afortunadamente, Quique se ha recuperado.
   c. Obviamente, los alumnos están descontentos.

En (16a) el adverbio es ilocutivo, y significa 'te digo con franqueza'. En (16b) el adverbio indica una actitud de complacencia o alegría ante la buena suerte de la recuperación. En (16c) *obviamente* tiene valor evidencial, ya que se refiere al origen del conocimiento que garantiza la verdad de la afirmación de que los alumnos están descontentos: en este caso, que el hablante lo ha percibido. Las condiciones de verdad de las proposiciones (16a-c) no incluyen la contribución hecha por los adverbios, es decir, los adverbios no aportan nada a la proposición básica explícitamente comunicada, pero en cambio contribuyen a crear una explicatura de nivel más alto. En el caso de los adverbios ilocutivos, las paráfrasis son como las siguientes:

(17) a. Te digo francamente que prefiero los vinos españoles.
b. Te informo confidencialmente de que van a poner la casa en venta.

En algunos casos, la explicatura de nivel más alto, sea más o menos explícita, tiene un importante papel en la comunicación. Considérese el siguiente ejemplo, en que dos trabajadores comentan a quién van a votar en las elecciones del sindicato:

(18) Federico: ¿Vas a votar por Martínez?
Iris: Es el único que puede conseguir aumentos de sueldo.

En este caso, Federico puede sacar la implicatura de que la respuesta a su pregunta es afirmativa: sí, Iris va a votar por Martínez. Pero puede proponerse que esta respuesta no procede de la explicatura básica, la explícita, sino de una explicatura de nivel más alto que está implícita, y que podría formularse así:

(19) Creo que es el único que puede conseguir aumentos de sueldo.

La actitud proposicional de Iris, su creencia en que Martínez va a conseguir aumentos de sueldo, es la explicatura de nivel más alto que permite interpretar su respuesta, y no la predicción de que él es el único que va a conseguir aumentos de sueldo.

La explicatura tiene un papel esencial en la comunicación. Es lo que el intérprete percibe, trata de comprender y juzga verdadero o falso, es lo que los hablantes retoman mediante formas de estilo indirecto, lo que se discute, se aprueba, se recuerda o se rechaza.

4. Las inferencias locales en otras teorías

Algunos teóricos del significado y la comunicación rechazan los principios de la pragmática posterior a Grice, precisamente porque esta pragmática insiste en ampliar el campo de operaciones de la inferencia en la comunicación. Desde la filosofía, Stanley y King (2007) sostienen que no existe una brecha entre lo que decimos y lo que queremos decir, si dotamos a la forma lógica de variables que la conectan con el contexto, y partimos, para explicar la comunicación, de una forma lógica muy rica, que nos guía para obtener una proposición completa. Esta forma lógica, con posiciones estructurales que se rellenan con datos del contexto, bajo reglas gramaticales, y no reglas pragmáticas, permite explicar cómo los hablantes, intuitivamente, otorgan valor de verdad a las proposiciones, sin pragmática (véase *indexicalismo).

La noción de *implicitura*, propuesta por Bach (2007), tiene muchas semejanzas con la de explicatura. El punto de partida teórico es el mismo en ambos casos: se trata de explicar la necesidad de completar *con inferencias* expresiones lingüísticas incompletas o defectuosas, para poder llegar a una proposición evaluable por su verdad o falsedad. En teorías como estas, y contrariamente a la tradición de la lógica, la proposición es un objeto tanto semántico como pragmático. Pero la noción de implicitura tiene un marco teórico diferente del de la teoría de la relevancia (véase *implicitura).

Los teóricos de la teoría semántica llamada *contextualismo, por su parte, sostienen que la semántica por sí misma no puede proporcionar una proposición evaluable, y que se necesitan inferencias desde el principio del proceso de interpretación para desarrollar *lo dicho máximo*, que es lo dicho descodificado y además enriquecido (véase *pragmática de las condiciones de verdad).

Los filósofos minimalistas (véase *minimalismo), por el contrario, reducen al mínimo indispensable, siguiendo en esto a Grice, la participación de la pragmática para fijar valores de verdad (se atienen a los deícticos, que no pueden entenderse sin información contextual, a procesos de desambiguación y a poco más). Algunos minimalistas proponen la noción de *contenido semántico mínimo, ya que la existencia de tal proposición mínima nos aseguraría que hay una proposición estable en todas las enunciaciones de la misma oración, y aunque esa proposición no sea la más saliente en la conversación, estará allí siempre y nos permitirá decir, por ejemplo, que dos personas afirmaron lo mismo, o citar lo que dijo otro en un contexto que no conocemos (Cappelen y Lepore, 2005). Como se ha visto, este papel comunicativo lo cumple, para la pragmática, la explicatura. Los teóricos del indexicalismo, pese a cuestionar la noción de explicatura, no aceptan la existencia de un nivel semántico siempre invariable, pues ellos defienden que cada enunciado regula gramaticalmente su relación con el contexto.

Las nociones de *explicatura*, *implicitura* y otras categorías afines ya mencionadas, no nos ofrecen, como nos ofrece la *proposición mínima*, el premio de la estabilidad del significado a través de contextos diferentes. Lo que nos ofrecen son significados variables, con los que, sin embargo, nos comunicamos bastante bien. Llegamos a la explicatura o a *lo dicho intuitivo* mediante nuestros conocimientos del lenguaje y nuestra capacidad de reconocer la intención del hablante, que no es una capacidad propiamente lingüística, y esto lo logramos en contextos amplios, que siempre pueden agrandarse más y provocar, en sus metamorfosis, cambios de significado. La explicatura es, por definición, variable.

Sperber y Wilson (1995) sostienen que la misma expresión, usada en contextos diferentes, forma parte de explicaturas diferentes. El adjetivo *feliz* puede indicar, en cada uso, propiedades levemente distintas, gradaciones y modificaciones de la felicidad diferentes unas de otras: en unos casos expresará algo semejante a la satisfacción, en otros alivio, en otros enorme alegría. Por eso las expresiones lingüísticas deben ajustarse a las necesidades de cada contexto, y cada ajuste modifica la explicatura de un enunciado (véase ***enriquecimiento libre**).

La noción de explicatura es una de las que mejor reflejan la idea central de la pragmática actual: el lenguaje es contextual, está siempre, de un modo u otro, determinado por factores contextuales, arraigado en su contexto. Esta condición del lenguaje le da flexibilidad y mayor facilidad de uso, ya que no necesitamos una frase única para cada cosa diferente que queremos decir, lo que haría el lenguaje muy poco apto para la comunicación. El lenguaje es flexible, adaptativo, porque depende de inferencias rapidísimas que hacemos de pasada, sin detenernos a reflexionar. Para los teóricos que quieren describir adecuadamente el uso del lenguaje, la dificultad mayor está en esa riqueza de significaciones variables, que logramos captar con facilidad en la conversación, pero que no es tan fácil explicar teóricamente. Las nociones de explicatura y de implicatura tienen un papel fundamental en la explicación sistemática de la relación entre el lenguaje y el contexto.

GRAMATICALIZACIÓN

La *gramaticalización* es el proceso por el cual algunos elementos léxicos con contenido conceptual van cambiando su significado a lo largo del tiempo, adquiriendo un nuevo contenido gramatical a costa de la disminución o la desaparición de su antiguo valor conceptual (Hopper y Traugott, 2003). La dirección del cambio es siempre la misma, en las lenguas en las que se ha estudiado este fenómeno: de un significado que encapsula una representación mental se pasa a un significado de tipo procedimental que da indicaciones sobre la interpretación (véase ***procedimentales**).

Las perífrasis verbales del español son buenos ejemplos de este proceso. Los verbos auxiliares, que encabezan las perífrasis, han perdido del todo o en parte su significado como verbos autónomos, y aportan un significado complementario sobre cómo entender el verbo principal. En (1),

(1) Juan volvió a llamar.

el verbo *volver* ha perdido el significado 'regresar', que mantiene en otros contextos, e indica que la acción de llamar es una acción repetida. En (2),

(2) El espejo y la instalación vienen a costar 100 euros.

venir no indica movimiento, sino que da un contenido aproximado a la expresión *100 euros*. En (3),

(3) El nene se puso a llorar.

el auxiliar *ponerse* indica que la acción de llorar debe entenderse como una acción que comenzó en cierto momento determinado por el contexto. (Sobre estos y otros ejemplos de gramaticalización, véase Real Academia Española, 2009).

Los conectores oracionales también han gramaticalizado una larga serie de significados que orientan al oyente sobre cómo interpretar la relación entre los dos segmentos conectados. En los siguientes ejemplos, se ven adverbios y grupos adverbiales cumpliendo esta función procedimental, en la que pierden su significado adverbial. Entre paréntesis se pone qué rasgo semántico predomina en cada caso:

(4) No, no leí ese libro. <u>Por cierto</u>, ¿has terminado tu trabajo? (indica digresión, cambio de tema).

(5) Está muy dolorido, y <u>encima</u> le caen mal los calmantes (indica adición).

(6) Es antipática, pero, <u>eso sí</u>, muy buena médica (indica adversación).

(7) El examen no fue tan difícil, <u>después de todo</u> (indica adversación).

(8) En la empresa le hicieron la vida imposible, y <u>entonces</u> renunció (indica consecuencia).

(9) <u>Total</u>, que no podemos resolver el problema (indica recapitulación).

En ciertos casos, algunas zonas de América mantienen formas lingüísticas con el significado conceptual antiguo, que no ha pasado a ser procedimental (y quizá no pase a serlo), y en cambio el español de España presenta el proceso concluido. La expresión *por cierto*, ejemplificada arriba, en (4), en su uso de conector discursivo, sigue siendo exclusivamente un adverbio de afirmación, con valor conceptual, en grandes zonas de América, como era en el español clásico (Real Academia Española, 2009).

La gramaticalización es un tema que afecta de manera importante a las teorías del significado, ya que revela que el paso del valor conceptual al procedimental se produce porque las palabras que expresan representaciones mentales suelen tener también rasgos procedimentales. Estos rasgos, en algunos casos y según la presión del uso de la lengua, se desarrollan y superan a los valores conceptuales. El hecho de que una mayoría de las expresiones conceptuales contenga o promueva rasgos procedimentales es otra prueba de que la semántica de las lenguas posee una serie muy amplia de instrucciones que tienen por función orientar la interpretación de los enunciados. Para los teóricos relevantistas, en especial, la gramaticalización de contenidos procedimentales revela que un enunciado es solamente una clave, una guía, de lo que el hablante quiere decir, de modo que el oyente hace inferencias para recuperar ese significado, y las hace con la ayuda del lenguaje mismo (Wilson, 2011, 2016).

GRICE: LÓGICA Y CONVERSACIÓN

1. El proyecto de grice

El filósofo Paul Grice (1913-1988) es considerado, *ómnium consensu*, el creador de las teorías fundamentales de la disciplina que hoy llamamos pragmática. Grice estableció que la comunicación lingüística está basada en convenciones semánticas, pero que lo que los hablantes transmiten se extiende más allá de esas convenciones. El "significado del hablante", lo que el hablante quiere decir explícita e implícitamente, de forma intencional, y el oyente interpreta mediante descodificación y mediante razonamientos inferenciales, se fundamenta en un orden, en un sistema que subyace a la comunicación entre agentes racionales. Este sistema, condensado en un principio general, el *principio de cooperación*, y cuatro categorías de tipo contractual que Grice llamó *máximas*, permite hacer generalizaciones teóricas sobre el significado del lenguaje en la conversación, tema que parecía intratable, y que la lingüística de la época no consideraba de su competencia. La pragmática ingresó en la lingüística a través de la filosofía, disciplina más interesada que la lingüística en el uso del lenguaje, entre otras razones porque la filosofía analítica que se practicaba en el mundo anglosajón acentuó el interés por el estudio del lenguaje natural, aunque, en la época de Grice, se creía que el lenguaje requería una purificación para poder ser instrumento idóneo del discurso filosófico.

Grice nunca se consideró lingüista, ni fue visto como tal, pero los lingüistas reconocieron inmediatamente que su teoría de la conversación rompía el cerco que rodeaba el tema del significado expresado lingüísticamente, tema ajeno a la teoría de la sintaxis, que dominaba la lingüística y proponía explicaciones científicas de alcance universal. El programa de Grice también ofrecía un alto nivel de generalización: Grice explica sistemáticamente la conexión entre el significado gramatical codificado por las lenguas y el significado contextual, el que surge en el uso del lenguaje. Fueron los lingüistas los que más se interesaron en su famosa conferencia "Logic and Conversation", pronunciada en la universidad de Harvard en 1967, aunque Grice prefirió, cuando por fin tomó la decisión de publicarla, que apareciera en una colección de artículos de filosofía. Por error afortunado el texto se publicó también en un libro de lingüística (Cole y Morgan, 1975). Años después, Grice recogió esa conferencia, junto con otros estudios sobre el significado lingüístico, en *Studies in the ways of words*, publicado en 1989. Los capítulos 2 y 3 de ese libro (el primero de ellos reproduce la famosa conferencia de Harvard de 1967) son los trabajos que más influyeron en la lingüística.

Grice se formó como filósofo en la Universidad de Oxford, y fue después profesor de filosofía en la misma universidad hasta 1967, en que aceptó un cargo en la Universidad de Berkeley, que mantuvo hasta su muerte. Aunque fue un filósofo original, rebelde y hasta herético, como dicen algunos estudiosos de su obra (véase Chapman, 2005), su obra filosófica y lingüística tiene una relación profunda con los proyectos filosóficos de sus colegas de Oxford, concentrados en el estudio del lenguaje.

Las posiciones de los filósofos de Oxford, en la época de Grice, eran antagónicas. De un lado, seguían siendo influyentes los positivistas lógicos que habían florecido antes de la Segunda Guerra Mundial, como Bertrand Russell; estos filósofos criticaban el lenguaje natural por sus vaguedades e imprecisiones, que lo hacían inepto para la filosofía y la ciencia. De otro lado, después de la guerra surgió con mucho entusiasmo la filosofía del lenguaje ordinario, que buscaba explicar los problemas filosóficos a través del lenguaje espontáneo despreciado por los positivistas (véase ***teoría de los actos de habla**).

Grice trabajó durante muchos años con Austin y su grupo de filósofos del lenguaje ordinario, pero no se apartó completamente de las ideas de Bertrand Russell y el Wittgenstein del *Tractatus* (1922/2009), o sea de su primera época, cuando coincidía con Russell en la evaluación negativa del lenguaje natural. Pese a formar parte, al menos oficialmente, del grupo de Austin, la filosofía lingüística de Grice recoge conceptos e intuiciones de ambas corrientes, para distinguir los dos grandes tipos de significado: el convencional, regido por las condiciones veritativas de la oración, que era el significado que interesaba a los lógicos, y el *significado del hablante*, que tenía una lógica diferente. En efecto, Grice se proponía distinguir los significados estables y relativamente invariables de la semántica y los significados cambiantes y ocasionales producidos en la comunicación, y quería además explicar cómo se conectan ambos significados y crear una teoría sobre el significado *no semántico*, el que hoy llamamos pragmático. La teoría de Grice consiste, esencialmente, en explicar cómo se comunica y se recupera lo implícito, el significado que llamó *implicatura*, categoría que sigue siendo válida e indispensable en la pragmática actual.

Algunos autores comparan el proyecto de Grice sobre el significado del lenguaje con el proyecto de Chomsky de una teoría lingüística general, ya que ambos pretenden alcanzar un alto nivel de generalización. Grice y su grupo de trabajo habían leído con mucho interés *Estructuras sintácticas*, aparecido en 1957. La teoría de Grice es, a diferencia de la teoría de Chomsky, un sistema relativamente informal, basado en la noción de inferencia no demostrativa, que otorga más importancia al conocimiento del mundo de los hablantes que a su competencia lingüística, pero intenta, como Chomsky, establecer principios generales sobre un fenómeno –el significado expresado por medio del lenguaje– que no había sido objeto antes de estudios que buscaran principios generales, sino, más bien, de observaciones aisladas.

Las dos teorías más importantes del modelo de Grice son la del *significado intencional* y la de la *implicatura*. Ambas teorías han influido profundamente en la lingüística, han afectado la manera en que comprendemos la naturaleza del lenguaje y los procesos mentales de los hablantes, han cambiado, incluso, el modo en que describimos las lenguas en las gramáticas, ya que disponemos ahora de una gama más amplia de tipos de significados, y podemos distinguir los significados convencionales inherentes al sistema de la lengua de los demás significados que surgen en contexto. Con Grice, una verdad de sentido común –que queremos decir más de lo que decimos explícitamente– tiene por primera vez una teoría, y esta teoría es simple y elegante y echa las bases de discusiones muy fructíferas y nuevos desarrollos.

2. El significado no natural

En un artículo publicado en 1957, "Meaning", Grice explica dos puntos esenciales de su teoría sobre el significado. En primer lugar, el significado lingüístico expresado depende de la intención comunicativa del hablante. En segundo lugar, el oyente, para comprender el significado expresado, debe reconocer la intención comunicativa del hablante, y para esto el hablante debe tener la intención adicional de que el oyente reconozca su intención.

Grice recurre a los significados habituales del término "significar" para distinguir dos tipos de significado: el *natural* y el *no natural*. El significado natural es el que no tiene agente ni intención, y la lengua lo expresa mediante una acepción del verbo *significar* que se ve en el siguiente ejemplo:

(1) La fiebre alta significa que hay una infección.

Este empleo del verbo *significar* sigue la fórmula X *significa* p, e implica la verdad de p, por lo cual sería anómalo semánticamente decir algo como (2):

(2) ?? La fiebre alta significa que hay una infección, pero no hay una infección.

El significado lingüístico o *no natural*, que Grice llamó $meaning_{nn}$, incluye la intención de un agente, que debe ser captada por el intérprete. La siguiente es la definición de significado intencional (Grice,1957 y 1989, cap. 5):

(3) H quiere decir no naturalmente Z cuando profiere E si y solo si:
1) H intenta que E cause un efecto z en O.
2) H intenta que 1) se cumpla simplemente porque O reconoce la intención 1).

Para Grice, y para todos los pragmatistas que lo siguieron, la actividad comunicativa es metapsicológica, exige captar intenciones para comprender el significado que quiere transmitir el hablante. Al significado intencional lo llamó Grice *significado del hablante*, para distinguirlo del significado de la oración, y a este lo distinguió con la expresión *lo dicho*, que debe entenderse como 'lo afirmado explícitamente'. *Lo dicho* es objeto de estudio de la semántica, pero es también parte del significado intencional, ya que el hablante elige unas palabras para transmitir el significado que quiere comunicar. Hay una contradicción, señalada por varios teóricos, en esta doble consideración de lo explícito, como contenido semántico y a la vez parte del significado intencional (véase ***lo dicho**).

En oposición a *lo dicho*, lo *implicado* es, en el sistema de Grice, lo que se comunica por medio de implicaturas. Las implicaturas son *proposiciones comunicadas implícitamente*. Para explicar cómo comprendemos las implicaturas, Grice propone un principio general de comportamiento, *el principio de cooperación*, acompañado por unas categorías de comportamiento que presenta bajo la forma de *máximas*.

3. Lógica y conversación

La famosa conferencia de Grice titulada "Lógica y conversación" (Grice, 1989, cap. 2) comienza planteando el problema de la divergencia señalada por los filósofos entre las constantes lógicas como ~, ∧, v, y sus contrapartidas en el lenguaje natural: *no, y, o*. No hay diferencias, dice Grice, entre unas y otras, y no es necesario construir un lenguaje ideal que contenga los dispositivos formales y permita lograr absoluta precisión y univocidad, de modo que las afirmaciones científicas sean filosóficamente seguras. Grice cree que el lenguaje no sirve solamente para hacer descripciones científicas, y que el uso del lenguaje es eficiente y logra cumplir muchos propósitos, además de servir a la investigación científica. Las contrapartidas del lenguaje de la lógica en el lenguaje natural son incómodas para la lógica, pero cumplen perfectamente su cometido en la conversación. La conjunción *y*, contrapartida de &, puede significar, por ejemplo, lo mismo que la notación lógica pero también 'y después', 'y como consecuencia', etc.. Tenemos, por un lado, el valor semántico de la expresión *y*, que coincide con el de su versión lógica, y, por otro lado, tenemos otros significados que varían según los contextos y que se producen por defecto, aunque pueden cancelarse sin contradicción, porque son significados implicados, no explícitos:

(4) Nico comió algo y miró un programa de televisión. (Significado implicado: 'y después').

(5) Nico comió algo y miró un programa de televisión, pero no en ese orden. (El significado implícito ha sido cancelado.)

Estos significados propios del uso, como 'y después' en el ejemplo, no son "excrecencias indeseables", dice Grice, ya que pueden explicarse perfectamente una vez que se distingue la lógica de la descripción científica de la lógica del lenguaje natural. La conjunción *y* tiene un solo valor en semántica. Las "excrecencias" pueden surgir en determinadas ocasiones o más generalmente, pero no pertenecen a la semántica, ya que solamente se producen al usarse el lenguaje. Grice se propuso no solamente mantener la autonomía de la semántica, sino también hacerla más poderosa, eliminando, por ejemplo, significados que la semántica tendría que tratar como ambigüedades. Grice tenía el objetivo, que asumieron muchos de sus seguidores, de simplificar la semántica, lo que es posible si se distinguen los valores semánticos de los valores contextuales, y se evita así multiplicar los sentidos de las palabras sin necesidad, según su versión del principio llamado *navaja de Occam* (véase Cole, 1981). Las expresiones del lenguaje natural, sostiene Grice, tienen una lógica diferente, y para comprenderla es necesario estudiar las condiciones que gobiernan la conversación.

Los hablantes son seres racionales, cuyas acciones tienen una finalidad. También la conversación, que no es una colección de intervenciones desconectadas unas de otras, tienen metas –o al menos una "dirección general" – que los hablantes comparten y tratan de lograr conjuntamente, cooperando unos con otros, como lo hacen en otras tareas, sea preparar una tarta o arreglar un automóvil, que son los ejemplos que da Grice para mostrar la similitud entre la tarea de conversar (intercambiar información, intentar convencer a otros de algo, comentar el mundo) y otras tareas no lingüísticas. El *principio de cooperación* se formula así:

> (6) Su aporte a la conversación debe ser, en cada etapa de esta, tal como lo exija la finalidad o la dirección del intercambio verbal aceptada por ambas partes.

El principio de cooperación se asocia a cuatro máximas:

MÁXIMA DE CANTIDAD
1. Que su contribución sea todo lo informativa que requiera el propósito de la conversación.
2. Que su contribución no sea más informativa de lo requerido.

MÁXIMA DE CUALIDAD: que su contribución sea verdadera.
1. No diga nada que crea falso.
2. No diga nada de cuya verdad no tenga pruebas.

MÁXIMA DE RELACIÓN: sea pertinente (diga lo que venga al caso).
MÁXIMA DE MANERA: sea claro.
1. Evite la oscuridad de expresión.
2. Evite la ambigüedad.
3. Sea breve.
4. Sea ordenado.

Las máximas del principio de cooperación no son reglas, pese a enunciarse como tales, sino categorías de comportamiento o, mejor aún, expectativas de las personas que participan en un intercambio verbal.

En efecto, los hablantes dan por sentada la cooperación de los demás hablantes. Si un interlocutor no parece ser cooperativo, el oyente tiene la tendencia a creer que el hablante está intentando decir otra cosa. Y muchas veces, efectivamente, el hablante que parece no cooperar está tratando de transmitir una implicatura, y cuenta con que el oyente la derive o, como dice Grice, la calcule, ya que ambos dan por sentada la cooperación del otro. Grice distinguió dos grandes tipos de implicatura, las *convencionales* y las *conversacionales*. Las conversacionales, a su vez, pueden ser generalizadas o particularizadas: las generalizadas son las que surgen automáticamente cada vez que se usa una expresión, salvo que el contexto las bloquee, y las particularizadas dependen de contextos específicos, son ocasionales. Se producen implicaturas cuando el hablante obedece las máximas, y, lo que es más interesante, cuando las transgrede, siempre y cuando el oyente pueda calcular que el hablante es, de todos modos, cooperativo. Véase *implicatura para una exposición completa de esta teoría de Grice y su evolución.

Los siguientes casos ilustran diálogos en los que se comunican implicaturas del tipo que Grice llamó *conversacionales*.

(7) Ema no estudió para el examen y la suspendieron.

(8) Jennifer: ¿Así que has renunciado a tu cargo en el Ministerio de Educación?
Herminia: La ministra quiere acabar con la educación pública.

(9) Mecánico: Su coche tiene el embrague roto.
Dueña del coche: Qué buena noticia me da usted.

En (7) la conjunción *y* expresa el valor 'en consecuencia', junto con su valor gramatical copulativo. Este tipo de implicatura, que puede derivarse en muchos contextos, o sea que no depende de un contexto particular, pero que, de todos modos, puede cancelarse, como vimos arriba, en (5), es un ejemplo de implicatura conversacional generalizada, según el modelo de Grice. En (8), Herminia, mediante una implicatura que depende del contexto particular del diálogo (no es generalizada, sino *particularizada*), explica por qué ha renunciado: porque no ha podido tolerar o apoyar el propósito que atribuye a la ministra. Para que la implicatura sea accesible, los hablantes deben compartir un terreno común de conocimientos, que incluyen por ejemplo conversaciones pasadas, y mantener la expectativa de racionalidad y cooperación, que permite entender la aportación de Herminia al diálogo como una respuesta a la pregunta de su interlocutor, que espera una explicación, más que una confirmación.

En (9) se ejemplifica una ironía. La dueña del coche transgrede, abiertamente, la máxima de verdad, reproduciendo un lugar común que en este caso es absurdo. El significado irónico es la proposición que el mecánico puede derivar a partir de la transgresión a la máxima (véase ***ironía**).

4. Enmiendas, aplicaciones y críticas

La teoría de Grice, incluso antes de la publicación de "Logic and conversation", cuando el texto de la conferencia circulaba en forma de mimeografías borrosas (entre los afortunados que podían conseguirlas), tuvo una influencia inmediata en la lingüística, como se ha dicho arriba. En los años de la difusión de las ideas de Grice, la lingüística estaba dominada por la teoría generativa y transformacional de Chomsky, que excluía el estudio del significado y del uso del lenguaje. De los discípulos de Chomsky surgió el proyecto de una semántica generativa, proyecto que fracasó, pero contribuyó al interés por un estudio del significado. Como suele suceder, la teoría esperada, de la que había ya algunos antecedentes en observaciones aisladas de otros teóricos, apareció en el momento ideal, con el terreno ya bien preparado por la teoría del lenguaje como acción de Austin, por las nuevas teorías de la enunciación (por ejemplo, la teoría polifónica de Ducrot: véase ***polifonía (teoría de Ducrot)**) y por las nuevas propuestas de análisis del discurso y de la conversación que surgieron, independientemente de la obra de Grice, a fines de la década de los sesenta y durante la de los setenta.

Grice contribuyó a las teorías del significado proponiendo una explicación de cómo se comunican los hablantes cuando conversan, y en eso su trabajo fue original y pionero. Algunas de sus propuestas han merecido críticas, en especial su intento de mantener la autonomía de la semántica. Sin embargo, Grice admitió que, para fijar *lo dicho*, lo explícito, hace falta resolver las ambigüedades y asignar referentes a las expresiones referenciales, y estas son operaciones pragmáticas, que requieren conocimiento del contexto. *Lo dicho* no es totalmente independiente, y menos si se considera que, al formar parte del significado intencional del hablante, es también intencional, y por lo tanto no coincide con las definiciones habituales de significado "literal" como significado lingüístico sin contaminación con el contexto. Hay una diferencia, no resuelta claramente en el programa de Grice, entre *lo dicho* y lo literal, aunque puede mantenerse, como hacen actualmente los teóricos "minimalistas", que las operaciones pragmáticas de resolver ambigüedades y asignar referentes están gobernadas por normas gramaticales y por lo tanto no comprometen la autonomía de la semántica, son solamente mínimas intervenciones pragmáticas constreñidas por reglas gramaticales (véase ***minimalismo**). En todo caso, Grice, junto con el plan, no totalmente cumplido, de distinguir el significado convencional del contextual, ofrece una nueva teoría del significado en contexto, que no existía, y que era necesaria. La pragmática inferencial, la que se estudia en este libro, tiene su origen en las ideas de Grice, y aunque sus célebres conferencias son esquemáticas, de allí parten las fructíferas discusiones que aseguraron el éxito de la pragmática como nueva disciplina lingüística.

El modelo de Grice fue aplicado a otros campos: la sociolingüística, la retórica, la teoría sobre la adquisición del lenguaje, la teoría literaria, la lingüística histórica, y hasta las disciplinas que estudian la interacción entre pacientes con diversas deficiencias cognitivas y sus terapeutas. (Puede verse una exposición de estas aplicaciones en Chapman, 2005, cap. 9).

Pero los proyectos más interesantes surgidos de las teorías de Grice, al menos para la pragmática, son los de sus discípulos y seguidores, que propusieron reinterpretaciones y revisiones, que suelen llamarse teorías *neogriceanas*. Estas teorías tienen el mismo objetivo que el modelo griceano clásico: explicar sistemáticamente las diferencias entre el significado *intencional*, o *significado del hablante*, y el significado convencional. Las teorías neogriceanas intentan reducir el sistema del principio de cooperación y sus máximas y submáximas, donde advierten superposiciones y redundancias. Levinson (2000) presenta tres principios pragmáticos, en lugar de las cuatro máximas griceanas: C (*cantidad*), I (*informatividad*) y M (*manera*) (véase ***interpretaciones preferidas**). Horn (1989, 2004) propone un sistema bipartito de dos principios: el *principio de cantidad* y el *principio de relación*. La pragmática de Leech (1983), en cambio, multiplica las máximas y propone un principio de ***cortesía**, coordinado con el principio de cooperación de Grice. Este mencionó la existencia de normas de cortesía, y también de implicaturas que no se derivan de sus máximas de cooperación.

Las críticas al proyecto de Grice son variadas, y llegan hasta hoy. La enunciación en modo imperativo de las máximas creó confusiones, ya que algunos teóricos las tomaron como reglas de buen comportamiento lingüístico. No lo son. Son expectativas, como afirman, entre otros, Brown y Levinson (1987). La noción de expectativa es muy importante en todas las teorías de la pragmática, y es necesario subrayar que tiene una función esencial en la teoría de Grice: si los hablantes no tuvieran expectativas de racionalidad y cooperación, si no esperaran, o dieran por descontado, que sus interlocutores van a satisfacer esas expectativas, incluso cuando parece que no lo hacen (como en el ejemplo (9) de la ironía), la comunicación no sería posible. La teoría de la relevancia, que se inspira en Grice, aunque sus principios provienen de hipótesis sobre la cognición humana, también propone que la expectativa de *relevancia*, o beneficio cognitivo (más información por menos esfuerzo de procesamiento), es esencial para que tenga lugar la comunicación, ya que esa expectativa guía a ambos participantes de la interacción.

Las cuatro máximas pueden tomarse, por la manera laxa de la exposición de Grice, como normas universales, aunque Grice no dice que sean universales. Pero algunos etnolingüistas hicieron notar que el cumplimiento de las máximas varía de sociedad a sociedad; cambian sobre todo los requisitos sobre la calidad y la cantidad de información. No solamente varían de comunidad a comunidad sino también dentro de un mismo grupo. En algunas situaciones no se espera que los hablantes sean cooperativos: en una declaración ante un juez, por ejemplo, el hablante da menos información de la requerida, si dar toda la información no le conviene, y la verdad admite muchas manipulaciones, de modo que, salvo en el discurso científico, en que esperamos siempre aserciones verificables, nuestra expectativa varía y, según quién hable y cuál sea el tipo de situación o género discursivo, tenemos mayor o menor tolerancia hacia las deformaciones, exageraciones o mentiras. La máxima de pertinencia parecería preocupar más a los hablantes, como lo demuestran los muchos conectores discursivos y frases con que intentamos mantener la coherencia del discurso, del tipo de *a propósito, por cierto, haciendo una digresión*, etc. Pese a todas las excepciones, y a la redundancia de las máximas, estas reflejan las manifestaciones esenciales de la colaboración entre los miembros de un grupo social.

También provocó dudas y críticas el uso griceano de la palabra *conversación*. En momentos en que prosperaba el estudio empírico, detallado, de las normas y características de las conversaciones reales, provocó confusión y crítica el hecho de que la conversación, en Grice, fuera solamente una idealización. Los ejemplos de Grice imitan diálogos entre pares, y no se mencionan los factores que influyen tanto en las interacciones reales, como por ejemplo el poder de un participante sobre otro, o la distancia social. Esos rasgos, estudiados por sociolingüistas o por analistas de la conversación, quedan fuera del programa de Grice, que es un programa filosófico, no es un programa de descripción lingüística. Grice nunca define la conversación, y para comprender su teoría es preciso tomar el término como un equivalente de 'interacción cotidiana', o quizá 'charla espontánea', es decir, el conjunto de prácticas lingüísticas no relacionadas con la descripción científica ni con los lenguajes especializados de distintas actividades y oficios, sino con el "lenguaje ordinario" que Grice había estudiado durante años en el grupo de estudio dirigido por Austin. La conversación, en los trabajos de Grice, está idealizada, reducida, pero debemos entender que esta idealización es propia de la índole filosófica de sus investigaciones y favorece el interés generalizador de su programa.

IMPLICATURA

1. Introducción

La *implicatura*, categoría propuesta por el filósofo Paul Grice, es uno de los conceptos fundamentales de pragmática. Se denomina implicatura al significado implícito transmitido intencionalmente por los hablantes y derivado por los oyentes mediante inferencias. En contraste con los significados codificados, que se comprenden mediante la descodificación de los signos, las implicaturas requieren inferencias, porque van más allá de los valores codificados de las palabras. Para inferir proposiciones implicadas es necesario reconocer la intención del hablante y utilizar como premisas en el razonamiento los datos contextuales que sean necesarios. En algunos casos especiales considerados por Grice, y descartados por teorías posteriores, las implicaturas no requieren inferencias contextuales, pero quedan fuera de las condiciones de verdad de la oración, por lo que Grice las considera también de naturaleza pragmática. (Véase ***Grice: lógica y conversación**.)

Grice explicó la noción de *implicature* en su famosa conferencia de 1967, "Logic and conversation" (recogida en Grice, 1989, cap. 2). La denominación intenta asociar este tipo de significado con la categoría general de significados implicados, y a la vez distinguirlo de la *implicación lógica* analizada tradicionalmente por la filosofía y la semántica, en especial los entrañamientos y las presuposiciones (véase ***presuposición**). Los entrañamientos forman parte, sin excepciones, de la verdad o falsedad de las proposiciones que los generan. En los casos siguientes, las proposiciones (1a), (1b) y (1c) implican lógicamente las proposiciones (2a), (2b) y (2c):

(1) a. Le compré rosas.
 b. El mayordomo mató al amante de doña Felipa.
 c. Todas las mujeres mienten.

(2) a. Le compré flores.
   b. El amante de doña Felipa murió.
   c. Mi mujer miente.

Considerando, para que el ejemplo tenga sentido, que (1a) y (2a) se refieren a las mismas rosas, y (1b) y (2b) al mismo amante de doña Felipa, la verdad o falsedad de las proposiciones de (2) se sigue lógicamente de la verdad o falsedad de las proposiciones de (1). La relación entre las proposiciones de (1) y (2) es independiente del contexto, es puramente semántica. Por lo tanto, no se puede cancelar en ninguna circunstancia sin caer en una contradicción.

Las implicaturas, en cambio, dependen del contexto y por eso pueden cancelarse, si se altera el contexto. Considérense los ejemplos (3) y (4):

(3) María: – ¡Qué calor hace aquí!
   Elena: – Voy a abrir las ventanas.

(4) a. Juan vivió en Sevilla.
   b. Y todavía vive en Sevilla.

En (3), Elena interpreta que María quiere comunicar la implicatura de que le molesta el calor, y por eso anuncia que va a abrir las ventanas. La inferencia requiere considerar la acción del hablante: qué dice y por qué lo dice. En este caso, la implicatura depende totalmente del contexto particular en que se deriva, y por lo tanto puede anularse fácilmente. La implicatura queda cancelada si María agrega, por ejemplo, "me gusta el calor porque vengo de la calle con mucho frío".

En el ejemplo (4a), el pretérito *vivió* provoca una implicatura que no depende de un contexto particular, como la de (3), sino que está asociada al pretérito en muchos contextos: la implicatura de que la acción no continúa en el presente. En este caso esa implicatura sería 'Juan ya no vive en Sevilla'. El significado 'ya no' puede cancelarse en contexto, como en (4b), sin que se produzca una contradicción, como cualquier implicatura.

En la pragmática actual la función de las inferencias es más amplia que la que les asignaba Grice, ya que incluye los ajustes locales necesarios para completar la semántica, es decir, para comprender lo dicho explícitamente (véase ***enriquecimiento libre**). Grice consideraba que, fuera de los deícticos, las expresiones ambiguas y las expresiones referenciales, todas las cuales requieren conocimiento del contexto, la semántica podía mantener su independencia, y que lo pragmático –aunque no utilizó nunca la expresión "pragmática"– se realizaba en los varios tipos de implicatura que distinguía su modelo (véase ***lo dicho**). La noción de un significado exclusivamente pragmático, asociado a la intencionalidad de la comunicación, abrió el camino a los desarrollos presentes de la pragmática.

2. SIGNIFICADO DEL HABLANTE Y PRINCIPIO DE COOPERACIÓN

La noción griceana de implicatura depende de los dos conceptos que son pilares de la teoría: el concepto de significado intencional y el de cooperación.

El significado lingüístico, que Grice llamó *non natural meaning* o *meaning$_{nn}$*, o sea *significado no natural*, es el significado intencional del hablante, por oposición al *significado natural*. Este es el de los procesos naturales, ajenos a la intención de un agente, como se ve en el uso del verbo *significar* en el enunciado siguiente:

(5) El corte de presupuesto significa que no habrá subsidios para el cine.

El significado no natural, en cambio, tiene agente, y se explica por la intención de ese agente, reconocida por el destinatario. La siguiente es la definición de significado intencional (Grice, 1957 y 1989, cap. 5):

(6) H quiere decir no naturalmente Z cuando profiere E si y solo si:
1) H intenta que E cause un efecto z en O.
2) H intenta que 1) se cumpla simplemente porque O reconoce la intención 1).

Sin reconocimiento de la intención comunicativa, la comunicación no se produce: esta idea es el fundamento de la pragmática, y desmiente el modelo obsoleto de la comunicación como mero intercambio de signos que hay que codificar y descodificar. Para Grice, y todos los filósofos del lenguaje y pragmatistas que lo siguieron, la actividad comunicativa es metapsicológica, exige captar intenciones para comprender el significado que quiere transmitir el hablante. Al significado intencional lo llamó Grice *significado del hablante,* para distinguirlo del significado de los elementos lingüísticos, independientes de una intención.

En el modelo de Grice, la interpretación de las implicaturas depende de un principio general, el de *cooperación,* que explica tanto la comunicación como otras tareas que realizamos en tándem. La capacidad de cooperar con otros para lograr un fin común se considera actualmente, en las ciencias de la evolución, la capacidad distintiva de *homo sapiens*, aunque puede observarse también, esporádicamente, en algunos mamíferos que saben coordinarse con otros miembros de su grupo, por ejemplo, para cazar una presa (véase Tomasello, 2010).

Según Grice, la conversación no consiste en una sucesión de intervenciones desconectadas. Los hablantes son seres racionales, sus acciones tienen una finalidad, y, por ser cooperativos, suelen tener objetivos comunes, más o menos definidos, y tratan de cumplirlos colaborando uno con el otro. El *principio de cooperación* se formula así:

> (7) Su aporte a la conversación debe ser, en cada etapa de esta, tal como lo exija la finalidad o la dirección del intercambio verbal aceptada por ambas partes.

Los hablantes cooperan y además esperan la cooperación de los demás. Esta expectativa es tan fuerte, que si el hablante no parece ser cooperativo, el oyente cree que el hablante está intentando decir otra cosa. Y a veces, efectivamente, el hablante que parece no cooperar está tratando de transmitir una implicatura, y cuenta con que el oyente la recupere, porque ambos dan por sentada la cooperación del otro. Para analizar cómo se producen y captan las implicaturas es necesario tener en cuenta primero cómo se articula el principio de cooperación.

El principio de cooperación, en el modelo griceano, se asocia a cuatro categorías, que Grice llamó *máximas*:

MÁXIMA DE CANTIDAD
1. Que su contribución sea todo lo informativa que requiera el propósito de la conversación.
2. Que su contribución no sea más informativa de lo requerido.

MÁXIMA DE CUALIDAD: que su contribución sea verdadera.
1. No diga nada que crea falso.
2. No diga nada de cuya verdad no tenga pruebas.

MÁXIMA DE RELACIÓN: sea pertinente (diga lo que venga al caso).

MÁXIMA DE MANERA: sea claro.
1. Evite la oscuridad de expresión.
2. Evite la ambigüedad.
3. Sea breve.
4. Sea ordenado.

Pese al modo imperativo con que se enuncian estas categorías, debemos entenderlas no como obligaciones sino como expectativas normales de comportamiento. En ningún momento dice Grice que sean universales, y no lo son: se ha comprobado que en ciertas sociedades no se siguen algunas máximas. Por otra parte, en algunas situaciones los hablantes suelen ser poco cooperativos: en una declaración legal, por ejemplo, es común dar menos información de la requerida, si dar toda la información es perjudicial para el hablante. Pero la norma de comportamiento, en toda sociedad humana, es la colaboración entre sus miembros, imprescindible para subsistir en la complejidad de la vida social, y las máximas describen qué expectativas tienen los hablantes en la conversación.

Se producen implicaturas cuando el hablante obedece las máximas, y, lo que es más interesante, cuando las transgrede, siempre y cuando el oyente pueda calcular que el hablante es, de todos modos, cooperativo. Las afirmaciones, por ejemplo, suelen provocar una implicatura derivada de la máxima de verdad: cuando un hablante afirma algo, transmite, por implicatura, que cree en lo que afirma y tiene pruebas de su verdad, en cumplimiento de la máxima de cualidad, de modo que una afirmación como

(6) El chamán la curó con unas hierbas.

implica, conversacionalmente, que el hablante cree en la verdad de lo que dice, ya que, si lo negara, caería en una contradicción, como se comprueba en (7):

(7) ??El chamán la curó con unas hierbas, pero no lo creo.

Grice atribuyó al cumplimiento de la máxima de manera, especialmente de la submáxima "sea ordenado", la implicatura 'y después' que puede transmitir la conjunción *y*. El cumplimiento de la máxima produce la implicatura en (8):

(8) Se acostó y apagó la luz.

La implicatura comunica que los hechos sucedieron en el orden en que se cuentan. Si, en otro caso, un hablante al que le ofrecen una bebida alcohólica dice

(9) No bebo alcohol, gracias.

su intervención cumple con la máxima de relación, viene al caso, ya que es una justificación para negarse a aceptar la bebida. En (8) y (9) las implicaturas, aunque surjan de la obediencia a las máximas, pueden cancelarse, como todas las implicaturas, si se añade algo al contexto. En (8), por ejemplo, si se agrega algo como *pero no en ese orden*, la implicatura 'y después' queda cancelada. En (9), el hablante puede agregar *pero hoy voy a hacer una excepción*, y anular su negativa implícita: lo implícito puede anularse sin penalidad para el hablante. Lo dicho explícitamente, en cambio, no se cancela, sino que se contradice.

En los casos en que el hablante no cumple con una máxima, el oyente intentará derivar una implicatura, si cree que el hablante cumple, de todos modos, con el principio de cooperación. Supóngase un diálogo en que Pérez le pregunta a su colega Gutiérrez qué opina este último de su ex alumna Denise, que ha solicitado un puesto en el departamento de español de Pérez, y recibe la siguiente respuesta:

(10) Denise es una persona muy seria, muy trabajadora.

La información sobre Denise es positiva, pero insuficiente, ya que Gutiérrez no menciona ninguna cualidad intelectual ni talento para la enseñanza, ni dice nada sobre los conocimientos de español de Denise, es decir, parece no cumplir con la máxima de cantidad, ya que su aportación no es suficientemente informativa. Pero si Pérez cree que Gutiérrez es cooperativo, y que respeta al menos el principio general de cooperación, puede deducir una proposición implicada, del tipo de 'Denise es intelectualmente mediocre'. Gutiérrez elude decir algo desagradable, pero, sin embargo, lo transmite claramente, si funcionan el principio de cooperación y sus máximas. La implicatura puede ser cancelada si cambia el contexto y Gutiérrez recuerda las buenas cualidades de la alumna y añade que Denise es inteligente y es buena investigadora (sobre la cancelación de implicaturas, véase Carlston, 2010a).

En algunos casos las máximas se transgreden de forma abierta. Supóngase que dos amigas, creyendo que nadie las oye, están criticando al gobierno en un país en que tales críticas son peligrosas y hay espías del gobierno por todas partes. Si una de las dos amigas descubre que alguien las escucha, puede recurrir a un enunciado que no viene al caso, para señalar a su amiga que no pueden continuar la conversación:

> (11) Iris: La situación es grave, estoy muy intranquila.
> Maribel: Este fin de semana voy a probar la receta de *risotto* que me diste.

En casos así, los hablantes se coordinan para comprenderse, a partir de su fe en la racionalidad y capacidad de cooperación del otro, aunque a primera vista Maribel parezca haber dejado de cooperar en la conversación. La claudicación falsa de Maribel tiene por objeto comunicar significados implícitos, como, en este caso, 'es mejor que cambiemos de tema'.

De la misma manera, si se viola abiertamente la máxima de cualidad, puede entenderse que el hablante sigue siendo cooperativo, pero que su enunciado es metafórico:

> (12) Sus ojos eran dos estrellas.

La implicatura, en este caso, sería algo como 'sus ojos eran brillantes, luminosos'. Grice explica las figuras como implicaturas originadas en una violación abierta de la máxima de verdad. Las teorías post griceanas proponen otras maneras de explicar las figuras, pero Grice abrió el camino para el estudio de las figuras como fenómenos pragmáticos (véase *metáfora e *ironía).

3. Tipos de implicaturas

Grice distingue dos grandes tipos de implicaturas: las *convencionales* y las *conversacionales*. Las conversacionales, a su vez, pueden ser *generalizadas* o *particularizadas*.

Las implicaturas convencionales forman parte del significado codificado de una palabra, aunque quedan fuera de las condiciones veritativas de la oración. Las conversacionales surgen en contexto, como proposiciones implícitas que se añaden al significado de lo dicho explícitamente. Las implicaturas convencionales se obtienen por descodificación de lo dicho por un hablante, y las conversacionales, en cambio, se derivan haciendo inferencias que tienen en cuenta la intención del hablante y todos los datos necesarios del contexto.

3.1 Implicaturas convencionales

Las implicaturas convencionales forman parte del contenido convencional de ciertas expresiones lingüísticas, pero no son parte de la semántica de la lengua, ya que no contribuyen a las condiciones de verdad de la proposición. Expresiones como *pero, por lo tanto, hasta*, producen implicaturas convencionales:

(13) a. El restaurante es barato <u>pero</u> bueno.
b. El restaurante es barato y bueno.

(14) a. Renunciaron los ministros, y <u>por lo tanto</u> el presidente tuvo que formar otro gobierno.
b. Renunciaron los ministros; el presidente tuvo que formar otro gobierno.

(15) a. <u>Hasta</u> los países ricos tienen desempleo.
b. Los países ricos tienen desempleo.

En (13a), la expresión adversativa indica que el hecho de ser un buen restaurante de algún modo es contrario a las expectativas habituales sobre los restaurantes baratos. Pero estos significados, aunque se descodifican junto con la conjunción *pero*, pueden eliminarse sin que cambien las condiciones de verdad de la proposición, como demuestra (13b): ambos enunciados son verdaderos si es verdad que el restaurante es barato y bueno; la oposición no forma parte de las condiciones de verdad de la proposición. Como la implicatura convencional no afecta las condiciones de verdad, Grice la considera un contenido pragmático (por eso lo denomina implicatura) y no semántico, aunque se produzca regularmente como parte del significado de la conjunción *pero*.

En el ejemplo (14a), la expresión *por lo tanto* indica que el contenido del segundo componente se sigue del contenido del primero, es decir, que la formación de un nuevo gobierno es consecuencia de la renuncia de los ministros: *por lo tanto* añade un significado que, como en el ejemplo anterior, es ajeno a las condiciones de verdad, es una implicatura. Su eliminación no cambia las condiciones de verdad, como se comprueba en (14b), ya que en ambos casos, si es cierto que los ministros renunciaron y el presidente tuvo que formar otro gobierno, la oración es verdadera, y, si no, es falsa, sin sufrir ninguna influencia del conector *por lo tanto*.

En (15a) la expresión epistémica *hasta* implica convencionalmente que algo es contrario a lo esperado o es sorprendente, sin que ese significado aporte nada a las condiciones de verdad de la proposición, ya que (15a) y (15b) tienen las mismas condiciones veritativas.

Las *presuposiciones*, que han sido estudiadas intensamente por la semántica, se consideran también, como las implicaturas, implicaciones pragmáticas, y tienen rasgos en común con las implicaturas convencionales que estamos viendo. Las presuposiciones son significados implícitos activados por formas lingüísticas, pero se distinguen de las implicaturas convencionales porque las proposiciones presupuestas deben ser verdaderas para que la afirmación que las contiene sea verdadera. Véanse los ejemplos siguientes:

(16) Leo dejó de estudiar alemán.

(17) Tito se arrepintió de haber renunciado a su puesto.

Para que (16) sea una afirmación verdadera, es necesario que sea verdadera la presuposición activada por *dejar de*: 'Leo estudiaba alemán'. En (17), el verbo *arrepentirse* es el origen de la presuposición 'Tito renunció a su puesto', cuya verdad es indispensable para que (17) sea una proposición verdadera.

En la pragmática actual, las implicaturas convencionales han desaparecido, y se han transformado en significados implícitos a los que se atribuyen dos orígenes diferentes: en primer lugar, se originan en el enriquecimiento o modulación de los componentes explícitos del enunciado (véase ***enriquecimiento libre**); y en segundo lugar, surgen de las formas procedimentales, que son las codificaciones que guían y restringen las inferencias (véase ***procedimentales**). Cuando son el resultado de ajustes o enriquecimientos, estos significados se obtienen por inferencias que completan o hacen más preciso el significado de un elemento lingüístico. En la segunda transformación, las que Grice considera implicaturas convencionales forman parte del repertorio de significados procedimentales, siguen siendo contenidos codificados por las lenguas, y por lo tanto no inferidos.

En el ejemplo (13), arriba, tenemos el caso de una implicatura convencional que se reinterpreta como un significado procedimental, cuya función es señalar un contraste entre las dos propiedades que se atribuyen al restaurante, y contribuir así al proceso inferencial: es de esperar que los restaurantes baratos sean malos, pero el procedimental guía al hablante para que anule esa expectativa.

3.2. *Implicaturas conversacionales*

3.2.1. Implicaturas conversacionales generalizadas

Estas implicaturas se producen en la conversación, a diferencia de las convencionales, que van unidas al significado convencional de las expresiones, pero se llaman *generalizadas* porque no dependen de un contexto específico, sino que surgen espontáneamente cuando se usan ciertas formas o construcciones lingüísticas, y se mantienen si el contexto no las anula. Grice trató muy brevemente estas implicaturas, que, sin embargo, son importantes en su teoría y fueron estudiadas minuciosamente por otros pragmatistas, en especial Levinson (2000) (véase **interpretaciones preferidas*).

El artículo *un* produce por lo general una implicatura conversacional generalizada:

(18) Marta llevaba a un niño de la mano.

La expresión *un niño* indica que no se trata de un miembro inmediato de su familia, ni, quizá, de un niño conocido. El artículo, en usos como este, indica que no hay una relación cercana entre la entidad a la que se refiere el artículo y el individuo pertinente del contexto. El siguiente es un caso semejante:

(19) Entré en una casa.

La casa de (19) no puede ser la casa del hablante, que, en ese caso, habría dicho *mi casa* (o *la casa*, o *casa*).

En (20), la implicatura generalizada es 'no todos', que es la interpretación corriente o preferida del cuantificador:

(20) Comí algunos pasteles.

Estas implicaturas, en cuanto tales, pueden cancelarse. (21) es compatible con (20), por ejemplo:

(21) Comí algunos pasteles, en realidad todos.

En (21) se ha anulado la implicatura, ya que *algunos* es, semánticamente, compatible con *todos*.

La implicatura generalizada de los adjetivos cardinales, por otra parte, es 'no más de' y persiste si el contexto no la elimina:

(22) Leonor tiene cinco hijos.

Se entiende que Leonor tiene cinco hijos como máximo. Semánticamente, podría tener más de cinco, ya que si tiene seis o siete, tiene cinco, pero en la conversación los enunciados como (22) significan 'no más de cinco', salvo que este significado sea cancelado por el contexto, como en el caso siguiente, (23), donde el cardinal no produce su implicatura generalizada 'no más de' debido a nuestro conocimiento de que se puede comprar vino legalmente después de los diez y ocho años:

(23) Para comprar vino tienes que tener <u>diez y ocho</u> años.

Si el contexto no las bloquea, las implicaturas generalizadas son tan habituales que parecen formar parte del significado de las expresiones. Sabemos que no es así precisamente porque el contexto tiene el poder de bloquearlas, es decir, son claramente conversacionales, y no pueden confundirse con las implicaturas convencionales, que, por el contrario, no tienen relación con el contexto y se obtienen, en el sistema de Grice, por descodificación y no por inferencia.

Al proponer estas categorías, la intención de Grice es distinguir los tipos de significados adicionales, creados en la conversación, de los significados puramente semánticos, que son los determinados por las condiciones veritativas de la oración. Lo que no tiene valor veritativo no es semántico, de modo que los teóricos posteriores a Grice consideraban que todo el significado que no es semántico es pragmático, o, si seguimos la fórmula propuesta como definición de la pragmática, la pragmática tiene por objeto de estudio el significado que queda fuera de las condiciones de verdad (Gazdar, 1979). Esta definición procede del programa de Grice, pero la pragmática posterior propuso que también la semántica de las condiciones de verdad requiere operaciones pragmáticas (Levinson, 2000; Sperber y Wilson, 1995; Carston, 2002).

3.2.1.1. Implicaturas escalares

Las implicaturas escalares son subcasos de las implicaturas conversacionales generalizadas. Dependen de la máxima de cantidad, en especial de la primera submáxima: "Que su contribución sea todo lo informativa que requiera el propósito de la conversación". Si la aportación del hablante no es suficientemente informativa, la información no transmitida puede influir mucho en la derivación de implicaturas.

Las razones para dar información insuficiente varían: puede suceder que el hablante no diga más porque no sabe más, porque quiera decir solamente aquello de cuya verdad tiene pruebas, o porque prefiere dejar implícita una parte de la información, para no comprometerse, pero de modo que el oyente pueda derivarla. Por ejemplo:

> (25) (El abogado de Gutiérrez, funcionario a quien se acusa de enriquecerse ilegalmente): El Sr. Gutiérrez tiene tres casas.

El abogado comunica estrictamente, si nos atenemos a la semántica, que Gutiérrez tiene *por lo menos* tres casas, pero implica, mediante una implicatura generalizada en el uso de los números cardinales, que no tiene más de tres: Gutiérrez no tiene cuatro casas, ni cinco ni seis, porque se supone que si fuera así el hablante lo habría dicho, cumpliendo con la primera submáxima de cantidad. Si después se sabe que Gutiérrez tiene en realidad seis casas, (25) sería, semánticamente, verdadero, ya que si Gutiérrez tiene seis casas, tiene por supuesto tres. Pero el abogado sería culpable de engañar al interlocutor, no en lo que afirma, estrictamente, sino en la implicatura que provoca. Independientemente de las condiciones de verdad del enunciado, las implicaturas conversacionales pueden ser verdaderas o falsas, como se ve en este ejemplo. (Véase ***mentiras e implicaciones falsas**.)

Una escala es un conjunto de expresiones de la misma categoría gramatical, que contrastan, y que pueden ordenarse linealmente según su *grado de informatividad*. El conjunto suele encerrarse entre ángulos. Tomemos como ejemplo los cuantificadores:

> (24) <todos, algunos>

Los miembros de los conjuntos escalares se implican, semánticamente, de izquierda a derecha, nunca en el otro sentido: *todos* implica lógicamente a *algunos*. Veamos otras escalas, para comprobar que las expresiones semánticamente más fuertes, o sea las de mayor informatividad, implican lógicamente a las más débiles, y nunca las más débiles a las más fuertes.

> (25 <siempre, a menudo, a veces>
> <excelente, bueno>
> <cierto, probable, posible>

Tomemos la primera escala. *Siempre* tiene más fuerza semántica que *a veces*, de modo que si el hablante elige decir "a veces" es porque niega las expresiones más fuertes de la escala:

(26) El clima es casi desértico, pero a veces llueve = no siempre ni a menudo.

Se puede proponer una regla predictiva que dice que si el hablante afirma la expresión más débil o baja de una escala, la expresión más fuerte o alta no tiene validez, porque así queda implicado. Pero el significado negativo (por ejemplo 'no siempre', 'no excelente', 'no cierto', en las escalas de (25)), es un significado pragmático, es una implicatura que podríamos cancelar, ya que el contenido semántico de los elementos más débiles de la escala es compatible con la verdad de los ítems más fuertes, como ya hemos visto, y por lo tanto *algunos* es compatible con *todos*, aunque implica 'no todos'; *frecuentemente* es compatible con *siempre*, aunque implica 'no siempre', etc.

3.2.2. Implicaturas conversacionales particularizadas

Los dos tipos de implicatura vistos hasta ahora –las convencionales y las conversacionales generalizadas– han pasado a formar parte de nuevas categorías en la pragmática actual, como se ha dicho. Las implicaturas conversacionales particularizadas, por el contrario, son un legado permanente de la teoría de Grice, juntamente con la noción de significado intencional. Lo que ha variado es la descripción del proceso por el cual el hablante infiere las implicaturas.

Una implicatura conversacional particularizada es una proposición comunicada implícitamente por el hablante, y obtenida por el oyente mediante inferencias que se apoyan en datos contextuales. En el sistema de Grice, las implicaturas conversacionales dependen de la expectativa de que el hablante cumpla con las máximas, o al menos con el principio de cooperación. En la ***teoría de la relevancia**, el razonamiento inferencial para derivar una implicatura toma como premisas elementos del contexto formado *ex profeso* por el oyente, con la guía del hablante. Este contexto incluye el reconocimiento de la intención del hablante y datos extraídos de la situación y de la memoria, para permitir la deducción de conclusiones. Es un proceso cognitivo y está guiado por la búsqueda de relevancia (véase abajo, § 3.2.2.1.).

El sistema filosófico de Grice hace depender la derivación, o, como Grice prefiere decir, el cálculo de implicaturas particularizadas, de la coordinación de expectativas sobre la cooperación. En este sistema, las implicaturas se definen así:

> (27) Al decir p, el hablante H implica conversacionalmente q si y solo si
> 1. Se supone que H sigue las máximas,
> 2. la suposición q es un requisito para mantener (1)
> 3. H cree que el oyente se va a dar cuenta de (2).

La implicatura conversacional es particularizada si y solo si implica q en virtud de supuestos contextuales específicos, que no son invariables y ni siquiera deben ser habituales, ya que dependen enteramente del contexto ocasional. Por eso no pueden confundirse con las implicaturas generalizadas que acabamos de ver, que se mantienen invariables en muchos contextos. Véase el siguiente ejemplo:

> (28) Mar: ¿Está lloviendo?
> Luis (mirando por la ventana): Algunas personas ya han abierto el paraguas.

Implicatura conversacional generalizada: 'No todas las personas ya han abierto el paraguas'.
Implicatura conversacional particularizada: Está lloviendo, o al menos lloviznando.

Compárase con la misma expresión utilizada en un contexto diferente:

> (29) Clara: ¿Puedes llevar el bebé al parque un ratito?
> Paco (mirando por la ventana): Algunas personas ya han abierto el paraguas.

Implicatura conversacional generalizada: 'No todas las personas ya han abierto el paraguas'.
Implicatura conversacional particularizada: 'No puedo llevar al bebé al parque'.

Las implicaturas generalizadas se mantienen idénticas en (25) y (26). Habría que añadir al contexto algo como "en realidad, todos han abierto el paraguas", para eliminar la implicatura generalizada que surge por defecto cada vez que se utiliza *algunos*.

Pero en cada contexto la misma respuesta provoca implicaturas particularizadas diferentes. En (28), el enunciado de Luis sirve para contestar que sí, que está lloviendo, aunque lo diga de un modo indirecto, a través de una implicatura. En el contexto que se forma para comprender esa implicatura figuran conocimientos diversos: el paraguas nos protege de la lluvia, la gente lleva paraguas (abierto o cerrado) porque se preveía que iba a llover, etc. En la

IMPLICATURA

teoría de Grice, el oyente calcula que si el hablante es cooperativo, la mención de los paraguas abiertos da la información que su interlocutora le pide. Es fácil suponer, en este caso, que Luis no ve llover todavía, y que para cumplir con la máxima de verdad, solamente se refiere a lo que puede ver. Hubiera sido más frugal cumplir con la máxima de cantidad y contestar simplemente "Sí", que es la conclusión que se saca de todas maneras de los paraguas abiertos, pero Luis prefiere una máxima a la otra, y, en todo caso, no podría cumplir con las dos a la vez.

En (29) *lo dicho* por Paco da lugar a una implicatura particularizada que es una justificación para negarse a hacer lo que se le pide. Según lo que ve por la ventana, está lloviendo, y en el terreno común de conocimientos compartidos por él y Clara figura que no se lleva a los bebés a pasear bajo la lluvia, de modo que Paco cumple con la expectativa de Clara, responde a su petición o pregunta, aunque no lo hace directamente, sino a través de una implicatura que Clara debe calcular, partiendo de la idea de que su interlocutor cumple con el principio de cooperación.

En algunos de los enunciados que vimos más arriba, como ejemplos de implicaturas, y que se repiten aquí, es clara la transgresión a una máxima, que da origen a la implicatura:

(10) Denise es una persona muy seria, muy trabajadora.

(11) Iris: La situación es grave, estoy muy intranquila.
Maribel: Este fin de semana voy a probar la receta de *risotto* que me diste.

En (10), el hablante que recomienda a Denise como profesora de español da menos información de la requerida, violando de forma muy clara la máxima de cantidad. Pero esta violación es interpretada como el origen de una implicatura: con su silencio el hablante comunica que Denise no tiene un gran intelecto.

En (11) se transgrede, abiertamente, la máxima de relación o pertinencia, y con esa transgresión Maribel intenta comunicar a su amiga que deben hablar de otra cosa.

Como resultado de estas derivaciones inferenciales, las implicaturas conversacionales son:

1. *cancelables*: pueden anularse añadiendo otras premisas al contexto;
2. *no separables*: las implicaturas se infieren del significado y no de la forma de una proposición, por lo cual cualquier expre-

sión con el mismo contenido codificado tendrá las mismas implicaturas (con la excepción de las implicaturas de Manera);
3. *calculables*: la inferencia mediante la cual se obtienen es una derivación más o menos transparente de ciertas premisas, entre ellas la que asume que el interlocutor es racional y cooperativo.

Estas propiedades distinguen a las implicaturas conversacionales, generalizadas o particularizadas, de otras implicaciones, según el siguiente esquema, que incluye las presuposiciones (tratadas en el artículo correspondiente de este libro, ya citado):

PRESUPOSICIÓN	no calculable cancelable separable
IMPLICATURA CONVENCIONAL	no calculable no cancelable separable
IMPLICATURA CONVERSACIONAL GENERALIZADA	calculable cancelable no separable
IMPLICATURA CONVERSACIONAL PARTICULARIZADA	calculable cancelable no separable

Las implicatura se produce si el hablante intenta que se produzca y el oyente reconoce esa intención. Esta restricción parece obvia, ya que las implicaturas conversacionales son el ejemplo estelar de la noción griceana de *significado del hablante*, que es el significado intencional. Pero vale la pena evitar confusiones con otros significados obtenidos también por inferencia a partir de un enunciado. El oyente puede inferir, atendiendo al significado del enunciado, que su interlocutor simpatiza con ciertas ideas políticas, o que es partidario de cierto equipo de fútbol, o, atendiendo a la forma de la elocución, que el locutor está acatarrado, que está emocionado, etc. Podemos notar, por ejemplo, que el hablante tiene un acento caribeño, y de ahí inferir que procede del Caribe, sin que el hablante lo comunique intencionalmente. Estos significados, habituales y legítimos, no son abiertamente intencionales, y por lo tanto no son implicaturas.

Por supuesto, no siempre está claro lo que el hablante quiere realmente comunicar, lo que se le escapa por error, lo que desea inconscientemente que su interlocutor sepa. No es raro que algunos delincuentes se incriminen a sí mismos sin querer. Lo que importa es que cada vez que usamos el lenguaje, nos comprometemos con la verdad de mucho más de lo que decimos explícitamente. La teoría de la relevancia propone que algunas de las implicaturas que transmitimos son muy débiles, y es más responsable de ellas el oyente que el hablante.

3.2.2.1. Implicaturas y relevancia

Como se ve en el artículo donde se trata la teoría de la relevancia, el *procedimiento de comprensión* de un enunciado consiste, según esta teoría, en dos pasos:

Siga el camino del menor esfuerzo para computar los efectos cognitivos.
a) Considere las interpretaciones en orden de accesibilidad.
b) Pare cuando se satisface su expectativa de relevancia.

Las expectativas de relevancia, es decir, la expectativa de obtener el mayor beneficio informativo por el menor esfuerzo mental posible, se van creando y ajustando durante la interpretación, ya que el contenido explícito y las implicaturas requieren ajustes mutuos, que están constreñidos por el principio de relevancia. El intérprete va recuperando a la vez lo explícito y las implicaturas. Desarrollando, a base de descodificación e inferencia, la forma lógica de la oración enunciada, el oyente obtiene un *contenido explícito* o *explicatura*. La *explicatura es la proposición comunicada por un enunciado, si y solo si es un desarrollo de la forma lógica codificada por el enunciado. La explicatura es, por lo tanto, la parte explícita en una comunicación, aunque tenga siempre o casi siempre contenidos que no son explícitos, derivados inferencialmente.

Las implicaturas, en cambio, son contenidos intencionales implícitos, que coinciden con la noción de implicatura conversacional particularizada vista arriba. Para obtener una implicatura, el intérprete debe deducirla de la explicatura y de un conjunto de datos contextuales. Un ejemplo de ajuste mutuo entre explicaturas e implicaturas se muestra en el siguiente diálogo, adaptado de Wilson y Sperber (2012, Introd.):

(30) Nacho: ¿Así que has vendido tu viejo Mercedes y te has comprado un coche pequeño?
Maite: No gasta tanta gasolina.

Nacho espera que la aportación de Maite sea relevante, es decir, que confirme o dispute lo que él dice, o que explique el cambio de coche. Para lograr la información relevante que espera, Nacho debe ante todo completar inferencialmente el enunciado explícito de Maite, y posiblemente logre una proposición como (31):

(31) El coche pequeño no gasta tanta gasolina como el Mercedes.

Esa es, en la teoría de la relevancia, la *explicatura* del enunciado de (30), es decir la proposición completa que el oyente desarrolla a partir de la forma lógica del enunciado. Nacho puede combinar esta información con un supuesto como (32):

(32) Tener un coche que gasta mucha gasolina es una buena razón para venderlo y comprar otro más barato.

Este supuesto, añadido por Nacho para interpretar el enunciado de Maite, y que refleja las razones de Maite, es una premisa que Nacho añade al contexto durante el ajuste mutuo entre lo explícito y lo implícito, ajuste guiado por la búsqueda de relevancia. Las premisas que se van agregando en la interpretación dependen del orden en que puedan crearse, mediante una combinación de inferencias sobre las (futuras) conclusiones que el oyente espera e inferencias que provienen de la memoria: no es un proceso lineal, ya que también las conclusiones guían la construcción de premisas.

Según la teoría de la relevancia, la hablante de (32), teniendo en cuenta los conocimientos que manifiestamente ambos comparten, guía al oyente a añadir premisas, y por lo tanto ella es responsable de la verdad de esas premisas, al menos en parte. Las conclusiones implicadas que derivan de esas premisas pueden ser, sin embargo, fuertes o débiles, y algunas de ellas pueden estar a cargo del oyente, sobrepasando la intención de la hablante.

Tanto las explicaturas como las implicaturas pueden ser fuertes o débiles. Esto depende del grado de indeterminación que tengan: cuanta más inferencia sea necesaria, mayor será la indeterminación (es el precio que pagamos por poder comunicar contenidos implícitos que nos comprometen menos y que además podemos cancelar: esos contenidos tienen menos peso que los explícitos, como ya observó Grice). Cuando las expectativas de relevancia se satisfacen mediante una gama de conclusiones similares derivadas de premisas similares, al mismo costo de procesamiento, el intérprete debe aceptar cierta responsabilidad por las premisas que provee y las conclusiones que deriva de ellas. Nacho podría aportar las siguientes premisas, u otras parecidas:

>   (33) a. Un coche que funciona bien y gasta poco es una buena razón para vender un coche antiguo, aunque más cómodo y elegante.
>   b. El Mercedes era muy caro para ella.
>   c. Maite prefiere gastar lo menos posible en un coche.
>   d. El gusto de conducir un Mercedes no merecía el gasto excesivo en combustible.

Maite tiene la intención de provocar que Nacho aporte premisas como estas, u otras, ya que las premisas dependen de los conocimientos previos de Nacho sobre Maite, los coches, etc. De esas premisas Nacho puede sacar diferentes conclusiones. Pero las conclusiones implicadas serán débiles, porque el oyente tiene varias alternativas. Una conclusión es fuertemente implicada cuando resulta esencial para obtener la relevancia que se busca, y es débil cuando no es la única esencial en la interpretación. Podemos imaginar las siguientes conclusiones débiles extraídas de las premisas del razonamiento de Nacho:

>   (34) a. Maite tiene menos dinero que antes.
>   b. Maite prefiere gastar el dinero en otras cosas.

Estas, y otras posibles, son implicaturas débiles, y pueden o no pueden haber sido comunicadas por Maite: de estas implicaturas débiles es responsable también el oyente. La noción relevantista de explicaturas e implicaturas fuertes y débiles da cuenta del fenómeno de que los significados implicados tienen, según sea su nivel de indeterminación, mayor o menor fuerza pragmática. La noción de implicatura débil permite explicar la noción de relevancia poética, o sea cómo se producen efectos cognitivos derivados de textos poéticos (véase ***efectos poéticos**).

IMPLICITURA

La noción de *implicitura*, propuesta por Kent Bach (1994, 2007, 2010), es central en su teoría sobre el significado lingüístico. La *implicitura* es un nivel de significado constituido por las expansiones o compleciones pragmáticas del *contenido semántico mínimo*, o nivel puramente semántico, del significado. La implicitura consiste, por lo tanto, en el *significado enriquecido implícito* que obtiene el hablante al completar el contenido semántico. Este nivel enriquecido es el *significado directo,* por oposición al *significado indirecto,* formado por las implicaturas y otros contenidos que se obtienen indirectamente, entre los cuales Bach incluye los significados de las figuras.

La noción de implicitura tiene semejanzas con la de *explicatura, concepto esencial de la *teoría de la relevancia. En ambos casos se trata de un nivel de significado explícito enriquecido en contexto, pero ambos conceptos son diferentes por originarse en teorías diferentes, y, en muchos aspectos, contrarias una a la otra, acerca de cómo se interpretan los significados lingüísticos. Veremos esto más abajo.

La implicitura, según Bach, es un significado parcialmente implícito, construido por el oyente, en coordinación con el hablante, para poder entender qué quiere decirle el hablante al usar las palabras que usa. La implicitura no es totalmente implícita porque se origina en una proposición o subpreposición expresada por la oración. El interlocutor construye un nivel de extensiones o compleciones que van más allá de los contenidos estrictamente semánticos, cuando estos no son suficientes para la interpretación de lo que quiere decir el hablante. La recuperación de las implicituras es una tarea que el hablante espera del oyente y que el oyente sabe que el hablante espera, de acuerdo con las expectativas que hacen funcionar los actos de comunicación, tal como las explicó Grice.

Bach considera que la implicitura es un nivel intermedio de significado, ubicado entre el *contenido semántico mínimo* y las *implica-*

turas, que son totalmente pragmáticas (véase ***implicatura***). El contenido semántico mínimo de Bach se parece a la noción griceana de ***lo dicho***, que es la parte semántica de un enunciado, definida mediante condiciones de verdad y muy cercana al valor literal de las palabras. Bach, como Grice, admite que las expresiones cuya referencia depende del contexto, como los deícticos, requieren datos contextuales forzosamente, pero esos datos se encuentran, según Bach, en un *contexto estrecho*, que *no* incluye la intención del hablante (véanse ***efectos pragmáticos fuertes y débiles*** y también ***saturación***). En todo caso, los deícticos tienen un significado gramatical, su *carácter*, que obliga a localizar el referente en el contexto, de modo que estas operaciones pragmáticas realizadas en contextos estrechos están determinadas por las normas gramaticales, a diferencia de las operaciones pragmáticas que exigen contextos amplios e incluyen en estos el reconocimiento de la intención del hablante (véase ***carácter y contenido***).

Al distinguir el nivel de la implicitura, dentro del significado expresado directamente por el hablante, Bach quiere demostrar que una teoría del significado es capaz de explicar por qué un hablante puede *querer decir más de lo que su enunciado literalmente dice*, o sea, propone que es posible dar cuenta del hecho de que los hablantes usan palabras con las que quieren decir cosas que van más allá de esas palabras. Lo que distingue su teoría de las teorías pragmáticas es que, según Bach, este fenómeno puede explicarse sin alterar la semántica, que es un nivel lingüístico independiente, apenas penetrado por la pragmática. En efecto, la parte explícita de un enunciado puede tener un significado, que proviene de la semántica de la lengua, y lo que el hablante quiere decir puede tener otro significado. Bach retoma la noción de *acto locutivo*, proveniente del sistema propuesto por Austin, que distinguía el *acto locutivo* del *acto ilocutivo* y del *acto perlocutivo* (véase ***teoría de los actos de habla***). El acto locutivo es el que consiste en articular segmentos lingüísticos, y no incluye ni la índole del acto de habla realizado mediante esas palabras –ese sería su valor ilocutivo– ni menos incluye los efectos que el acto ilocutivo provoca en el oyente, o sea, los efectos perlocutivos. Lo que el hablante *dice*, en el acto locutivo, es previo, lógicamente, a la implicitura, que debe dar cuenta de lo que el hablante *quiere decir* con su acto locutivo, que generalmente va más allá de las palabras usadas.

Las teorías de la interpretación lingüística, a partir de las ideas de Grice, se plantean cómo explicar la distancia que va de lo que las palabras enunciadas *significan* según las reglas de la sintaxis y la semántica a lo que el hablante *quiere decir* al enunciar esas palabras. Algunos proyectos teóricos consideran que la semántica de lo dicho por el hablante es defectuosa en virtualmente todos los casos, y proponen una semántica pragmatizada, más amplia, más intuitiva, para llegar a una proposición completa, que el hablante podrá evaluar por su verdad o falsedad. Bach critica estas teorías, porque, según él, mezclan semántica y pragmática, creando confusión. De esa confusión considera culpables tanto a las corrientes contextualistas en semántica (véase *contextualismo) como a la teoría de la relevancia.

Bach intenta mantener la semántica libre de pragmática, sosteniendo que sí, que los hablantes expresan contenidos que van más allá de la semántica de las oraciones, pero que a veces enuncian proposiciones completas, que tienen significado literal. Su idea es que por lo menos algunas oraciones tienen que expresar proposiciones completas, porque si ninguna lo hiciera, ninguno de nuestros pensamientos sería totalmente expresable. Le parece más adecuado proponer que para cada pensamiento tiene que existir al menos una oración que exprese ese pensamiento de manera explícita, aunque comúnmente los hablantes comunican sus pensamientos con proposiciones raquíticas, e incluso con subproposiciones. Pero si los hablantes, con sus proposiciones defectuosas, se comunican de todos modos, se debe a que los oyentes, como se espera de ellos, construyen una proposición completa a partir de lo dicho defectuosamente, agregando inferencias.

Cuando la proposición expresada por una oración es esquelética, o ni siquiera esquelética, sino incompleta y por lo tanto sin sentido, los oyentes, para comprender el enunciado, añaden implicituras, o sea infieren significados implícitos voluntariamente transmitidos por el hablante, que van más allá de la semántica estricta. Un ejemplo de proposición esquemática o esquelética es la expresada por un enunciado como (1), dicho por un visitante a quien la dueña de casa le pregunta si quiere quedarse a cenar:

(1) He cenado, gracias.

Este enunciado no expresa, en este contexto, el significado estrictamente literal 'he cenado (en el pasado)', sino más bien el significado enriquecido 'ya he cenado hoy', si lo consideramos respuesta adecuada a una invitación a comer, ya que solamente el hecho de haber cenado recientemente provoca la implicatura 'no tengo hambre' o algo semejante, que es una implicatura conversacional plausible como respuesta negativa a la invitación. Nuestro conocimiento del mundo aporta otros datos para comprender el significado completo del hablante, por ejemplo la suposición de que se cena una vez por día. El significado enriquecido proporcionado por la implicitura ('he cenado recientemente') es intencional y además es directo, a diferencia de la implicatura conversacional (por ejemplo, en este caso, 'no tengo hambre'), que es siempre indirecta, ya que se deriva de la implicitura. El oyente debe enriquecer enunciados esqueléticos como *he cenado* para obtener una proposición adecuada.

Bach propone otros ejemplos del mismo fenómeno, semejantes a los siguientes, en los cuales la parte enriquecida va entre paréntesis:

(2) Los alumnos (de esta clase) recibieron sus notas.

(3) Manuel y Raúl se casaron (uno con el otro).

(4) Todos (los que viven en esta casa) se levantan tarde.

(5) Ninguno (de los miembros del público) aplaudió.

Un ejemplo de oración con proposición no ya esquelética sino incompleta podría ser (6):

(6) Quique es demasiado bajo.

El intérprete de (6) debe inferir para qué es demasiado bajo (para alcanzar un estante, para jugar al básquetbol), o en comparación con qué grupo de personas (demasiado bajo para su edad, por ejemplo). Ejemplos semejantes son los siguientes:

(7) Los chicos todavía no están listos (para qué).

(8) Terminé el libro (terminé de qué, ¿de leerlo, escribirlo, corregirlo?).

(9) El hígado con cebolla es exquisito (¿para quién?)

(10) El diccionario es barato (respecto de qué).

Casos como (2)-(10) han dado lugar a muchas discusiones en los últimos años, pero la tendencia predominante (criticada por Bach) ha sido proponer otra semántica, que necesita expansión sustancial para que una proposición se complete y pueda ser evaluada como verdadera o falsa (así se propone, por ejemplo, en la *pragmática de las condiciones de verdad propuesta por Recanati, 2010). Los hablantes, según Bach, suelen producir proposiciones incompletas o raquíticas, y sería un error proponer otra cosa (véase *proposicionalismo); por eso en su teoría se postula la necesidad de operaciones pragmáticas para completar las proposiciones deficientes. Pero a la semántica hay que dejarla en paz.

A la semántica hay que dejarla en paz por dos razones, si examinamos bien la teoría de la implicitura. Primeramente, Bach admite la posibilidad de que el hablante formule una proposición completa, que no requiera ser completada. En esos casos, esta proposición mínima es todo lo que necesitamos para comprender la proposición. La segunda razón para mantener la independencia de la semántica es que, si queremos explicar (y todos queremos, en teorías diversas) el hecho de que el hablante diga algo pero quiera decir otra cosa, hay que distinguir lo que dice de lo que quiere decir: lo que dice es un acto locutivo, cuyo contenido semántico es diferente, a veces muy diferente, de lo que quiere decir. Bach pone como ejemplos el lenguaje figurado (metáfora, ironía, metonimia) y el lenguaje indirecto en general, y cree que la noción de implicitura permite explicar el proceso de interpretación sin confundir los niveles de significado ni las disciplinas lingüísticas: la semántica trabaja con oraciones y la pragmática con el uso de las oraciones. En lo que respecta a las figuras, Bach disiente de la teoría de la relevancia, entre otras teorías que consideran que la metáfora, en especial, se comprende del mismo modo que cualquier otra expresión no figurada, por medio de un ajuste de la parte explícita del enunciado (véase *metáfora).

Bach no intenta, sin embargo, reducir el papel de la pragmática en la comunicación lingüística. Insiste, por el contrario, en que aun en los casos en que el hablante comunica exactamente el contenido de la oración que usa, ni más, ni menos, este significado se transmitirá si el oyente puede interpretar la *intención comunicativa del hablante, proceso pragmático esencial. En otras palabras, aun cuando no haga falta enriquecer el contenido semántico enunciado por el hablante mediante expansiones pragmáticas, el oyente deberá hacer una interpretación pragmática para comprender el enunciado. Bach ve la comunicación como una interacción estratégica, basada en la definición de *significado no natural de Grice: el hablante induce una creencia en el oyente haciendo que el oyente reconozca la intención del hablante de inducir esa creencia. Si la coordinación no funciona, no hay comunicación.

Al defender la idea de un contenido semántico de la oración que es una proyección de su estructura sintáctica, cuyos constituyentes tienen contenidos semánticos que el intérprete capta *por su conocimiento de la lengua*, Bach quiere corregir el error generalizado, según él, de confundir significado con uso. Como hemos visto, esta noción de contenido semántico mínimo es similar a la noción griceana de *lo dicho* y a otras semejantes propuestas por las doctrinas semánticas minimalistas, y se aparta de las propuestas de las diferentes versiones de la semántica contextual, que amplían la sensibilidad al contexto de las expresiones lingüísticas y también, muy marcadamente, se aparta de la teoría de la relevancia, que reduce la semántica a un nivel mínimo, siempre subproposicional, que no alcanza a comunicar casi nada si no se lo desarrolla pragmáticamente. El contenido semántico mínimo propuesto por Bach es muy mínimo, muy cercano al significado de la oración tipo: solamente necesita, para comprenderse en relación a un contexto, muy pocos datos, entre los que falta el dato pragmático fundamental, que es la intención comunicativa del hablante: si se incluyera este factor, estaríamos mezclando semántica con pragmática. Para Bach (1994), esta confusión es una regresión de la pragmática a los errores de los filósofos del lenguaje ordinario, que identificaban el contenido semántico de una palabra con el uso típico de la palabra.

Bach rechaza el término "explicatura", que parece mencionar solamente significados explícitos, para indicar la proposición expandida o completada mediante significados *implícitos*, que bautiza implicitura, ya que no se trata, propiamente, de "significado explicado", sino implicado, y el hablante, al transmitir los contenidos de la implicitura, no *explica*, sino que *implicita*.

La primera diferencia entre los conceptos de implicitura y explicatura, aun sin tener en cuenta sus procedencias teóricas diferentes, es que la noción de explicatura es más amplia que la de implicitura, porque incluye niveles jerárquicos superiores, las *explicaturas de nivel más alto*. La implicitura de Bach es, en cambio, el *significado básico* del enunciado, que no contiene elementos jerárquicamente superiores. Pero hay, además, otras diferencias más importantes.

Para Bach, la implicitura (que, como expansión del contenido explícito, no es nunca totalmente implícita) es la compleción o finalización del contenido semántico, con el objeto de obtener una proposición completa. En la teoría de la relevancia, por su parte, la explicatura es el desarrollo de la *forma lógica*, considerada un mero esbozo, o un conjunto de constricciones, que sirven como testimonio de las intenciones comunicativas del hablante. El oyente, en la teoría de la relevancia, debe desarrollar la forma lógica por medio de inferencias. Los relevantistas ponen en duda que una oración enunciada pueda contener una proposición completa, de modo que las inferencias pragmáticas que permiten alcanzar la explicatura son obligatorias, ya que solamente una explicatura, o lo que Recanati (2010) llama *lo dicho intuitivo*, es una proposición completa, susceptible de ser evaluada por su verdad o falsedad.

Bach, al sostener que a veces el significado codificado expresa todo lo que el hablante quiere decir, sin necesidad de inferencias, da a la parte explícita del enunciado una autosuficiencia que no se encuentra fuera de las teorías minimalistas. Robyn Carston (2006) ofrece, desde su perspectiva relevantista, una crítica pormenorizada a la noción de contenido semántico mínimo defendida por Bach, por Borg (2004) y por Cappelen y Lepore (2005) (véase ***minimalismo** y ***contenido semántico mínimo**). Carston hace notar que en la teoría de la relevancia se distinguen claramente dos niveles de significado: significado codificado, por un lado, y el significado que el hablante quiere transmitir, por otro. El significado codificado es el de la oración tipo, independiente de la pragmática, que es la que fija, mediante inferencias, el significado que el hablante quiere transmitir, tomando como *input* el significado codificado. Carston considera superfluo añadir otro nivel de contenido semántico, muy cercano al codificado, pero relativo a un contexto, o sea el contenido semántico mínimo propuesto por Bach y por otros teóricos minimalistas.

Carston señala varias razones para rechazar la noción de contenido semántico mínimo. En primer lugar, no siempre el así llamado *contexto estrecho* (que es el único activo en el procesamiento del contenido mínimo, y no incluye la intención del hablante) es suficiente para determinar el significado contextual de los deícticos, pese a que estos tienen un significado gramatical que apunta a sus referentes. Un buen ejemplo es el deíctico puro *aquí*, que puede tener varias referencias posibles (*esta casa, esta universidad, esta ciudad, este país, este planeta,* etc.), cuya comprensión requiere salir de la semántica, o sea, no limitarse a la instrucción gramatical 'lugar donde está el locutor, o cercano al locutor', y reconocer la intención del hablante si se quiere comprender su referencia intentada.

En segundo lugar, desde el punto de vista de una teoría de la comunicación lingüística, Carston considera que no se necesita un nivel intermedio entre lo codificado y lo inferido, puesto que con lo codificado, aunque sea muy esquemático y solamente sirva como guía, basta para explicar el proceso inferencial que nos lleva a comprender un enunciado: lo codificado es el *input* de las inferencias. Y esto, según ella, de ningún modo mezcla impropiamente semántica con pragmática, sino que propone un nivel semántico mínimo, realmente independiente de la pragmática. Pero son operaciones pragmáticas, inferenciales, las que enriquecen los datos semánticos hasta constituir el significado intencional completo del hablante.

La teoría de Bach es afín al minimalismo por su rechazo a una semántica que solamente sirva como prueba esquemática de lo que el hablante quiere decir, como la que proponen los relevantistas, y también a una semántica enriquecida con inferencias, como la que proponen los contextualistas. Pero Bach destaca en su teoría de la implicitura el papel indispensable de la pragmática en la comunicación, e insiste en corregir el error de que la pragmática empieza una vez descodificada la semántica: no es así, la pragmática opera desde el principio, y es necesaria incluso para entender que el hablante está hablando literalmente, si se acepta tal posibilidad.

INDEXICALISMO

El *indexicalismo* o *indicialismo* (ing. *indexicalism*), que también se podría llamar *deixismo*, es una *teoría semántica* que sostiene la tesis de que la semántica gobierna la relación entre el significado de una oración y el contexto mediante deícticos expresos, y, además, mediante *variables encubiertas* que se comportan como deícticos. Las formas con función deíctica, presentes en la superficie o encubiertas, conectan la oración con los datos del contexto necesarios para la interpretación.

La relación entre lenguaje y contexto es el objeto de estudio de la pragmática, pero los filósofos indexicalistas, si bien admiten que la pragmática es necesaria para explicar cómo se producen las implicaturas, no admiten, en cambio, que la pragmática deba entrometerse en la parte explícita del enunciado, es decir, rechazan que haya necesidad de postular inferencias pragmáticas para completar lo dicho explícitamente en un acto de comunicación.

Apoyándose en detallados análisis de datos, los filósofos indexicalistas presentan una imagen inusual de la semántica: no ya subdeterminada e insuficiente (como quiere la pragmática), ni tampoco capaz de expresar proposiciones completas que pueden evaluarse como verdaderas o falsas con auxilio mínimo de datos contextuales, sino dotada de los medios para conectar lo dicho al contexto sin necesidad de inferencias pragmáticas. Se trata de una semántica poderosa, en las antípodas de la semántica esquelética de la teoría de la relevancia y de mayor alcance en la interpretación de enunciados que la semántica sensible al contexto de los contextualistas.

El indexicalismo sostiene que la estructura léxico-sintáctica de una oración contiene, además de deícticos expresos, variables encubiertas que funcionan como deícticos y que conectan la oración con los datos del contexto necesarios para la interpretación. Según Stanley (2007), todos los efectos del contexto extralingüístico en el valor de verdad de una afirmación se pueden rastrear en la estructura sintáctica o *forma lógica* de la oración: allí se encuentran elementos que llevan consigo reglas, y estas reglas controlan lo que el contexto puede y no puede asignar al valor de verdad de la oración emitida. No existen valores de verdad fuera de contexto, tal como afirma la pragmática, pero el indexicalismo propone, en oposición a la pragmática, que es la lengua misma la que dirige el proceso de conexión con el contexto, de modo que al hablante le basta con conocer su lengua para obtener el significado completo o valor de verdad intuitivo. La conexión entre la oración y el contexto se realiza por medio de una serie de formas encubiertas que actúan como deícticos y se completan, como los deícticos, en cada contexto, mediante el proceso conocido como *suplementación* o ***saturación**.

Los cuantificadores han merecido mucha atención por parte de los indexicalistas. Supóngase un enunciado como (1a) y su versión completa (1b), obtenida por saturación:

(1) a. Todos los alumnos son españoles.
b. Todos los alumnos de mi clase son españoles.

La restricción del dominio del cuantificador *todos,* que permite la interpretación 'todos los alumnos de mi clase', y no 'todos los alumnos del mundo', puede entenderse de tres maneras diferentes. La manera elegida por la semántica contextualista es que debemos intervenir en el enunciado con nuestros conocimientos del contexto, para completar la proposición, que está expresada de forma incompleta. Captamos el valor veritativo-condicional gracias a operaciones inferenciales por las que ajustamos el término *alumnos,* ajuste validado por el contexto de la conversación, por el conocimiento de la intención del hablante, y todos los datos extralingüísticos que sean pertinentes.

La segunda manera de teorizar el problema de la restricción del dominio de los cuantificadores es proponer que existen constituyentes de la oración que no están articulados, no tienen manifestación fonológica, están encubiertos. Estos ***constituyentes no articulados** provienen del contexto, y por lo tanto no deben confundirse con lo que postulan los indexicalistas: estos dicen que los elementos no realizados fonológicamente están en la forma lógica, son variables que hay que completar, y que no provienen del contexto, sino que por lo contrario sirven para conectar con el contexto.

Finalmente, la tercera posibilidad de analizar cómo se llega al valor de verdad expresado por (1b) (*Todos los alumnos de mi clase son españoles*) a partir de la oración (1a) (*Todos los alumnos son españoles*), emitida en un contexto, es la solución indexicalista, según la cual existe, en la forma lógica de esta proposición, un lugar vacío, una especie de hendidura que debe ser rellenada con información contextual. Un análisis de la forma lógica permitirá ver un componente cuasi-deíctico, que se completa o satura usando datos del contexto. La variable que hay que rellenar es parte de la estructura sintáctica de la oración, de modo que la operación de interpretar expresiones que requieren datos contextuales es enteramente lingüística (por oposición a pragmática), y va de la sintaxis al contexto, del mismo modo que en el caso de cualquier deíctico.

El término *indexicalismo*, propuesto por Recanati (2004) para denominar esta teoría, pone en primer plano el concepto de deixis extendida, según el cual una serie de variables funcionan, desde posiciones encubiertas, de manera similar a los deícticos explícitos como *yo*, *aquí*, *ahora*, que cambian su referencia según los contextos, mediante una regla gramatical invariable, su *carácter*. Esta regla invariable determina que el pronombre deíctico *yo*, por ejemplo, se refiera al locutor, aunque el contenido de esa referencia varíe en cada contexto. Las variables o cuasi deícticos propuestos por el indexicalismo se diferencian de los deícticos propiamente dichos porque no están expresados fonológicamente, sino que se encuentran en la estructura sintáctica o forma lógica de la oración. De la misma manera, aduce Stanley, reconocemos la existencia de elementos no expresados pero activos en una serie de construcciones: en las construcciones pasivas que no indican el agente, como en *el acusado fue detenido, el coche fue reparado*, etc., y también en oraciones sin sujeto expreso, en las lenguas llamadas *pro-drop*, donde el pronombre sujeto queda tácito, si bien está indicado por la desinencia verbal. El agente no mencionado de las construcciones pasivas y el sujeto tácito siguen actuando desde sus posiciones encubiertas, ubicadas en la estructura sintáctica de la oración, de la misma manera que los deícticos encubiertos.

Hay una serie de términos léxicos y de construcciones que, según los análisis de Stanley, tienen variables que deben rellenarse con información contextual. Así, por ejemplo, los adjetivos graduables, como *inteligente, pequeño, alto, bajo*, que suelen tener significados diferentes en diferentes contextos, presentan en su estructura una variable que exige que se agregue, en contexto, la clase que sirve de referencia para la comparación. Un enunciado como

(2) Daniela es baja.

exige, para la interpretación del adjetivo predicativo *baja*, que este se contraste con algún estándar de tamaño (puede ser baja para su edad, o para alcanzar un estante alto, etc.). Ante un enunciado como este, las teorías pragmáticas consideran, coincidiendo en esto con el indexicalismo, que el adjetivo *baja* es sensible al contexto y puede tener, por lo tanto, diferentes interpretaciones. El contextualismo semántico afirma que los adjetivos graduables exigen, gramaticalmente, saturación en contexto. Todas las expresiones semánticamente subdeterminadas exigen, por su índole misma, una compleción en contexto semejante a la de los deícticos. Para el indexicalismo, el adjetivo *baja* contiene una variable, que se rellena en contexto, para indicar a qué clase comparativa se refiere. El proceso, según esta teoría, es diferente de la saturación, que es un mecanismo pragmático guiado por la gramática, ya que es totalmente gramatical. El indexicalismo intenta rescatar a la interpretación de los enunciados en contexto de las garras de la pragmática: donde los pragmatistas ven pragmática, los indexicalistas ven solamente semántica, pero una semántica que es capaz de incluir el contexto dentro de sus especificaciones.

El indexicalismo se opone a la pragmática post griceana, en especial a la ***teoría de la relevancia**, pero también a otras teorías semánticas, tanto las teorías contextualistas, como la ***pragmática de las condiciones de verdad**, como las teorías minimalistas que reducen al mínimo la participación de las operaciones pragmáticas en la semántica (véanse ***contextualismo** y ***minimalismo**). La pragmática, en especial la teoría de la relevancia, y, en semántica, el contextualismo, consideran que la semántica es insuficiente para transmitir el contenido completo de un enunciado, y se comporta como una guía o esbozo (véase en especial la noción relevantista de ***explicatura**, que es el significado completo de un enunciado y se obtiene desarrollando la forma lógica mediante inferencias pragmáticas). El indexicalismo rehabilita, en cambio, a la semántica, la amplía y dota de una gran complejidad. En esta teoría, son las reglas lingüísticas las que controlan el proceso de interpretación y *restringen* los significados. Esto permite una comunicación rápida y eficiente.

No es de extrañar que el indexicalismo, que reduce el papel de las operaciones inferenciales y amplía el de las reglas lingüísticas en la interpretación, sea rechazado vigorosamente por los pragmatistas. También es rechazado, dentro de la semántica, por las teorías que tratan de reducir la sensibilidad al contexto, intentando mantener la estabilidad de los significados en contextos diferentes (véase *minimalismo). Para el indexicalismo, las expresiones lingüísticas son en gran medida sensibles al contexto, lo que permite que la misma oración tenga diferentes significados en diferentes contextos, y el lenguaje resulte un instrumento útil para la comunicación. El lenguaje no sería útil, según Stanley (2007), si para cada proposición necesitáramos palabras diferentes, adecuadas solamente a un contexto. El lenguaje es flexible y las mismas palabras expresan muchas ideas nuevas, pero también es un código fuertemente estructurado, cuyas reglas, invariables y activas en toda clase de actos de habla, nos permiten interpretar, con gran facilidad y rapidez, lo que nos dicen.

El indexicalismo afirma que las operaciones pragmáticas *no regidas por las reglas de la lengua,* o sea no gramaticalmente obligatorias, sino *libres,* pueden llevar a obtener demasiadas significaciones posibles. Para Stanley, la sobregeneración de significados haría la comunicación escabrosa. La comunicación es, en cambio, fácil y libre de obstáculos, por lo general, ya que el hablante conoce su lengua y las reglas de su lengua lo guían para obtener el contenido semántico de la oración que enuncia su interlocutor. La visión pragmática presenta al lenguaje como insuficiente, por sí mismo, para transmitir todo lo que el hablante quiere decir. Tanto la pragmática como el contextualismo, muy afín a la pragmática, conciben una *semántica reducida,* dependiente de la pragmática. El indexicalismo, por el contrario, defiende una *semántica extendida,* capaz de autoabastecerse, gracias a la complejidad de su léxico y de su sintaxis, que ofrecen normas de interpretación sin peligro de sobregenerar significados. Stanley cree que su teoría, aunque no sea definitiva, tiene el valor de ser válida empíricamente. Como otros teóricos de diferentes tendencias, cree que las operaciones "libres" de la pragmática tienen algo de magia: de inexplicable y de irrestricto (por ejemplo Borg, 2012).

En suma, el indexicalismo propone que los efectos del contexto en el significado de una oración se limitan a asignar valores a elementos que ya se encuentran en la expresión enunciada. Cada elemento contiene *reglas* que gobiernan qué es lo que el contexto puede y no puede asignar a ese elemento; la influencia del contexto es regulada por el material lingüístico. La interpretación semántica, que nos da el significado completo de la oración enunciada, contiene los pasos siguientes. En primer lugar, el oyente asigna denotaciones a cada elemento de la forma lógica producida por el hablante, tanto los que no son sensibles al contexto como los que lo son. En segundo lugar, el oyente combina esos significados de acuerdo con la estructura de la forma lógica y así deriva la interpretación de la forma lógica en relación a un contexto. Este proceso es semántico y su resultado es el valor de verdad de una proposición en contexto.

Es útil comparar la interpretación de un enunciado con la interpretación de señales no lingüísticas, digamos un guiño o un golpecito con el pie bajo la mesa. Para la interpretación de estos actos no se aplican reglas específicas surgidas de una representación estructurada, y por lo tanto la interpretación es irrestricta. Si la comunicación es lingüística, en cambio, estamos constreñidos por las normas lingüísticas. Stanley subraya que es un error asimilar la interpretación lingüística a la interpretación de actos no lingüísticos, aunque estos también sean comunicativos. Esta idea pone a Stanley en desacuerdo fundamental con la teoría de la relevancia y su tesis de que la capacidad humana de leer la mente ajena permite comprender tanto los enunciados lingüísticos como los gestos comunicativos. Para Stanley, la interpretación de un gesto es esencialmente distinta de la interpretación de un enunciado, ya que el lenguaje es suficientemente flexible como para ser usable, pero también está suficientemente regulado por normas que restringen, precisan, la interpretación, mientras que otras formas de comunicación no lingüísticas carecen de esas restricciones.

Stanley concibe la pragmática como una teoría sistemática sobre la acción racional de comunicarse, y le reserva un papel importante en la fase de la comunicación en que se transmiten implicaturas. El proceso previo de obtener una proposición es totalmente semántico, no le debe nada a la pragmática, y no depende de la capacidad de percibir los estados mentales del interlocutor.

INFERENCIA

La noción de *inferencia* es central en pragmática: las teorías de la pragmática sostienen que, en la comunicación lingüística, los intérpretes hacen inferencias para obtener los significados que los hablantes comunican más allá del contenido semántico codificado de sus palabras. En su teoría sobre la *implicatura, Grice distinguió el significado inferencial, que se obtiene por razonamientos, utilizando datos del contexto, del significado expresado por los signos lingüísticos, regido por las normas de la gramática, que se obtiene mediante la descodificación de las expresiones codificadas. En la pragmática actual, especialmente en la *teoría de la relevancia,* se da a los procesos inferenciales un papel mayor que el que les daba Grice, ya que se propone que también en la etapa de descodificación del componente explícito del enunciado el intérprete debe hacer inferencias para poder obtener una proposición completa.

La *inferencia pragmática* es un tipo de razonamiento que toma un conjunto de premisas como información de entrada y produce, como información de salida, un conjunto de conclusiones que acrecientan el contenido de las premisas. Este razonamiento es *no demostrativo,* es decir, no es una derivación lógica y no puede verificarse. Puede, en cambio, cancelarse si se modifican los datos del contexto. Nuestros juicios habituales de sentido común, o fundados en lo que consideramos *normal,* y también los juicios de las ciencias, son no demostrativos, abiertos a correcciones o anulaciones. Las inferencias no demostrativas deben distinguirse de las *inferencias demostrativas,* que son impecables, ya que, si las premisas del razonamiento son verdaderas, la conclusión de una inferencia demostrativa no puede ser falsa. Compárense (1), ejemplo de inferencia demostrativa, con (2), que ilustra el caso opuesto, la inferencia no demostrativa:

(1) Lola bailaba si su madre cantaba; su madre cantaba, así que Lola bailaba.

(2) Lola bailaba si su madre cantaba; Lola bailaba, así que su madre cantaba.

En (1), si es verdad que Lola bailaba si su madre cantaba, la conclusión es verdadera también. En (2), en cambio, aunque las premisas sean verdaderas, las conclusiones no son seguras, porque podría ser que Lola bailara también cuando su madre no cantaba. La inferencia de (2) es provisional, puede anularse si se añade algún otro conocimiento, por ejemplo que Lola bailaba también cuando su madre no cantaba pero ponía música. Compárese con la inferencia que hace un médico para diagnosticar una enfermedad, considerando todos los factores a su alcance: su conocimiento de las patologías, los síntomas del paciente, lo que normalmente pasa, según su experiencia, en casos semejantes, etc. Si el médico descubre luego otro síntoma, podrá corregir sus conclusiones. Las inferencias pragmáticas funcionan de la misma manera: el hablante produce un enunciado, por ejemplo una metáfora como (3),

(3) Londres es un laberinto.

y el intérprete hace inferencias para comprender lo que quiere decir el hablante, buscando qué características de un laberinto se aplican a la ciudad de Londres, y estableciendo unas conclusiones provisionales, pero que permitan continuar la conversación. Quizá más tarde, a medida que se va ampliando el contexto entre los interlocutores, el intérprete retoque su interpretación original. Pese a que la inferencia es abierta, es decir, modificable o anulable, está garantizada hasta cierto punto por las premisas, de modo que debe ser, si no totalmente segura, al menos plausible.

En efecto: las conclusiones de una inferencia pragmática no se derivan lógicamente pero son, al menos, garantizadas por las premisas. La entrada o *input* puede ser una percepción (sonidos, impresiones visuales, táctiles, etc.) o una representación conceptual, propuesta por un enunciado. Si el estímulo es material lingüístico, el destinatario descodifica el enunciado, recurriendo a su conocimiento de la lengua, y complementa la descodificación con las inferencias necesarias para llegar a comprender el significado completo transmitido intencionalmente por el hablante, o sea, lo que el hablante quiere decir en determinado contexto, que casi siempre es más de lo expresado semánticamente. La descodificación y la inferencia son dos operaciones cognitivas diferentes, que, según la teoría de la relevancia, se producen más o menos simultáneamente en nuestros intercambios lingüísticos (véase ***interpretación**).

Grice fue el primer filósofo que propuso una teoría sobre cómo inferimos lo implicado, lo que él llamó *implicatura**. Las implicaturas son proposiciones implícitas comunicadas por el hablante, que el intérprete calcula en contexto. Con esta teoría intentó defender al lenguaje de las críticas de los filósofos formalistas, para quienes el lenguaje es vago, inexacto, impredecible, y presentó lo que llamó *la lógica de la conversación*, que consiste en un conjunto de principios racionales que permiten distinguir entre lo que el hablante expresa y lo que quiere transmitir a su interlocutor (véase ***Grice: lógica y conversación**). Grice no creía que también la parte explícita del enunciado, que denominó *lo dicho**, requiriera inferencias, ya que, en su teoría, la noción de *lo dicho* rescataba los valores semánticos estables y sistemáticos. Solamente admitió que para obtener los valores semánticos completos del enunciado es necesario completar los deícticos y desambiguar las expresiones o construcciones ambiguas, lo que, sin duda, requiere inferencias.

La teoría de la relevancia va mucho más allá: afirma que hacemos inferencias sobre la parte explícita del enunciado no solamente para desambiguar o para asignar referentes a los deícticos, sino también para completar el contenido de las expresiones lingüísticas y llegar a una proposición, ya que los significados varían, aunque sea muy ligeramente, de contexto a contexto, y por eso requieren que los interlocutores ajusten en cada caso el contenido de las expresiones. Quedan así distinguidas dos tipos de inferencia: las implicaturas, que se derivan del conjunto de un enunciado, y las inferencias que sirven para completar la oración enunciada explícitamente, que son *internas* o *básicas* (véase ***enriquecimiento libre**).

Las implicaturas, en especial las que Grice llamó *conversacionales particularizadas*, son ejemplos clásicos para mostrar cómo funcionan las inferencias. Supóngase el siguiente diálogo:

> (4) Mauro: Voy al supermercado a comprar algo de comer.
> Gloria: Son más de las diez.

La respuesta de Gloria es pertinente si ambos interlocutores saben que el supermercado cierra a las diez de la noche: ese dato debe formar parte del terreno común de conocimientos que les permite comunicarse. Mauro debe derivar de la respuesta de Gloria una implicatura conversacional como 'el supermercado está cerrado'. Este significado implícito es transmitido voluntariamente por Gloria, y, si no fuera para comunicar una implicatura, su enunciado no vendría al caso en este contexto, no tendría ninguna relevancia (en el sentido de Grice, es decir, sería una información que no viene al caso, y también en el sentido de la teoría de la relevancia, ya que no provocaría ganancia cognitiva). Grice propone que captamos las implicaturas porque la comunicación es racional, se basa en la cooperación, y confiamos en que nuestro interlocutor es cooperativo, aun cuando parece decir algo que no viene al caso. Para la teoría de la relevancia, con sus presupuestos cognitivos, el salto entre lo dicho y lo transmitido por implicatura se debe a la búsqueda de relevancia, o sea de mayor información por menos esfuerzo.

Las inferencias pragmáticas pueden anularse sin que el hablante se contradiga. En (4), bastaría con que Gloria agregara algo como lo siguiente:

(5) Ah, los lunes el supermercado cierra a las once.

La implicatura es *global*, es decir, se deriva del conjunto de lo dicho. Las inferencias sobre lo explícito son *locales*, ya que operan sobre formas lingüísticas determinadas, y no sobre el conjunto del acto de habla. Supóngase un enunciado como (6):

(6) A la entrada del Instituto de Arte de Chicago hay dos leones.

En circunstancias normales, el intérprete hace automáticamente un ajuste, que consiste en elegir el significado de *leones* que corresponde a este contexto: 'estatuas de leones', o 'leones de piedra'. En otros contextos, la misma palabra conserva su significado literal, por ejemplo en un caso como (7):

(7) En el zoológico hay dos leones.

El ejemplo revela que no solamente los términos vagos requieren ajustes o enriquecimientos pragmáticos, sino también palabras no sospechosas de vaguedad, como *león*. (Véanse ejemplos de estos procesos en el artículo sobre *enriquecimiento libre).

Al destacar el aspecto inferencial de la comunicación, la pragmática se aparta radicalmente de la idea tradicional de que el acto de comunicación consiste en codificar y descodificar enunciados. Según esta tradición, conocer la gramática de una lengua (sus reglas sintácticas y semánticas) es suficiente para entender lo que alguien quiere comunicar por medio del lenguaje en un contexto determinado. Pero no es así, según las teorías del significado, porque los hablantes logran comunicar más de lo que se obtiene por la descodificación de las palabras usadas, e incluso puede suceder que lo que el hablante *quiere decir* con sus palabras sea muy diferente e incluso contrario a lo que sus palabras dicen, como en el caso de las ironías.

La innovación que propone la pragmática respecto de la visión tradicional de la comunicación como codificación y descodificación de mensajes se vincula con la noción de ***subdeterminación semántica**, sostenida por varios filósofos del lenguaje (entre ellos Searle, 1979; Recanati, 2004). Según esta idea, los signos del código lingüístico no dan, en la mayoría de los casos, toda la información necesaria para comprender lo que quiere decir el hablante, por ser insuficientes, ambiguos o vagos. Los hablantes deben completar los contenidos codificados con inferencias, para hacerlos cuadrar con el contexto, obteniendo así una proposición lo más parecida posible a la representación mental que el hablante quiere transmitir. Para la pragmática, el lenguaje es muy sensible al contexto y requiere ajuste constante, por encima de las reglas lingüísticas (véase ***sensibilidad al contexto**).

En el modelo de Grice se establece que las inferencias que hacemos al comunicarnos parten de expectativas muy fuertes, ante todo la de *racionalidad*: los hablantes se consideran unos a los otros agentes racionales, que tratan de adaptar su comportamiento, en este caso su comportamiento lingüístico, para obtener ciertos fines, como transmitir un significado y ejercer así alguna influencia en el interlocutor, por ejemplo cambiar o modificar en parte sus ideas y conocimientos, lograr algo de él, o reforzar el vínculo social. En términos más generales, para interpretar las acciones humanas, lingüísticas y no lingüísticas, presuponemos que el agente es racional, y hacemos hipótesis sobre las creencias y deseos del agente que puedan explicar y justificar su conducta racional.

Las inferencias son razonamientos, pero eso no significa que sean siempre conscientes, ni que puedan reconstruirse *a posteriori*: muchas inferencias no se producen al nivel de la conciencia, sino que son *subpersonales*, automáticas. Otras, en cambio, son o pueden ser conscientes. Los significados explícitos, que se completan mediante inferencias locales, suelen requerir procesos inferenciales inconscientes, que son tan automáticos e impenetrables como la descodificación misma (Mercier y Sperber, 2017).

Si se admite, como admiten casi todos los pragmatistas y muchos semanticistas, que la parte puramente semántica del enunciado casi nunca o nunca basta para expresar lo que el hablante quiere decir, y que las inferencias son necesarias en todos los niveles de la interpretación, esto da lugar a una pregunta válida: ¿por qué el código de una lengua, pese a su complejidad y riqueza, no es, sin embargo, suficientemente explícito como para transmitir clara e inequívocamente lo que el hablante quiere decir, sin necesidad de que el oyente haga todos esos razonamientos que tienen en cuenta contextos muy amplios? Para la mayoría de los pragmatistas y varios filósofos del lenguaje, entre ellos Searle (1969), el lenguaje natural está siempre subdeterminado semánticamente, o sea, expresa menos de lo que el hablante quiere comunicar, incluso directamente (o sea, sin recurrir a implicaturas). Para algunos, por ejemplo los relevantistas, en la evolución humana surgió una capacidad cognitiva, la de construir hipótesis sobre los pensamientos e intenciones de otros, que precedió al lenguaje, y no solamente lo precedió, sino que dio lugar a su desarrollo. De modo que el uso del lenguaje se apoya en nuestros talentos inferenciales. (Véase ***modularidad y comunicación***).

Finalmente, es posible que el lenguaje mental –hasta ahora desconocido– tenga más conceptos de los que somos capaces de expresar lingüísticamente, es decir, es posible que el lenguaje mental sea más rico que el lenguaje público (Sperber y Wilson, 2012). Si es así, la explicitud total es imposible, ya que nunca podemos decir exactamente lo que pensamos, y debemos entregar el pensamiento que queremos comunicar a las inferencias de los interlocutores. Pero ninguna teoría de la inferencia considera que el lenguaje sea un código defectuoso. Es un código complejo, rico, matizado, flexible, abierto a la creatividad, que sirve admirablemente para expresar los pensamientos, sentimientos y emociones de los humanos, cuando se complementa con inferencias (Véase ***código***).

El papel mayor de la inferencia en una teoría de la comunicación pone en peligro la autonomía de la semántica, ya que sostiene que la pragmática hace excursiones dentro de la semántica durante la interpretación. En efecto: si se admite que la inferencia forma parte también de la interpretación de lo explícito, se reduce el papel de la semántica y se pierden los límites de lo dicho frente a lo implicado, clásica distinción de Grice, que algunos teóricos quieren preservar. Estos teóricos consideran que se puede conservar la noción griceana de *lo dicho*, reduciendo al mínimo el papel de la inferencia pragmática (véase *****minimalismo**), y otros, por su parte, sostienen que el lenguaje es sumamente sensible al contexto, pero tiene sus reglas propias para controlar qué elementos del contexto contribuyen al significado de una oración emitida, de modo que no hay necesidad de inferencias pragmáticas libres para obtener una proposición completa (véase *****indexicalismo**). Una nueva teoría sobre el significado lingüístico, que da mayor lugar que las teorías pragmáticas al papel de las convenciones lingüísticas en la comunicación, propone métodos de comprensión donde la inferencia no desempeña un papel tan importante (véase *****teoría de la convención y la imaginación**). Según esta perspectiva sobre la comunicación, las convenciones del uso del lenguaje son parte de nuestro conocimiento de la lengua, de modo que el papel de la gramática es más importante que el de la inferencia (Lepore y Stone, 2015).

INTENCIÓN COMUNICATIVA

La noción de *intención comunicativa* como propiedad esencial de la comunicación lingüística procede de la teoría del significado lingüístico y la comunicación de Paul Grice (1989) (véase ***Grice: lógica y conversación** e ***implicatura**). La intención comunicativa es un tipo peculiar de intención, que cumple su objetivo solamente al ser reconocida: para comprender un enunciado, el oyente debe reconocer la intención comunicativa del hablante. Tanto la teoría de Grice como las teorías posteriores de neogriceanos como Horn (1989) y Levinson (2000), la ***teoría de la relevancia** (Sperber y Wilson, 1995), y las teorías semánticas contextualistas (véase ***contextualismo**), reafirman el modelo griceano de comunicación intencional.

La propiedad distintiva de la intencionalidad es ser reflexiva: el hablante intenta, según la formulación clásica de Grice, que su enunciado produzca algún efecto en sus oyentes por medio del reconocimiento de la intención con que realiza el acto comunicativo. El efecto consiste en una modificación del sistema de conocimientos del oyente, y puede incluir también cambios en su conducta.

La intencionalidad distingue un acto comunicativo y uno que no lo es, aunque en ambos casos el oyente pueda hacer inferencias sobre lo dicho y sacar conclusiones. Supóngase que alguien comenta, charlando con sus amigos en un bar de París, que ha nevado mucho ese invierno y el comisario Maigret, que lo oye, hace una inferencia que le permite descubrir al asesino que estaba buscando. En un caso así, puede decirse que la información produjo accidentalmente ciertas ideas en un oyente, pero no puede decirse que esas ideas fueron *comunicadas*.

El carácter reflexivo de la intención comunicativa contrasta con el de otras intenciones, que no se cumplen al ser reconocidas. Si alguien nos quiere hacer reír, para poner un ejemplo entre muchos posibles, no nos basta con reconocer su intención de hacer reír para que la intención se cumpla. Podemos reconocerla y no reírnos, o no reconocerla y reírnos.

El concepto de intención comunicativa está relacionado estrechamente con otros dos conceptos fundamentales de la teoría de Grice: su definición del significado lingüístico como *significado no natural* (*meaning$_{nn}$*) y la noción de *significado del hablante*. En trabajos recientes, se critica la noción de intencionalidad de Grice y su papel central en la comunicación (véase ***teoría de la imaginación y la convención**).

INTENSIÓN Y EXTENSIÓN

1. Teoría de Frege

En un trabajo fundamental para la filosofía del lenguaje, publicado en 1882, Gottlob Frege distinguió por primera vez dos dimensiones en la semántica de los nombres, a las que llamó *Sinn* (*sentido*) y *Bedeutung* (*referencia*). El sentido es lo que un término *significa* y la referencia es lo que un término *denota*, es decir, el objeto del mundo que designa.

Según esta distinción, los nombres, por un lado, designan objetos –este es su *valor referencial* o *extensional*–, y, por otro lado, tienen su propio significado, sentido o *intensión*, que consiste en la manera en que presentan el objeto. Un sustantivo *expresa* su sentido o intensión y *designa* su referente o extensión.

Frege pone como ejemplo los nombres que se dieron al planeta Venus: "estrella matutina" y "estrella vespertina" o, si usamos la terminología de Frege, Héspero y Eósforo. Ambos nombres tienen el mismo referente, el planeta Venus, pero diferentes sentidos o intensiones, que son dos maneras distintas de presentar el objeto, ya como el astro que vemos al amanecer, antes de la salida del sol, ya como el que vemos al atardecer, cuando el sol se pone.

Supóngase un enunciado como (1):

(1) Héspero es Héspero.

Este enunciado no contiene ninguna información, no dice nada nuevo, es una tautología. En cambio, si afirmamos (2):

(2) Héspero es Eósforo.

estamos dando información, ya que revelamos la equivalencia de la extensión de dos nombres con intensiones diferentes.

Y aún más: si sustituimos una expresión por otra con la misma extensión o referencia, no cambia el valor de verdad de una oración. Por ejemplo (3) y (4) tienen el mismo valor de verdad, ya que "estrella matutina" y "Venus" se refieren al mismo objeto:

> (3) La estrella matutina es muy brillante.
>
> (4) Venus es muy brillante.

Hay algunos contextos, sin embargo, en que la sustitución de una expresión por otra con la misma extensión no preserva la verdad, por ejemplo con verbos como *saber, creer, parecer*. Si Luisa ignora que la estrella matutina es Venus, creerá lo dicho en (3), pero no lo dicho en (4); (5) y (6) no tendrán, por lo tanto, el mismo valor de verdad:

> (5) Luisa cree que la estrella matutina aparece antes del amanecer.
>
> (6) Luisa cree que Venus aparece antes del amanecer.

En contextos como los de (5) y (6), llamados *hiperintensionales*, la intensión es más importante que la extensión, ya que determina el valor de verdad de la oración.

En filosofía del lenguaje se utilizan, como expresiones más o menos sinónimas, *intensión* y *sentido*, por un lado, y *extensión*, *denotación* o *referencia*, por otro. Sin embargo, se ha propuesto que la denotación es un concepto semántico y la referencia, que se relaciona con la intención del hablante en contexto, es un concepto pragmático (véase ***referencia como fenómeno pragmático**).

2. Mundos posibles, intensión y valor de verdad

En las teorías actuales del significado, se propone que la intensión determina el *valor de verdad* de una oración en *cada mundo posible*. En un mundo posible donde las tortugas vuelan, la oración "las tortugas vuelan" es verdadera, ya que coincide con un estado de cosas en ese mundo. En el mundo real, esa oración es falsa (salvo que se descubra alguna tortuga voladora, porque un solo ejemplar capaz de volar volvería esa oración falsa).

2.1 *Mundos posibles*

La noción de mundo posible pertenece a la lógica modal. Concebimos el mundo real como un universo compuesto por una pluralidad de diferentes elementos, pero sabemos que el mundo real podría ser de otra manera, y hablamos de esas posibilidades, por ejemplo imaginando qué pasaría en otras versiones posibles del mundo. Podemos decir, por ejemplo, "Si no me hubiera casado habría podido ser astronauta", o "Si lloviera pronto, se salvaría la cosecha", desplegando de ese modo otros mundos. El que llamamos mundo real es solamente uno entre muchos mundos posibles.

Algunos mundos posibles son casi idénticos al real, salvo por algún dato, por ejemplo que en ese mundo hay unicornios. Otros mundos posibles difieren mucho del que llamamos real, por ejemplo si se trata de un mundo en que el imperio otomano fue vencedor en Lepanto.

La noción de mundo posible tiene muchas aplicaciones en filosofía. En relación con la extensión y la intensión, puede decirse que la intensión de una oración es un conjunto de mundos: todos los mundos en que la oración es verdadera. La extensión, a su vez, es el valor de verdad que la intensión determina en el mundo real.

2.2 *Rigidez*

Un término se considera *designador rígido* si su intensión es constante: designa la misma entidad en todos los mundos en los que la entidad existe, y no designa ninguna otra cosa. Son designadores rígidos los nombres propios y los deícticos, por ejemplo los pronombres personales: tanto un nombre propio o el pronombre de primera persona *yo* designan al mismo individuo en cualquier mundo; en el caso del pronombre, porque su significado es una regla invariable que señala al locutor de un enunciado.

Una expresión referencial descriptiva como *la chica del abrigo rojo* no es un designador rígido porque puede seleccionar diferentes individuos en diferentes mundos. El nombre propio *Raquel*, en cambio, designa solamente, en cualquier mundo, a la persona llamada Raquel, aunque en otro mundo posible la llamen por otro nombre: Raquel es siempre la misma persona, en cualquier mundo. Como regla general, los nombres propios son designadores rígidos y las frases descriptivas no lo son, ya que pueden referirse a diferentes personas.

La distinción entre rigidez y no rigidez tiene varias aplicaciones en filosofía. Desde el punto de vista del uso del lenguaje, la existencia de ambos tipos de designador es muy útil, ya que los hablantes eligen objetos del mundo mediante el lenguaje, y los designadores les permiten hablar de ellos de dos maneras: ya sea nombrándolos con un designador rígido, por ejemplo un nombre propio, sin describir sus atributos en todos los mundos, ya sea describiendo un atributo sin conocer al objeto poseedor del atributo en este u otros mundos, como en el ejemplo "la chica del abrigo rojo" (véase *referencia como fenómeno pragmático).

INTERPRETACIÓN

Se llama *interpretación*, en pragmática, al proceso por el cual el oyente comprende el significado que el hablante transmite intencionalmente con un enunciado. El éxito de la interpretación depende, ante todo, como estableció el filósofo Paul Grice, del reconocimiento de la intención comunicativa del hablante: el oyente aspira a interpretar lo que el hablante ha querido transmitir, que Grice llamó *significado del hablante* (véase ***Grice: lógica y conversación**).

A partir del enunciado que oye (o lee), el intérprete crea una representación mental, tratando de hacer corresponder esta representación con un estado de cosas del mundo. La pragmática propone que el hablante tiene la intención de comunicar esa correspondencia entre la representación obtenida y un estado de cosas, y para eso guía al oyente mediante la elección de vocabulario y de estructuras gramaticales, y también por medio de entonaciones y gestos. Por lo tanto, comprender un enunciado es crear una representación mental no necesariamente idéntica pero, al menos, muy parecida, a la representación mental que el comunicador intenta transmitir (véase ***comunicación**).

Es el oyente quien realiza las operaciones de interpretación, pero, en la medida en que toda interpretación es activamente guiada por el comunicador, este o esta es también responsable del éxito de la tarea. La comunicación es una coordinación entre mentes, ya que dos personas deben prestar atención una a la otra, para hacer hipótesis sobre sus intenciones comunicativas, sobre los conocimientos que comparten y que saben que comparten, sobre los deseos y creencias del otro. El enunciador debe prever las reacciones de su interlocutor para construir su mensaje de modo que sea interpretado como él o ella espera, y es, por eso, co-responsable del éxito de la interpretación. La coordinación entre los hablantes funciona a base de expectativas, que orientan y llevan adelante la interpretación, ya se trate de expectativas de *cooperación racional*, como propone Grice, o de *eficacia cognitiva*, según la ***teoría de la relevancia** (Sperber y Wilson, 1995).

En la mayoría de los casos, lo que los hablantes quieren comunicar va más allá de lo que sus palabras expresan. Los pragmatistas sostienen que la interpretación consiste en dos procesos cognitivos diferentes, la descodificación y la inferencia. La descodificación, realizada, según las teorías sobre la cognición, por el módulo lingüístico, tiene el objetivo de recuperar los significados codificados de las palabras elegidas por el hablante para comunicarse.

El lenguaje es un conjunto de símbolos que unen ideas o conceptos con expresiones que los representan. La mente humana contiene conceptos que son previos (quizá) a sus representaciones lingüísticas, y contiene también un conocimiento fundamental: la correspondencia del concepto mental con su expresión lingüística. *Codificar* significa unir conceptos con símbolos lingüísticos, y *descodificar* consiste en el trabajo inverso de llegar al concepto partiendo del símbolo. Suele llamarse *competencia semántica* a la capacidad de codificar y descodificar mensajes lingüísticos.

El segundo proceso de interpretación, el inferencial, se realiza mediante razonamientos no demostrativos, cancelables, gracias a los cuales los oyentes captan los significados implícitos transmitidos por el hablante (véase ***inferencia**). Proponiendo dos procesos diferentes, descodificación para entender ***lo dicho**, e inferencia para captar lo implicado o ***implicatura**, Grice describió una lógica diferente, la lógica de la conversación, sostenida por inferencias surgidas de un principio general de cooperación y una serie de expectativas de comportamiento. Grice intentó mantener la independencia de una semántica con significados estables, o al menos lo más cerca posible de la literalidad. En este modelo, la interpretación es un compuesto de descodificación de los significados estables y de inferencias que surgen de los datos provistos por los contextos conversacionales.

Desde Grice, la pragmática considera, sin excepciones, que la interpretación de los enunciados lingüísticos es un híbrido de descodificación y operaciones inferenciales, y lo único que cambia, en las diferentes teorías de la comunicación, es el alcance que se otorga al papel de la inferencia. En la teoría de la relevancia se considera que lo dicho explícitamente requiere también inferencias, ya que lo dicho no es nunca suficiente como para transmitir todo el significado del hablante (véase *__subdeterminación semántica__). El proceso inferencial que ajusta o modifica los significados de las expresiones según las exigencias del contexto se llama *__enriquecimiento libre__.

En suma, la interpretación, en la pragmática actual, se presenta como un proceso cognitivo que tiene dos aspectos: por un lado, la codificación y descodificación, que suele atribuirse a la llamada facultad del lenguaje, y es automática, subpersonal; y por otro lado, la derivación de inferencias, que sirven para dos fines: para enriquecer o ajustar los significados de expresiones individuales, o para derivar implicaturas del acto de habla en su totalidad. Las tareas inferenciales suelen consignarse al dominio de un módulo cerebral especializado, diferente de la facultad del lenguaje (véase *__modularidad y comunicación__). La teoría de la relevancia insiste en que los procesos de la interpretación, pese a su diferente índole, son simultáneos: una inferencia puede servir para guiar una descodificación, por ejemplo. El trabajo consiste en un ir y venir continuos, no tiene un orden fijo.

Una teoría reciente de la filosofía del lenguaje (Lepore y Stone, 2015), que critica principios hasta ahora intocables de la pragmática, propone reducir el papel de la inferencia en la comunicación y ampliar el de las convenciones gramaticales (véase *__teoría de la convención y la imaginación__).

INTERPRETACIONES PREFERIDAS (TEORÍA DE LEVINSON)

1. Teorías neogriceanas

La teoría de la comunicación de Paul Grice (tratada en ***Grice: lógica y conversación** y en ***implicatura**) echó las bases de la disciplina que hoy llamamos pragmática, y produjo reinterpretaciones y revisiones, que suelen llamarse teorías *neogriceanas*. Estas teorías tienen el mismo objetivo que el modelo griceano clásico: explicar sistemáticamente cómo y por qué el significado del lenguaje en el uso comunicativo, o significado *intencional*, difiere del significado literal. Para ello expanden y profundizan ciertos temas que Grice no trató en detalle, como, por ejemplo, las explicaturas conversacionales generalizadas, objeto de la teoría de Stephen Levinson que se verá en este artículo.

Las teorías neogriceanas intentan reducir el sistema formado por el principio de cooperación y sus máximas y submáximas, donde advierten superposiciones y redundancias. El modelo de Levinson (2000) presenta tres principios pragmáticos: C (*cantidad*), I (*informatividad*) y M (*manera*); y el modelo de Laurence Horn (1984) propone un sistema bipartito de dos principios antitéticos: el *principio de cantidad* y el *principio de relación*. La pragmática de Geoffrey Leech (1983), en cambio, multiplica las máximas y propone un principio de ***cortesía**, que coordina con el principio de cooperación de Grice, considerando que este mencionó la existencia de normas de cortesía y también de implicaturas que no se derivan de sus máximas de cooperación.

La importancia teórica de las teorías neogriceanas de Horn y Levinson se encuentra en la revaloración de las convenciones lingüísticas, que en estos últimos años son objeto de mucho interés: según las teorías de Horn y Levinson, que hasta cierto punto son complementarias, o por lo menos compatibles, algunas reglas de interpretación proceden de la arquitectura de la lengua, son lingüísticas y por lo tanto forman parte de la facultad del lenguaje. No son solamente reglas de comportamiento, como en la teoría clásica de Grice, ni son tampoco tendencias poderosas de la mente, como la búsqueda de relevancia, sino que son reglas establecidas por las formas y estructuras de las lenguas.

Algunos autores incluyen la ***teoría de la relevancia** entre las teorías neogriceanas, ya que esta se inspira en las nociones fundamentales de Grice: significado intencional, proceso metapsicológico de lectura de la mente, papel importante de la inferencia en la comprensión del lenguaje. Pero la teoría de la relevancia no intenta refinar o mejorar el programa de Grice, sino que, siguiendo, como todas las teorías pragmáticas, las ideas esenciales de Grice, plantea una nueva teoría de índole cognitiva, interesada en la arquitectura modular de la mente y en los procesos mentales de interpretación.

2. Tres niveles de significado

La *teoría de las interpretaciones presumibles* o *preferidas*, propuesta por Levinson (2000), es una de las teorías neogriceanas más influyentes. Levinson no intenta crear otra teoría de la comunicación, sino explorar mejor una zona de significados que considera poco estudiada: la zona de los que llama *significados preferidos* o *presumibles*. Estos son los significados que, salvo que el contexto los cancele, se obtienen por defecto, automáticamente, a partir de ciertas expresiones lingüísticas que los acarrean en todos los contextos, no como parte de su contenido convencional, sino como significados extras, inferenciales. Grice advirtió la importancia de las inferencias por defecto para una teoría del significado, e identificó el tipo de implicaturas que llamó *conversacionales generalizadas* (ICG).

Si bien son las implicaturas conversacionales *particularizadas*, y no las generalizadas, las que tienen un papel central en la teoría de la comunicación de Grice, ya que permiten distinguir el significado intencional implícito, las ICG muestran que el lenguaje está estructurado de tal modo que provoca inferencias rápidas que no requieren reflexión ni cálculos, y facilitan la comunicación. Por otro lado, por ser inferencias pragmáticas y no significados convencionales, no forman parte de la gramática de la lengua, de modo que, al distinguirlas, se simplifica la descripción gramatical. La simplificación de la gramática fue uno de los primeros objetivos de la pragmática (véase Cole, ed., 1981) y sigue siéndolo hasta hoy (véase Wilson, 2016). La zona de interpretaciones presumibles incluye no solamente las ICG sino una serie de fenómenos que, junto con ellas, forman parte de un *nivel intermedio* entre el significado codificado de la oración tipo y el significado de un enunciado particular. Levinson distingue tres niveles:

(1) Niveles de significado
  1. significado de la oración tipo;
  2. significado intermedio, localizado en la oración usada en contexto y constituido por significados descodificados e inferencias por defecto;
  3. significado completo de un enunciado en contexto, formado por una parte codificada, una parte constituida por inferencias por defecto, y otra parte por inferencias particularizadas.

En el nivel intermedio se encuentran las inferencias por defecto, automáticas, que facilitan la interpretación, pero no agotan la interpretación completa del enunciado, que puede exigir también que el oyente derive implicaturas particularizadas.

Al reafirmar que una teoría del significado debe distinguir estos tres niveles, Levinson continúa la idea griceana de que el significado no es homogéneo, de que hay varios tipos de contenidos que proceden de diferentes tipos de inferencias. Esta idea, defendida por otras teorías inspiradas en Grice, como la teoría de la ***implicitura** de Bach, es rechazada por la teoría de la relevancia. En la teoría de la relevancia no hay nivel intermedio: hay un nivel de procesamiento en que el intérprete logra una versión completa de lo dicho explícitamente, nivel llamado ***explicatura**, y otro nivel de significado completo en que se recuperan las implicaturas. La explicatura requiere datos del contexto para los ajustes y modulaciones necesarios para completar lo explícito, pero, en cambio, el nivel 2 de Levinson es casi independiente del contexto, ya que está constituido por inferencias por defecto, o preferidas, o favorecidas automáticamente. La propuesta de un nivel intermedio se relaciona con un mayor interés por preservar distinciones que son puramente lingüísticas, relativamente independientes del contexto.

Además de las ICG, objeto de su teoría, Levinson agrupa en el nivel intermedio de significado una serie de fenómenos comunicativos que pueden explicarse por medio de interpretaciones preferidas, por oposición a interpretaciones semánticas o interpretaciones ocasionales. Entre estos fenómenos Levinson incluye la fuerza ilocutiva (véase ***teoría de los actos de habla***), las presuposiciones (véase ***presuposición***), las fórmulas como los saludos, las expresiones de pesar y alegría, todas ellas ya convencionalizadas hasta tal punto que no nos exigen trabajo inferencial. Levinson destaca el papel de las rutinas del uso: una fórmula como "le acompaño el sentimiento" cuenta como un pésame, y en cambio la expresión "le acompaño el dolor", que significa lo mismo, sería inaceptable para muchos hablantes. En el nivel intermedio del significado convergen, por lo tanto, tipos de implicaturas que se obtienen espontáneamente, sin cálculo (salvo que el contexto las bloquee) y otros significados que dependen del uso habitual de la lengua, de la manera normal de hablar de una comunidad.

3. IMPLICATURAS CONVERSACIONALES GENERALIZADAS (ICG)

Levinson afirma que las ICG nos permiten ver mejor cómo significan las expresiones lingüísticas por sí mismas, es decir, permiten al teórico de la pragmática desplazar la atención del *significado del hablante* al *significado del lenguaje en contexto*, ya que el contexto puede influir decisivamente para obtener el significado final de las ICG. La influencia del contexto es siempre visible: las implicaturas generalizadas son conversacionales (diferentes de las que Grice llamó *convencionales*), y por eso pueden anularse por obra de un cambio de contexto. Pero, a la vez, el análisis de las ICG hace notar por qué la interpretación lingüística es tan veloz: lo es, en parte, por la naturaleza de las ICG, que son inferencias por defecto y permiten, por lo general, hacer inferencias de modo rápido y automático.

En los ejemplos siguientes, la expresión *la mayoría*, en (2) lleva "a cuestas", como significado extra, el significado implícito y pragmático 'no todos', en un caso típico de ICG. El mismo enunciado puede provocar, en el contexto adecuado, una implicatura conversacional particularizada :

(2) Gustavo: ¿Qué tal los exámenes?
Claudio: La mayoría de los alumnos confunde los tipos de implicaturas.
a) ICG: No todos los alumnos confunden los tipos de implicaturas.
b) *Implicatura particularizada*: Los exámenes no salieron muy bien.

INTERPRETACIONES PREFERIDAS (TEORÍA DE LEVINSON)

La expresión *la mayoría* genera la ICG 'no todos'. (2b) es, en cambio, la implicatura conversacional que puede obtenerse de la respuesta considerada en su totalidad. (a) y (b) son implicaturas y por lo tanto son significados pragmáticos y cancelables si se altera el contexto. El significado extra de *la mayoría* puede cancelarse, si decimos por ejemplo:

> (3) La mayoría de los alumnos, en realidad todos, confunden los tipos de implicaturas.

El contenido semántico de *la mayoría* es, semánticamente, compatible con el de *todos*, pero en la conversación se produce, por inferencia, y siempre que algo no la impida, el significado pragmático 'no todos'. Las implicaturas particularizadas, por el contrario, cambiarán según los contextos. Así, el mismo enunciado de Claudio en (2), en otro contexto, provocará otras implicaturas particularizadas:

> (4) Susana: El sistema de Grice es muy fácil de entender.
> Claudio: La mayoría de los alumnos confunde los tipos de implicaturas.
> ICG: No todos los alumnos confunden los tipos de implicaturas
> *Implicatura particularizada*: El programa de Grice es menos fácil de lo que parece.

Véanse otros ejemplos de ICG:

> (5) Inés besó a Fabián y él se puso nervioso. (Significado extra de y: 'y a causa de eso'.)
>
> (6) Luis tiene dos corbatas. (Significado extra: 'no tres'.)
>
> (7) Gutiérrez intentó llamarme por teléfono. (Significado extra: 'No me llamó'.)
>
> (8) (Dicho un sábado:) Te veo el domingo. (Significado extra: 'No mañana'.)

Los significados extra de (2) y de (5-8) surgen de rutinas de interpretación, que, según Levinson, se mantienen invariables a lo largo de muchos contextos. Todos ellos, por ser implicaturas, pueden cancelarse, como ya hemos visto para (2). En los casos restantes basta con agregar ciertas expresiones:

> (5') Inés besó a Fabián y él se puso nervioso, pero no a causa del beso, sino de algo que ella le susurró al oído.
>
> (6') Luis tiene dos corbatas; en realidad tiene tres, si contamos una que nunca usa.

(7') Gutiérrez intentó llamarme por teléfono, y finalmente me llamó.

(8') Te veo el domingo, este domingo, o sea mañana.

La teoría de Levinson parte de la idea de que necesitamos apenas un esbozo de significado para obtener una interpretación satisfactoria, que además es más o menos la misma para todos los oyentes. Levinson sostiene que el lenguaje debe tener atajos, modos fáciles de inferir, para permitir esa proeza de que unos pocos datos lingüísticos provoquen una interpretación semejante en diferentes personas y contextos. La articulación del lenguaje es lenta, pero en cambio la capacidad de inferir es rápida y eficiente, y la aprovechamos muy bien en la comunicación: la articulación es cara, pero la inferencia es barata.

Las ICG contribuyen decisivamente a la economía comunicativa, ya que son significados que van "a cuestas" de las expresiones lingüísticas, y se procesan rápidamente, salvo que el contexto los bloquee. En el nivel intermedio de significado al que pertenecen las ICG, los hablantes maximizan las implicaciones que el uso ha generalizado y hecho previsibles: ahorramos tiempo y esfuerzo, y podemos comunicar más y mejor. Se trata de significados no codificados ni sujetos a condiciones de verdad, o sea, no pertenecen a la semántica de la lengua, pero, por ser inferencias por defecto, son presumibles, esperables, y siempre favorecidas en la interpretación.

Para aprovechar las ventajas de estas inferencias rápidas y poco costosas, los hablantes, según Levinson, han desarrollado unas heurísticas, unos métodos empíricos de interpretación, que funcionan automáticamente si ningún dato contextual anula la interpretación.

3. Heurísticas e inferencias por defecto

Levinson propone tres tipos de heurísticas, derivadas de tres tipos de inferencias que sustentan las ICG: las inferencias C, basadas en el principio de cantidad de Grice; las inferencias I, también relacionadas con la cantidad de información, y las inferencias M, que tienen que ver con las máximas de manera. Las heurísticas sustentadas por estos principios informativos deben ser asumidas por hablante y oyente, y tienen la función de *multiplicar* la información codificada, que es, por lo general, un esbozo insuficiente, o solo una clave de comprensión, y, al mismo tiempo, *restringen* ese enriquecimiento, de tal manera que el mensaje pueda ser recuperado correctamente.

(9) Heurísticas
1. Heurística C: Lo que no se dice no es.
2. Heurística I: Lo que se dice de manera simple representa una situación estereotípica.
3. Heurística M: Lo que se dice de manera marcada o anormal representa una situación anormal.

Véanse ejemplos del funcionamiento de las heurísticas:

(10) Algunos sindicatos se declararon en huelga.

En este ejemplo funciona la heurística C. Si en la escala <todos, algunos> el hablante elige el término menos informativo *algunos* es porque no puede afirmar el más informativo, *todos*, y por lo tanto *todos* queda descartado. Recuérdese que la máxima de cantidad de Grice exige decir todo lo posible, pero no más de lo requerido en cada caso.

El ejemplo siguiente muestra una situación estereotípica, interpretada según la heurística I:

(11) Juana y su novio compraron un piso.
+> juntos

Finalmente, (12) muestra la diferencia entre una expresión no marcada y otra marcada, de modo que la segunda presenta la situación de manera más anormal que la otra, según la heurística M:

(12) Lía frenó el coche (apretando el freno normalmente).
Lía hizo parar el coche.
+> con el freno de mano, o manipulando los cambios: de algún modo no normal

3.1 *Inferencias c*

Estas heurísticas dependen, a su vez, de principios más desarrollados, que presentan una máxima del hablante (proveniente de las máximas de cantidad y manera de Grice) y un corolario del oyente, ya que Levinson insiste, siguiendo a Grice, en que la comprensión del lenguaje exige coordinación entre los hablantes.

Las INFERENCIAS C provienen de la primera submáxima de cantidad de Grice, "Que su contribución sea todo lo informativa que requiera el propósito de la conversación". Si el hablante no ha intentado una expresión de mayor fuerza informativa, como en el ejemplo (10), es porque no puede hacerlo, según su conocimiento del mundo. Por lo tanto, dice lo que puede, y lo que no dice, no es, según la formulación de Levinson. Estas inferencias son *metalingüísticas*, ya que se producen por elegir una expresión y no otra dentro de un paradigma, y también son *negativas*, ya que implícitamente niegan lo que no dicen.

Levinson establece la siguiente *máxima del hablante* para el *Principio C*: *No afirme algo que sea menos informativo de lo que le permite su conocimiento del mundo, salvo que una declaración más informativa contravenga el principio I.* En suma: *seleccione la opción paradigmática más fuerte admitida por los hechos.*

El *Corolario del receptor* es el siguiente: *considere que el hablante hizo la declaración más fuerte que pudo, de acuerdo con su conocimiento del mundo.*

3.2 *Inferencias I*

Las INFERENCIAS I provienen de la segunda máxima de cantidad de Grice, "Que su contribución no sea más informativa de lo requerido". El *Principio I* presenta la siguiente máxima del hablante: *Diga tan poco como sea necesario, es decir, produzca la información lingüística mínima que sea suficiente para lograr sus fines comunicativos (teniendo C en mente).*

El *Corolario del receptor* es el siguiente: *Amplifique el contenido informativo del enunciado del hablante, buscando la interpretación más específica, según lo que usted crea que es la intención comunicativa del hablante.*

3.3 *Inferencias M*

Finalmente, las INFERENCIAS M provienen de la primera y tercera submáxima de manera de Grice: "Evite la oscuridad de la expresión", y "Evite la prolijidad innecesaria, sea breve".

Lo morfológicamente marcado corresponde a lo semánticamente marcado, o sea, a lo menos estereotípico. Estas inferencias, basadas en la selección de una manera de expresar un contenido, son también metalingüísticas, como las inferencias I.

El *Principio M* produce la siguiente *Máxima del hablante*: *Indique una situación anormal o no estereotípica usando expresiones marcadas que contrasten con las que usaría para describir situaciones normales, estereotípicas.*

El *Corolario del receptor* es el siguiente: *Los mensajes marcados indican situaciones marcadas. Si el hablante ha usado una expresión marcada, cuando podría haber utilizado un sustituto no marcado con la misma denotación, entonces, en lugar de una situación estereotípica, quiere producir una interpretación más específica.* El ejemplo (12) ilustra esta estrategia.

Las implicaturas M son parásitas de las implicaturas I: si una expresión no marcada implica algo por el principio I, la alternativa marcada será complementaria. Las implicaturas C y M tienen prioridad sobre las I, ya que son ambas metalingüísticas e indican que el hablante se ha esforzado para producir un enunciado que no descansa en el estereotipo. El principio C, a su vez, tiene prioridad sobre el M porque la cantidad de información dada quizá tenga más importancia que la forma de la expresión.

Como puede verse en este esbozo, el programa de Levinson amplía la gama de implicaturas conversacionales y las hace depender directamente de *convenciones del lenguaje,* sobre todo convenciones de uso habitual, rutinario.

4. Las ICG y las condiciones de verdad de la proposición

El programa de Levinson, a diferencia del modelo clásico de Grice, prevé que las inferencias pragmáticas cumplen el papel de contribuir a las condiciones de verdad de la proposición emitida en contexto.

Según Levinson, las ICG contribuyen de maneras diversas a establecer la proposición que puede evaluarse como verdadera o falsa: son tanto pre-semánticas como post-semánticas. *Mutatis mutandis,* esta idea es esencial a todas las teorías actuales de la pragmática, pero todavía la resisten los defensores de una teoría semántica basada en las condiciones de verdad independientes o casi independientes de operaciones pragmáticas (véanse ***minimalismo** e ***indexicalismo**).

En el programa de Grice, lo que el hablante dice explícitamente, ***lo dicho**, está cerca del significado literal de la expresión usada y es anterior a las implicaturas. Grice (1975) observa que para poder identificar totalmente lo que dice el hablante se requiere saber la identidad de los referentes, el tiempo de la enunciación, y lo que significan las frases en esa particular ocasión. Pero en su sistema, *lo dicho* es el punto de partida de *lo implicado*. Levinson rechaza la idea de que la semántica es la entrada (*input*) de la pragmática, y analiza detalladamente cómo las ICG funcionan de diversas maneras para establecer las representaciones semánticas completas, que son, por lo tanto, parcialmente pragmáticas, ya que se derivan de inferencias. Se necesitan inferencias, por ejemplo, para determinar a qué lugar exactamente se refiere el deíctico *aquí* o para asignar referentes a ciertas expresiones, y estas inferencias están guiadas por los principios pragmáticos del modelo, o sea, están guiadas por la cantidad de información y la manera en que se imparte, según los tres principios del sistema de Levinson:

(13) a. Este sofá es cómodo. Ven, siéntate *aquí*.
 +>'a mi lado', 'cerca de donde yo estoy'. (Principio I)
 b. Los langostinos son muy buenos. Se pescan *aquí*.
 +> en esta costa, en esta zona (Principio I)

(14) (Dicho un viernes:) La fiesta es el sábado.
 +> no mañana (principio C)

El deíctico de (13) adquiere sus significados pragmáticos a. y b., que formarán parte de las respectivas representaciones semánticas, por la aplicación del Principio I. En (14), a su vez, vemos la acción de una implicatura C: si el hablante se refiriera al día siguiente, diría *mañana*, que, dado que existe un hoy, es más informativo que *el sábado*. Las inferencias C y las inferencias I desempeñan un papel sistemático en la adaptación de los significados al contexto, ya sea estrechándolos o ampliándolos, y también influyen, a través de esta función, en los cambios semánticos, otro aspecto que interesa a una teoría lingüística de la implicatura. Véanse, por ejemplo, los casos siguientes:

(15) Dame algo de beber, a ver si me animo un poco.
 +> algo que sea alcohólico' (inferencia I)

(16) Este es un cuchillo de pan.
 +> para cortar pan (inferencia I)

(17) El libro de Lucas trata de las aves de Australia.
 +> el libro que Lucas escribió (inferencia I)

(18) Comí algunos bombones.
 +> no todos (inferencia C)

(19) La profesora es buena.
+> no excelente (inferencia C)

Levinson distingue casos de *intrusión* pragmática en el territorio de la semántica, que son más notables cuando las implicaturas de un segmento subordinado deben ser verdaderas para que todo el enunciado sea verdadero, es decir, las condiciones de verdad del conjunto dependen de las implicaturas de las partes, como sugieren, por su parte, tanto la teoría de la relevancia como la ***pragmática de las condiciones de verdad,** dos teorías actuales que defienden la participación de la pragmática en la determinación de las condiciones de verdad. Las construcciones que se inmiscuyen en la semántica son, entre otras, las negaciones, los condicionales, las disyunciones y los comparativos. Véase un ejemplo de una construcción comparativa:

(20) En mis tiempos, era mejor casarse y tener hijos que tener hijos y casarse.
+> era mejor casarse y después tener hijos que tener hijos y después casarse

La inferencia que da a la conjunción *y* el valor 'y entonces' es pragmática: es una implicatura I, y se entromete, por decirlo así, en la semántica de la oración, de modo que las condiciones de verdad de la construcción completa se calculan tomando en cuenta las implicaturas de cada parte. Sin esas implicaturas, no podría asignarse valor de verdad a (20).

Los principios interpretativos de Levinson no pueden separarse de la semántica: están profundamente entremezclados. En esto la teoría de Levinson se aparta del modelo griceano, que propone una clara separación de semántica y pragmática, y adopta la dirección seguida por las teorías pragmáticas actuales.

IRONÍA

1. Introducción

La *ironía* es un uso del lenguaje que consiste en emitir un enunciado falso, ridículo o, en general, abiertamente inadecuado a la situación, con el fin de comunicar un significado implícito, que el oyente debe inferir. Algunas teorías actuales de la pragmática y la filosofía del lenguaje proponen que el enunciado literal de la ironía evoca un pensamiento ajeno discrepante y absurdo, y que el hablante irónico expresa una actitud negativa hacia ese pensamiento evocado.

En los principios de la pragmática, Grice propuso que las figuras, como la ironía, la hipérbole y la *metáfora, son usos del lenguaje en los que el hablante infringe abiertamente una de las normas de la cooperación lingüística, la que exige decir la verdad (véase *implicatura). Grice (1989, cap. 2) observa que el hablante irónico "hace como que dice" algo, pero quiere decir otra cosa distinta, que se deriva como implicatura. Al enunciar una proposición palmariamente falsa, el hablante transmite una implicatura conversacional cuyo contenido, según Grice, es lo contrario de lo que dice. En el análisis de ejemplos de ironía, Grice observa también que la ironía se distingue de otros enunciados abiertamente falsos porque el hablante muestra siempre, en la ironía, una actitud negativa, desdeñosa. Esta observación es importante porque la transgresión de la máxima de verdad no bastaría para distinguir la ironía de otros usos figurados, ni para explicar sus efectos en el interlocutor. Grice, sin rechazar la noción tradicional, analizada durante siglos en los tratados de retórica, de que en la ironía hay una inversión de significado, abre una nueva vía de análisis al tratar la ironía y las demás figuras como fenómenos pragmáticos cuya interpretación depende del reconocimiento de la *intención comunicativa del hablante.

En la pragmática actual hay dos tendencias teóricas, o quizá tres, para explicar la ironía. Una de las tendencias consiste en tratar la ironía como un caso de *simulación*, en que el hablante finge hablar como otra persona (tal como parece sugerir Grice). La segunda teoría presenta el uso irónico como una *cita* o *eco* de un pensamiento atribuido a otro. Ambas tendencias se combinan en los trabajos de varios autores, por lo que puede considerarse que existe una tercera tendencia que trata a las otras dos como visiones complementarias. Las tres teorías coinciden en afirmar que el hablante irónico se disocia de lo que dice, no lo asume ni lo aprueba.

El uso irónico no es esencialmente distinto, para la pragmática, de otros usos del lenguaje, ya que en casi todos los casos los intérpretes deben hacer inferencias que van más allá del significado literal del enunciado, pero la ironía es un mensaje indirecto y tácito que exige mayor esfuerzo de comprensión y buena coordinación mental entre los hablantes. La ironía es contextual, no depende de la gramática, y por eso lo que es irónico en una ocasión de habla no lo es en otra. Cuando la ironía es sutil, y los datos contextuales pertinentes para la interpretación no son accesibles para el intérprete, la coordinación entre los hablantes puede fallar y la ironía quedar abortada, ya que no existen señales lingüísticas de ironía que sean obligatorias, ni morfemas ni construcciones especiales ni entonaciones que faciliten las inferencias, ni tampoco se puede advertir al interlocutor que uno está hablando irónicamente (como podemos aclarar, en cambio, que hablamos metafóricamente, o figuradamente), salvo, quizá, *a posteriori*, cuando la ironía no ha sido comprendida y es necesario aclarar la intención comunicativa que el auditorio no pudo captar en su momento.

Los trabajos recientes de pragmática y filosofía coinciden en atribuir a la ironía tres propiedades:

1) la parte literal de la ironía es falsa o ridícula en relación al estado de cosas al que se refiere;
2) el hablante evoca un pensamiento ajeno para ridiculizarlo, o bien, si seguimos la teoría de la simulación, "hace como que dice", pero no dice realmente, es decir, no se compromete con la fuerza ilocutiva de su acto de habla;
3) el hablante tiene siempre una actitud negativa hacia el contenido de lo que dice que, indirectamente, es una actitud negativa hacia la persona o personas que tienen o pueden tener tal pensamiento o decir tal cosa.

Las teorías actuales no aceptan que la ironía exprese siempre un significado implícito que es el reverso de su significado literal. Según las teorías post griceanas, el hablante irónico no dice literalmente algo para expresar lo opuesto, aunque muchas veces lo que quiere decir sea, efectivamente, contrario a lo que dice. La intención irónica consiste en comunicar crítica o desprecio sobre el pensamiento reproducido o, en la teoría de la simulación, sobre el acto de habla que se está realizando, y el ironista, al reírse del pensamiento o del acto de habla, se ríe de sus víctimas, que son las personas que podrían tener esos pensamientos o asumir la verdad de esa afirmación absurda.

Veamos algunos ejemplos típicos de ironía en la conversación:

(1) (La hablante cuenta que ha corrido para llegar a tiempo a un garaje a recoger su coche.) He llegado y estaba cerrado. Me ha dado un gusto.

(2) (A propósito de la conducta grosera de Pepe:) Pepe es una persona exquisita.

(3) (Hablando de alguien que canta mal:) Ese hombre es otro Pavarotti.

(4) (A la amiga ansiosa que antes de salir de su casa ha revisado varias veces puertas y ventanas.) Oye, ¿has cerrado bien la casa?

En estos ejemplos pueden verse los rasgos distintivos de las ironías. En primer lugar, cuando son aserciones, como en (1-3), su significado literal es positivo: en (1) a la hablante le ha dado gusto encontrar el garaje cerrado; en (2) se dice que una persona de malas maneras es exquisita; y en (3), por medio de una metáfora, que el cantante malo es tan bueno como Pavarotti. En contraste con estas afirmaciones positivas, la actitud que se infiere es negativa en todos los casos, ya que los significados literales presentan una norma o expectativa que evidentemente no se cumple. La norma o expectativa se expresa a veces en forma exagerada, para mayor contraste con la realidad decepcionante que se comenta. Por esta tendencia a la exageración, que se observa en muchas ironías, a veces se confunden ironía e hipérbole. Pero se trata de usos del lenguaje diferentes, aunque algunas ironías sean, efectivamente, hiperbólicas: (3) es también ejemplo de hipérbole. En (4), la pregunta irónica repite, como un eco, una pregunta que suele hacerse normalmente, pero que, hecha con ironía, evoca, con burla, el pensamiento atribuido a la hablante.

2. Ironía, sarcasmo y parodia

Intentemos distinguir la ironía de otros usos figurados o no literales del lenguaje que se encuentran conectados, más o menos laxamente, con la ironía y que se consideran, a veces, usos irónicos.

La ironía se confunde, en el lenguaje corriente y también en el trabajo de algunos investigadores, como señala Wilson (2013), con figuras que la retórica ha distinguido siempre: ante todo con el sarcasmo, que en pragmática suele considerarse un subtipo de ironía, pero también con la broma, la hipérbole, la meiosis, la parodia y la sátira. Veamos las características de estos usos, con un ejemplo de cada uno. Supongamos, para eso, que varias estudiantes de filosofía acaban de escuchar la conferencia de un profesor invitado, que les ha parecido aburrida y confusa. Los comentarios que siguen se refieren a la conferencia de forma despectiva. No forman un diálogo, sino que ejemplifican usos relacionados con la ironía:

(5) a. Ironía: La conferencia ha sido apasionante.
b. Sarcasmo: Qué honor, el gran especialista ha venido a disipar nuestra ignorancia.
c. Broma: Marta, tú lo mirabas embobada, confiesa que te ha gustado.
d. Hipérbole: Es la peor conferencia que he oído nunca.
e. Meiosis: Ha sido un poquito densa.
f. Parodia: Como dijo Wittgenstein, no el primer Wittgenstein, el segundo, el segundo, un momento por favor, que se me han desordenado los papeles, a ver si encuentro a Wittgenstein, es muy importante pero no lo encuentro, mis queridos colegas.
g. Sátira: Una de leyes descubiertas por Newton es que cuanto menos entendemos lo que alguien dice, más sabio nos parece.

En (5a), la ironía metarrepresenta un elogio que aquí resulta cómicamente inapropiado. Según las teorías pragmáticas, la hablante expresa su actitud despectiva hacia el contenido de la frase y hacia las personas que podrían usarla en esa situación. Si la hablante utiliza una entonación plana, con tempo lento, la ironía resulta más evidente. En la escritura las ironías no se marcan de ninguna manera.

(5b) ejemplifica la forma menos caricativa de ironía, en que alguien, con frecuencia el oyente mismo, es víctima del desdén o desaprobación del hablante sarcástico. Todas las ironías pueden tener víctimas, y sin duda, en casos típicos como (5a), la alusión a la gente que podría considerar esa conferencia apasionante no es benevolente, pero el sarcasmo se diferencia de las ironías comunes

IRONÍA

por su mayor agresividad, y además porque no siempre se limita al tono plano y la cara de palo de las ironías comunes, sino que puede presentar entonaciones exageradas e incluso una risa despectiva. Casi todos los teóricos consideran el sarcasmo al pasar, como una forma extrema de ironía, y no le conceden otras propiedades. Otros llaman sarcasmo a lo que aquí venimos llamando ironía, y reservan la denominación de ironía para las manifestaciones literarias del fenómeno. Dejando a un lado esta última posibilidad, no está claro si el sarcasmo, para quienes lo consideran un tipo de ironía, se diferencia sólo por una cuestión de grado, o si es cualitativamente distinto de la ironía, aunque tenga con esta rasgos en común.

Hay diferencias en los usos preteóricos de ambas palabras, ironía y sarcasmo. En el lenguaje cotidiano se habla de situaciones irónicas, pero nunca de situaciones sarcásticas, ni de los sarcasmos de la vida o de la suerte. Una persona, un enunciado, un punto de vista, la expresión desdeñosa de la cara, el tono de voz, pueden ser sarcásticos, pero no las situaciones. La agencia humana es indispensable en el sarcasmo, y ni siquiera el destino, salvo que lo representemos como una persona o un dios, es sarcástico. La vida, la suerte, el destino pueden ser, en cambio, irónicos, y suele decirse con convicción que la vida está llena de ironías.

El significado sarcástico es implícito e inferencial como el irónico, y se expresa con un mecanismo muy semejante, pero carece de los rasgos prestigiosos que ha tenido la ironía a lo largo de los siglos: mientras el sarcasmo suele ser unívoco, definido, la ironía puede transmitir una gama muy grande de matices de significado, algunos elusivos y sutiles, y es el producto de una mente ingeniosa capaz de captar las ridiculeces y miserias del mundo y de reírse de ellas. Por no ser un ataque, como suele serlo el sarcasmo, puede usarse incluso para expresar una crítica sin faltar a las normas de la *cortesía (véase Leech, 2014). El sarcasmo es, en cambio, hiriente y descortés.

Como puede verse, las diferencias entre ambos fenómenos, que se confunden no solamente en el lenguaje preteórico sino en el teórico, es, sobre todo, de grado y no de cualidad, pero hay algunas propiedades que solamente tiene la ironía, en especial su riqueza expresiva.

La hipérbole de (5d) es la típica exageración tan común en el lenguaje coloquial. Puede aparecer unida a una metáfora (muchas metáforas son hiperbólicas) o a una ironía, si expresa la actitud negativa de la ironía y se percibe el eco de otro pensamiento, metarrepresentado. Pero los mecanismos de interpretación de la hipérbole y de la ironía son diferentes, ya que la hipérbole solo requiere que el intérprete ajuste el significado, reduciendo la exageración para comprender lo que quiere decir el hablante.

En (5e), ejemplo típico de meiosis, el proceso es contrario al de la hipérbole: aquí se trata de una reducción de un rasgo del objeto, que, según los contextos, tiene efectos diferentes y más o menos cómicos.

En (5c) se ejemplifica un tipo de broma, "tomar el pelo" o "hacer rabiar". En estos casos el hablante se burla de algún rasgo físico o psicológico de su interlocutor. La hablante de (5c) podría aludir a que Marta es ingenua y admira a todo el mundo. Por lo general, las bromas de este tipo son aceptables entre amigos íntimos e incluso pueden servir para reforzar la solidaridad, indicando un grado de confianza entre ellos que anula algunas reglas de cortesía. En todo caso, cualquiera sea su relación con la cortesía, la broma se distingue de la ironía porque no se percibe la intención desdeñosa típica de la ironía, sino una actitud de juego.

Para entender (5f) como una parodia deberíamos reconocer cuál es la contrapartida real. En este caso parece tratarse del conferenciante, que, en el remedo que hace la hablante, es torpe e incoherente. Las parodias imitan el estilo de alguien, su voz, su entonación, su acento, las ideas que suele expresar. Los oyentes oyen dos voces, aquí la del conferenciante y la de la estudiante que lo imita desfigurándolo un poco o mucho, con intención de burla y desprecio. La relación de la parodia con la ironía y el sarcasmo es muy estrecha. En sus trabajos más recientes (2012, 2013) Deirdre Wilson, coautora de la teoría de la ironía como eco, admite, según se verá más abajo, que hay ironías que incluyen rasgos paródicos y requieren una explicación diferente.

La parodia aparece con frecuencia en la conversación y es un elemento habitual de las comedias y de los programas cómicos de la televisión, en que se imita a personajes públicos para ridiculizarlos. Es, también, un recurso lingüístico con larga y prestigiosa tradición literaria. Dos obras maestras de la literatura española, la *Celestina* y el *Quijote*, son, en gran parte, paródicas. La *Celestina* parodia el tema y el estilo de la novela sentimental, degradándola, sobre todo en boca de Calisto, que es un galán ridículo y despreciable. El narrador del *Quijote*, a su vez, imita, a través de don Quijote, el comportamiento de los caballeros andantes y su complicado discurso, tal como se describen en las novelas de caballerías. En el *Quijote* hay también parodias de otros géneros literarios, como la novela pastoril. En una lectura filológicamente adecuada, el intérprete es consciente de que los textos paródicos tienen resonancias deliberadas de otros géneros, estilos y modos de percibir el mundo, que, al ser caricaturizados y descontextualizados, producen efectos cómicos.

La sátira es crítica, como la parodia, pero no tiene una contrapartida real, otro texto imitado que se pueda reconocer, aunque pueden aparecer también, en la sátira, parodias lingüísticas. En (5e), el hablante hace una crítica sustentada en una falsedad inicial, ya que se refiere a una ley inexistente de la naturaleza: la exageración vuelve más graciosa la crítica. La sátira se confunde con la ironía solamente porque en ambos casos los hablantes expresan una actitud negativa, reprobatoria, pero las sátiras suelen ser divertidas e ingeniosas y no metarrepresentan pensamientos ajenos ni tampoco son simulaciones del discurso de otro, como la parodia.

Lo que equipara a todos los usos agrupados bajo (5a-f), con la posible excepción de la broma de (5c), es que no son afirmaciones verdaderas, y los hablantes exhiben su falsedad, ya que explotan el significado literal de lo que dicen para expresar actitudes más o menos críticas y malevolentes. Estos enunciados corresponden a ejemplos de lenguaje "no serio". En ninguno de ellos el hablante asume la verdad de lo que dice, y lo muestra paladinamente. También forman parte del lenguaje no serio las metáforas, los parlamentos de los actores en el escenario, las obras de ficción, las fantasías, los chistes, y los ejemplos que usamos para explicar usos del lenguaje, que son enunciados que no dice nadie, y a lo sumo son estereotípicos, y no actos reales.

En algunos diccionarios y en varios sitios de Internet dedicados a estos temas, los usos reunidos en (5) se consideran similares o idénticos a la ironía. El sarcasmo y la parodia, como vemos, tienen significados e intenciones irónicas, y la sátira puede tenerlos también, pero no es necesariamente irónica. Las bromas y las ironías se burlan de otras personas o grupos, pero eso no basta para hacerlas idénticas. Pueden aparecer frases irónicas entre bromistas, pero la ironía se distingue por funcionar como un eco, como el sarcasmo, siempre considerado un subtipo de ironía.

Los enunciados de (5a-f) son ejemplos básicos y muy simplificados de usos del lenguaje complejos, que pueden aparecer aisladamente en una conversación seria, pero más comúnmente se entremezclan en las conversaciones en que los hablantes charlan por el placer de charlar, mostrar su ingenio, hacer reír y provocar las ocurrencias de los demás. La conversación es una indagación sobre el mundo, y es también, muchas veces, una búsqueda de acuerdos sobre nuestras ideas y valores y un modo de crear o reforzar relaciones sociales. Los usos no serios del lenguaje que se asocian con más frecuencia a la ironía, y la ironía misma, crean juegos entre los hablantes, complicidad y consenso.

3. Teoría del eco y teoría de la simulación

3.1 *La noción de eco*

En sus trabajos sobre la ironía, Sperber y Wilson (1981, 1995; Wilson y Sperber, 2012; Wilson, 2013) proponen que cuando hablamos irónicamente no usamos el lenguaje para describir el mundo, sino que *mencionamos* lenguaje, sin asumir la verdad de nuestra afirmación. Los autores reemplazaron más tarde la idea de mención, que proviene de la lógica, por la de *eco*, un subtipo de lenguaje citativo en que se repiten los contenidos y a veces las formas de un pensamiento, atribuyéndolos a otra persona, o al hablante en el pasado, o a un grupo o modo de pensar, con la intención de burlarse de esos contenidos y formas. Muchas veces la intención se acentúa con una entonación especial, plana, y una cara inexpresiva.

Lo que el eco repite o metarrepresenta puede ser lo que alguien dijo o pensó o podría decir o pensar, de manera absurda, equivocada, ingenua, ante determinada situación, o bien, en los casos en que la idea que se ridiculiza no se atribuye a nadie en particular, la ironía puede consistir en la expresión de normas o expectativas habituales, de sabiduría popular, que son claramente inapropiadas a la situación a la que se refieren. Las actitudes mostradas al reproducir estos textos suelen ser negativas hacia el contenido metarrepresentado, y cubren una amplia gama: burla, crítica, hostilidad, desprecio, reserva, rechazo, escepticismo, resignación. Esas actitudes son lo que el hablante irónico quiere transmitir, y no, meramente, lo contrario de lo que dice, pero para que el auditorio advierta un significado irónico es indispensable que perciba una incongruencia, que a veces es un significado opuesto, entre lo dicho y la realidad comentada.

El oyente tiene que hacer un trabajo doble: en primer lugar, interpretar el enunciado literal, que representa otra representación, que a su vez es la creencia u opinión inadecuada, ridícula, de otra persona real o imaginaria o de un grupo. En segundo lugar, debe atribuir esa creencia a la persona o grupo evocados o posibles. La ironía, en todas las teorías pragmáticas, es una implicatura conversacional. Recuperar esta implicatura requiere un alineamiento con el locutor, una complicidad en lo tácito, un reírse junto con otro: por eso la ironía configura y refuerza relaciones sociales. A veces las ironías dan por compartidos ciertos valores que pueden no serlo, e indirectamente los imponen a los interlocutores. En los discursos dedicados a adoctrinar o a convencer, la ironía se usa para distinguir grupos o facciones, crear solidaridades, e imponer ideas que se dan por descontadas.

En las ironías, especialmente las de intercambios que solamente se proponen crear acuerdos amables, la expresión repetida como un eco se atribuye a cualquiera, a nadie en particular. En otros casos, el eco reproduce lo que cierto grupo piensa, o lo que probablemente pensaría, para ridiculizarlo, con la complicidad de los interlocutores. El eco repite, según Wilson y Sperber, pensamientos que pueden localizarse y otros que no pueden atribuirse a nadie específico, pero que siguen siendo atribuidos, no proceden del hablante.

Algunos investigadores sostienen, sin embargo, que la teoría del eco solamente explica algunas ironías, aquellas en las que los contenidos reproducidos se pueden reconocer. En los demás casos, proponen, el hablante *simula*: hace como que dice algo que no dice, finge ser otra persona y realizar un acto de habla que en realidad no realiza, como los actores en el teatro, por ejemplo, pero disociándose de lo que parecen afirmar, mediante burla o desprecio.

Para otros teóricos, finalmente, la noción de ironía como simulación es la más adecuada en todos los casos, y descartan la noción de eco. En artículos recientes, Wilson y Sperber (2012), y Wilson (2013), sostienen una vez más que lo que realmente caracteriza a la ironía no es que el hablante emita actos de habla fingidos para burlarse de esos actos, sino que en las ironías se nota siempre la representación, el eco de un pensamiento, aunque este no se pueda identificar. Sin embargo no descartan totalmente la idea de simulación, que sirve para explicar cierto tipo de ironías, como se verá enseguida.

3.2. *Eco y simulación*

La *teoría de la simulación* sostiene que el hablante irónico finge hablar como si fuera otra persona, tal y como un actor en una obra de teatro escrita por él mismo. En esta descripción, el ironista no metarrepresenta otras representaciones reales o posibles, sino que inventa un personaje y sus palabras, para burlarse de ellas. A diferencia del actor, que puede mimetizar a toda clase de personajes, nobles, sabios, malvados, miserables o pícaros, el ironista representa a un ingenuo o tonto que dice cosas absurdas. Según Clark y Gerrig (1984) y Clark (1996), al emitir un enunciado irónico como "Juan es un amigo leal", haciendo como que elogia a un amigo que no es en absoluto leal, el hablante finge ser una persona invisible diciendo a un auditorio ignorante de la verdad que Juan es un buen amigo. El intérprete debe percibir la simulación y comprender que el hablante irónico ridiculiza al hablante ingenuo capaz de hacer esa alabanza de Juan.

De acuerdo con esta perspectiva, Recanati (2004, cap. 5) observa que para comprender el significado literal, primario, de una ironía, pongamos por caso "Juan es un amigo leal", debemos entender que el hablante no afirma realmente lo que dice, sino que simula o finge que lo dice, de modo que hay que distinguir dos niveles en el significado literal: el acto de habla superficial que el hablante simula hacer, y el acto irónico de simular ese mismo acto de habla. A esos dos niveles primarios (véase *literalidad) debe agregarse el nivel secundario de la implicatura conversacional, en la que el hablante transmite que Juan no es un buen amigo, y muestra, mediante su simulada alabanza, qué inapropiado sería decir eso en serio.

Pero la teoría de la simulación no explica, señala Wilson (2013), por qué no basta, para producir una ironía, con fingir que se dice algo abiertamente falso o ridículo con una actitud negativa: hace falta que se oiga el eco de otra voz, aunque esa voz no se pueda localizar exactamente. No basta con decir algo y querer decir lo contrario, ni basta con mostrar, además, una actitud de desdén o crítica.

Grice, criticando su propia teoría inicial, pone un ejemplo para mostrar que decir algo falso y querer decir lo contrario no constituyen un enunciado irónico. En su ejemplo, dos amigos van caminando por la calle y uno le dice al otro, señalando un automóvil que tiene un cristal roto:

(6) Mira, ese auto tiene los cristales intactos.

El amigo no entiende, y el locutor aclara que es una ironía destinada a hacerle ver que ese coche tiene una ventanilla rota. Pero no es una ironía, observa Grice. Y no lo es aunque se cumplen todas las condiciones que Grice había propuesto en su presentación de la ironía: alguien "hace como que dice", pero en realidad no dice; el significado literal es clara y abiertamente falso; y, finalmente, esa persona intenta transmitir el significado contrario al literal. Esto revela, según Grice, la importancia de la actitud negativa del hablante para distinguir el uso irónico de otros. Cumplidas todas las otras condiciones, hace falta todavía que lo que el hablante hace como que dice esté inspirado por una actitud negativa, crítica, desdeñosa y que esta actitud sea evidente.

Si seguimos la teoría del eco, tampoco añadiendo una actitud negativa al locutor de (6) obtendríamos una ironía, porque para que haya ironía tiene que oírse un eco que atribuye a alguien lo que se repite. En este caso es necesario, por ejemplo, que alguien haya dicho a los dos amigos que en ese barrio no hay vandalismo y que se puede dejar el coche en la calle porque nadie va a tocarlo. Agregando ese dato contextual, la expresión se vuelve irónica, ya que se percibe la resonancia de la otra voz, desacertada, y el hablante irónico se mofa de ella.

Las ideas de simulación y eco o atribución, o cita implícita, se unen en varias teorías, porque los teóricos tienen la intuición de que las ironías son pensamientos atribuidos, pero a la vez creen que el hablante crea un escenario en que simula decir algo con la voz de otro y se dirige a un interlocutor igualmente ingenuo.

Los filósofos que estudian la ficción han señalado que la ironía y el estilo indirecto libre tienen rasgos en común (Walton, 1990). En ambos casos se citan palabras o, con mayor frecuencia, pensamientos ajenos, sin señalar su origen, aunque el estilo indirecto libre, propio de la literatura, presenta algunas marcas típicas de mezcla de voces, como el tiempo imperfecto en lugar del pretérito, las expresiones propias del personaje y, a veces, deícticos que tienen su centro de referencia en el personaje y ***procedimentales*** que proceden del personaje y no del narrador (Blakemore, 2013, 2014). La ironía no tiene más marcas que un tono plano y a veces el uso de calificaciones exageradamente buenas (del tipo de "Juan es un genio") para indicar, por el contraste con la realidad, lo ridículo que sería creer tal evaluación. Walton ve la ironía como un tipo de cita, que se asemeja al estilo indirecto libre por ser ambos atribuidos e implícitos, es decir, sin marcos gramaticales que indiquen que se está reproduciendo un pensamiento ajeno. Pero, observa Walton, el hablante irónico no reporta solamente los pensamientos de otros, sino que finge aprobarlos, de modo que hablar irónicamente es una especie de mímica, en que uno imita a aquellos con los que no está de acuerdo, o que desdeña, simulando decir lo que ellos dirían.

Las actitudes con que citamos a otros abarcan una gama muy amplia, cualquiera sea el tipo de cita: explícita o implícita, y, por su estructura sintáctica, directa, indirecta o mixta. El filólogo ruso Volosinov (1973), en su trabajo sobre la cita en el discurso, señaló que toda representación de discurso o pensamiento es un texto insertado en otro y también es una evaluación del texto citado –texto en texto y texto sobre texto–, que el locutor puede representar con toda clase de actitudes, desde la veneración hasta el desprecio. El estilo indirecto libre es irónico cuando el narrador no solamente cuenta lo que piensa, siente o percibe su personaje, sino que se burla de él.

Según la teoría de Wilson y Sperber (2012), la noción de simulación, aunque resulte intuitivamente atractiva, es superflua para explicar la ironía, ya que el único rasgo distintivo de la ironía es ser un eco, entendido como cita tácita de un pensamiento. No hay ironía, sostienen, sin actitud irónica, y no hay actitud irónica sin el eco de un pensamiento atribuido. Las únicas ironías que, a su juicio, deben analizarse como ecos y *también* como simulaciones, son las ironías paródicas (Wilson, 2013).

Ya hemos visto, al situar la ironía entre usos lingüísticos afines, que la parodia es una simulación del acto de habla de otra persona (o, en la literatura, un autor, un estilo, un género). Lo que se imita en la conversación por medio de una parodia es un comportamiento, no un pensamiento sino una manera de hablar, unas palabras, entonaciones, gestos. El hablante suele imitar también la voz o pronunciación de la persona parodiada. Esto no sucede en la ironía estándar, en la que el hablante no imita entonaciones ni palabras, sino que usa su propia voz, con una entonación lo más inexpresiva posible, para mostrar su desaprobación o desdén por el pensamiento evocado. La entonación, aunque no es obligatoria, puede servir muy bien para distinguir ironía de parodia. En todos los casos, la ironía es una metarrepresentación de un pensamiento absurdo, y si la ironía es paródica, el hablante, además, simula abiertamente hablar como hablan sus víctimas, imitándolos en todos aquellos rasgos que causen comicidad y crítica.

LITERALIDAD

La noción de *literalidad* se entiende de maneras diferentes. En el lenguaje pretéorico, el significado literal es el que se considera propio de una palabra, por oposición a un significado figurado, a un eufemismo, o a otros significados indirectos o circunstanciales. En la ontología popular, las representaciones que llamamos significados léxicos "originales" se consideran superiores a los significados, más o menos fugaces, o, según la visión no teórica, incorrectos, que pueden adquirir las palabras. El adverbio *literalmente* es un comentario metapragmático que hace el hablante cuando quiere resaltar que la expresión que usa comunica exactamente lo que quiere decir, aunque su interlocutor pueda creer que exagera; este adverbio ha ido evolucionando hasta convertirse en un mero intensificador (véase **Glosario**, s.v. *metapragmática*). En un enunciado hiperbólico como "Estoy literalmente muerta de hambre", *literalmente* equivale a 'exactamente como las palabras lo expresan', o 'lo que se dice/lo que se llama muerta de hambre', pero en este caso y muchos otros semejantes no se tiene en cuenta en realidad el significado literal de las palabras, en este ejemplo el adjetivo *muerta*, que no está usado, sin duda, literalmente.

En los estudios sobre el significado lingüístico, la noción de literalidad ha tenido suertes diversas; algunas teorías la consideran teóricamente superflua, o relacionada con ideas superadas sobre la interpretación lingüística. Algunos filósofos del lenguaje mantienen la noción, pero sin darle preeminencia, y consideran que el significado literal es uno entre los muchos que puede adquirir una palabra en uso (véase ***modulación y microlenguajes**).

El filósofo François Recanati (2004) retiene en su teoría semántica el concepto de literalidad, que le permite distinguir, como se verá más abajo, significados directos y significados derivados o indirectos, entre ellos algunas figuras. Recanati distingue tres niveles de manifestación de la literalidad: en primer lugar, se puede considerar literal el *significado codificado* de una expresión, o sea, su valor semántico convencional; en segundo lugar, es también literal el *significado codificado más otros que resultan de operaciones pragmáticas mínimas*, las necesarias para asignar referentes contextuales a los deícticos y para desambiguar las expresiones que lo requieran. En tercer lugar, Recanati propone un nivel en el que *interviene más libremente la pragmática*, ya que este nivel de literalidad exige operaciones pragmáticas que no se limitan a fijar las referencias de los deícticos o expresiones subdeterminadas, sino también a reconocer la intención del hablante. Veamos cómo funcionan estos niveles de significación.

El primer tipo de significado literal está determinado por las convenciones constitutivas del lenguaje, que otorgan contenidos estables a las expresiones tipo, con independencia de usos particulares. Recanati (2004) llama a este primer nivel de literalidad *significado literal-t*, o *significado literal de la oración tipo*, que es, estrictamente, el contenido codificado, sin compleción de las expresiones sensibles al contexto, ni siquiera los deícticos. Las oraciones bien formadas que nadie afirma, por ejemplo las que inventamos como ilustraciones de fenómenos gramaticales, tienen significado, el de las expresiones que la forman y el que resulta de su combinación según las reglas de la gramática.

En el uso del lenguaje para la comunicación, el significado literal-t es solamente el punto de partida para expresar lo que el hablante quiere decir en un contexto determinado. Según la ***pragmática de las condiciones de verdad** de Recanati (2010), y otras teorías contextualistas de la semántica, y según la ***teoría de la relevancia** en pragmática, este significado es insuficiente para expresar una proposición. Para los teóricos relevantistas, el significado codificado tiene por función mostrar pruebas de lo que el hablante quiere decir, y guiar así al oyente en los procesos inferenciales de la interpretación.

El segundo nivel corresponde al *significado literal-m*, o sea el *mínimo*, que se aparta muy poco del codificado. La diferencia entre el significado tipo y el mínimo es que el segundo requiere ***saturación**, una operación pragmática exigida por la gramática para completar las referencias de las expresiones que lo requieran, en especial los deícticos. La intervención de la pragmática en este nivel de literalidad mínimo es, como indica la denominación, mínima: incluye solamente parte de los datos contextuales que debemos conocer para dar significado a la oración. Este contenido contextual obligatorio es la referencia al mundo de las expresiones de la lengua que se refieren directamente al contexto: expresiones deícticas como *yo, tú, aquí, allá, este, ese, hoy, ayer*, etc. Los deícticos tienen la propiedad de cambiar de significado en cada contexto, ya que sus referentes dependen del contexto. Su significado gramatical, o *carácter*, es una regla que determina una función que va del contexto a la referencia de esa expresión en ese contexto (véase ***carácter y contenido**).

La instrucción dada por el carácter es invariable, pero rige el uso de palabras de denotación variable, contextual. Así, por ejemplo, el pronombre deíctico *tú* remite al interlocutor, papel que puede asumir un indefinido número de personas, por lo cual los referentes de *tú* varían según a quién se dirija el hablante. También forman parte de este nivel de literalidad las expresiones subdeterminadas que exigen ser completadas en contexto. La expresión *el retrato de Emanuel*, por ejemplo, exige que se despeje, usando datos del contexto, cuál es la relación entre *retrato* y *Emanuel*: si Emanuel es el autor, el dueño del retrato, o el sujeto representado, entre otras posibilidades. Este proceso de compleción contextual de lo subdeterminado, que Recanati llama saturación, es pragmático, pero está regulado por las convenciones del lenguaje.

El tercer nivel de literalidad es el del *significado literal-p*, o sea *significado literal primario*. Este significado surge directamente de la interpretación de una oración en contexto, cuando no es derivada de otro significado determinado previamente, como sucede con las implicaturas o los actos de habla indirectos. En este nivel, la semántica y la pragmática trabajan conjuntamente, lo que resulta inaceptable para otros teóricos, que no quieren incluir operaciones pragmáticas de alcance amplio en el nivel literal del lenguaje. Las operaciones pragmáticas requeridas por el significado literal-p no son exigidas por el *carácter* de las expresiones ni por reglas gramaticales, sino que funcionan con todos los datos pertinentes del contexto, incluida la intención del hablante. La función general de estas operaciones pragmáticas, que actúan sobre la literalidad mínima del segundo nivel, es una transformación y adaptación de las expresiones al contexto. Supóngase un enunciado como el siguiente:

(1) Aquí nadie trabaja.

Para asignar una referencia al demostrativo *aquí*, se requieren operaciones pragmáticas que tengan en cuenta la intención del hablante; *aquí* puede significar 'en este país', 'en esta oficina', 'en esta casa', etc., según cuál sea la intención del hablante y el contexto de la enunciación. Del mismo modo, la expresión *nadie*, en el mismo enunciado, requiere manipulación pragmática, ya que sin duda el hablante no quiere decir, satisfaciendo tan solo la literalidad del primer tipo, 'ninguna persona', sino que se refiere a un grupo, o incluso a una sola persona, y el oyente debe identificarlos mediante inferencias pragmáticas. (Para una teoría opuesta, que no admite intervención pragmática para completar y enriquecer el significado literal, véase ***indexicalismo**.) Estas inferencias son necesarias para llegar al contenido completo de lo comunicado *explícitamente*, aparte de las implicaturas que produzca este enunciado. El significado completo de (1) pertenece a una literalidad del tercer nivel, un híbrido de semántica y pragmática diferente de la noción griceana de ***lo dicho**, que es semántica.

Recanati (2010) sostiene que el significado literal del tercer nivel, en que confluyen semántica y pragmática, es el significado apto para atribuciones de verdad o falsedad (véase ***condiciones de verdad**). Recanati llama a este tipo de literalidad primaria *lo dicho intuitivo*. Los otros dos niveles no son suficientes para juicios de verdad, lo que equivale a decir que la semántica sola, o asistida por una pragmática mínima, no basta para que un oyente pueda evaluar una proposición como verdadera o falsa. Esto choca con la noción tradicional de que las condiciones veritativas son el objeto propio de la semántica, no de la pragmática. Los filósofos del lenguaje que creen que una literalidad del segundo nivel es suficiente para determinar condiciones veritativas se alinean con la tendencia llamada ***minimalismo**. Las diferentes versiones de esta corriente defienden por igual la validez teórica de un nivel de literalidad que solamente permite operaciones pragmáticas mínimas.

Si el significado transmitido por un enunciado es derivado de otro significado expresado por ese enunciado, debe considerarse, según Recanati, *no literal*. Lo no literal es secundario, como las implicaturas. En un enunciado irónico, como por ejemplo el siguiente, emitido en medio de una tormenta:

(2) Qué buen día para dar un paseo.

el significado primario es que el día es bueno para un paseo, y cumple con los requisitos de literalidad, pero el significado irónico es secundario, es una implicatura, y por lo tanto es no literal. Nótese que en las ironías el significado literal es un vehículo para el significado no literal, que es el que el hablante quiere transmitir. (Para un análisis opuesto al de Recanati, véase ***teoría de la convención y la imaginación**, donde se explica una teoría reciente que pretende eliminar la noción de reinterpretación de lo literal.)

Los significados que Recanati llama no literales, especialmente la ***ironía**, la ***metáfora** y la hipérbole, tienen una larga tradición de análisis. La retórica antigua los consideraba muy importantes por su valor ornamental y persuasivo. Recanati sostiene que los hablantes reconocen lo no literal porque distinguen conscientemente expresiones "especiales" que requieren mayor esfuerzo de procesamiento, pero propone, sin embargo, que las metáforas habituales, que se interpretan automáticamente, no deben considerarse lenguaje figurado, sino parte del significado primario. Supónganse enunciados como (3) y (4):

(3) El cajero automático me tragó la tarjeta.

(4) Mi marido es un santo.

En casos como estos, el significado literal se obtiene después de interpretar la metáfora, pero este proceso, sostiene Recanati, es inconsciente o subpersonal, aunque sepamos que las máquinas no *tragan* y que el referente de *mi marido,* en (4), no figura en el santoral. En cambio las metáforas inusuales y más elaboradas requieren la atención consciente del hablante, que distingue entonces lo literal de lo no literal. De la misma manera, un hablante separa o puede separar, si se le pregunta, qué es lo expresado explícitamente o directamente y qué es lo expresado indirectamente, por ejemplo mediante implicaturas. Recanati afirma que los fenómenos lingüísticos que son percibidos por el hablante cumplen con la *condición de transparencia.* Esta condición solamente se satisface en el caso de significados indirectos o figurados (especialmente metáforas no usuales e ironías).

Los teóricos de la relevancia sostienen que la noción de significado literal no tiene estatus teórico en una teoría sobre el uso del lenguaje. Wilson y Sperber (2012) dicen que esta noción proviene de la *lingüística folclórica* y que sin duda es útil en ese marco no científico, sobre todo en los conflictos continuos entre los hablantes en relación con lo que alguien dijo o no dijo. Los hablantes, al defenderse por haber querido decir algo, a veces acuden al significado más desnudo de las palabras que usaron, despojándolo de la intención con que lo usaron, y así se originan comentarios y discusiones sobre palabras en los medios de comunicación, en la política e incluso en tertulias y comidas familiares, y se ofuscan los significados reales, que son los intencionales, en su respectivo contexto. En otros casos, los hablantes se defienden de un *faux pas* diciendo que no querían ser tomados tan literalmente, o bien aduciendo que fueron interpretados "fuera de contexto".

La noción de literalidad, aunque no se pueda definir fácilmente ni se pueda asociar a intuiciones invariables, sigue teniendo validez en los comentarios metapragmáticos de los hablantes, donde lo literal se considera mejor que lo no literal: más apropiado, más claro y más sincero, como resume el dicho "al pan pan y al vino vino". Wilson y Sperber (2012) sostienen que ese respeto por lo literal, que incluye la creencia en una "verdad literal", proviene de la vieja idea, todavía vigente, de que la comunicación consiste en codificar y descodificar, y no requiere inferencias, especialmente inferencias libres, no exigidas por la gramática.

MENTIRAS E IMPLICACIONES FALSAS

Se llama mentira a la información falsa transmitida intencionalmente por un hablante, con el propósito de engañar a su interlocutor sin ser descubierto. La mentira es un fenómeno frecuente y tiene diferentes manifestaciones, desde las mentiras piadosas exigidas por las normas de cortesía, que se consideran aceptables e incluso deseables, en algunos casos, hasta las mentiras que tienen consecuencias graves para los engañados y también para los que engañan, que sufren el castigo de la mala reputación.

La mentira depende de que funcionen los principios generales de la comunicación, tal como los han establecido las teorías inferenciales de la pragmática (véase *cooperación). Al mentir *se explotan* las normas de la comunicación cooperativa: la mentira no existiría si los hablantes no tuvieran expectativas de cooperación, ya que solamente un contexto cooperativo puede dar lugar a un contexto no cooperativo, en que se puede engañar sin ser descubierto. Esto es así tanto en el caso de las mentiras explícitas como en la transmisión de implicaciones falsas.

Dada la estructura cooperativa de la comunicación, los hablantes tienen la tendencia a recobrar implicaturas, y esta tendencia se explota para engañar. El engaño mediante implicaturas falsas puede seguir dos estrategias: en primer lugar, puede comunicar intencionalmente una implicatura falsa; y en segundo lugar, puede dejar que el oyente se engañe solo, sacando conclusiones equivocadas. En este último caso, el hablante puede anticipar que el oyente va a derivar una implicatura errónea, y simplemente no eliminarla del contexto, por ejemplo negándola de manera explícita. Legalmente, a quien induce a otro a sacar conclusiones equivocadas no se lo puede acusar de mentir, pero moralmente se considera tan reprensible engañar con lo dicho como engañar con lo implicado. Si algo revelan estos procesos de engaño implícito, es la fortaleza de las expectativas de los hablantes, ya sea que las veamos desde el sistema de Grice, como expectativas de cooperación, ya sea que se consideren desde la perspectiva de la *teoría de la relevancia, como expectativas de relevancia y eficiencia comunicativa.

Los teóricos que trabajan con el modelo de Grice observan que la explotación de las máximas del principio de cooperación, en especial la máxima de cantidad, sirve para explicar muchos casos (algunos de ellos históricos) de cómo se engaña mediante implicaturas (véase *implicatura). Siguiendo las máximas de Grice, Horn (2016) analiza la diferencia entre *mentir* e *inducir a error*: se miente a través de *lo dicho*, y se induce a error mediante implicaturas. Horn considera que esta distinción es un buen argumento, entre otros, para mantener en la teoría de la comunicación la noción de implicatura, que algunos teóricos intentan demoler (véase *teoría de la convención y la imaginación).

En relación con las implicaturas falsas que proceden de la explotación de la máxima de cantidad, recordemos el conocido ejemplo de Grice de la carta de recomendación que no contiene información suficiente sobre el individuo recomendado. El autor de la carta puede contar con que el destinatario intentará derivar implicaturas de esa insuficiencia. Si, para un puesto de profesor de filosofía, el recomendante no hace referencia a los méritos intelectuales del recomendado, el destinatario de la carta derivará la implicatura de que el recomendado es intelectualmente mediocre, por lo menos. En un intercambio de buena fe, esta implicatura es verdadera, ya que el autor de la carta cree en ella y quiere transmitirla. Pero si el autor de la carta actúa de mala fe, y se propone engañar al destinatario (porque apoya a otro candidato para el mismo cargo, digamos), explotará la máxima de cantidad para provocar precisamente esa implicatura, pero sabiendo que es falsa. O bien dejará que el destinatario derive implicaturas previsibles que son falsas, y no hará nada por impedirlo. Si, por ejemplo, el recomendante no se toma el trabajo de comentar una publicación reciente del candidato, puede anticiparse, dada la estructura cooperativa del intercambio, que el destinatario de la carta derivará implicaturas que justifiquen esa omisión, por ejemplo que el trabajo del que no se habla es mediocre y que por eso el recomendante no lo comenta. La verdad podría ser que el recomendante no hubiera leído el trabajo del recomendado, pero, si no lo dice explícitamente, deja que el destinatario de la carta saque conclusiones equivocadas (véase Saul, 2012).

Es discutible, sobre todo en contextos legales, si puede acusarse de mentiroso a alguien que deja de mencionar algo, y en general se ha concluido que la omisión de información y las implicaturas que provoca no cuentan como mentiras. Pero en la conversación diaria suele considerarse que el hablante que transmite o deja derivar implicaturas falsas es mentiroso y digno de la mala reputación que tienen los mentirosos.

En el siguiente ejemplo (adaptado de Horn, 2016), las respuestas de Gutiérrez, bajo juramento, a las preguntas del juez afirman verdades, pero crean implicaturas engañosas:

(1) Juez: ¿Tiene usted cuentas bancarias en Suiza?
Gutiérrez: No, señoría.
Juez: ¿Las ha tenido alguna vez?
Gutiérrez: Mi empresa tuvo una cuenta durante un año.

Suponiendo que Gutiérrez sí ha tenido cuentas bancarias personales en bancos suizos, de todos modos en su primera respuesta dice la verdad, ya que no tiene cuentas en el momento en que habla. Pero esta respuesta puede sugerir que tampoco antes ha tenido una cuenta personal, lo que motiva la segunda pregunta y una respuesta que, otra vez, es literalmente una verdad, pero intenta engañar, ya que implica que *solamente* su compañía tuvo una cuenta, y no él. En la conversación corriente, consideraríamos que Gutiérrez nos está induciendo a error. En un contexto legal, Gutiérrez da información verdadera, cualesquiera que sean las implicaciones, de modo que no se podría acusarlo de perjurio.

Cualquier significado implícito puede ser falso, también los que proceden de enriquecimientos de la parte explícita del enunciado (véase ***enriquecimiento libre**). En el ejemplo siguiente, la madre promete a su hijo comprarle un helado, cuando el niño está asustado porque van a darle una vacuna:

(2) No es más que un pinchazo, no te va a doler. Después te compro un helado.

En ese contexto, lo más probable es que el niño enriquezca el significado de *después*, entendiendo 'inmediatamente después (de la vacuna)', de modo que se sentirá engañado si la madre se demora haciendo otras cosas al salir del hospital, en lugar de llevarlo acto seguido a la heladería.

En general, los significados que se obtienen por inferencia son más indeterminados que los que se obtienen de la descodificación, y por eso pueden manipularse con mayor impunidad. El hablante que transmite o que deja que su interlocutor derive implicaciones falsas siempre puede defenderse con la frase "yo no dije eso", porque, en efecto, no ha dicho algo que no cree, sino que ha transmitido una implicación en la que no cree, pero la implicación pragmática, especialmente en el caso de las *implicaturas débiles*, es tanto responsabilidad del hablante como del oyente.

METÁFORA

1. La metáfora como fenómeno comunicativo y como fenómeno conceptual

Según la retórica, la *metáfora* es una *figura* o *uso no literal* del lenguaje, que tiene valor ornamental y persuasivo. Como otras figuras identificadas por la retórica, las metáforas crean representaciones no factuales. Supóngase una metáfora de la conversación como la expresada en el enunciado "Isabel es un cardo": la afirmación es falsa, si Isabel es una persona, pero a través del juego o licencia de decir una falsedad abiertamente, se invita al oyente a trasladar a Isabel ciertas propiedades de los cardos, plantas espinosas, que pinchan o lastiman al tocarse, de modo que Isabel queda descrita como antipática, brusca, insociable.

Otras figuras estudiadas por la retórica, como la *hipérbole* y la *ironía*, son también descripciones no factuales. Si un hablante dice, usando una hipérbole muy común, "Hoy tengo que hacer miles de cosas", el oyente entiende que el hablante tiene que hacer más cosas que las que esperaba o desearía hacer: no exactamente miles, pero sí muchas cosas.

La ironía, por su parte, evalúa una situación de una manera literalmente falsa y además, casi siempre, chocante. Si alguien dice irónicamente, conduciendo en medio de una tormenta por un camino de montaña, "Me encanta este tiempo", enuncia una falsedad, pero quiere decir otra cosa. En la ironía, como en todas las figuras, el hablante se vale de falsedades patentes para transmitir significados que el oyente debe interpretar mediante inferencias contextuales.

La metáfora y las demás figuras son fenómenos comunicativos, según la pragmática, es decir, los usamos en la conversación *para comunicar proposiciones*, pero estas proposiciones se obtienen mediante inferencias, no son explícitas. Sus efectos poéticos o humorísticos, el trabajo imaginativo que exigen las metáforas más elaboradas y originales, o la capacidad de leer la mente ajena, en el caso de las ironías, hacen la comunicación algo más trabajosa, pero este esfuerzo se compensa con una cosecha mayor de significados implícitos. Lo que parece poco racional –decir algo obviamente falso– es parte de nuestro uso diario del lenguaje. La pragmática intenta explicar, con varias teorías, las motivaciones y efectos del uso de figuras.

La metáfora consiste en la descripción de un objeto X a través, o desde la perspectiva de, un objeto P, perteneciente a un dominio (o campo semántico, o categoría) distinto. La fórmula básica de la metáfora, de la que parten las teorías sobre este fenómeno, es *X es P*, o *X es un P*. En los siguientes ejemplos, el primer miembro, X, es el *tema* (objeto al que se describe metafóricamente) y el segundo, P, el *vehículo* (objeto al que se atribuye una similitud con X):

(1) a. Los dientes son perlas.
 b. El Vesubio es un gigante que respira fuego.
 c. Mi secretaria es una joya.

Las denotaciones de X y de P en el lenguaje literal son diferentes, pero en la traslación metafórica las denotaciones se superponen parcialmente: en (1a) se atribuyen a los dientes ciertas propiedades de las perlas, por ejemplo la blancura y la brillantez. Del mismo modo, en (1b) y (1c) el tema se describe según algunas de las cualidades del vehículo, pero además surgen otras que son propias de la metáfora. En varios estudios se ha señalado que las metáforas propician la aparición de atributos que no pueden aplicarse al vehículo, considerado literalmente: se trata de las llamadas *propiedades emergentes* (Glucksberg y Haught, 2006; Carston y Wilson, 2008). La metáfora de (1c), por ejemplo, da lugar a propiedades emergentes que expresan rasgos que no pueden aplicarse al vehículo literal "joya", como 'eficiente', 'competente', 'trabajadora', etc., ya que las joyas son valiosas, preciadas, pero no competentes ni trabajadoras.

Tradicionalmente, las metáforas y los símiles suelen considerarse idénticos desde el punto de vista interpretativo. Por lo general se considera que las metáforas son símiles abreviados o elípticos. El símil correspondiente a (1a) sería *los dientes son como perlas*. El significado de ambas proposiciones, la metafórica y la del símil, es el mismo, en este caso, pero, como veremos más abajo, la metáfora y el símil no son idénticos, y algunos símiles no se pueden "abreviar" como metáforas, ni estas se pueden reformular en la forma comparativa del símil.

La metáfora, el símil, la ironía, la hipérbole y la metonimia se enseñan en la escuela, generalmente como recursos literarios. Los hablantes suelen considerarlas formas más alambicadas de decir algo que también podría decirse con un lenguaje llano, literal, aunque no tan vívido, pintoresco o efectivo. Esto es así porque en las visiones preteóricas de los usos del lenguaje, lo literal es siempre la norma, y cualquier significado se puede expresar literalmente. Sin embargo, las metáforas no pueden parafrasearse fácilmente. Ninguna figura –salvo, quizá, las metáforas moribundas o muertas de la conversación, ya casi o totalmente lexicalizadas– se puede reinterpretar literalmente manteniendo intacto el contenido semántico que quiere transmitir el hablante, y menos aún su valor expresivo.

La metáfora es el tropo más estudiado, no solo por sus funciones en el lenguaje poético, sino por su presencia ubicua en la conversación. Mientras la retórica, la pragmática y la filosofía consideran la metáfora un fenómeno lingüístico, la lingüística cognitiva la considera un fenómeno del pensamiento, manifestado lingüísticamente. Desde el punto de vista de la lingüística cognitiva, la metáfora es un principio organizador de nuestra conceptualización del mundo (véase Lakoff y Johnson, 1980).

Estudiada como un fenómeno propio del pensamiento, la metáfora consiste en proyectar conceptos de un dominio a otro. Ciertos temas abstractos del pensamiento, como el tiempo, la vida, los estados psicológicos, se comprenden mediante proyecciones metafóricas: trasladamos a esos campos abstractos cualidades de campos concretos. Proyectamos, por ejemplo, la noción de 'espacio', que es concreta y accesible a la experiencia, sobre la noción de 'tiempo', que es abstracta, y por eso hablamos del tiempo como si fuera espacio. Buscamos nociones de 'estados físicos', accesibles a la experiencia, para conceptualizar los 'estados psicológicos'; o configuramos la noción abstracta de 'vida' con la noción concreta y conocida de 'viaje'. El lenguaje nos ofrece constantemente pruebas de esas proyecciones. Por ejemplo, si tomamos la proyección básica 'la vida es un viaje', encontramos una serie de expresiones metafóricas derivadas, entre ellas "No sé qué camino seguir", "Juan está en una encrucijada", "Leonor eligió la ruta equivocada", "Rita llegó hasta donde ella quería", etc. La idea básica *vida = viaje* nos permite pensar en la vida y hablar de ella, transponiéndola a la experiencia conocida del viaje. Del mismo modo, la noción de que lo bueno está arriba y lo malo está abajo hace corresponder espacios con estados psicológicos, y es así como los expresamos: de la persona triste decimos que "tiene un bajón", de quien ha triunfado podemos comentar que "llegó a lo más alto (de su profesión, de la sociedad)".

La función de estas proyecciones metafóricas es estructurar nuestro pensamiento sobre el mundo, y por eso la metáfora, según esta teoría, se diferencia profundamente de las demás figuras, que no tienen estas funciones estructurantes del pensamiento. No usamos metáforas, según Lakoff (1993), cuando hablamos de cosas que corresponden a nuestra experiencia física concreta, y decimos, por ejemplo, "Mi tía vive arriba", o "El viaje fue agotador", pero en cuanto hablamos de abstracciones y emociones las expresamos metafóricamente, porque es así como las comprendemos.

Las teorías del significado estudian las metáforas y las demás figuras como usos del lenguaje en la comunicación, y no como fenómenos del pensamiento ni como ornamentos del discurso. La metáfora, ironía, hipérbole y metonimia se ven como recursos del hablante para expresar mejor sus ideas o emociones.

En la *teoría de la relevancia, teoría pragmática basada en hipótesis científicas sobre la cognición, la metáfora se distingue de las demás figuras por el tipo de interpretación que exige: esta teoría busca determinar qué exigencias cognitivas tiene la interpretación de las metáforas de la conversación o de la literatura. Como se verá enseguida, la metáfora no es, para la teoría de la relevancia, un uso del lenguaje esencialmente diferente de los usos no metafóricos, ni requiere mayor esfuerzo cognitivo, ya que se interpreta fácil y rápidamente, como han demostrado experimentos psicolingüísticos.

Las teorías de la pragmática no contradicen las de la lingüística cognitiva, pero enfocan el tema desde la perspectiva de la comunicación. La filosofía, a su vez, estudia la metáfora como un tipo especial de actividad de la imaginación, relacionada con la ficción, como veremos más abajo.

2. La metáfora como implicatura

La pragmática ha estudiado en especial la metáfora y la ironía, usos tratados por Grice en su trabajo sobre la lógica de la conversación (Grice, 1989, cap. 2). Grice observa que en la metáfora y en la ironía el hablante no dice, sino que *hace como que dice* algo que es claramente falso, para que el intérprete capte la implicatura generada por su aparente desvío de la máxima conversacional que exige decir la verdad. Por lo tanto la metáfora, en la teoría de Grice, se considera una *implicatura conversacional*, como la ironía, ya que en ambos usos el hablante hace como que dice algo que en realidad no es lo que quiere decir, y transmite, de ese modo, una implicatura (véase ***Grice: lógica y conversación**, y también ***implicatura**). En el ejemplo (2), por ejemplo,

(2) Omar es un zorro.

la implicatura podría ser que Omar es astuto, poco escrupuloso y hábil para salirse con la suya. (Téngase en cuenta que este tipo de metáforas explotan, casi siempre, estereotipos sobre animales.) Grice parece apoyar la idea, que no desarrolla en sus escritos, de que la metáfora y la ironía son formas de *simulación*, destinadas a transmitir implicaturas que los intérpretes obtienen haciendo inferencias contextuales.

La metáfora y la ironía, aunque tienen en común, en la teoría de Grice, su condición de enunciados literalmente falsos que transmiten implicaturas, son, desde el punto de vista de su procesamiento, y también de sus funciones en el discurso, muy diferentes. La metáfora es descriptiva: su función es describir objetos, por oposición a la ironía, que no describe objetos, sino que, como ya observó Grice, transmite actitudes hostiles o derogatorias hacia algo. En la teoría de la relevancia se considera que la ironía *interpreta* representaciones (frases o pensamientos) repitiéndolas como un eco, para ridiculizar su contenido (véase ***ironía**).

En algunos trabajos de semántica y pragmática posteriores a Grice se rechaza la idea de la metáfora como simulación. Lo que distingue a la metáfora, se afirma, es ser un caso extremo de ajuste del significado literal o *modulación*, por lo cual la metáfora es parte de la ***explicatura** del enunciado, y no una implicatura.

3. Teoría "deflacionaria" de la metáfora

3.1. *Los conceptos* ad hoc

En la teoría de la relevancia y también en la ***pragmática de las condiciones de verdad** (Recanati, 2010), se propone que el intérprete debe ajustar el contenido de los elementos léxicos para adaptarlos a la situación de comunicación y captar lo que el hablante quiere decir con las palabras que usa. Este ajuste léxico, no impuesto por la gramática, se llama ***enriquecimiento libre**, y su manifestación más importante es el proceso llamado *modulación*, que consiste en modificar el contenido conceptual de las palabras en un contexto, libremente, es decir, sin que lo indique la gramática, con el propósito de lograr la mayor coordinación posible con el hablante y llegar a acuerdos sobre los significados (véase ***modulación y microlenguajes**). Según la teoría de la relevancia, estos ajustes se hacen mediante inferencias pragmáticas, que toman como premisas datos del contexto y nuestros conocimientos sobre el mundo (véase ***inferencia**). El resultado del trabajo son conceptos *ad hoc*, que valen solamente para esa situación de comunicación y permiten obtener una explicatura. La explicatura es una versión completa de lo que el hablante dice *explícitamente*, que procede de la descodificación de sus palabras y de los ajustes de significado léxico hechos mediante inferencias, y que puede evaluarse por su verdad o falsedad.

Supóngase que un niño, al ver a su hermanito dar sus primeros pasos, dice lo siguiente:

(3) Quique es un pato.

El intérprete ajusta su idea de pato a lo que quiere decir el niño al caracterizar a su hermano como un pato, y obtiene el concepto *ad hoc* PATO*, que contiene ciertas propiedades del ave que llamamos pato, en especial, en el contexto presentado, relacionadas con su manera torpe de caminar: las patas separadas, el balanceo, la lentitud, etc. Otras propiedades de los patos, como tener pico y plumas, no forman parte de la noción PATO*, creada para interpretar (3). La versión *ad hoc* presenta, por lo tanto, una reorganización de las propiedades del concepto literal codificado por el ítem léxico "pato". Esa reorganización puede variar, si varía el contexto. Supongamos que Quique está en la piscina, sin querer salir del agua, y su hermano mayor emite el mismo enunciado (3). En este caso, PATO** expresa las propiedades de ser acuático, de pasar mucho tiempo en el agua, de nadar bien, etc., y no incluye la torpeza para caminar en tierra, junto con otras propiedades, como tener el cuerpo cubierto de plumas, que no son pertinentes aquí tampoco.

Aunque muchas metáforas están fosilizadas, o sea que fueron metáforas pero han dejado de serlo o no se interpretan como tales, las metáforas, incluso las habituales de la conversación, requieren la creación de conceptos *ad hoc*, porque, según la teoría de la relevancia, prácticamente todos los elementos léxicos requieren el mismo trabajo inferencial. Las metáforas literarias, las más originales y elaboradas, muchas veces extensas, solo ahora comienzan a recibir atención en pragmática, como se verá, y se cuestiona si la noción de concepto *ad hoc* es teóricamente adecuada. Pero sí lo es, según los teóricos relevantistas, para los casos básicos que estamos viendo, del tipo *X es P*, o *X es un P*.

Como el trabajo interpretativo de crear un concepto *ad hoc* no es exigido solamente por las metáforas, sino por casi todos los elementos léxicos que usamos al comunicarnos, que debemos modular en cada ocasión de uso, esta teoría se llama *deflacionaria*: en opinión de sus autores, esta teoría "degrada" la metáfora, al menos desde el punto de vista del esfuerzo cognitivo que cuesta procesarla, que no es mayor necesariamente que el que cuestan los demás elementos del léxico (Sperber y Wilson, 2008; Wilson y Sperber, 2012; Carston y Wilson, 2006).

Una idea esencial de la teoría deflacionaria es que la metáfora es el caso extremo de *lenguaje aproximado o laxo* (*loose language*), que es el lenguaje descriptivo impreciso del coloquio espontáneo, que incluye también hipérboles y ciertas expresiones nominales. Véanse algunos ejemplos:

(4) a. La pampa es un terreno <u>plano</u>.
b. Anne volvió a su casa <u>a las 2 de la madrugada</u>.
c. Leandro está <u>enfadado</u> con su hijo.
d. Me costó <u>trabajo</u> darle la mano a ese tipo.
e. Estoy <u>muerta</u>, me voy a dormir.
f. ¿Tienes un <u>kleenex</u>?
g. Lucy dio muchas horas de clase y está <u>deshecha</u>.
h. La casa de Otto es una <u>tumba</u>.

En una expresión como (4a), los intérpretes no toman literalmente la expresión *plano*, que, en enunciados como estos, no significa que todos los puntos de la superficie estén a la misma altura exactamente, ya que se entiende que la superficie tiene desniveles y elevaciones, aunque sean pequeñas, de modo que PLANO* significa 'aproximadamente llano', 'no montañoso'. Al modular el adjetivo para hacer que corresponda con lo que el hablante quiere decir, los intérpretes amplían la noción literal, que es más estricta.

En (4b), la hora puede indicarse por aproximación: quizá Anne llegó a la 1.44, a la 1.55, o a las 2.04, salvo que el hablante exagere y hable hiperbólicamente, y en ese caso lo que quiere decir es que Anne volvió a su casa más tarde de lo que estaba previsto o permitido, muy pasada la medianoche. La mención imprecisa de la hora es habitual (pese a los relojes digitales), y esto es así, desde el punto de vista de la pragmática, porque en muchos enunciados no es necesario informar sobre la hora exacta, de modo que dar una hora aproximada cuenta como verdadero y además relevante, en el sentido que da a ese término la teoría de la relevancia. Pero si se trata de la hora de salida de un avión, esperamos que nos den la hora precisa y no una aproximación. La interpretación de la frase *a las 2*, que se usa, por lo general, en forma laxa, depende de la situación de habla.

En (4c), dependiendo de datos del contexto, creamos un concepto *ad hoc* ENFADADO*, que indica un grado de enojo, según nuestra interpretación de lo que el hablante intenta comunicar. Los adjetivos que indican estados de ánimo, como *contento, feliz, alegre, sorprendido, triste, enojado*, etc., cambian levemente su intensidad en diferentes situaciones de habla, y obtenemos el grado correspondiente haciendo inferencias que dependen de los demás conceptos de la oración y el contexto amplio de la comunicación. La modulación que lleva a crear conceptos *ad hoc* tiene por fin que los términos léxicos expresen del modo más similar posible lo que creemos que el hablante quiere decir, ampliando un poco o mucho los contenidos literales, resaltando y oscureciendo rasgos.

El mismo análisis puede aplicarse a (4d) y (4e). La expresión *trabajo* significa aquí TRABAJO*, 'esfuerzo, repugnancia'. La idea literal de 'trabajo' abarca sin duda la de 'esfuerzo', incluso la de 'esfuerzo penoso', pero en el uso de este sustantivo modulamos sus rasgos semánticos según las exigencias del contexto, y en este caso creamos una noción extrema que intensifica los rasgos más negativos del concepto literal. En (4e) tenemos un ejemplo convencional y rutinario de otro caso de aproximación, la hipérbole: la hablante no está literalmente muerta, sino, por ejemplo, 'muy cansada'.

Kleenex, en (4f), es una marca de pañuelos de papel, y se usa frecuentemente, por extensión, para referirse a cualquier pañuelo de papel, sin importar la marca. Los ejemplos de estas extensiones son muy comunes en la conversación (piénsese en el uso generalizador que damos muchas veces a marcas comerciales como Valium, Támpax, Coca Cola, Xérox, etc.). Estos usos forman parte del lenguaje aproximado, y requieren una ampliación del significado literal: si se pide un kleenex se pide cualquier tipo de pañuelo de papel, no necesariamente uno de la marca mencionada.

La metáfora, según los teóricos de la relevancia, es el caso extremo en el *continuum* de los usos aproximados, ya que asocia nociones de categorías diferentes. Pero las metáforas, en especial las de la conversación, se interpretan automáticamente, como cualquier otro término léxico, y están más cerca de los usos aproximados del léxico que no son metafóricos. (4g) ilustra el caso de una metáfora muy desgastada, en la que el valor metafórico queda oscurecido. En este ejemplo, es difícil que en la interpretación tengamos acceso a rasgos literales como que Lucy 'ya no existe' o 'tenga sus partes separadas una de otra'. Lo que entendemos automáticamente es que Lucy está 'muy cansada', ya que modulamos el participio para que revele un alto grado de cansancio, sin duda hiperbólico, además de metafórico. Al interpretar la misma expresión en otros contextos, en enunciados como "La cama está deshecha" o "La costura está deshecha", el término *deshecha* mantiene su significado literal, por aplicarse a objetos y no a personas. No es necesario que registremos conscientemente una metáfora para modular la palabra apartándonos del significado literal, sino que lo hacemos automáticamente. Los teóricos relevantistas sostienen que no somos conscientes de pasar del significado codificado a un significado *ad hoc*, creado en el momento, salvo cuando la distancia es muy grande y nos llama la atención.

En el último ejemplo, (4h), el concepto literal de 'tumba', al que asociamos rasgos como 'muerte', 'frío', 'oscuridad', 'soledad' se modula aquí en una idea de TUMBA* que es metafórica. En el uso metafórico de "tumba" son más accesibles los rasgos 'oscura', 'fría', 'sin rastros de vida', que el rasgo literal 'lugar construido expresamente para depositar muertos', que pasa a segundo plano.

Según la teoría de la relevancia y algunas teorías filosóficas (por ejemplo Recanati, 2010; Ludlow, 2014), ejemplos como los recogidos en (4a-h) revelan que usar el lenguaje exige una continua manipulación de los significados codificados, que son solamente puntos de partida para expresar muchos otros contenidos asociados. Ludlow sostiene que en la conversación normal discutimos el significado de las palabras que usamos, defendemos un significado sobre otro, y generalmente nos ponemos de acuerdo sobre significados que valen solo para esa conversación.

En la teoría deflacionaria de la metáfora, los procesos para comprender las metáforas son los mismos que seguimos en la comprensión de todos los contenidos léxicos: son procesos que buscan relevancia (mayor y mejor información con el menor esfuerzo cognitivo posible) y que consisten en formar y probar hipótesis interpretativas en su orden de ***accesibilidad**, tomando como premisas del razonamiento inferencial los elementos más activados por nuestros conocimientos enciclopédicos y por el contexto, y derivando las implicaciones de estas premisas hasta que se satisfaga la búsqueda de relevancia.

El proceso interpretativo da como resultado una explicatura, contenido explícito completo del enunciado. La explicatura incluye, además de los contenidos descodificados, los que se obtienen por inferencias, por ejemplo los conceptos *ad hoc* creados fugazmente, en una ocasión de habla. En el caso (4h) la explicatura del enunciado es 'La casa de Otto es una TUMBA*', donde la expresión original "tumba" ha sufrido el proceso de transformarse en un concepto *ad hoc* que vale para este contexto. Supongamos que el intérprete atribuye al hablante un significado como 'espacio cerrado, sin señales de la vida cotidiana de su dueño, silencioso, oscuro'. Para llegar a ese concepto *ad hoc*, el hablante primero amplía el sentido literal de *tumba* y después, en el proceso de selección de las cualidades apropiadas, que va a trasladar al concepto *casa*, hace el trabajo inverso de estrechar el significado literal, ya que solamente toma en cuenta ciertos atributos de *tumba*.

Nótese que esta explicatura que incluye TUMBA* se puede juzgar como verdadera o falsa en contexto. El significado literal de la palabra, en cambio, haría la proposición falsa: la casa de Otto no es una tumba, es una casa, donde no hay muertos sino vivos, etc. Se puede interpretar, además, que esta metáfora es hiperbólica, exagerando ciertos rasgos negativos del vehículo. A partir de allí, el intérprete puede derivar implicaturas conversacionales, por ejemplo que la casa de Otto es siniestra, que Otto es una persona rara, que al locutor no le gusta Otto, etc.

Todos los significados aproximados de la lista, desde los usos laxos hasta las metáforas, pasando por las hipérboles y por las extensiones de categorías, son, estrictamente, falsos, si se toman literalmente. Y todos pueden ser verdaderos si se modulan de la manera exigida por cada ocasión de uso. Otra cualidad que comparten es la de ser ampliaciones del significado literal. Pero la metáfora se diferencia porque además de exigir una ampliación exige un estrechamiento del concepto literal: en el caso de 'tumba' obliterando, por ejemplo, la propiedad de ser depósito de cadáveres.

Los usos aproximados, hiperbólicos y metafóricos reunidos en (4a-h) parecen formar un *continuum* sin cortes. Sin embargo, la hipérbole y la metáfora muchas veces se presentan simultáneamente, y la teoría deflacionaria no nos ayuda a distinguir una de otra (o a considerar si tal distinción vale la pena). Por otra parte, como afirman Carston y Wearing (2011), tenemos la intuición de que la metáfora es más que la forma extrema de lenguaje aproximado, y creemos que tiene cualidades distintivas y suficientemente importantes como para justificar la enorme cantidad de estudios que se le han dedicado.

3.2. *Qué distingue a la metáfora de otros tipos de lenguaje aproximado*

3.2.1. Metáfora e hipérbole

Como se ha visto hasta aquí, la teoría deflacionaria de la metáfora, defendida por los teóricos relevantistas, indica que las exigencias cognitivas que nos imponen las metáforas no son mayores que las de otras interpretaciones: siempre usamos el lenguaje como si fuera metafórico, alterando, ajustando, moldeando los contenidos léxicos. El proceso que convierte a un contenido literal en un contenido *ad hoc* es, para la pragmática cognitiva, igual a todos los procesos semejantes de nuestra interpretación del léxico.

Pero las metáforas son diferentes de los demás miembros del *continuum* de que forman parte, aunque se interpreten de la misma manera. Veamos primero qué diferencias hay entre la hipérbole y la metáfora, sin salir de la teoría deflacionaria. Compárense (5) y (6):

> (5) (Al camarero.) Esta carne está cruda. ¿Podría ponerla un rato más al fuego?
>
> (6) Gabriela es un melocotón.

En (5), el camarero debe entender que la cliente usa una expresión exagerada: la carne está 'insuficientemente cocida', no, literalmente, cruda, o sea sin haber sido sometida a ninguna cocción. Es un caso típico de hipérbole, ya que se exagera lo poco cocida que está la carne: se pasa de una cantidad de cocción que el hablante juzga insuficiente a la ausencia total de cocción, lo que acentúa, en este caso, la evaluación negativa de la carne.

En (6), en cambio, se caracteriza a Gabriela trasladando sobre ella rasgos de una fruta, el melocotón. En la modulación de un vehículo metafórico como este, los intérpretes seleccionan algunas propiedades, por ejemplo 'dulzura', 'suavidad de la piel', 'color rosado', quizá (según el contexto), 'dureza interior', en referencia al hueso, y dejan de lado otros rasgos, como 'fruto del melocotonero', 'fruta de verano', etc.

Si comparamos la metáfora de (6) con la hipérbole anterior (5), vemos que la hipérbole selecciona un término descriptivo que es *cuantitativamente* distinto (mayor), y en cambio la metáfora, al comparar a una persona con una fruta, nos obliga a distinguir *cualidades*, no cantidades. Si se vuelven a mirar las metáforas que hemos ido citando, se verá que en todos los casos la diferencia entre el tema X y el vehículo P es cualitativa, o sea que la metáfora aplica al tema un concepto que no es un rasgo semántico definitorio o lógico del contenido literal del tema: las personas no son frutas, por ejemplo. En el caso de la hipérbole, como en (5), 'carne' admite el calificativo de 'cruda', que es un estado posible de la carne. La metáfora trabaja con propiedades esenciales, y la hipérbole con propiedades contingentes (Carston y Wearing, 2015).

Por otra parte, la metáfora exige ampliación y reducción del contenido literal: en (6), Gabriela queda incluida, por la metáfora, en el concepto MELOCOTÓN*, más amplio que el correspondiente concepto literal (ya que incluye a una persona), pero también sufre un estrechamiento, porque algunas cualidades literales del vehículo se descartan. La hipérbole, en cambio, requiere solamente ampliación (Carston y Wearing, 2011, 2015).

Véase otro ejemplo:

(7) Esas fotos me enferman.

Si se toma este enunciado literalmente, se entiende que las fotos producen en el hablante síntomas de enfermedad, quizá náusea, dolor de estómago, etc. Tomado como hipérbole, (7) mantiene esa interpretación, aunque exagerando los síntomas, y el contenido de *enfermar* se ajusta para indicar molestias físicas menos graves que una enfermedad, pero que siguen siendo molestias físicas. Si la interpretación es metafórica, y en un ejemplo como este generalmente lo es, el verbo enfermar se refiere a un estado psicológico, no físico, se refiere a una condición de rechazo y repugnancia, o de indignación, o de dolor, según los contextos. Hay, como se ve, una falta de continuidad entre las interpretaciones aproximadas, incluida la hipérbole, y la interpretación metafórica.

Una serie de expresiones pueden tener interpretación hiperbólica o metafórica: el adjetivo *pesado* puede referirse, literalmente, al peso físico de objetos o personas, o, metafóricamente, al peso psicológico: puede querer decir 'aburrido', 'carente de interés', 'que exige esfuerzo' si se aplica a una conferencia o a un trabajo, por ejemplo; y, en relación con personas, si se toma metafóricamente, no se refiere al peso físico sino a ciertas propiedades como 'insistente', 'insoportable'. Del mismo modo, expresiones como "Andrés está que arde" puede significar, con hipérbole, 'muy caliente (a causa de una fiebre, por ejemplo)', o, metafóricamente, 'excitado',' indignado', 'impaciente por hacer algo', etc. Hay muchos ejemplos por el estilo, que nos recuerdan la teoría conceptual de la metáfora, vista arriba, según la cual muchas propiedades psicológicas se expresan, metafóricamente, como si fueran propiedades físicas, ya que estas corresponden a nuestras experiencias, son menos abstractas.

En algunos casos las metáforas son hiperbólicas. Véase el ejemplo siguiente:

(7) Lucas es un gigante/un tanque/oro puro.

En estos casos el tema y el vehículo pertenecen a dominios diferentes, como se espera en las metáforas, pero, a la vez, estas expresiones son hiperbólicas, ya que proponen una diferencia cuantitativa entre Lucas y las cualidades que se le atribuyen metafóricamente. En el caso del vehículo *tanque*, por ejemplo, se aplican a Lucas atributos exagerados de fortaleza y capacidad de superar obstáculos, o de actuar sin contemplaciones.

Las metáforas son hiperbólicas especialmente cuando los hablantes intentan expresar sentimientos y emociones, y lo son sobre todo en los elogios y los insultos del lenguaje cotidiano. Las hipérboles se distinguen por ser, en general, evaluativas: expresan una proposición teñida de valores emocionales, sean positivos o negativos. Las metáforas son más evaluativas en la medida en que son más hiperbólicas. Compárese (8) y (9):

>(8) (La madre al niño pequeño, que tira la comida al suelo.) Eres un <u>cerdito</u>.

>(9) Pretendió besarme con su <u>boca de sapo</u>.

El niño de (8) recibe cualidades de cerdo pequeño, un animal gracioso, reproducido a veces en libros infantiles y juguetes. La metáfora, aunque afectuosa, se refiere sobre todo a la característica estereotípica de los cerdos: ser sucios, y es hiperbólica y evaluativa. En (9), "boca de sapo" es una hipérbole, además de una metáfora, que se usa para expresar repugnancia.

4.2.2. Metáforas y símiles

Hemos visto ya que una característica importante de la interpretación de las metáforas es la capacidad de producir propiedades emergentes (Glucksberg, 2008; Wilson y Carston, 2006). Estas propiedades no son aplicables al vehículo metafórico, sino que surgen en la transferencia entre tema y vehículo, aplicadas al tema. Las propiedades emergentes reflejan la productividad de las metáforas. Véase el siguiente ejemplo:

>(10) Qué desastre. Han elegido como representante para la conferencia de paz a un hombre que es <u>un Rottweiler</u>.

Si sabemos, por nuestro conocimiento enciclopédico del mundo, que el Rottweiler es un tipo de perro muy fuerte y agresivo, entenderemos que la metáfora atribuye al representante cualidades negativas, opuestas a las cualidades diplomáticas de un buen negociador. En la metáfora, el representante y el Rottweiler comparten ciertas propiedades: 'peleadores', 'impacientes', 'incontenibles', 'feroces'. Las propiedades emergentes son, a su vez, 'inadecuado para el cargo', 'carente de delicadeza y sutileza', 'carente de diplomacia', que no podrían aplicarse literalmente a los perros Rottweilers, que no tienen cargos diplomáticos, pero justifican la impresión negativa causada por el nombramiento. Véase otro caso:

>(11) El director es <u>una marioneta muy bien pagada</u> y nada más.

Literalmente, las marionetas son muñecos que se manipulan

con hilos o de otras maneras. Según la teoría deflacionaria, debemos crear el concepto MARIONETA BIEN PAGADA*, que es más amplio que el concepto literal de 'marioneta', ya que a las marionetas no se les paga. Las propiedades del concepto *ad hoc* son 'fácil de manipular', 'manejado por otros'. Las propiedades emergentes solamente se aplican al gerente, no valen para el vehículo literal: 'débil', 'corrupto', etc.

Las propiedades emergentes desaparecen si convertimos la metáfora en símil, que es una figura tradicionalmente asociada a la metáfora. El símil es una comparación explícita, pero se diferencia de las comparaciones literales como, por ejemplo "Una piragua es como una lancha, pero más larga", "En ese país, el primer ministro es como un presidente". En estas comparaciones solamente se ofrecen equivalencias aproximadas, y ambos términos deben tomarse literalmente. El símil, en cambio, es una figura y pone en relación objetos pertenecientes a diferentes categorías o dominios. Sin embargo, símiles y metáforas no son intercambiables.

Los símiles correspondientes a la metáfora de (11) podrían ser (12a y b), pero la variante (12a) es menos comprensible, y no aceptable para muchos hablantes (lo que se indica con signos de interrogación):

    12.a. ??El director es <u>como una marioneta bien pagada</u>.
       b. El director es <u>como una marioneta</u>.

Según la teoría deflacionaria de los conceptos *ad hoc*, para interpretar la metáfora de (11), creamos un concepto que es diferente y más amplio que el concepto literal, de modo que admite la expresión 'muy bien pagada'. Pero si en lugar de una metáfora usamos un símil, la expresión "marioneta" retiene su valor literal, y no acepta ya la calificación "muy bien pagada".

Según la teoría de los conceptos *ad hoc*, el símil y la metáfora dan lugar a diferentes explicaturas. Véanse los siguientes ejemplos de metáfora y símil y sus explicaturas:

    (13) Las casuchas eran dados blancos en la colina.

    (14) Las casuchas eran como dados blancos en la colina.

Las interpretaciones de (13) y (14) dan como resultado dos explicaturas diferentes. La explicatura de (13) comprende el concepto *ad hoc* creado en la interpretación, DADOS BLANCOS*, donde la ampliación del vehículo literal incluye las casuchas y algunos de los rasgos semánticos del término "dados": 'piezas cúbicas', 'de tamaño semejante', 'tienen puntos (números o figuras) en sus caras', etc., pero, por otro lado, el concepto *ad hoc* se estrecha para excluir, por ejemplo, algunas propiedades literales de los dados: 'macizos', 'caben en la mano o en un cubilete', 'se usan para jugar'. A partir de la explicatura, o simultáneamente (ya que, según la teoría de la relevancia, la interpretación avanza y retrocede a medida que unos procesos inferenciales influyen sobre otros) el intérprete puede pasar a las implicaturas conversacionales suscitadas en el contexto apropiado, por ejemplo que las casuchas eran pequeñas, pobres, elementales, sin adornos, con agujeritos por ventanas, etc.

Carston y Wearing (2011, 2015) proponen que los símiles se interpretan de otra manera, sin formar conceptos *ad hoc*. Según esta idea, en (14) la segunda parte del símil se entiende literalmente, con los atributos propios de los dados, y lo que el hablante transmite implícitamente debe considerarse una implicatura conversacional: casitas cuadradas, pobres, etc. Pero no por eso el símil deja de ser una comparación figurada, cuyos componentes pertenecen, como los de la metáfora, a dominios diferentes. En la lengua escrita, y en especial en las descripciones literarias, los símiles asocian, mediante analogías, objetos radicalmente diferentes, creando imágenes de gran poder evocativo. Como se verá enseguida, en § 4, el significado literal del lenguaje no desaparece del todo tampoco en la metáfora: persiste, aunque no sea preponderante, y aún más, a veces es preponderante y se analiza por sí mismo, sin la modulación que requiere una metáfora, aunque este modo de interpretación no esté previsto por la teoría de los conceptos metafóricos *ad hoc*.

No siempre se puede convertir una metáfora en símil, o viceversa, lo que revela que la usual definición de metáfora como "símil implícito" no vale para todos los casos. Si todas las metáforas fueran símiles implícitos o abreviados, todas podrían convertirse en símiles, pero no es así, especialmente cuando las metáforas son referenciales, es decir, identifican un objeto, como en (15) (donde puede imaginarse también una ironía), y en (16); pero cualquier clase de metáfora puede resistirse a esta conversión, como se ve en (17-19):

>(15) Calla, que aquí llega la mujer araña.

>(16) Triste de mí, que a mi verdugo adoro. (Quevedo, 1969, soneto 372).

>(17) Había charcos de luz por el suelo.

(18) El ropero, con sus trajes ahorcados. (O. Girondo, "Comunión plenaria").

(19) Y cuando con relámpagos te ríes / de púrpura... (Quevedo, 1969, soneto 339, "A Flori, que tenía unos claveles entre el cabello rubio").

Estos ejemplos exhiben manifestaciones de la metáfora que no coinciden con el esquema básico *X es P*. Cuanto más se apartan de ese esquema, menos parecen símiles abreviados o implícitos, y sería difícil desarrollar símiles equivalentes.

Los estudios recientes sobre metáforas, tanto en pragmática como en filosofía, distinguen las metáforas literarias de las habituales en la conversación, destacando sobre todo que las primeras consisten en contenidos proposicionales, pero también imágenes, o, como se verá en § 6, solamente imágenes.

5. Metáfora como texto literal "entre comillas"

Lo primero que notamos en las metáforas poéticas es que requieren más reflexión que las metáforas convencionales. No se las interpreta de manera rápida y automática, como, según la teoría de los conceptos *ad hoc*, sucede con las metáforas de la conversación, que suelen ser convencionales y rutinarias; en algunos casos, los significados metafóricos están listados en el diccionario, entre las acepciones de una palabra. Piénsese, por ejemplo, en expresiones como *ser una fiera, ser un águila, ser una luz, ser una víbora, ser un cielo*, cuyos significados metafóricos se encuentran registrados en el *Diccionario de uso* de María Moliner (1998), entre los de muchas otras metáforas. Las metáforas convencionales son las más aptas para ser interpretadas mediante modulación, como cualquier otro elemento léxico que requiera ser transformado en un concepto *ad hoc*. Por lo tanto, la teoría propuesta por Sperber y Wilson (2008, 2012) sobre los conceptos *ad hoc* es adecuada para explicar la mayor parte de las metáforas de la conversación. Pero no lo es, según Carston (2010b) y Carston y Wearing (2011) para explicar las metáforas literarias, que son más novedosas, no explotan lugares comunes y a veces se extienden a lo largo de varios versos o de un párrafo. Estas metáforas requieren mayor esfuerzo imaginativo por parte del lector, porque construyen imágenes más complejas.

En (19), por ejemplo (arriba), la metáfora de Quevedo es breve pero despliega una imagen visual muy rica, en la que el rojo purpúreo de los labios que se abren sobre el resplandor y brillo de los dientes forma relámpagos: la risa de la amada tiene las propiedades de relámpagos de púrpura. La teoría deflacionaria propondría que el intérprete crea el concepto *ad hoc* RELÁMPAGOS DE PÚRPURA*, como vehículo del tema 'risa'. Una interpretación como esta produciría propiedades emergentes alejadas de la literalidad del vehículo, ya que no existen en la naturaleza relámpagos "de púrpura". Como ni la boca ni los dientes se nombran en el poema, pero son esenciales para la imagen poética, tendrían que ser incluidos de alguna manera en el concepto *ad hoc*, exigiendo más trabajo cognitivo que el que la teoría deflacionaria atribuye a las metáforas.

Carston y Wearing consideran, analizando metáforas literarias, que formar conceptos *ad hoc* puede ser difícil para el intérprete, en metáforas complejas como la de (19), y proponen un segundo método de interpretación, que incluye un aspecto de la metáfora considerado por los estudios literarios y por la filosofía, pero no por la pragmática: la imagen. El concepto de *imagen mental* es difícil de tratar en pragmática, ya que todos los mecanismos de interpretación que estudia la pragmática tienen por objeto obtener proposiciones, no imágenes. En (19), por ejemplo, el poeta describe una imagen visualmente poderosa, pero la teoría de los conceptos *ad hoc* no tiene en cuenta la imagen, solamente la proposición creada para interpretar la metáfora.

El nuevo método propuesto por Carston y Wearing (2011) es más pausado y reflexivo, y se aplica solamente a las metáforas novedosas o extendidas. Se descartan ahora los conceptos *ad hoc* (sin negar que explican muy bien la interpretación de otras metáforas) y lo que se analiza es el significado *literal* mismo, sin ajustarlo. Esta teoría reconoce que el significado literal de una metáfora o de cualquier figura nunca desaparece del todo, a lo sumo queda en segundo plano, siempre accesible. El significado metafórico literal parece estar, según Carston y Wearing, entre comillas sobreentendidas, que aíslan la descripción metafórica, la separan del texto restante. Estas comillas se asemejan a las que se usan para marcar una expresión con un sentido especial, o bien para indicar escepticismo, dudas, o ecos de lo que otros dicen, o bien para llamar la atención sobre esa expresión, que queda distinguida del resto del texto, enmarcada, puesta en otro nivel. Este tipo de comillas se llaman en inglés *scare quotes*, 'comillas de recelo' o 'de cautela', porque el autor no asume totalmente el modo en que dice algo. Por ejemplo, si alguien escribe la siguiente oración: "La metáfora nos invita a ver una imagen", podría encerrar entre comillas la palabra *ver*, que se refiere a una visión de origen mental. Otro ejemplo de comillas recelosas puede verse en el título de este apartado.

La diferencia entre las comillas que indican cautela y las que encierran las expresiones metafóricas es que las primeras son explícitas, visibles, y las segundas son sobreentendidas. Carston y Wearing intentan otra manera similar de explicar la distinción entre los dos planos de una metáfora literaria: esta pertenece a un plano situado *off line*, donde se despliega una imagen. El plano *on line* es el básico, en que se comunica algo.

Consideremos un ejemplo de metáfora literaria, compuesto de partes que se potencian y forman un cuadro, una imagen visual. En un romance de de Góngora, el que comienza "Servía en Orán al rey / un español con dos lanzas", el protagonista, llamado a las armas repentinamente, en la noche, debe abandonar los brazos de su amante africana:

(20) Espuelas de honor le pican
Y freno de amor le para.

El contraste entre el primer verso y el segundo es violento: el honor es metaforizado como espuelas que pican al caballo, es decir, por extensión, al caballero, y el amor es un freno que lo detiene, como el freno detiene al caballo. El caballero se debate entre la cobardía de no ir a la batalla y la ingratitud de dejar a su amada. La imagen contiene partes que contrastan: espuelas de honor, frenos de amor, y cada contraste realza el dilema entre el deber de servir al rey (combatiendo a los moros) y el amor por la amante mora. El método de los conceptos *ad hoc* requeriría crear conceptos como ESPUELAS QUE PICAN*, FRENOS QUE PARAN*, para después contrastarlos uno con el otro, y quizá crear otro u otros de nivel más alto, pero este proceso es más engorroso que la interpretación literal del cuadro completo: el caballo espoleado y frenado a la vez, correspondiendo a la figura de un guerrero valiente y un amante devoto. En el segundo modo de interpretación, el contenido literal –caballo y caballero espoleados y frenados– no es una descripción factual ni está convertida en un concepto *ad hoc*, sino que queda entrecomillada, o, como propone también Carston (2010b), *metarrepresentada*, o sea, separada, suspendida, para ser inspeccionada y obtener sus implicaciones.

En este segundo modo de interpretación, que no se vale de conceptos *ad hoc*, el análisis del lenguaje literal de la metáfora produce, en lugar de una explicatura, una serie de implicaturas débiles, o sea, transmitidas débilmente por el autor de la metáfora, indeterminadas, y en gran parte responsabilidad del intérprete. Las implicaturas débiles, que pueden variar de intérprete a intérprete, ya que la interpretación es abierta, lleva a conseguir los ***efectos poéticos** que, según la teoría de la relevancia (Wilson y Sperber, 2012) son característicos del lenguaje poético (pero no, según estos autores, específicos de la metáfora, que explican según la teoría deflacionaria).

Se ha visto ya que para Grice, los significados metafóricos son implicaturas conversacionales, que se originan en un enunciado abiertamente falso. Según la teoría de los conceptos *ad hoc*, estos significados son, en cambio, parte de la explicatura, es decir, el contenido explícito de un enunciado, enriquecido con inferencias contextuales, que podemos evaluar como verdadero o falso. La segunda manera de analizar las metáforas, especialmente las literarias, rechaza parcialmente la teoría de los conceptos *ad hoc*, y propone que la interpretación se centra en el contenido literal mismo, reconociendo así el hecho importantísimo de que las metáforas transmiten proposiciones, como quieren las teorías de la pragmática clásica, pero que también son imágenes que captamos con nuestros ojos mentales.

6. Metáforas como imágenes instrumentales

Se ha visto en varios de los ejemplos aducidos hasta ahora que las metáforas se expresan de varias maneras, y no siempre siguiendo el esquema básico *X es P*, habitual en la conversación y preferido en los trabajos teóricos. Las metáforas tienen diferentes construcciones sintácticas, incluso dentro del esquema básico, debido a la variedad de expresiones atributivas del español, y pueden ser brevísimas o extensas. Cuando son extensas, construyen, a veces, escenarios que invitan a la observación de varios aspectos de un asunto. Estas metáforas más extensas y trabajadas pueden transmitir proposiciones, como las de tipo *X es P*, valiéndose de imágenes, de modo que son una mezcla de proposiciones e imágenes. Véanse los ejemplos siguientes:

(21) Entonces escribir es el modo de quien usa la palabra como cebo: la palabra pescando lo que no es palabra. Cuando esa no palabra –la entrelínea– muerde el cebo, algo ha sido escrito. Una vez que se pesca la entrelínea, sería posible expulsar con alivio la palabra. Pero ahí se detiene la analogía: la no palabra, al morder el cebo, lo ha incorporado. (Clarice Lispector, 2003)

(22) Tú estás de pie sobre la tierra, llena
De dientes y relámpagos. (Pablo Neruda, "Oda con lamento", 2006.)

La metáfora de (21) se extiende y forma una pequeña narración, por lo cual podemos parafrasearla: la palabra literaria es carnada para pescar lo que el escritor quiere pescar, que es algo no dicho, la entrelínea, pero no por eso quien escribe se desprende de la palabra, que queda subsumida en la no palabra, que ahora es parte del cebo que la ha pescado. Las metáforas de este texto transmiten de manera preponderante proposiciones, a través de la imagen de la pesca y la carnada. La metáfora de Lispector hace vívida la reflexión sobre la escritura, es la descripción de un proceso y puede parafrasearse hasta cierto punto, como se ve, porque se refiere sobre todo a ideas, y las imágenes de la carnada y la pesca se usan como soportes de ideas. Pero su valor y aptitud como metáfora se encuentran en el poder explicativo de la imagen, en la transmisión de emociones posibles, y no solamente pensamientos, sobre la escritura, y en la evaluación de la difícil actividad de escribir, vista a través de otra actividad, la de querer inútilmente obtener algo (la no palabra) sin contaminarlo con la palabra. (La solución que da la escritora, a continuación, es escribir "distraídamente".)

En (22), la metáfora de Neruda (inspirada en el poema de Quevedo citado arriba, en (19): véase Alonso, 1977) nos presenta una imagen de la amada como una mujer poderosa (por estar de pie sobre la tierra, como un monumento, un tótem, o al menos no en posturas de sumisión femenina), toda ella dientes (mostrados al reír) y relámpagos (por sus labios rojos sobre los destellos de los dientes). La imagen visual es clara y muy intensa: una gran mujer riéndose. El significado literal de las palabras sigue activo. La teoría deflacionaria exigiría, en este caso, modular la palabra "relámpago" para poder asociarla con "dientes", que debe tomarse literalmente. Este análisis es siempre posible pero no revela el poder evocador de la imagen, considerada en su conjunto, y la fuerza de la hipérbole "llena de dientes y relámpagos". Una vez experimentada la imagen como imagen, se obtienen, según Carston (2010b), una serie de implicaturas débiles, que pueden variar de intérprete a intérprete.

El lenguaje no comunica imágenes, sino proposiciones. Por eso, para poder analizar las metáforas literarias, en las que las imágenes ocupan un lugar tan importante, Carston propone que estas imágenes son instrumentales, porque, aunque son de índole diferente a las proposiciones, producen proposiciones que tienen la forma de implicaturas débiles: las imágenes son instrumentos que producen proposiciones al cabo de la interpretación. Este proceso se cumple de manera diferente al de otras interpretaciones en que no intervienen metáforas, pero se fundamenta en nuestra facilidad, estudiada por la psicología, para producir imágenes inmediatamente, a partir de la mención de objetos o personas que no tenemos delante de los ojos. Las imágenes no se *comunican,* ya que la comunicación exige mostrar abiertamente la intención comunicativa, pero se activan cuando tenemos acceso a ciertas expresiones, y empleamos la imaginación para desarrollar esas imágenes, para ver un objeto desde distintas perspectivas, agrandar los detalles, observar las relaciones entre las partes.

Los efectos más memorables de las metáforas, según Carston (2010b), no son los contenidos comunicados, sino las imágenes mismas, y esos efectos caen fuera de la pragmática. Pero la imagen, para un pragmatista, es la fuente de las proposiciones sobre el objeto de la metáfora, y estas son transmitidas intencionalmente, aunque pueda variar su interpretación según varios factores: las habilidades del intérprete, su disponibilidad para embarcarse en el trabajo imaginativo requerido, el placer que derive del proceso lento de la interpretación, su reacción emocional.

6. La metáfora en filosofía

En la filosofía del lenguaje actual, hay por lo menos tres maneras de explicar la metáfora que iluminan aspectos importantes del uso del lenguaje metafórico: 1) la teoría de la metáfora como un filtro o una lente que nos permite ver algo *como si* fuera otra cosa, es decir, desde la perspectiva de otra cosa, iluminando algunos aspectos del objeto caracterizado y oscureciendo otros; 2) la teoría que ve la metáfora como otro caso de ficción, como un juego que propone creer algo falso para llamar la atención sobre las cualidades reales del objeto caracterizado; 3) la teoría de la metáfora como imagen, desprovista de un contenido definido que el autor quiera transmitir y el intérprete deba recuperar.

6.1 *La metáfora como filtro*

La teoría de la metáfora como filtro tiene puntos en común con la teoría de la metáfora como imagen instrumental, defendida por Carston, que hemos visto en el apartado anterior. Las dos teorías dan su lugar a la imagen desarrollada por la metáfora, aspecto no considerado por la pragmática de Grice ni por la teoría de la relevancia. Pero, reconociendo la importancia de la metáfora como imagen sensorial que interpretamos con mecanismos de la imaginación, ambas teorías consideran la imagen un modo de organización del pensamiento sobre un objeto, que nos permite caracterizarlo mejor: las nociones de *instrumento* y *filtro* están claramente emparentadas. En la teoría del filtro o lente, la metáfora *filtra* algunas cualidades notorias del vehículo, y deja de lado otras, permitiéndonos ver al objeto bajo otra luz, desde otra parte o desde otra cosa. Supóngase que María comenta con una amiga su vida presente y sus numerosas obligaciones: su profesión, sus hijos, sus padres ancianos. María dice lo siguiente:

(23) Yo soy una acróbata.

La metáfora de la acróbata filtra ciertas cualidades: capacidad para hacer cosas difíciles, para mantener objetos o personas en equilibrio, para contorsionarse, moverse con rapidez y precisión. También suscita ideas de peligro: de pérdida del equilibrio, caída, daño. Estos rasgos, y otros posibles, proveen la perspectiva desde la cual María se caracteriza a sí misma, iluminando ciertos rasgos y mostrando las conexiones entre esos rasgos, por ejemplo su determinación y su resistencia a esfuerzos y fatigas. También iluminan otro aspecto que forma parte del concepto literal de acróbata: el despliegue de habilidad y valor delante del público, repetidamente, y la inseguridad interior y el cansancio que no se deben mostrar. Las cualidades señaladas bastan para crear una caracterización de María a través de la imagen de una mujer caminando por una cuerda o colgada de un trapecio, atenta a hacer todo bien con una sonrisa, cualesquiera que sean sus aprensiones.

Esta imagen ofrece un principio intuitivo para organizar la caracterización de María.

La idea de la metáfora como filtro, lente o perspectiva se puede ver en varios filósofos que consideran que la metáfora es una simulación, un juego de ficción, pero Elizabeth Camps (2009) señala las limitaciones de la teoría de la ficción en el caso de la metáfora, y propone que, dentro de la teoría de la ficción, la metáfora representa un distintivo "ver X como si fuera P". Camps observa que ni siquiera es necesario que una metáfora sea un enunciado falso, aunque las metáforas paradigmáticas siempre lo sean. Lo que importa es que un enunciado sea tomado metafóricamente y se interprete con la imaginación para iluminar un objeto a través de otro, en el "como si" exclusivo de la metáfora, entre las demás ficciones o juegos de simulación.

6.2 *La metáfora como ficción*

La teoría de la ficción, tal como la explican Walton (1993) y Hills (1997), propone que, al hablar metafóricamente, el hablante simula afirmar algo obviamente falso y crea, al hacerlo, un juego de simulación en el cual una afirmación literal de ese mismo enunciado sería verdad. Hablando metafóricamente, el hablante evoca un juego; en ese juego, los objetos reales de los que habla son *soportes,* y lo que el hablante quiere decir es que esos objetos que son soportes reales del juego poseen ciertas propiedades que los hacen aptos para ser soportes.

Así, en el caso de (23), María intenta, según esta visión de la metáfora, que su interlocutora participe en un juego de simulación en que "yo" es un buen soporte para el juego, ya que posee las cualidades que la hacen apta para la simulación de ser una acróbata. Pero en la ficción, reconoce Walton, lo que interesa es el contenido imaginado, y los soportes reales solamente sirven para facilitar la simulación. En la metáfora, en cambio, lo que importa es el soporte mismo, que es el objeto caracterizado. En (23), se trata de la mujer que enuncia esa oración: lo que nos importa es qué propiedades tiene "yo" en la realidad que garanticen la ficcionalidad del enunciado, y no nos interesa el contenido ficcional mismo, como podría interesarnos otra ficción, por ejemplo un cuento o una novela. El objeto caracterizado es el objetivo de la metáfora.

6.3 La metáfora como imagen

La tercera teoría filosófica indicada al principio niega que la metáfora tenga contenidos cognitivos o transmita proposiciones, y la estudia como un tipo de interpretación en la que dejamos de captar intenciones comunicativas o de seguir convenciones lingüísticas, ya que procesamos exclusivamente imágenes. Estas ideas han sido expuestas por Lepore y Stone (2010, 2015); véase *teoría de la convención y la imaginación.

Lepore y Stone consideran que, desde Aristóteles, la metáfora ha sido estudiada como cualquier otro uso del lenguaje. Este lugar común teórico otorga a la metáfora significado y verdad, como tienen los demás enunciados. Sin duda, admiten los autores, las metáforas tienen *efectos* cognitivos y discursivos, pero eso no significa que exista un significado metafórico o una verdad metafórica, porque no hay comunicación metafórica. La comunicación, tal como la definió Grice, consiste en provocar intencionalmente un efecto en el interlocutor, que solamente se provoca si el interlocutor reconoce la intención del hablante de provocar ese efecto. La metáfora no tiene contenido lingüístico: puede tener efectos, sin duda, pero estos no dependen del reconocimiento de la intención del hablante.

La metáfora se interpreta *creativamente*. En la interpretación creativa dejamos de captar intenciones comunicativas y de seguir convenciones lingüísticas, porque procesamos imágenes. Por imagen se entiende no solamente la representación de un objeto o persona, sino una posibilidad imaginada, una perspectiva diferente, que nos lleva a una interpretación improvisada, abierta a nuevas interpretaciones. La imagen no equivale a una proposición, expuesta a juicios de verdad, sino que tiene valores que se expanden o son cambiantes, que se alinean con los modos de percibir de nuestros interlocutores, según las perspectivas desde las cuales se produzca la interpretación.

El propósito de la interpretación de imágenes es obtener nuevas percepciones, intuiciones o perspectivas. Ya no se trata de recuperar significados, sino de explorar posibilidades que quedan abiertas y pueden ser reevaluadas una y otra vez. La metáfora lleva al intérprete al esfuerzo imaginativo de pensar en una cosa como si fuera otra, y verla así con percepción nueva y más rica.

Ni la metáfora ni la ironía son, para Lepore y Stone, implicaturas, como sostienen Grice y Searle (1979). Por no ser implicaturas, ni la metáfora ni la ironía pueden parafrasearse: si fueran implicaturas serían proposiciones, y podríamos enunciarlas sin dificultad mediante una paráfrasis. Lo que un hablante transmite metafóricamente no es un contenido cerrado y definitivo. Según Lepore y Stone, el mismo locutor ignora tal contenido, o al menos no podría verbalizarlo fácilmente. Lo que la metáfora transmite es una invitación a explorar la imagen propuesta.

A modo de resumen final, podemos decir que tanto la teoría pragmática "deflacionaria" como la que propone que la imagen metafórica literaria requiere una interpretación detenida de su lenguaje literal, aislado del resto por unas comillas imaginarias, intentan explicar cómo el proceso interpretativo produce finalmente proposiciones, en forma de implicaturas, a veces tan débiles y evanescentes que no se pueden parafrasear. Las teorías "inflacionarias" de la psicología (vistas en § 1, arriba) tratan de captar el valor explicativo que tienen las metáforas para el esfuerzo de comprender el mundo, proponiendo proyecciones que nos ayudan a pensar lo abstracto u oscuro.

Las teorías de la filosofía, en cambio, parecen más interesadas en estudiar los procesos de la imaginación, sea que estos procesos conduzcan a ver mejor un objeto, o que abran posibilidades múltiples de comprensión a través de imágenes. En todos los casos, se subraya el valor evocativo de la metáfora, que suscita respuestas cognitivas, sensoriales y emocionales y dan al lenguaje mayor poder para expresar y compartir nuestras experiencias, puntos de vista, sensaciones y visiones, y también, en el caso del lenguaje artístico, nos producen el deleite del lenguaje mismo, que queda exhibido para el análisis creador.

METARREPRESENTACIÓN

Una *metarrepresentación* es la representación de una representación. En este proceso, un constituyente representa a otro constituyente de la misma clase, al que contiene. Las citas directas e indirectas, estudiadas por la filosofía, la gramática y los estudios literarios, y ahora también por la pragmática, son ejemplos típicos de cómo el lenguaje representa lenguaje. Véase un ejemplo:

>(1) Calisto dijo: "Melibeo soy, y a Melibea adoro, y en Melibea creo, y a Melibea amo".

Las palabras de Calisto son metarrepresentadas por el locutor de (1), que las cita en estilo directo, respetando su forma original, la que presentan en el texto de la *Celestina*. En la obra literaria, esas palabras son, a su vez, una metarrepresentación, ya que el autor las inventa y atribuye a un personaje. Como muestra (1), el lenguaje humano es reflexivo: tiene la propiedad de referirse a sí mismo. Gran parte de la conversación consiste en metarrepresentaciones de pensamientos y palabras. La ficción, en sus formas artísticas y en la conversación corriente, es una práctica basada en la capacidad reflexiva de la mente y del lenguaje.

La capacidad metarrepresentativa de la mente humana nos permite construir una representación de los estados mentales de otras personas. La metarrepresentación es indispensable en la comunicación, ya que, para que esta se produzca, el oyente debe metarrepresentar la representación mental que un hablante quiere comunicar intencionalmente: la comunicación tiene lugar cuando el oyente logra reproducir en su mente un pensamiento suficientemente similar al que el hablante intenta transmitir. A continuación se verán ambos aspectos de los procesos metarrepresentativos, el cognitivo y el lingüístico.

1. Aspecto cognitivo: comprensión de enunciados

En la teoría del significado del filósofo Paul Grice, la comprensión lingüística es un proceso que consiste en metarrepresentar el *significado del hablante,* o sea, lo que el hablante *quiere decir,* intencional y abiertamente, aunque muy rara vez en forma totalmente explícita, en determinado contexto. El significado del hablante incluye contenidos codificados y contenidos que el hablante deja implícitos, y que el oyente recupera haciendo inferencias, en un proceso que da lugar a las proposiciones implícitas, voluntariamente comunicadas, que Grice llamó *implicaturas conversacionales* (véanse ***Grice: lógica y conversación** e *****implicatura**). Grice propuso que interpretar el contenido que un hablante nos transmite intencionalmente exige reconocer la *****intención comunicativa** del hablante, o sea, atribuirle un pensamiento. El pensamiento atribuido es una metarrepresentación.

Esta idea se mantiene intacta en la teoría cognitiva de la relevancia, desarrollada por Sperber y Wilson (1995). Según esta teoría, los signos lingüísticos utilizados por el hablante funcionan como *pruebas* de lo que el hablante intenta comunicar, de modo que a partir de los signos, completando y modulando sus significados en contexto, y recuperando las proposiciones implícitas, se puede llegar a comprender el significado intencional transmitido: el resultado de las operaciones de descodificación e inferenciales es una metarrepresentación en la que el oyente logra construir un pensamiento semejante al que el hablante le quiso comunicar (véase *****teoría de la relevancia**).

En el siguiente ejemplo, el enunciado de Tere es comprendido por Marta mediante una serie de metarrepresentaciones de lo que dice Tere, entre ellas las siguientes:

(2) Tere: Estás malcriando a tu hijo.
  Marta: a. Tere dijo "Estás malcriando a tu hijo".
    b. Tere dijo que estoy malcriando a mi hijo.
    c. Tere piensa /cree que estoy malcriando a mi hijo.
    d. Tere quiere que yo crea que estoy malcriando a mi hijo.
    e. Tere quiere que yo crea que ella intenta hacerme creer que estoy malcriando a mi hijo.

Las interpretaciones (2a-e) son metarrepresentaciones que sirven a Marta para reconocer e identificar lo que quiere decir Tere con su enunciado. Nótese que las metarrepresentaciones, en este ejemplo, pueden ser de primero, segundo o tercer grado, ya que los humanos tenemos la capacidad de saber no solo qué quiere decir otro, sino qué cree que creen otros (Wilson, 2012).

Estas metarrepresentaciones, y otras posibles, no son calcos de lo que la hablante Tere intentó comunicar, sino versiones aproximadas. Según Sperber y Wilson, la metarrepresentación es un proceso basado en la semejanza. Dos proposiciones son semejantes cuando comparten implicaciones analíticas o lógicas, que son las que cada proposición tendría por sí misma, fuera de contexto; y cuando comparten, por otra parte, implicaciones contextuales, producidas al combinarse una proposición y un contexto (Sperber y Wilson, 1995, cap. 4).

Supongamos que Nacha habla con su contadora, y que después cuenta a una amiga lo que le dijo la contadora:

(3) Contadora: Sus acciones están en alza. Felicitaciones.
    Nacha a su amiga:
       a. La contadora me dijo que las acciones que compré están subiendo.
       b. Mis inversiones fueron buenas, según la contadora.
       c. La contadora me felicitó por lo bien que elegí mis inversiones.
       d. Tengo una buena cantidad de dinero ahorrado para mi vejez.

Aunque la contadora no mencionó la vejez de Nacha, todas las citas de lo que dijo, incluido el reportaje sin marca de cita de (3d), comparten implicaciones, ya sea que surjan lógicamente del enunciado mismo (si las acciones subieron, Nacha ganó dinero), o, como en (3c) y (3d), si retienen la inferencia contextual más importante del enunciado de la contadora: que Nacha ha ganado dinero. En todos los casos, hay semejanzas entre el enunciado de la contadora y el reportaje o representación del enunciado. En algunos casos la semejanza se marca mediante construcciones citativas, y en otros, como (3c) y (3d), la metarrepresentación se aleja más del enunciado original. En los ecos irónicos, la semejanza surge, en muchos casos, del hecho de que la metarrepresentación refleja valores y normas compartidos por mucha gente, contradichos por la situación presente.

La capacidad mental de producir metarrepresentaciones interesa también a la psicología y a la biología. En psicología, la noción de metarrepresentación como capacidad de la mente queda comprendida en el concepto más amplio de *teoría de la mente* (*theory of mind*), o también *lectura de la mente* (*mindreading*). Suele postularse que la aptitud para "leer" las intenciones ajenas es anterior al lenguaje e hizo posible su desarrollo. La mente ajena no es transparente, pero podemos atribuir intenciones a otros, a partir de comportamientos, lingüísticos o no. El lenguaje es un tipo de comportamiento, que nos da pautas para comprender las intenciones del hablante.

En los últimos años se han hecho estudios sobre cómo evoluciona la teoría de la mente en los niños. La capacidad humana de atribuir creencias a otros puede alcanzar estadios más y más complejos, hasta poder atribuir a otros creencias diferentes de las propias. Los niños alcanzan esta capacidad alrededor de los seis años. Los autistas, en cambio, parecen incapaces de representar intenciones ajenas, y por eso toman literalmente lo que se les dice, ya que no pueden completar las palabras con las intenciones comunicativas y los datos del contexto. Los autistas con *síndrome de Asperger* tienen, por lo general, gran dominio de su lengua y un vocabulario muy extenso, pero están privados de la conexión mental con otros que permite la comunicación satisfactoria. Usos lingüísticos como la ***ironía**, que requiere metarrepresentaciones de segundo orden, quedan fuera de la comprensión de una persona autista (véase Wilson, 2012).

2. Aspecto lingüístico: citas

La cita es el proceso que consiste en representar lenguaje mediante lenguaje, de modo que el lenguaje se vuelve sobre sí mismo, es agente y objeto de la *metarrepresentación de sí mismo*. En las diversas formas de la cita en la conversación, el lenguaje se refiere al lenguaje, pero la referencia tiene dos direcciones diferentes. En primer lugar, la cita puede referirse al lenguaje en cuanto lenguaje, reproduciendo una palabra, frase o proposición para hacer un comentario metalingüístico: para comentar cómo se pronuncia una palabra o una frase, cómo se escribe, cuál es su significado, etc. En segundo lugar, las citas pueden atribuir una frase o un enunciado a otros hablantes, como en el ejemplo (1). En este segundo caso, los enunciados atribuidos pueden ser reales o nunca dichos por nadie, o posibles o hipotéticos, y también pueden ser metarrepresentaciones de pensamientos o sensaciones traducidos a lenguaje (sin ninguna garantía epistemológica, pero debe notarse que, salvo en el lenguaje académico y, a veces, en el periodístico, la falta de garantía epistemológica es típica de la cita). En las citas de palabras o frases, el segmento lingüístico citado no se usa, sino que se menciona. En las citas atribuidas, puede haber exclusivamente mención o también uso y mención simultáneamente.

En los siguientes ejemplos, (4-6) metarrepresentan lenguaje, y (8-12) metarrepresentan enunciados atribuidos.

(4) "Armonía" se escribe sin hache.

(5) "Voy de tía", por "voy a casa de tía", es un italianismo.

(6) Es verdad que los tomates son frutas.

(7) "Yo sé quién soy", dijo don Quijote.

(8) Don Quijote dijo que sabía quién era.

(10) Según don Quijote, él sabía quién era.

(11) Don Quijote sabía quién era.

(12) Él sabía quién era.

En (4) se metarreproduce una palabra para hacer un comentario sobre su ortografía, y en (5) encontramos la metarrepresentación de dos frases, una perteneciente a la gramática española, la otra un italianismo en el español. En (6), lo reproducido es una proposición ('que los tomates son frutas').

El resto de los enunciados, (7-12), ilustra citas atribuidas, que pueden ser directas, o indirectas, y también explícitas o implícitas. En estas citas se representan actos de habla ajenos (o propios en el pasado o futuro), que son atribuidos a alguien, aunque no sean discursos reales, sino posibles o imaginarios. Las citas atribuidas pueden incluir un comentario, explícito o implícito, sobre lo que se cita. Este comentario abarca varias posibilidades, entre otras la crítica, el elogio, el realce de significados (mediante la entonación, por ejemplo).

El enunciado (7) ilustra un ejemplo de estilo o discurso directo, en que las palabras citadas se reproducen *ad litteram*, aunque esta literalidad sea solamente una ficción consentida por ambos interlocutores. En la conversación, no hay, por lo general, ni obligación ni expectativas de fidelidad a la forma original, si es que la forma original existe (véase Reyes, 2002).

Los restantes ejemplos, (8-12) ilustran tipos de estilo indirecto. (8) es un caso de estilo indirecto canónico, y los restantes son variaciones de (8). Los dos últimos ejemplos, (11) y (12), ilustran citas implícitas: (11) podría ser, en el contexto adecuado, una afirmación atribuida, y (12) podría ser, en una novela o incluso en la conversación, un caso de estilo indirecto libre. (11) y (12) se revelan como citas solamente gracias a inferencias, en los contextos que las promuevan. La ***ironía**, que expresa la actitud negativa del hablante hacia una manera de ver el mundo, de ser o de actuar, es un ejemplo de cita atribuida implícita, dentro de la subclase de cita llamada *eco*.

Las citas mixtas, en las que se mezclan el estilo directo y el indirecto, son frecuentes en el lenguaje periodístico, cuando se tiene interés en destacar unas palabras:

> (13) El ministro dijo que la deportación de inmigrantes indocumentados no es una "operación militar".

Las citas del tipo de (14), en enunciados encabezados por la conjunción modal *como*, desempeñan, en ciertos contextos, una función evidencial en español (véase **Glosario**, s.v. *evidenciales*), ya que sirven para dar mayor credibilidad al hablante, que se apoya en la opinión de una autoridad:

> (14) Como dijo Grice, el tema final de la filosofía somos nosotros mismos.

La característica común a todas las citas es su iconicidad: las citas son imágenes, representaciones lingüísticas, y por eso se diferencian de otros tipos de discurso sobre el lenguaje, como cuando decimos "Graziella tiene acento extranjero", "Álvaro siempre repite la pregunta que se le hace", "El voseo es un fenómeno muy extendido en América", etc.

3. Valor social de la metarrepresentación

La metarrepresentación se ha analizado en trabajos de semántica (por ejemplo, Cappelen y Lepore, 2007), pragmática (Wilson, 2012), antropología (Lucy, 1993; Silverstein, 1993), filosofía (Recanati, 2010), y en los estudios literarios, que presentan una copiosa bibliografía sobre las citas en la narración. El filólogo ruso Bajtin (Bakhtin, 1981) afirmó que la gente habla, sobre todo, de lo que dicen, piensan o sienten otros. Esta impresión está bien corroborada por estudios recientes de psicología evolucionista y de biología evolucionista, en que se muestra, por ejemplo, la utilidad social del chisme, que nos permite saber un poco más sobre los miembros del grupo: qué podemos esperar de los demás, qué alianzas se han establecido entre las personas, y, en suma, en quiénes podemos confiar y en quiénes no.

Este conocimiento ha sido indispensable desde la época en que nuestros antecesores del género *homo* se dedicaban a la caza y a la recolección, ya que las tareas en común dependen y siguen dependiendo de la cooperación y la confianza entre los miembros del grupo (Dunbar, 2016; Harari, 2015). Gran parte de ese conocimiento sobre los demás consiste en saber quién dice qué a quién, quién piensa o cree o espera tal cosa, etc. La información sobre las mentes ajenas, en forma de metarrepresentaciones, es un recurso esencial para la supervivencia y por lo tanto un uso extremadamente importante del lenguaje.

Algunos teóricos proponen que esta necesidad biológica de citar enunciados y pensamientos ajenos tiene relación con el placer de contar y de escuchar historias, que son capacidades distintivas de la especie humana. Tanto en el relato espontáneo (al que dedicamos una gran parte de nuestra actividad lingüística) como en la narración literaria, debemos distinguir *voces* que expresan diferentes subjetividades y articulan diferentes puntos de vista sobre la realidad. El relato literario es una forma compleja de metarrepresentación, ya que el autor representa en su texto una serie de representaciones, generalmente imaginarias o posibles. La existencia de una institución literaria, tan prestigiosa en las culturas humanas, depende de la capacidad metarrepresentativa.

La novela, desde principios del siglo XX en adelante, en diferentes lenguas, ofrece a los teóricos y críticos literarios ilustraciones abundantes de *estilo indirecto libre*, que ha sido intensamente estudiado por los especialistas en literatura. En los últimos años se ha vuelto un tema de interés para los pragmatistas y filósofos, en el campo de la *filosofía de la ficción* (véase Blakemore, 2010, 2013; Recanati, 2010; Camp, 2009). El estudio de las citas, e incluso de las citas literarias, se va extendiendo, en pragmática y filosofía del lenguaje, e incluye ahora al análisis de la ficción y de los elementos expresivos del lenguaje, que dan al oyente información sobre las emociones y sentimientos que el hablante quiere transmitir. Para las teorías del significado, el discurso citativo es el campo ideal para ver la conexión entre valores semánticos y pragmáticos.

MINIMALISMO

1. Un significado lingüístico sin pragmática

Se llama *minimalismo* a un conjunto de teorías semánticas que intentan revalorizar el papel de la gramática como origen del significado lingüístico. El minimalismo sostiene que el significado de una oración en contexto proviene de su *estructura léxico-sintáctica*: de los términos léxicos que la componen y su combinación según las reglas de la gramática. La oración puede adquirir otros significados, inferidos a partir de datos contextuales, pero esos significados, son, según los teóricos minimalistas, ajenos a la semántica. La semántica mínima de una oración bien formada, es decir, formada de acuerdo con las normas sintácticas de la lengua, es el contenido estipulado por la gramática de dicha oración, contenido llamado ***proposición**, apto para ser evaluado como verdadero o falso en un contexto, según concuerde con un estado de cosas del mundo (véase ***condiciones de verdad**).

El minimalismo sostiene que bastan las propiedades formales para llegar a establecer la proposición, pero acepta que existen algunas formas lingüísticas que son sensibles al contexto y requieren operaciones pragmáticas. La semántica minimalista debe admitir esta mínima intervención de la pragmática, ya que es una semántica referencial y postula una proposición que pueda evaluarse en contexto, lo que muchas veces no es posible si no se completa el significado de las expresiones que varían según el contexto. Pero el minimalismo exige que esta sensibilidad al contexto sea *genuina*. Es genuina cuando está marcada por el léxico o la sintaxis, de modo que son las reglas gramaticales las que nos obligan a buscar información contextual. Las formas que remiten al contexto forman una categoría transversal en la gramática, ya que pertenecen a diferentes clases de palabras, pero tienen en común su naturaleza deíctica. Los deícticos "auténticos", o sea, regidos por la gramática, son los pronombres personales de primera y segunda persona y los demostrativos (véase *deixis). También forman parte de la lista aceptable términos que se relacionan claramente con el aquí y ahora del sujeto hablante: las expresiones adverbiales *cerca, a la izquierda*, o nombres como *nativo, extranjero, local*. Estas expresiones y los deícticos, por su semántica, conectan lo que el hablante dice con el contexto, y por lo tanto son variables, según quién hable, dónde y cuándo. Es la gramática la que rige esta dependencia del contexto. Lo demás es pragmática. Al poner estos límites, el minimalismo se propone establecer *lo que significa la oración*, por oposición a *lo que quiere decir el hablante*, que es el objeto de la pragmática.

En contra de los teóricos minimalistas, los pragmatistas sostienen que no se puede llegar al contenido semántico completo de una proposición, o, lo que es lo mismo, a las condiciones de verdad que nos permiten evaluar una oración en contexto como verdadera o falsa, sin el aporte de inferencias pragmáticas. La *teoría de la relevancia, en pragmática, así como el *contextualismo, en semántica, no aceptan la autonomía de la semántica. Mientras la pragmática y los filósofos contextualistas abren las puertas a los significados contextuales, los minimalistas, por el contrario, cierran la ciudadela para protegerla de lo que una de sus proponentes, Emma Borg (2012), llama el "tsunami" y las "aguas hirvientes" de los significados contextuales, y también la "oscura magia" de la pragmática, magia que se ejerce en contextos amplios, inabarcables y cambiantes. Los minimalistas defienden una semántica de lo invariable, de lo previsible, de lo repetible. No pueden prescindir totalmente de la pragmática, porque el lenguaje tiene expresiones que varían según el contexto, pero la reducen al mínimo (de ahí la denominación, minimalismo, que procede de un contextualista: Recanati, 1993, 2004). La reducción consiste en restringir la noción de *sensibilidad al contexto: para el minimalismo, como se ha visto, pocas expresiones son realmente sensibles al contexto. En el otro extremo, el contextualismo sostiene que la sensibilidad al contexto está muy extendida y que sin tenerla en cuenta no se puede establecer el valor de verdad de una proposición. Esta es la tesis de la teoría de Recanati (2010), llamada *pragmática de las condiciones de verdad.

El minimalismo no cuestiona los objetivos ni los métodos de la pragmática, ni tampoco niega que los interlocutores necesitan un *contexto amplio para comprender los significados múltiples que suelen tener los actos de habla. Pero insiste en no mezclar semántica y pragmática, salvo en los casos bien contados en que la gramática misma nos obliga a hacerlo. Desconocen, sobre todo, las inferencias pragmáticas que sirven para interpretar los contenidos *explícitos,* y que se justifican, según los contextualistas y los pragmatistas, porque la semántica está subdeterminada, es decir, las palabras requieren ajustes al contexto para captar lo que el hablante quiere decir con ellas (véase *subdeterminación semántica). La maniobra pragmática más importante en el ámbito del contenido explícito es el *enriquecimiento libre, que consiste en reajustar o modular el significado de los términos léxicos sin seguir reglas gramaticales. Tomemos como ejemplo el caso de los cuantificadores, en un enunciado como el siguiente:

(1) No tengo nada que ponerme.

Este enunciado puede expresar una proposición como 'No tengo nada adecuado que ponerme'. El enriquecimiento depende de las intenciones comunicativas, de los conocimientos, creencias y preferencias compartidos por los hablantes, no de la gramática, y por lo tanto, pese a actuar sobre un nivel explícito y literal, queda fuera de la semántica. El cuantificador *nada,* tal como se usa en la conversación, exige especificación con frecuencia, pero la especificación no obedece a reglas gramaticales, y queda fuera de la pragmática mínima que los minimalistas consideran aceptable. La *proposición mínima* del enunciado (1) es 'no tengo nada (absolutamente nada) que ponerme'.

Según los contextualistas y los pragmatistas, los cuantificadores exigen ajustes contextuales, pero los minimalistas consideran que esos ajustes están fuera de la semántica, y que estas oraciones contienen una proposición completa que puede ser evaluada como verdadera o falsa sin necesidad de operaciones interpretativas. Esto es vigorosamente rechazado por los contextualistas y por los pragmatistas en general, que sostienen la necesidad de intervenciones o incursiones de la pragmática en la semántica, para completarla.

En respuesta a las críticas, los minimalistas dicen que sus contrarios no ofrecen buenos criterios para determinar cuándo una proposición está incompleta. A falta de esos criterios, el minimalismo insiste en que hay que poner un límite a la cantidad de información contextual que necesitamos para evaluar una proposición, porque, si no se restringe al mínimo la información contextual, se corre el riesgo de necesitar cada vez más y más información para lograr un significado completo. Supóngase un enunciado como (2):

(2) Karen no estudia lo suficiente.

¿Este enunciado exige o no exige agregar un complemento, para que sea una proposición completa y evaluable? Los contextualistas sostienen que no tenemos aquí una proposición completa, ya que no se indica para qué Karen no estudia lo suficiente. Una proposición completa y evaluable podría ser (3),

(3) Karen no estudia lo suficiente para aprobar los exámenes.

Pero, objetan los minimalistas, esta especificación de *lo suficiente* podría no bastar, sino, por el contrario, provocar la necesidad de saber, por ejemplo, qué exámenes, y cuándo serán los exámenes, y toda la información que parezca necesaria para obtener una proposición apta para ser evaluada como verdadera o falsa. Esta ruta es una pendiente resbaladiza (*slippery slope*), como les gusta decir a los teóricos del minimalismo, por la que no quieren caer, porque si cayeran se borraría la distinción entre semántica y pragmática.

Esta distinción, cara a los minimalistas, nos permite mantener dos ideas básicas: que existe una semántica independiente de la pragmática, y que semántica y pragmática pertenecen a módulos cerebrales distintos: la semántica pertenece al módulo de la *facultad del lenguaje* (véase ***modularidad y comunicación**); la pragmática, en cambio, está dentro del dominio de otras competencias del cerebro, en especial la capacidad de atribuir estados mentales a otros, llamada *teoría de la mente* (véase ***metarrepresentación**). Los minimalistas niegan, sobre todo, que para asignar significado evaluable a una proposición sea necesario tener en cuenta las intenciones del hablante y los rasgos variables de contextos muy amplios, formados por conocimientos, creencias, percepciones, compartidos por los interlocutores. Para los minimalistas, los significados determinados por contextos amplios están fuera de la semántica; a la semántica le basta un *contexto estrecho* (identidad del hablante, lugar, tiempo, quizá *mundo posible*) para asignar referencias a los deícticos y a las expresiones sensibles al contexto y conseguir así una proposición completa, es decir, el contenido del enunciado, *no* lo que el hablante quiere decir con ese enunciado. Los significados que están más allá de la proposición mínima son pragmáticos: intencionales, ocasionales, abundantes. Son los que más nos interesan en la conversación, como admite Borg (2012), pero no los que interesan a la semántica minimalista.

La proposición mínima, casi totalmente originada en las propiedades formales de la oración, es solamente una parte, en las teorías que admiten este nivel, del significado intencional completo de un enunciado, que Grice llamó *significado del hablante* (véase ***Grice: lógica y conversación**). Se objeta a los minimalistas que los hablantes no perciben, por lo general, este nivel mínimo de contenido. Algunos minimalistas aceptan que la proposición mínima es inaccesible a los hablantes, pero no por eso la consideran redundante en una teoría del significado lingüístico, como la consideran, en cambio, los pragmatistas, entre ellos Carston (2007), que dice que la proposición mínima no tiene ninguna función en una teoría del uso del lenguaje y de la comunicación. Pero los minimalistas defienden la utilidad explicativa de este nivel mínimo, aduciendo que, con sus patrones repetidos, su sistematicidad y previsibilidad, es el que nos permite operaciones lingüísticas imprescindibles, como analizar la gramática de nuestra lengua y aprender lenguas extranjeras, y en general nos da acceso a los aspectos normativos del significado. Estos aspectos normativos, a su vez, hacen posible la comunicación, ya que los significados que compartimos (citándonos, por ejemplo) deben tener una buena medida de independencia contextual, que nos permita representar el contenido de un enunciado ajeno sin necesidad de conocer el contexto original (véase ***contenido semántico mínimo**).

Se explican a continuación los puntos principales de dos versiones recientes del minimalismo, la *teoría de la ruta léxico-sintáctica al significado*, propuesta por Borg (2004, 2012) y la *teoría de la semántica insensible*, defendida por Cappelen y Lepore (2005, 2006).

1.1 *Teoría de la ruta gramatical al significado*

Borg (2004, 2012) presenta un minimalismo estricto, que se puede llamar, para distinguirlo de otras versiones, y adoptando una expresión que la autora usa frecuentemente, *teoría de la ruta gramatical al significado*. Borg defiende el principio básico del minimalismo: que la semántica debe ocuparse solamente del significado provisto por la estructura léxico-sintáctica de la oración, y dejar a un lado la rica información proporcionada por el contexto, excepto en los casos de ciertas palabras que son sensibles al contexto, si esta sensibilidad está determinada por la gramática. Siguiendo la ruta gramatical, el oyente llega a una proposición evaluable por su verdad o falsedad. La pragmática se reduce al mínimo, como se ha visto arriba: deícticos, expresiones como *lejos*, *extranjero*, y pocas más. Estas expresiones requieren completarse, forzosamente, con datos contextuales, pero el valor semántico de la oración en contexto, o proposición mínima, no requiere operaciones pragmáticas independientes de la gramática.

También Paul Grice (1989) intentó defender la autonomía de la semántica. La noción griceana de *lo dicho coincide, a primera vista, con la de *proposición mínima*. Sin embargo, *lo dicho* es también intencional y requiere que el interlocutor reconozca la intención comunicativa: no es independiente de los hablantes. Al proponer la noción de *significado del hablante*, Grice definió un significado no solamente semántico sino contextual, al que se llega por inferencias, y al hacerlo dejó entrar el tsunami arrasador en la teoría semántica. Grice quiso defender la semántica, y mantener *lo dicho* en un nivel y *lo implicado* en otro nivel, pero la consecuencia de ese intento fue el desarrollo de la pragmática, que entró en la ciudad amurallada del minimalismo, proponiendo, al desarrollar las ideas de Grice, que las inferencias pragmáticas no solamente hacen falta para derivar las implicaturas, sino que también hacen falta para comprender lo que se dice *explícitamente*.

En la teoría de Borg caben tres niveles de significado, de los cuales dos son aceptados por todos los investigadores, cualquiera sea su tendencia teórica, pero el nivel intermedio, en cambio, suele ser ignorado, cuestionado o rechazado. El primer nivel es el *significado codificado*, al que llegamos por medio de nuestro conocimiento del lenguaje, automáticamente. Este nivel codificado es independiente del contexto y no proposicional, y por lo tanto no puede ser evaluado por su verdad o falsedad. El segundo nivel de significado reconocido por semanticistas y pragmatistas es el nivel que corresponde a la noción griceana de *significado del hablante*, o sea el significado enriquecido pragmáticamente que revela lo que el hablante quiere transmitir, y se vale de un contexto amplio, donde entran todos los conocimientos pertinentes compartidos por hablante y oyente y el reconocimiento de intenciones comunicativas. El nivel intermedio, no admitido por la pragmática, está constituido por la *proposición mínima*, la que surge de las propiedades formales de la oración, es apta para ser evaluada por su verdad o falsedad, y admite mínima información contextual para fijar la referencia de las formas sensibles al contexto. Hay consenso, entre contextualistas y pragmatistas, en considerar que este nivel intermedio es superfluo en una teoría del significado. Pero Borg lo defiende con entusiasmo, y, al defenderlo, defiende una semántica independiente.

Según Borg, la teoría de la ruta léxico-sintáctica al significado tiene cuatro principios:

1. El contenido semántico de las oraciones declarativas bien formadas es evaluable por su verdad o falsedad.
2. El contenido semántico de una oración está totalmente determinado por su estructura sintáctica y su contenido léxico: el significado de una oración es el de sus partes y el modo de composición de esas partes.
3. Hay solamente un número limitado de expresiones sensibles al contexto.
4. El contenido semántico se obtiene sin tener acceso a las intenciones del hablante.

Los dos primeros principios derivan de la *semántica lógica*. El segundo es común a todas las tendencias minimalistas, aunque pocos autores lo han investigado tanto como Borg. El primer principio implica que toda oración bien formada expresa una proposición. Este requisito, que Bach (1994) llama, con desaprobación, ***proposicionalismo**, no es aceptado por otros teóricos minimalistas, y mucho menos por las teorías rivales, que no consideran que una oración bien formada exprese automáticamente una proposición. Una oración como la siguiente es, sin duda, una oración bien formada, pero, para la mayor parte de los teóricos, no es proposicional si no se la completa:

(4) Esta cuerda no es suficientemente fuerte.

¿Fuerte para qué? Parece necesario completar lo dicho para obtener una proposición.

Quizá la clave para entender la distancia entre minimalismo y contextualismo, y también entre minimalismo y teorías pragmáticas, se encuentre exactamente en este punto, en el problema de las proposiciones incompletas. Borg defiende el proposicionalismo, y tiene que hacerlo, ya que, de otro modo, no podría definir la semántica como la define en el principio 2.

Los primeros dos principios destacan que el léxico y la sintaxis ofrecen el *input* completo para una teoría semántica que a su vez sea capaz de explicar el significado de cualquier oración bien formada de un lenguaje natural. Borg se apoya en el hecho de que nuestro conocimiento del lenguaje es productivo y sistemático, y nos permite construir y comprender oraciones nunca oídas antes, y sistemáticamente, recursivamente, comprender otras oraciones diferentes pero que tienen estructura similar. El contenido semántico, dice Borg, se produce mediante reglas recursivas que operan sobre objetos estructurados sintácticamente.

La idea de que una teoría semántica debe generar significados de oraciones, relativizados a contextos de enunciación, y que esos significados son suficientemente completos como para poder ser evaluados, proviene de Frege (1895): tiene una larga tradición en semántica. Los dos primeros principios presuponen que las oraciones transmiten información sobre el mundo, y que hay un nivel de significado oracional relativamente estable. La semántica estudia los significados estables. La pragmática, por el contrario, estudia la variedad de significados que se producen en contextos diferentes. El atractivo mayor del minimalismo, especialmente del minimalismo de Borg, es esa idealización, el significado estable, perdurable, que transita por muchos contextos sin perder sus atributos.

Los principios tercero y cuarto son consecuencias de los anteriores. El principio 3 está en la base de la teoría de la semántica insensible de Cappelen y Lepore, que coinciden con Borg en reducir las expresiones sensibles al contexto. Cappelen y Lepore aducen que sabemos intuitivamente (incluso nuestros alumnos principiantes lo saben) cuáles son las expresiones sensibles al contexto. Borg insiste en que la sensibilidad o variabilidad están regidas gramaticalmente, y no recurre a la intuición.

En enunciados como (4) (*Esta cuerda no es suficientemente fuerte*), el significado que nos da la semántica minimalista no equivale al transmitido por un hablante que enuncie esa oración, puesto que el hablante, probablemente, transmite para qué no es fuerte la cuerda. Uno puede preguntarse por qué alguien se toma tanto interés en un contenido semántico que se aparta radicalmente de las intuiciones sobre lo que los hablantes dicen en la conversación. Borg responde que, para empezar, los hablantes son capaces de distinguir los significados literales, aunque no lo hagan normalmente. Es el caso de hablantes sarcásticos, o, en general, poco cooperati-

MINIMALISMO

vos, que insisten en entender solamente significados estrictamente semánticos, no teñidos por intenciones del hablante o información contextual. Véase el siguiente ejemplo de un diálogo entre A y B, en que B, supongamos que por hacerse el gracioso, se toma literalmente el verbo *querer*, como si no entendiera su valor cortés:

(5) A. ¿Quieres pasarme el pan?
B. No, no quiero.

Pero además de la condición accesible de los significados literales, que pueden ser activos y válidos comunicativamente, Borg sostiene que no debe pedirse a una teoría semántica que dé cuenta de significados que pertenecen al acto de habla, y no a la oración, porque el contenido semántico es codificable, repetible, y gobernado por reglas, mientras que el contenido de un acto de habla es potencialmente irrepetible, nebuloso, y determinado contextualmente. El significado que se recupera por medio de una semántica mínima puede ser mísero (*a paltry thing*, dice Borg), pero es imprescindible, y adquiere todo su valor cuando se incluye en el complejo de capacidades cognitivas humanas.

Aunque reconoce que el hablante no tiene acceso a la proposición mínima, Borg no sitúa su minimalismo fuera de la psicología. Según ella, los hechos semánticos dependen de hechos psicológicos, y la semántica debe explicar el conocimiento que necesita el hablante para captar los significados lingüísticos. La *facultad del lenguaje*, concepto que proviene de la teoría generativa de Chomsky, representa, según Borg, los elementos básicos de la teoría minimalista: esta facultad nos permite saber los significados de las palabras, las reglas sintácticas para construir oraciones y las reglas semánticas para determinar el sentido de las oraciones partiendo de los significados de las palabras.

Borg rechaza la idea de que las así llamadas proposiciones incompletas nos obliguen a abandonar el proposicionalismo, que ella defiende a ultranza. Oraciones como (6) suelen ser tratadas como incompletas:

(6) Está lloviendo.

En (6), hace falta añadir dónde llueve, dato que por lo general está implícito en la conversación (véase ***constituyentes no articulados**). Borg ofrece varias respuestas para resolver el problema de cómo tratar las proposiciones incompletas, sin renunciar al proposicionalismo. Una de las soluciones es ampliar la lista de expresiones sensibles al contexto, si su sensibilidad puede explicarse a partir del significado mismo de las expresiones, y no para completar una proposición defectuosa. El adjetivo *local*, como en *el equipo de rugby local*, o expresiones como *izquierda*, *derecha*, por su propio significado indican la perspectiva del hablante: son *genuinamente* sensibles al contexto.

En otros casos, la supuesta proposición incompleta contiene un término *ambiguo*. Borg aduce el caso de los colores, que, según algunos contextualistas, no mantienen su valor de verdad en diferentes contextos. Borg propone que los colores pueden presentarse como cualidades graduales o como clasificatorios, y que hay que resolver esa ambigüedad, planteada por el léxico, no por la situación de enunciación. Cuando *verde*, por ejemplo, indica gradación, puede decirse *muy verde*, como en "El campo está muy verde", pero cuando es clasificatorio, es absoluto ("El semáforo está verde"). La resolución de ambigüedades es previa a la evaluación de la proposición.

En otros casos, Borg pone en cuestión el carácter mismo de nuestras intuiciones, y sostiene que son mucho menos claras y definidas de lo que creemos, de modo que las intuiciones sobre las proposiciones incompletas son sospechosas y deben ser analizadas caso por caso. Suele decirse que un enunciado como el siguiente no expresa una proposición completa:

(7) Antonio es bajo.

La proposición de (7) suele considerarse incompleta porque no se dice bajo respecto de quiénes o de qué medidas. ¿Con qué criterios objetivos seguiremos agregando complementos, hasta llegar a satisfacer nuestra intuición? No hay criterios objetivos, dice Borg, sino solamente pendientes resbaladizas que vuelven inválida la semántica misma.

El minimalismo de Borg es el más mínimo posible, y esto se ve muy claramente en su tratamiento de los demostrativos. Los demostrativos (*aquí*, *allá*, etc.) tienen un componente deíctico que depende de la intención del hablante y se relaciona con un contexto amplio. Supóngase un enunciado como el siguiente, emitido en una conversación telefónica:

(8) Estoy aquí esperando desde hace una hora.

Quizá se requieran algunas inferencias para localizar el referente de *aquí*. Borg tiene que aceptar que los demostrativos solamente alcanzan pleno significado, a veces, tomando en cuenta la intención del hablante, pero niega, sin embargo, que la semántica deba hacer excepciones de ningún tipo y dejar entrar intenciones en la teoría (recuérdese la pendiente resbaladiza). Esto la lleva a proponer que el acceso a las intuiciones es necesario para fijar la referencia, pero que no es necesario para comprender el contenido semántico. Podemos comprender el contenido semántico de "Estoy aquí" sin necesidad de saber dónde es exactamente *aquí*. Cappelen y Lepore, por su parte, admiten al pasar que a veces es necesario conocer la intención del hablante, y eso no parece afectar su idea de una semántica (casi) insensible. Pero Borg mantiene la coherencia de su teoría, aun a riesgo de defender algo muy contraintuitivo: que una proposición es completa y evaluable aunque sus demostrativos queden colgando, apuntando a referentes, pero sin identificarlos.

Borg explica la versión más actual de su teoría en *Pursuing Meaning* (2012), libro modélico por su claridad y el alcance de sus discusiones.

1. 2 *Teoría de la semántica insensible*

En *Insensitive Semantics* (2005), Cappelen y Lepore defienden también una semántica mínima, aunque no tan mínima como la de Borg. El subtítulo del libro nos revela que en realidad los autores proponen dos teorías complementarias: *Defensa del minimalismo semántico y del pluralismo del acto de habla*. Al publicarse esta obra, algunos filósofos contextualistas encontraron escandalosa la idea de una semántica insensible, y esto produjo reacciones vehementes. No se prestó mucha atención, en cambio, a la idea de pluralidad de significados de los actos de habla, por no ser escandalosa y porque sus autores la consideran solamente un conjunto de observaciones sobre los actos de habla (véase ***pluralidad de los contenidos del acto de habla**). Sin embargo, las observaciones sobre la pluralidad sirven para defender mejor una semántica insensible, y refutan lo que Cappelen y Lepore consideran un error de los contextualistas, que, en vista de la multiplicidad de los significados de los enunciados en contexto, proponen que son muchas las palabras sensibles al contexto. No es correcto proponer tal cosa, según la teoría de la semántica insensible, porque los significados plurales de los actos de habla provienen de informaciones contextuales que varían, y no de la semántica. (Borg da por sentado que los actos de habla tienen potencialmente muchos significados, pero ese no es su campo, como lingüista del minimalismo, y lo deja en manos de la pragmática, cuidando de mantenerla lo más alejada posible.)

Según Cappelen y Lepore, la semántica explica los significados estables, y tenemos que postular que existen significados estables frente a los usos ocasionales, porque de otro modo no podríamos entender cómo nos comunicamos a través de distintos contextos, cómo podemos estar de acuerdo o desacuerdo con lo que dice alguien, y cómo podemos citar palabras ajenas. Tenemos, evidentemente, dos intuiciones lingüísticas opuestas: por un lado, creemos que las palabras tienen significados estables, por otro, creemos que son sensibles al contexto. Cappelen y Lepore tratan de mostrar cómo una teoría puede incluir las dos intuiciones sin contradicción.

Cappelen y Lepore llaman a lo estable el *contenido semántico* de la oración, y postulan que toda oración tiene un contenido semántico mínimamente sensible al contexto, lo que nos permite asignarle una proposición, y a esta analizarla por sus valores de verdad en contexto (véase ***contenido semántico mínimo**). El *contenido semántico* coincide con la noción de *proposición mínima* de Borg, pero con importantes diferencias. Para Cappelen y Lepore, como para Borg, el contenido de una oración, en relación al contexto, se obtiene considerando los significados de las partes que componen la oración y combinándolos de acuerdo con las reglas sintácticas y semánticas de una lengua. Pero Cappelen y Lepore consideran que el contenido semántico es una parte del *contenido comunicado* y, además, es el común denominador de todas las aserciones de la misma oración. De esta manera extraen un significado estable, ajeno a los avatares de los enunciados y sus contextos, aunque presente siempre y además afirmado por el hablante. Esto invita a pensar que el hablante tiene acceso psicológico al contenido mínimo, algo que Borg niega.

En la teoría de la semántica insensible, una oración enunciada en un contexto expresa una proposición mínima inalterable que los intérpretes perciben junto con otras, teóricamente infinitas, que varían de contexto a contexto. Cappelen y Lepore se oponen a los teóricos que atribuyen esta variabilidad a lo que llaman ***subde-**

terminación semántica; estos teóricos consideran que la semántica debe completarse, especificarse, ajustarse en todos los casos, para poder llegar a una proposición completa. Así lo afirma la teoría de la relevancia, por ejemplo. Cappelen y Lepore no creen en la subdeterminación semántica; por el contrario, les parece que el lenguaje es muy apto para los usos que le damos. Lo que pretenden es diseñar una buena teoría sobre cómo es posible que los hablantes se entiendan a través de contextos distintos. De ahí la necesidad de establecer claramente un núcleo mínimo inalterable de significado.

La teoría de la semántica insensible propone que dos enunciados de la misma oración no comparten todos los miembros del conjunto de proposiciones que cada uno de ellos expresa, pero tienen una zona común de significados superpuestos: el significado mínimo. Si observamos el área en que no hay superposición, diremos que los dos enunciados afirman cosas diferentes. Pero si observamos la zona de superposición, diremos que los dos enunciados afirman lo mismo. Así se postula que todos los enunciados de la misma oración tienen una proposición común, invariable, citable, que asegura la posibilidad misma de la trasmisión de los contenidos a través del tiempo y el espacio. Dos emisiones de la oración "Gutiérrez escribió un buen trabajo" tienen en común la proposición de que Gutiérrez escribió un buen trabajo, aunque probablemente en cada ocasión se hayan añadido otros significados, incluso un significado irónico, que puede ser preponderante en contexto, pero que no anula el significado mínimo.

Este contenido mínimo queda desconectado del contexto. La semántica es insensible. Lo que es sensible al contexto es el acto de habla. Pero la semántica no puede ser *totalmente* insensible, ya que en las lenguas naturales hay deícticos. Esta teoría coincide con la de Borg (principio 3) en reducir las expresiones que requieren información contextual. Cappelen y Lepore adoptan la lista básica de formas deícticas propuesta por Kaplan (1989), y sostienen que estas formas se identifican intuitivamente. Rechazan muchas expresiones que los contextualistas consideran sensibles al contexto, proponiendo, por ejemplo, que ciertos adjetivos, como *bajo* en el ejemplo (7), requiere más información para constituir una proposición completa. Cappelen y Lepore, como Borg, dudan de los criterios que nos permiten distinguir lo que es suficiente para evaluar la oración, y alertan sobre peligro de la pendiente resbaladiza, que lleva a un contextualismo extremo. El contextualismo extremo, caído por la pendiente, es incapaz de teorizar cómo es posible que podamos compartir significados a lo largo de diferentes contextos, *salva veritate*, pese a no conocer los contextos originales ni las intenciones del sujeto hablante.

Cappelen y Lepore no se limitan, sin embargo, a mantener la lista básica de expresiones sensibles de Kaplan, que incluye *pronombres personales, demostrativos, adverbios* como *hoy, ayer, ahora, adjetivos* como *actual, presente*. Hay otras formas cuya sensibilidad contextual no es tan obvia, pero que pueden añadirse a la lista, por ejemplo *enemigo, extranjero, nacional, importado, cerca, a la izquierda*, y otros. Sin embargo, Cappelen y Lepore admiten que no todas las que podemos llamar con acierto expresiones sensibles al contexto se comportan de la misma manera. Para distinguir, a partir de nuestras intuiciones de hablantes competentes, lo sensible de lo insensible, proponen varias pruebas. Estas pruebas no son necesarias y suficientes para determinar insensibilidad semántica, sino que sirven para clasificar y analizar los datos lingüísticos.

Sin embargo, pocos años después de la aparición de *Insensitive Semantics* (2005) y de los artículos que siguieron al libro (entre ellos, Cappelen y Lepore, 2006), dedicados a refutar a los críticos, Cappelen revisó y rechazó las pruebas y lo que las pruebas intentaban demostrar, como puede verse en Cappelen y Hawthorne (2009). Otros autores se apresuraron a defender las pruebas y la viabilidad de una semántica insensible (por ejemplo, Sennet y Lepore, 2010). Las pruebas han quedado en entredicho, pero tienen el valor de mostrar que nuestra intuición sobre sensibilidad al contexto no es tan clara como parece.

Una de las pruebas más discutidas, de las propuestas originalmente por Cappelen y Lepore (2005), es la de la *descitación en estilo indirecto*. En esta prueba se analiza el procedimiento por medio del cual los hablantes toman una cita directa y la reportan en estilo indirecto, es decir, sacan unas palabras de un contexto anterior y las ponen en el contexto de quien hace el reportaje en estilo indirecto. En esta conversión de directo a indirecto, las formas realmente sensibles al contexto tienen que cambiar, ya que cambia el contexto. Y así sucede con los deícticos "puros":

    (9) a) Bruno dijo "yo soy vegetariano".
        b) Bruno dijo que (él) es vegetariano.

Como muestra (9b), un pronombre personal de primera persona no se mantiene idéntico si cambia el contexto: pasa la prueba de la sensibilidad airosamente. Pero véase el caso de otra expresión sensible al contexto, *cerca,* que no se comporta de la misma manera:

(10) a) Jennifer: "Estoy cerca."
b) Dice Jennifer que está cerca.

En este caso, la prueba expulsa a *cerca* del club de los sensibles, ya que se mantiene inalterable de contexto a contexto, como si fuera insensible. Supóngase que estoy esperando a Jennifer en una cafetería de la calle Wells, en Chicago: lo que Jennifer me dice a través del teléfono móvil es que está cerca de la cafetería de la calle Wells, o quizá del barrio donde está la cafetería, o quizá de la ciudad de Chicago, que ahora le queda cerca (a mí, que reporto sus palabras, no me queda cerca, porque yo estoy *en* ese lugar, no *cerca* de ese lugar). Sin duda Jennifer dice que está cerca desde su perspectiva, no la mía. Pero yo la cito sin acomodarla a mi perspectiva, incumpliendo la norma de los deícticos al pasar al discurso indirecto. Esto es curioso, y se repite con otras expresiones que son, intuitivamente, sensibles al contexto, como *a la izquierda* y otras que indican orientación espacial. Las formas como *cerca* no cambian en la conversión a estilo indirecto, pese a que esa conversión exige reajustar los deícticos. Y sin embargo, no podemos aceptar que una palabra como esta, que indica orientación en el espacio a partir de un hablante, sea insensible al contexto.

Si la prueba no sirve para confirmar que una expresión es sensible al contexto, y sabemos que lo es, quizá la prueba sea mala. Otra posibilidad es que haya que revisar la teoría. En su nueva versión de las pruebas originalmente propuestas por Cappelen y Lepore (2005), Cappelen y Hawthorne (2009) aducen que expresiones como *cerca,* al descitarse (pasar de estilo directo a indirecto) se comportan como *parásitos,* o sea, quedan intactas en el nuevo contexto, y significan lo que significaban en el contexto original, contra nuestras expectativas. Esta flexibilidad en la descitación revela que no sirve como prueba para refutar el contextualismo. Lepore y Sennet (2010), en un intento de salvar las pruebas y la teoría de una semántica insensible, rechazan la idea de parasitismo. Lo que nos queda es un conjunto de expresiones sensibles al contexto que se identifican fácilmente, grupo que coincide, más o menos, con la lista de expresiones básicas de Kaplan, y un grupo de expresiones que intuitivamente sabemos que son sensibles al contexto, pero que no necesariamente se comportan como si lo fueran.

Uno de los argumentos más fuertes de Cappelen y Lepore (2005, 2006, 2007) para defender la insensibilidad (o cuasi insensibilidad) de la semántica es que si no hubiera un núcleo semántico invariable en la comunicación lingüística, sería imposible que los hablantes pudieran comunicar los mismos significados a través de diferentes contextos. Cappelen y Lepore sostienen que si las expresiones dependieran en su mayor parte o totalmente del contexto, nadie ajeno a ese contexto, nadie que desconociera las intenciones del hablante y la historia de conversaciones anteriores, que desconociera la situación comunicativa original, o no pudiera determinar si quien habla es sincero o mentiroso, etc., nadie carente de esos conocimientos podría interpretar ni citar esas expresiones en contextos diferentes, y afirmar, por ejemplo,

(11) Anita dijo que vendía su velero.

(12) Chen y su marido estuvieron de acuerdo en que viven muy bien en China.

En estos enunciados se citan enunciados de otras personas (lo que dijo Anita, en qué estuvieron de acuerdo Chen y su marido) que se comprenden sin necesidad de reconstruir sus contextos originales de producción. Cappelen y Lepore sostienen que el contextualismo es una teoría errónea, porque una semántica variable, que hubiera que fijar en cada interacción comunicativa, no nos permitiría, manteniendo la verdad a salvo, contar lo que otros dicen, ni transmitir conocimientos, ni mencionar a la vez lo que dijeron varias personas, con expresiones como *estar de acuerdo en que*.

Los críticos, en especial Carston (2008), Recanati (2005, 2010), Ariel (2008) ponen en duda que ese nivel mínimo de significado sea accesible a los hablantes o que tenga un papel importante en la comunicación. En la mayoría de las refutaciones al minimalismo se sostiene que un nivel mínimo es teóricamente superfluo, ya que lo que el hablante comprende y puede citar es un contenido intuitivo, más amplio, que incluye significados obtenidos gracias al contexto. Ese nivel de contenido semántico enriquecido recibe diversos nombres, según las teorías, pero siempre desplaza, como componente de la comunicación, al *contenido semántico*, entendido como común denominador de las enunciaciones de una oración, propuesto por la teoría de la semántica insensible. (Véanse *literalidad y *explicatura).

La teoría de la semántica insensible provocó interesantes debates. Los primeros en reaccionar en contra de la idea de una semántica insensible fueron, como era de esperarse, los contextualistas y los pragmatistas. Las primeras críticas, a las que responden Cappelen y Lepore una por una, se encuentran en un número de la revista *Mind and Language* publicado en febrero de 2006.

Desde un punto de vista opuesto tanto a la pragmática como al contextualismo, la teoría semántica conocida como *indexicalismo rechaza también la idea de que existan proposiciones mínimas, sin dependencia del contexto, que tengan algún papel que cumplir en la comunicación. Un filósofo indexicalista, Stanley (2007), llega a decir que los minimalistas, para salvar a la semántica de los riesgos de admitir la sensibilidad al contexto, se niegan a analizar las intuiciones interpretativas de los hablantes, con lo cual mutilan los datos hasta el punto de que la semántica, en sus manos, se vuelve un entramado de conjeturas inútiles.

En una publicación reciente, uno de los teóricos de la semántica insensible, Cappelen, presenta una visión positiva del contextualismo, y comenta sus ideas anteriores (Cappelen y Dever, 2016).

MODULACIÓN Y MICROLENGUAJES

El término *modulación*, que alterna con *ajuste contextual* y, a veces, con *adaptación*, proviene de la teoría de la ***pragmática de las condiciones de verdad** propuesta por Recanati (2004, 2010), pero los procesos que designa son reconocidos en otras teorías, aunque no se los agrupe con esa denominación. En la teoría de Recanati, modular el significado de una expresión lingüística usada en un intercambio consiste en transformar ese significado, utilizando información contextual, para obtener la proposición que el hablante ha querido comunicar y que es evaluable en términos de verdad o falsedad. La modulación es un proceso pragmático típico, ya que se realiza, según Recanati, de arriba hacia abajo, de los datos del contexto al enunciado particular de una expresión, y no obedece a reglas lingüísticas (que actúan siempre en sentido inverso, de abajo hacia arriba).

Una de las tesis de la pragmática actual es que los significados del lenguaje en uso exigen modulación en prácticamente todos los casos. Según los teóricos relevantistas, hay palabras que codifican lo que ellos llaman *pro-conceptos,* que son semánticamente incompletos y exigen enriquecimiento contextual. Otras palabras expresan conceptos completos, pero unas y otras se comportan como si fueran pro-conceptos: todas requieren modulación en contexto (véanse Sperber y Wilson, 1998; y Wilson y Carston, 2007).

En un trabajo sobre el carácter dinámico del lenguaje, Peter Ludlow (2014) rechaza la "pintura estándar", según la cual el lenguaje es estático, al menos en determinado periodo de tiempo. Los lenguajes no son objetos abstractos, estáticos, que cambian muy lentamente. Por el contrario, según Ludlow, los significados de las palabras son *dinámicos y subdeterminados.* Son dinámicos porque pueden cambiar de conversación a conversación e incluso dentro de una misma conversación. Son subdeterminados porque, según Ludlow, ningún significado está plenamente desarrollado: todos los significados quedan abiertos, hasta cierto punto, y se van enriqueciendo o precisando según sea necesario.

Ludlow sostiene que a veces el propósito de una conversación es sobre todo imponer cierto significado a alguna palabra. El campo más fértil para analizar las manipulaciones de los significados léxicos es la política, pero Ludlow observa que muchas conversaciones de la vida cotidiana no intentan tanto decir cosas sobre el mundo como instruir a los demás interlocutores sobre cómo ajustar los significados: los significados se negocian continuamente en la conversación, y por eso podemos comunicarnos, superando la subdeterminación del lenguaje.

La negociación de los interlocutores sobre el significado con que usan las palabras produce un *microlenguaje* compartido. El microlenguaje se construye en la conversación, en el momento, estrechando y ampliando (modulando) los significados de las palabras. Surge de la interacción y del acuerdo entre los participantes de la conversación, instantáneamente, y una vez construido impone sus propias reglas, determinando, por ejemplo, qué palabras y oraciones son aceptables, de modo que, una vez moduladas y compartidas por todos, puedan juzgarse por su verdad o falsedad. El trabajo de modulación, en esta teoría y también en las teorías de la semántica contextualista y de la teoría cognitiva de la relevancia, es necesario en todo momento. A veces, observa Ludlow, la modulación es automática y cooperativa, pero otras veces constituye una especie de guerra léxica, en que se lucha por imponer unos significados sobre otros. Piénsese en cómo se realiza en la actualidad la modulación de palabras como *libertad*, *matrimonio*, *liberal*, *populismo*, etc., en diferentes microlenguajes.

La modulación es un tipo de ***enriquecimiento libre**, denominación general de los ajustes de significado en contexto que se consideran *libres* porque no obedecen a reglas gramaticales, a diferencia de los deícticos, que también deben completar su significado en contexto, pero por exigencias gramaticales. El otro tipo de enriquecimiento libre es la asignación de significado a ***constituyentes no articulados** de la oración enunciada. Estas operaciones interpretativas no son siempre fáciles de distinguir una de la otra. Muchas veces las nociones de modulación y enriquecimiento libre se usan en forma intercambiable. Véase también ***contextualismo**.

MODULARIDAD Y COMUNICACIÓN

La *teoría de la relevancia, que explica los procesos pragmáticos de comprensión lingüística a partir de una teoría de la cognición humana, propone que las tareas de producir e interpretar enunciados lingüísticos se realizan por medio de dispositivos mentales específicamente dedicados a diferentes subtareas, entre ellas la lectura de la mente ajena a través de comportamientos observables, la selección de datos del entorno y las aportaciones de la memoria en la derivación de inferencias. Los dispositivos, procesos o mecanismos mentales dedicados a estas operaciones se llaman *módulos cognitivos*.

La noción de módulos cognitivos procede de las hipótesis de la filosofía de la mente (Fodor, 1983), de la psicología evolucionista (Mercier y Sperber, 2017) y de la lingüística cognitiva iniciada a partir de las ideas de Chomsky. Los módulos son mecanismos mentales que sirven para organizar y facilitar las operaciones que realiza el cerebro. Se consideran *dispositivos autónomos computacionales* dedicados a dominios o tareas específicas, entre ellas las que se relacionan con la comunicación.

Los módulos surgen durante la evolución de *homo sapiens* para aumentar la eficacia de la mente, entendida como el conjunto de operaciones del cerebro. Un módulo es un recurso especializado, dedicado a una sola tarea, e incluso puede tener submódulos que enfocan partes específicas de la tarea. La existencia de los módulos se justifica generalmente aduciendo que muchas operaciones del cerebro responden a regularidades en los datos, a patrones repetidos, y el módulo ahorra la energía que costaría hacer cada vez la misma tarea, por ejemplo comprender el lenguaje, como si fuera un trabajo nuevo.

La teoría de la relevancia considera que la mente es masivamente modular (Wilson y Sperber, 2012; Carruthers, 2006). Según la visión relevantista, los módulos dedicados al lenguaje son dos:

un *módulo lingüístico* o *facultad del lenguaje* y un *módulo metarrepresentativo*, que a su vez tiene un submódulo cuyo dominio es la comunicación.

El módulo lingüístico descodifica las expresiones lingüísticas y produce una *forma lógica*. La *forma lógica* es el conjunto estructurado de conceptos que deben ser descodificados por el intérprete, y luego enriquecidos y completados pragmáticamente, con inferencias, para llegar a la ***explicatura**. La forma lógica es, por lo tanto, el punto de partida de la comunicación verbal, y el intérprete debe descodificarla primero, y luego hacer las inferencias requeridas (Carston, 2002; Sperber y Wilson, 1995).

El segundo módulo cognitivo dedicado al lenguaje, llamado módulo metarrepresentativo, tiene por dominio la lectura de la mente ajena: atribuye intenciones, representaciones y creencias a los demás, a partir de sus comportamientos, es decir, está encargado de recobrar el contenido de las intenciones y creencias que hay detrás de las acciones y comportamientos humanos.

El módulo metarrepresentativo contiene un submódulo más especializado: el *submódulo metacomunicativo*. Según la teoría de la relevancia, este submódulo tiene por tarea inferir comportamientos comunicativos, verbales y no verbales. El módulo metacomunicativo o *módulo pragmático* es uno de los módulos que constituyen nuestra capacidad cognitiva social. Es un sistema automático, rápido y eficiente para realizar su tarea, que consiste en recuperar los contenidos de ciertas acciones humanas: las acciones cuyo fin es la comunicación. Estas acciones responden simultáneamente a dos tipos de intención, una intención comunicativa y además una intención informativa. La comunicación se logra mediante enunciados lingüísticos o mediante signos naturales, por ejemplo gestos, si su propósito es comunicativo. Un enunciado o un gesto no solamente contienen una información sino que contienen muestras de la intención de comunicar dicha información. La intención mostrada de transmitir información es esencial para que haya comunicación, como planteó la teoría de Grice en los principios de la pragmática (véase ***Grice: lógica y conversación**).

Según Sperber y Wilson (2002), los humanos deben atender a gran cantidad de datos del entorno, y, a la vez, a los datos que proceden de la memoria, donde se ha acumulado una amplia gama de conocimientos. Pero la cognición humana permite procesar una cantidad limitada de conocimientos en cada momento, y por eso la eficiencia cognitiva consiste en elegir los datos del entorno y de la memoria que rindan más efectos positivos por menos esfuerzo. Prestamos atención a ciertas informaciones por encima de otras si son *relevantes*, es decir, si ofrecen más beneficios por menos coste de procesamiento. Estos beneficios varían: pueden facilitar la acción inmediata, asegurar que un individuo cumpla sus objetivos, o desplegar evocaciones de emociones y sentimientos (véase **efectos poéticos*). La relevancia es una propiedad de los estímulos externos, por ejemplo acciones o enunciados, y de estímulos internos, los que ofrece la memoria: unos y otros serán más relevantes si aportan mayor ganancia cognitiva por el menor gasto de energía mental posible.

La mayor eficacia cognitiva de un organismo se mide por la capacidad de obtener la información más relevante con los recursos disponibles. Sperber y Wilson (2002) sostienen que en el proceso de evolución de *homo sapiens* se fue incrementando la presión para lograr mayor eficacia, de modo que la cognición humana tiende naturalmente a buscar la relevancia máxima. Esta tendencia es la que justifica la teoría de que el cerebro posee un procedimiento exclusivo dedicado a la comunicación, un submódulo metacomunicativo que es una adaptación de la capacidad general de leer la mente ajena.

En trabajos recientes, los teóricos de la teoría de la relevancia establecen una conexión importante entre los módulos mentales y ciertos elementos de las lenguas humanas, los ***procedimentales** (Wilson, 2016). Las *codificaciones procedimentales* están relacionadas con procedimientos de interpretación, a diferencia de las *codificaciones conceptuales*, que expresan conceptos. Según esta nueva versión de la teoría de los procedimentales, estos tienen por función activar determinados módulos durante la comunicación. Por ejemplo, conectivos oracionales del tipo de *pero, así que, por lo tanto*, que son procedimentales, activan los mecanismos que guían al intérprete en el proceso de sacar inferencias. Otros ítems procedimentales, como la entonación afectiva y las interjecciones, están ligados a mecanismos mentales dedicados a interpretar las emociones ajenas.

La relación entre los recursos que se encuentran en el código de la lengua y los módulos especializados en funciones comunicativas constituye un nuevo tema de investigación, cuyo objetivo es comprender mejor la relación entre el lenguaje y la mente humana.

PLURALIDAD DE LOS CONTENIDOS DE LOS ACTOS DE HABLA

La noción de *pluralidad de los contenidos de un enunciado* se describe en una serie de observaciones complementarias a la teoría semántica propuesta por Cappelen y Lepore (2005), la teoría de la *semántica insensible* (véase *__minimalismo__*). Las observaciones sobre la pluralidad de los contenidos del acto de habla no constituyen realmente una teoría en que se explique sistemáticamente el fenómeno, pero intentan describir la pluralidad de contenidos comunicados en contexto dentro del marco de una semántica mínima, es decir una semántica que intenta ser independiente de la pragmática, cuasi "insensible" al contexto. La noción de pluralidad de contenidos es complementaria: da cuenta del hecho de que cada enunciado expresa a la vez un *contenido semántico,* independiente del contexto a no ser por los deícticos, y también, sin embargo, cada enunciado expresa varios, a veces muchos, significados, en el uso normal de la lengua.

En la teoría de la semántica insensible se propone que dos enunciados de la misma oración tienen una zona en común en que ambos contenidos se superponen. En esa zona común la semántica es invariable o casi invariable (véase *__contenido semántico mínimo__*). Pero, a la vez, esos dos enunciados no comparten todos los miembros del conjunto de proposiciones que cada uno expresa. En el área en que no hay superposición, los dos enunciados pueden enunciar una pluralidad de significados.

En el siguiente ejemplo, los oyentes pueden interpretar, en los contextos adecuados, que el hablante ha transmitido las proposiciones (a-e), entre otras posibles.

Supóngase una situación como la siguiente, que es similar a la propuesta por Cappelen y Dever (2016). Un individuo, López, detenido por la policía, confiesa ser el autor del asalto a una anciana que salía del banco con su pensión, y dice algo como "Yo asalté a la anciana para robarle". Este enunciado expresa, según los autores, una pluralidad de enunciados, por ejemplo los siguientes, que son todos reportajes verdaderos:

(1) a. López dijo que él es el autor del crimen de una anciana.
b. López dijo que él es el ladrón y el asesino de una anciana.
c. López dijo que él atacó brutalmente a una pobre señora para quitarle su dinero.
d. López dijo que él atacó y mató a la anciana para robarle la pensión.
e. López dijo que él es culpable de este horrible crimen a una jubilada.
Etc.

Al defender la existencia de un significado nuclear casi inalterable en varias ocasiones de enunciación, y, a la vez, la posibilidad de que un enunciado tenga una pluralidad de significados, Cappelen y Lepore (2005) intentan demostrar que la variabilidad del significado semántico, tan cara a los contextualistas (véase ***contextualismo**), es auténtica, pero no es semántica. Con esta estrategia se intenta mantener la autonomía de la semántica, autonomía que es el objetivo de las teorías minimalistas.

POLIFONÍA

1. El locutor múltiple

Se llama *polifonía* a la interacción de varios enunciadores en el mismo enunciado, interacción marcada, en muchos casos, por elementos gramaticales. El responsable del enunciado puede ser un solo locutor, pero este exhibe, despliega, cita, a otros hablantes, expresando puntos de vista de esos hablantes citados, a veces conservando o pretendiendo conservar sus palabras o pensamientos, o, en otras ocasiones, reformulando palabras o pensamientos ajenos, homogeneizando las voces hasta crear la apariencia de que el locutor es monolítico, es decir, que no entremezcla palabras ajenas con las suyas.

Oswald Ducrot (1972, 1984), autor de una teoría muy influyente sobre la polifonía en el discurso (véase **polifonía (teoría de Ducrot)**), propone que la voz del locutor de un enunciado parece unitaria pero que en realidad es heterogénea, ya que incluye palabras o pensamientos de otros, explícitamente atribuidos, o no. Las lenguas cuentan con una serie de recursos gramaticales, léxicos y prosódicos para marcar ese vaivén continuo de voces. Pero, como la polifonía puede ser también implícita, no basta con analizar las funciones de sus marcadores, sino que también debe buscarse polifonía cuando no hay marcadores pero el contexto nos invita a inferirla. La polifonía se interpreta mediante inferencias, ya sea que se trate de inferencias guiadas y constreñidas por formas lingüísticas, ya sea sin ninguna guía gramatical. En todos los casos, las inferencias pragmáticas ajustan o enriquecen el significado de lo que se dice, distinguiendo las voces y a veces determinando los orígenes de las voces, y contribuyendo a obtener una proposición completa.

En la teoría del discurso de Ducrot, la polifonía no es un fenómeno esporádico, solo parcialmente codificado por las lenguas, sino que es un rasgo constitutivo del discurso humano, considerado un fenómeno social y cultural formado por una densa trama de voces, siempre cambiante en relación con factores históricos y sociales. La polifonía, en su dimensión cultural, fue objeto de estudios reveladores del filólogo ruso Bajtin y su círculo (Bakhtin, 1981; Volosinov, 1973) tanto en la novela, que el círculo de Bajtin consideraba el género literario polifónico por excelencia, como en la conversación.

Los indicadores de polifonía forman parte del grupo de expresiones y construcciones que ayudan al oyente a hacer inferencias y se llaman ahora, en la teoría de la relevancia, elementos *procedimentales* (véase **procedimentales*). Si la polifonía no está marcada, se requiere un esfuerzo extra de interpretación, compensado por otras ventajas, entre ellas la complicidad creada entre el hablante y el oyente. El mejor ejemplo de polifonía raramente marcada por señales lingüísticas es la *ironía*, expresada por un enunciado polifónico en que hay por lo menos dos voces contrapuestas. Ciertas ironías conllevan el riesgo de no ser entendidas, porque son sutiles y destinadas a un grupo, de modo que algunos oyentes no podrán captarlas: se plantean como un juego ingenioso entre hablante y oyente, en donde el oyente debe decidir quién afirma qué, y cuál es la crítica implícita (véase **ironía*).

Cuando los enunciados polifónicos presentan indicadores, estos pueden parecer incompatibles con las normas de la gramática. Entre estas marcas "incorrectas" se encuentran, entre otras, el uso de un tiempo de pasado que no tiene referencia evidente al pasado, o de un tiempo del modo indicativo cuando las reglas sintácticas exigen subjuntivo. En el ejemplo (1), la hablante está haciendo planes para salir de compras con su amiga al día siguiente, pero recuerda algo:

    (1) Ay, mañana daba una conferencia la profesora de lingüística.

El imperfecto de (1) se refiere muy claramente al futuro de la acción indicada por el verbo, como indica el modificador adverbial *mañana*. Como se trata de una acción programada, es probable que la hablante se refiera a un anuncio o a lo que alguien le dijo. En el enunciado (2), aparece un indicativo cuando se esperaría un subjuntivo:

    (2) Yo no digo que el libro es malo.

Con verbos de comunicación negados, la subordinada sustantiva parece requerir subjuntivo, ya que si alguien afirma que no dice algo, es incongruente que afirme eso mismo a continuación. El valor básico del subjuntivo como marcador de polifonía es indicar que el hablante no afirma lo que dice, en el sentido en que no refrenda su verdad. Debido a este valor de *aserción suspendida*, en esta oración subordinada esperamos un subjuntivo, y hay hablantes que consideran esta oración incorrecta. No lo es, ya que el locutor de (2) se hace eco de lo que le dijo su interlocutor, repite, cita, y mantiene el modo indicativo que tenía la oración citada. El locutor no afirma que el libro es malo, solamente repite lo que le atribuyen haber dicho, con una especie de inercia que se manifiesta en otros usos citativos (véase ***carácter y contenido**). En el indicativo polifónico de (2) se cruzan claramente dos voces.

La pragmática se interesa por estas construcciones polifónicas porque son buenos ejemplos del papel de la inferencia en la interpretación. Muestran, además, que las lenguas colaboran con elementos ya codificados, en muchos casos, para dirigir al intérprete hacia las inferencias que corresponden.

1.2 *Estilos directos e indirectos*

El caso más sencillo de *enunciado polifónico* es la *cita directa*, o *discurso directo*, en que se distinguen, de manera explícita, dos o más locutores diferentes en el mismo enunciado, y el *yo* citado es diferente del *yo* citador. En el enunciado siguiente, por ejemplo,

(3) Carmen gritó: "Yo robé el dinero".

se perciben dos voces bien demarcadas por la sintaxis: por un lado, la del citador, reportero o narrador que describe el comportamiento verbal de Carmen, y, en segundo lugar, la de la persona citada, Carmen, a quien se atribuye un enunciado propio. Ambos enunciados quedan integrados en un enunciado polifónico, con dos locutores distintos y separados. Lo mismo puede decirse de las *citas indirectas*, o *estilo indirecto*, o *discurso indirecto*, en que también se perciben varias voces o puntos de vista. Pero en estos casos las voces quedan subsumidas en una sola voz que reporta o narra. Así, por ejemplo, en un enunciado como

(4) Los obreros anunciaron que iban a hacer huelga.

el hablante reporta el enunciado de unos sujetos, pero no reproduce sus palabras, o al menos no indica que las reproduce, sino que transmite su contenido semántico, de modo que se oye una sola voz, la del reportero, subsumiendo las de otros locutores, contenidas en su enunciado. Tanto los discursos directos, en que la variedad de voces está marcada, como los discursos indirectos, en los que no está marcada, son polifónicos, ya que reflejan por lo menos dos orígenes distintos de las aserciones.

Lo mismo sucede en otras formas de discurso indirecto:

(5) Los molinos eran <u>gigantes descomunales</u>, según don Quijote.

(6) Don Quijote embistió a los <u>gigantes</u>.

En (5) el narrador indica, mediante la forma *según*, que lo que antecede es el discurso de don Quijote, sin garantizar que esas sean sus palabras exactas, aunque podrían serlo, del todo o en parte, pero transmitiendo su punto de vista. La voz de don Quijote queda embebida en la del narrador, como en todo discurso indirecto, aunque hay señales, en este caso el adjetivo *descomunales*, del discurso característico del hablante citado. En (6), en cambio, no hay marcas de estilo indirecto. Conociendo el contexto, el intérprete debe inferir que los gigantes son los que ve don Quijote como parte de sus delirios, y no los molinos de la realidad, de modo que en este enunciado se refleja la creencia de don Quijote, solo aparentemente asumida por el narrador, ya que sabemos que el narrador no se engaña: los gigantes son molinos. Pero en (6) sigue habiendo dos voces, en contexto, ya que se oponen implícitamente dos sistemas de creencias, el sistema de los molinos y el de los gigantes. En casos así, que abundan tanto en la conversación corriente, a veces marcados por entonaciones o gestos (por ejemplo el gesto de los dedos con que se ponen comillas en el aire), estamos en presencia de polifonía aunque no haya indicadores especializados para señalarla, ni construcciones sintácticas ni expresiones de cita.

2. Marcadores gramaticales de polifonía

2.1 *Imperfecto de indicativo*

Entre las formas lingüísticas que pueden ser polifónicas, al menos en algunos de sus usos, están el *pretérito imperfecto* de indicativo, el *futuro* cuando señala modalidad y no tiempo, el *condicional* y el *modo subjuntivo*. El imperfecto es polifónico en ciertos contextos, y también puede presentar, en esos contextos, otros significados derivados, por ejemplo, indicar cortesía. En estos casos de *imperfecto polifónico* se reduce, sin perderse, el valor temporal del imperfecto, 'pasado', pero sigue activado el significado aspectual, que consiste en presentar la acción en transcurso, no terminada, intentada, anticipada. Véase, por ejemplo, el enunciado siguiente:

(7) Zicky salía mañana para Moscú.

En este caso, el imperfecto se refiere a una acción futura, aunque el imperfecto es un tiempo verbal que indica pasado, como se verifica en tantos otros enunciados, por ejemplo: "Cuando llegué no quedaba ni una coca cola"; "De joven yo quería hacer la revolución", etc. En efecto, uno de los valores básicos de la semántica del imperfecto es indicar pasado, pero, sin embargo, en el enunciado (7) y en otros semejantes el imperfecto no se refiere plenamente al pasado, ya que la acción de salir, en este ejemplo, no es una acción pasada, sino futura. Este imperfecto retiene, sin embargo, trazas de pasado, pero estas no se refieren a la acción de salir, que es el contenido del verbo, sino a un acto de habla anterior que está implícito, y ayuda a interpretar que el hablante conoce la partida de Zicky de segunda mano, que otro se lo dijo, o lo leyó en alguna parte, etc. El valor temporal de pasado, retenido en casos como (7), parece incongruente, como se vio arriba a propósito de (1), ya que el hablante se refiere a una acción que no ha sucedido, pero esta disonancia es la que da saliencia a *otra voz*, la voz (noticia, texto, acto de habla) que es el origen del conocimiento del hablante sobre el viaje de Zicky. Esa voz no está articulada lingüísticamente, solamente está indicada por la forma verbal. El imperfecto polifónico es, desde el punto de vista de la aserción, más débil. Obsérvese la diferencia entre el imperfecto, en (7), y la forma más esperable del verbo en (8):

(8) Zicky sale mañana para Moscú.

El primer enunciado, con imperfecto polifónico, puede expresar incertidumbre, debida a que el conocimiento del hablante es de segunda mano (proviene de lo que alguien dijo), y en este caso adquiere un valor evidencial, pues señala la procedencia indirecta del conocimiento, a costa de afirmarlo con menos fuerza. En contextos adecuados, el imperfecto polifónico puede indicar acción no realizada, irrealidad. Supóngase que alguien anuncia que Pereyra ha muerto la víspera, y añade

(9) Hoy Pereyra <u>cumplía</u> noventa años.

El imperfecto, en este contexto, indica que Pereyra no llegó a cumplir noventa años. La irrealidad surge del contexto, es un enriquecimiento pragmático de la forma verbal en su contexto (véase ***enriquecimiento libre**). El imperfecto es propenso a activar la inferencia de irrealidad, por su valor básico de acción en curso, sin indicación de principio ni final, lo que permite que se refiera a acciones que nunca finalizaron, y por eso no sucedieron realmente. En el ejemplo, el imperfecto *iba a cumplir* alterna con el subjuntivo *irrealis*: "Hoy hubiera cumplido noventa años".

Para explicar la gama de significados que adquieren los imperfectos en ejemplos como los anteriores, tenemos que acudir a su aspecto característico de *acción en transcurso*, que forma parte de su significado básico, junto con el valor temporal. Cuando se expresa una acción en transcurso no se incluye su final, salvo que quede acotado en el contexto por medio de un circunstancial de tiempo, y solo si se trata de acciones habituales (como en el enunciado "Todas las tardes dormía la siesta de 2 a 3"). Una acción cuyo final no se indica es proclive a deslizarse hacia significados modales, especialmente en los verbos *desinentes*, que expresan acciones que deben terminar para haber sucedido, como *llegar, salir, nacer, terminar*, etc. Para que la acción de salir haya sucedido realmente, es necesario que se haya completado: se puede decir que alguien *salía* o *estaba saliendo*, pero esos tiempos verbales no indican que la acción de salir ha concluido y por lo tanto se ha realizado. Bien puede pasar que, si se produce una interrupción, la acción no llegue a realizarse, como podría interpretarse en un enunciado como el siguiente:

(10) Mi vecino salía de su casa cuando se desmayó.

Puede entenderse que el vecino 'no llegó a salir de su casa'. Del mismo modo, si cambia el contexto de (7) la acción expresada en imperfecto no se realiza:

(11) Zicky salía mañana para Moscú, pero postergó el viaje.

Nótese que la irrealidad de la acción expresada en imperfecto depende totalmente del contexto, y si cambiamos el contexto la irrealidad desaparece y nos queda solamente la alusión a un acto de habla anterior. En el ejemplo (1), visto arriba, la expresión no se anuncia como cumplida, ya que es una acción futura, pero tampoco se la presenta como contrafactual:

> (1') Ay, mañana <u>daba</u> una conferencia la profesora de lingüística. No voy a poder salir contigo, lo siento.

En este ejemplo la primera oración produce una implicatura, 'Tengo que asistir a la conferencia'. Si la hablante no transmitiera esta implicatura, su interlocutora no podría comprender la segunda parte del enunciado: *No voy a poder salir contigo*. La conferencia no se pone en duda: el imperfecto expresa que se recuerda, que proviene de una memoria, un anuncio o una conversación. Construcciones con imperfecto como estas, ya presentes en latín, deben estudiarse como ejemplos de evidenciales en español (los evidenciales se tratan s.v. ***procedimentales***).

La afirmación débil, *modalizada*, del imperfecto, uniéndose al significado polifónico, puede servir para indicar cortesía en el contexto adecuado. Las afirmaciones débiles, en general, son más corteses que las declaraciones tajantes, por lo cual usamos formas como *querría, quisiera, quería*, en lugar de *quiero*, cuando pedimos algo. Además, la referencia a un acto de habla anterior, en ciertos contextos, da como resultado una actitud más cortés. Supongamos que la recepcionista de la peluquería saluda a la cliente que entra y le dice, antes de volverse hacia el ordenador para verificar el turno:

> (12) Perdón, ¿su apellido *era*...?

Con este enunciado, la recepcionista pregunta el apellido de la cliente, pero a la vez, con el imperfecto, se refiere a un diálogo anterior, en que la cliente ya le ha dicho su apellido, y lo hace para que quede claro que reconoce a la cliente y que hablaron antes las dos (aunque apenas la reconozca y no recuerde ningún diálogo, pero sería descortés admitirlo). Al usar el imperfecto *era*, la empleada implica 'como usted me dijo ya en otra ocasión', y pone en contacto dos diálogos, uno previo, implícito, y el presente, creando así polifonía.

2.2 *Señaladores de voces contrapuestas*

Otras construcciones polifónicas presentan voces contrapuestas. El futuro modalizado es un caso muy frecuente de este tipo de polifonía. En enunciados como

(13) El medicamento <u>será</u> amargo, pero te lo tienes que tomar.

(14) Aunque el medicamento <u>es/sea</u> amargo, te lo tienes que tomar.

La voz de la primera oración de cada enunciado dice, concediendo, que el medicamento es amargo (retomando lo que alguien, o el interlocutor mismo, dijo o pensó), y la voz de la segunda oración contradice a la voz de la primera oración, afirmando que hay que tomarlo.

En algunos casos, como en estos ejemplos (13-14) y en (2), arriba, el hablante repite lo que otro ha dicho o dice o dirá, y opone esa voz a la suya. Lo mismo pasa en todos los enunciados en que un locutor retoma un enunciado o fragmento de enunciado que alguien ha emitido, o implicado, o que es meramente supuesto. Véase, por ejemplo, el enunciado siguiente:

(15) <u>Soy</u> una cobarde, ¿eh? Ya vas a ver qué cobarde soy.

La hablante se presenta como repitiendo, pero en primera persona, como si lo dijera ella misma, algo que otros dicen o piensan, pero esa primera persona no se refiere a ella, ya que ella solamente finge decir de sí misma lo que otros dicen, o un pensamiento que ella les atribuye. La hablante repite, como en un eco, ese pensamiento o esas palabras para rechazarlas. En algunos ecos se emplean marcadores de polifonía como *así que* y *¿eh?*:

(16) <u>¿Así que soy</u> una exagerada, <u>eh</u>?

(17) Qué rico es el pescado, <u>¿eh, gatito?</u>

La expresión *ya sé* es frecuente en la conversación para introducir un punto de vista ajeno, que se asume, y a veces se contrapone a otro:

(18) <u>Ya sé</u>, es tardísimo, pero quiero ver cómo termina la película.

(19) <u>Ya sé</u>, mi trabajo no está muy bien, pero no tuve tiempo de hacerlo mejor.

La atribución del enunciado a otro es tan clara que el interlocutor puede contestar "Yo no dije eso". Esta corrección es legítima, muchas veces, ya que en estos ecos traducimos palabras o pensamientos ajenos a otros términos, generalmente más extremos, como pasa en las citas directas, sobre todo en la charla informal. Un enunciado como

(20) No te fíes tanto de Juan.

POLIFONÍA   297

puede ser retomado como en (21):

(21) Soy una tonta, quieres decir.

Como demostró Ducrot, expresiones como *al contrario, así que,* y muchas otras, indican claramente polifonía, con voces implícitas que se infieren automáticamente. En el enunciado siguiente:

(22) Valeria no es alta, al contrario, es baja.

la expresión *al contrario* sería inadecuada si hubiera una sola voz en acción, ya que no ser alta no es lo contrario de ser baja. Pero en este caso hay un diálogo subsumido en la primera parte del enunciado, según el cual una voz dice o dijo que Valeria es alta, y es esa proposición implícita la que se niega. *Al contrario* se refiere a la proposición afirmativa implícita "Valeria es alta", y no a su negación. Ducrot (1984) propone que todo enunciado negativo es polifónico, porque retoma y niega un enunciado positivo. Ducrot analiza otros indicadores de polifonía muy corrientes, como usos de las conjunciones *porque, puesto que, ya que,* que solamente se entienden si se refieren a la enunciación en que se encuentran:

(23) Jorge había bebido, porque tenía aliento a alcohol. (*Porque* equivale a *lo digo porque*).

Compárese con (24), donde el significado es diferente:

(24) Jorge tenía aliento a alcohol, porque había bebido.

En (23), *porque* indica, en su valor procedimental, la razón por la que el hablante afirma que Juan había bebido: se refiere a la afirmación del hablante, a por qué dice algo, es decir, expresa un comentario sobre la enunciación anterior. En (24), en cambio, *porque* no se refiere al enunciado, se refiere a la causa por la que Juan tenía aliento a alcohol.

En la lengua coloquial de algunas comunidades las expresiones autorreferenciales como "lo digo porque" se eliden con facilidad y forman construcciones como la siguiente:

(25) Papá debería comprarse un teléfono mejor y tener *whatsapp.* Yo porque sería más fácil comunicarse con él.

La hablante podía haber dicho simplemente *porque,* lo que habría sido más aceptable gramaticalmente, pero el pronombre personal *yo* sirve para indicar el enunciado implícito 'yo lo digo porque'. En contexto, puede atribuirse esta construcción con el pronombre *yo* a la necesidad de justificar lo que se ha dicho previamente, adelantándose a las objeciones del interlocutor. Las referencias a actos de habla que forman parte del enunciado se eliden con frecuencia, porque es muy fácil sobreentenderlas, como se ve en el ejemplo siguiente:

(26) Ahora el fontanero viene mañana.

En este enunciado hay dos actos de habla, uno de ellos implícito: *(ahora) dicen que*. El adverbio *ahora* se refiere a ese acto, y el adverbio *mañana* a la venida del fontanero. (Véase Escandell Vidal y Leonetti, 2011.)

Para los teóricos de la polifonía, esta continua alternancia de voces es constitutiva del lenguaje de la conversación. Los discursos monolíticos, sin polifonía, sin diálogos internos, son propios de otros géneros textuales, entre ellos los discursos dogmáticos y los autoritarios.

POLIFONÍA (TEORÍA DE DUCROT)

La teoría de la *polifonía del enunciado*, propuesta por Oswald Ducrot, es parte de los estudios pragmáticos del significado lingüístico realizados en Francia en los años setenta y ochenta del siglo pasado, independientemente de las nuevas corrientes de pragmática inspiradas en la filosofía de Grice. (Véase Ducrot, 1972, 1984, y también Anscombre y Ducrot, 1983). La teoría de Ducrot refuta la concepción tradicional del sujeto de una enunciación, concebido como unitario, como voz única a la que corresponde un solo punto de vista. Ducrot propone, por el contrario, que en gran parte de los enunciados se atribuye la enunciación a varios sujetos distintos, y que la voz del locutor está también dividida, aunque el sistema pronominal no refleje esta división. Los indicios de polifonía, los rastros de distintas voces y puntos de vista, están indicados en el enunciado, en gran parte, mediante una serie de marcadores, de modo que la polifonía textual es un fenómeno parcialmente codificado, y su codificación permite al intérprete derivar más fácilmente inferencias sobre las voces del texto (véase ***polifonía**).

Ducrot sitúa sus estudios sobre el significado de los enunciados en una nueva disciplina, que llama *pragmática semántica* o *pragmática lingüística*. Esta disciplina tiene por objeto el *sentido* (*sens*) de un enunciado, que es lo transmitido por el hablante, y considera que el enunciado da indicaciones, por su estructura lingüística y elección léxica, sobre su propio sentido. En el enunciado están las claves de su sentido, marcadas lingüísticamente, y estas claves son una *descripción de la enunciación*. Según Ducrot, el decir está inscrito en lo dicho, con la consecuencia de que, si queremos estudiar el sentido de un enunciado, debemos estudiar las trazas internas de su enunciación: cómo se describe el decir en lo dicho.

La enunciación es un hecho real, situado en un espacio y en un tiempo. Ducrot no la define como un acto realizado por un agente, porque la atribución de sujetos es una de las cosas que el enunciado puede señalar o no, como veremos. El enunciado producido refleja la enunciación, y es, por lo tanto, *autorreflexivo*. La reflexividad es un fenómeno pragmático, ya que lo reflejado es el decir mismo, pero es también semántico porque la descripción de lo que el enunciado informa sobre su enunciación es un fenómeno gramatical.

Ducrot sostiene que para analizar el sentido de un enunciado hay que examinar su semántica, buscando las huellas lingüísticas de la enunciación. Un ejemplo típico son las indicaciones argumentativas contenidas por el enunciado. La palabra *casi*, por ejemplo, restringe las argumentaciones que pueden hacerse usando ese término. Compárense (1) y (2):

(1) Juan gana <u>casi</u> 2.000 euros al mes.

(2) Juan gana <u>apenas</u> (<u>solamente</u>, <u>nada más que</u>) 2.000 euros al mes.

Si se quiere argumentar que Juan es digno de lástima porque gana poco dinero, no se dirá (1), sino (2). Cuando la cantidad de dinero es suficientemente miserable, cualquiera de los dos enunciados puede incitar a la piedad, dice Ducrot, pero solamente si el hablante usa la forma *apenas* u otras equivalentes se presenta a sí mismo, en su enunciado, argumentando que Juan es digno de lástima. La argumentación, en la teoría de Ducrot, es, a diferencia de la persuasión, un acto público, abierto, que no puede producirse sin denunciarse como tal. Un enunciado argumentativo, usando, en este caso, *apenas* o *solamente*, presenta su enunciación como llevando al intérprete a determinada conclusión, y ese es su sentido.

Este tipo de análisis requiere distinguir entre *frase, enunciado* y *enunciación*. La frase es una construcción del lingüista, una entidad abstracta, subyacente a los enunciados y susceptible de análisis semánticos. El enunciado es una manifestación de una frase en el aquí y ahora, es un fragmento de discurso y es un fenómeno observable. La enunciación, para Ducrot, es, en principio, un acontecimiento, situado en el espacio y en el tiempo, y constituido por la aparición de un enunciado. El enunciado tiene un *sentido* que consiste, como se ha dicho, en la descripción de su enunciación. La frase, por su parte, tiene *significación*. La significación de una frase se define como un conjunto de instrucciones sobre cómo interpretar el enunciado en que esta frase se manifiesta: la significación de la frase está representada en el enunciado mismo. Para ilustrar la

POLIFONÍA (TEORÍA DE DUCROT)

noción de significación, podemos analizar el valor semántico de la expresión *demasiado* + adjetivo. Supóngase el enunciado (3):

(3). Flora es demasiado baja.

Según Ducrot, este enunciado presenta su enunciación como una refutación de una proposición P, cualquiera que sea esta proposición (que Flora podría ser jugadora de básquetbol, por ejemplo). El locutor se presenta a sí mismo, en su enunciado, diciendo que la razón decisiva para refutar la proposición P es que Flora no llega al límite de estatura aceptable. La significación de *demasiado* + adjetivo, que pertenece al nivel de la frase, y es subyacente a sus enunciados, ofrece las instrucciones necesarias para asociar un sentido al enunciado, y estas instrucciones son buscar una proposición refutada.

Los enunciados refutativos pertenecen a la clase de enunciados polifónicos: los que revelan, mediante la significación de las frases subyacentes, que el locutor no es unitario, ya que en la voz del locutor que refuta se oye el punto de vista del enunciador refutado. La polifonía es un fenómeno muy extendido en el discurso, y tiene numerosos marcadores semánticos y sintácticos.

Ducrot rechaza la idea tradicional de que cada enunciación tiene un solo agente, y propone, en cambio, que el análisis de las imágenes de la enunciación en el enunciado revela una pluralidad de agentes. También existen enunciados que no dan ninguna señal del agente, como los siguientes:

(4) Prohibido fumar.

(5) Se ruega apagar el teléfono móvil.

(6) Se canceló el concierto.

La existencia de enunciados sin agente muestra que es una tarea del enunciado, al describir su enunciación, indicar la existencia de sujetos. El objeto propio de una concepción polifónica del sentido es mostrar cómo el enunciado señala, en su enunciación, la superposición de muchas voces, sin descartar que en algunos casos, como los que se acaban de mostrar, no indica ninguna. Las marcas gramaticales de polifonía son tan básicas para determinar el sentido, que sin conocerlas no se podrían analizar otros tipos de indicaciones, ya sean las argumentativas, como en los ejemplos vistos arriba, o las que permiten identificar el acto de habla.

Tradicionalmente, se define al locutor por tres rasgos: productor físico de la enunciación, sujeto que cumple los actos ilocutivos y sujeto designado por los pronombres de primera persona. Estas condiciones no siempre son válidas, sin embargo, ya que, incluso cuando habla un solo locutor, pueden distinguirse varias voces subsumidas en una. El fenómeno de la multivocidad había sido analizado por los teóricos rusos del círculo de Bajtin en relación con los textos literarios, que son, por su propia naturaleza, polifónicos (véanse Bakhtin, 1981, y Volosinov, 1973). Ducrot quiere extender estos estudios a la polifonía que se encuentra en el interior de los enunciados.

El sujeto hablante se escinde al convertirse en figura discursiva. Por un lado es la imagen verbal del ser del mundo que está hablando, o *locutor en cuanto ser del mundo*, y por otro lado el productor de su discurso mostrado exclusivamente en ese papel, o *locutor en cuanto locutor*. El locutor en cuanto ser del mundo, expresión que se podría abreviar *loc-m*, es el referente de los morfemas de primera persona, y tiene relación con un individuo empírico que queda fuera de la noción de "locutor", ya que este es un concepto lingüístico. El locutor en cuanto locutor, o *loc-l*, es el que se presenta en su enunciado como locutor: es, por ejemplo, el que se presenta pidiendo en enunciados como (7):

    (7) Les pido que tengan fe.

En este enunciado, *loc-l* presenta a *loc-m* pidiendo algo. Lo que un hablante dice de sí remite a *loc-m*, que puede presentarse en condiciones favorables o desfavorables. El locutor de un enunciado es un avatar de un ser de carne y hueso, y el éxito suasorio de un hablante depende de cómo lo presente su enunciado, a través del locutor. Cuando un hablante se critica a sí mismo, por ejemplo, enfrenta a *loc-l* con *loc-m* (el criticado), y así puede conquistar la simpatía del interlocutor, en expresiones del tipo de (8),

    (8) Qué tonto soy.

o, más elaboradamente, en discursos políticos en que se practica la autocrítica para producir simpatía. Ducrot añade a este locutor escindido otra categoría polifónica, la de *enunciador*, que es el personaje suscitado por el locutor, cuyos puntos de vista expresa. Los enunciadores son voces, o puntos de vista, con algunos de los cuales el locutor se identifica, incluso hasta no poder distinguirse de ellos, y con otros no. El locutor se comporta como un novelista o un autor teatral, ya que pone en escena personajes. A algunos los cita abiertamente, mediante comillas (escritas o gestuales), construcciones sintácticas o palabras especializadas en citar (como *según*, etc.). A otros los cita de manera implícita, y sus voces no son siempre fáciles de distinguir, pero forman parte de la estructura semántica del discurso, tanto como las voces de los personajes en una narración literaria.

En el enunciado (9),

(9) Ese vino será bueno, pero es carísimo.

la expresión *será bueno* introduce un enunciador con un punto de vista propio, que el locutor recoge y admite, para contraponer su punto de vista (que el vino es carísimo). Los enunciadores se expresan a través de la enunciación, sin que se les atribuyan palabras precisas, sino, más bien, puntos de vista, posiciones, actitudes. Tampoco tienen que ser identificables fuera del discurso, aunque pueden serlo. El locutor se apropia de las voces ajenas, a veces, y otras veces, por el contrario, las rechaza, en un continuo vaivén entre atribución y apropiación que constituye una característica fundamental de los discursos. La ***ironía** ilustra muy bien la distinción entre locutor y enunciador. Supóngase un enunciado irónico como

(10) Qué bien, tenemos el tanque vacío.

Si esto es dicho por un automovilista que descubre, en mitad de un lugar desierto, que tiene muy poca gasolina en el tanque, es una expresión absurda, inadecuada, que pertenece, según Ducrot, a un enunciador suscitado por el locutor, pero no al locutor. En una teoría polifónica, aunque los interlocutores solamente sean dos personas, charlando a solas, los participantes en la interacción serán siempre muchos, y sus opiniones explícita o implícitamente consideradas, discutidas, rechazadas o asumidas como propias.

PRAGMÁTICA DE LAS CONDICIONES DE VERDAD
(TEORÍA DE RECANATI)

1. Pragmática presemántica y postsemántica

La *pragmática de las condiciones de verdad* es una teoría del significado propuesta por el filósofo François Recanati (2004, 2010). La denominación es provocativa, ya que implica que un tema central de semántica, las condiciones de verdad de una declaración, conlleva o, como se verá, exige, operaciones pragmáticas para establecer el valor de verdad del enunciado. Recanati intenta, en efecto, contraponer su teoría a la *semántica de las condiciones de verdad,* que considera que el conocimiento de la semántica (parte de nuestro conocimiento de la lengua) es suficiente para determinar el valor de verdad de una oración bien formada.

Según la teoría de Recanati, la pragmática interviene en la interpretación desde el primer momento, desde que el oyente empieza a interpretar un enunciado, y no solamente después de descodificar la oración, ya que, sostiene, hace falta pragmática para comprender la semántica. Esta idea central es compartida por otras teorías, como la de las ***interpretaciones preferidas** de Levinson, la de la ***implicitura** de Bach, la ***teoría de la relevancia** y también teorías semánticas afines a la suya, que Recanati agrupa bajo el rótulo de ***contextualismo**.

La tesis de que la pragmática es indispensable para obtener las condiciones de verdad de un enunciado implica que la pragmática es *complementaria* de la semántica. Pero esta relación de complementaridad es diferente de la propuesta en los inicios de la pragmática y de la que siguen proponiendo los teóricos que defienden la autonomía de la semántica (véase ***minimalismo**). Estos teóricos consideran que la pragmática comienza donde termina la semántica: la semántica provee la entrada o *input*, que es una proposición con sus ***condiciones de verdad**, y la pragmática agrega los significados contextuales que hagan falta para llegar al significado que intenta transmitir el hablante. Esta es la relación que se desprende de la teoría de Grice, que echó las bases de la pragmática (véase ***Grice: lógica y conversación***). Para Recanati y otros investigadores, por ejemplo los teóricos relevantistas, semántica y pragmática se complementan, pero la semántica no precede a la pragmática, sino que es la pragmática la que precede a la semántica, y también la sigue, ya que permite derivar otros significados intencionales implícitos, las implicaturas, que son resultado de inferencias sobre el enunciado global.

Recanati observa, coincidiendo en esto con Bach (1994) y con Levinson (2000), que la precedencia de la pragmática se manifiesta en una serie de operaciones pragmáticas realizadas por hablantes y oyentes: elegir y reconocer en qué lengua y registro se habla, determinar cuál es el significado contextual de los deícticos, y cuál es el valor intentado por el hablante de las expresiones ambiguas, vagas o subdeterminadas. También es pragmática la distinción entre lenguaje literal y figurado, que precede obligatoriamente a la interpretación. En las rutinas de la interpretación, estas tareas son previas a todas las demás, y son pragmáticas.

Para la semántica tradicional, las condiciones de verdad de una oración estipulan una correspondencia entre el lenguaje y el mundo, de modo que una oración es verdadera si coincide con el estado de cosas del mundo descrito por la oración, y falsa si no coincide con el estado de cosas descrito por la oración. Recanati propone que la semántica no se ocupe de las condiciones de verdad, y se ocupe en cambio del estudio de los *significados lingüísticos convencionales* (por oposición a los significados variables que surgen en contexto). Como consecuencia, la noción de valor de verdad pierde su papel de señalar la separación entre semántica y pragmática, papel que le concedía Grice.

2. Nociones fundamentales

2.1 *Niveles de lo dicho y accesibilidad*

Recanati distingue dos niveles de *lo dicho* o contenido explícito de un enunciado. El primer nivel es *lo dicho mínimo* o *dicho$_{mín}$*, que coincide con lo que en las teorías minimalistas se llama *****contenido semántico mínimo, cercano a la noción griceana de *lo dicho, es decir, un nivel casi libre de operaciones pragmáticas, salvo por la necesidad de asignar referentes a los deícticos y de desambiguar las expresiones que lo requieran. El segundo nivel de lo dicho, que Recanati llama *lo dicho intuitivo* o *dicho$_{int}$*, es el resultado de las operaciones pragmáticas necesarias para completar lo explícito y convertirlo en una proposición completa y evaluable por su verdad o falsedad. Lo *dicho$_{int}$* es accesible a la conciencia, en el sentido de que el hablante puede distinguir, en el momento o después de emitir o escuchar un enunciado, qué ha sido dicho y qué ha sido implicado. Este segundo nivel, *lo dicho$_{int}$*, es semejante a la *explicatura de la teoría de la relevancia: en ambos casos se trata de una proposición completa y evaluable por su verdad o falsedad, obtenida por el oyente gracias a su competencia semántica y a su competencia pragmática.

Pero en la pragmática de las condiciones de verdad *lo dicho$_{int}$*, significado híbrido derivado de procesos gramaticales y pragmáticos, no proviene de descodificación e inferencias, como en la teoría de la relevancia: Recanati considera que el hablante hace asociaciones automáticas, muy rápidas, de las que no tiene conciencia. Las inferencias, en la teoría de la relevancia, son también subpersonales y veloces, pero los relevantistas determinan que también las inferencias que hacemos para derivar implicaturas conversacionales son, mayormente, rápidas y automáticas, o sea que para los relevantistas no hay ninguna diferencia entre una inferencia dedicada a completar un contenido explícito y una dedicada a obtener una implicatura (véase *inferencia). En la teoría de Recanati, en cambio, el intérprete, para llegar a *lo dicho$_{int}$*, no hace inferencias, sino asociaciones activadas y facilitadas por una propiedad que es central a la teoría, la *accesibilidad.

Durante el proceso de comprensión de un enunciado, algunos contenidos semánticos son más accesibles que otros: los más accesibles se activan y se seleccionan como los valores preferidos de la interpretación. Estos contenidos activados son los más *salientes*. Una vez activados, pueden dar lugar a nuevas activaciones y asociaciones. El intérprete llega así a una interpretación de la oración enriquecida pragmáticamente, lo *dicho$_{int}$*, que contiene las condiciones de verdad de la proposición.

Recanati describe el proceso de la siguiente manera: una expresión codifica cierta representación, y esa representación se activa cuando alguien usa la expresión, pero el oyente asocia esa representación con otra que también se vuelve activa, incluso más activa que la representación que le da origen, si la nueva representación cuadra mejor en el contexto, y resulta entonces seleccionada en la interpretación.

Véase el siguiente diálogo:

> (1) Alex: Cuando salgas compra dos pistolas, por favor, para la comida.
> Marc: Voy a comprar también unos pasteles.

Es muy difícil imaginar, en este caso, que el significado más accesible para el oyente sea el significado literal de *pistolas,* 'un tipo de arma de fuego'. La mención de la comida y ciertos datos estereotípicos del contexto, que es fácil imaginar, crea el marco adecuado para entender el significado metafórico de la palabra, habitual en Madrid, donde se llama así a un tipo de pan alargado. El significado metafórico es el más habitual y el primero que se le ocurre a un hablante de esa comunidad, en este contexto. Marc no necesita reflexionar, y puede decir inmediatamente que también va a comprar pasteles, siguiendo una asociación entre productos de panadería que es automática. *Pistola*, en este contexto, puede asociarse instantáneamente con *pan, galletas, pasteles*, etc., y estos pueden dar lugar a nuevas asociaciones. Podemos imaginar, partiendo del mismo enunciado de Alex, otros tipos de asociaciones: con otras tiendas de alimentos, con comidas, con dietas para adelgazar, etc. Las posibilidades son abundantes. Lo que importa es que la accesibilidad de estas asociaciones, sean las que sean, depende del contexto, donde se deben incluir los conocimientos compartidos por los hablantes, que saben que los comparten, los datos del entorno lingüístico y no lingüístico, el conocimiento del mundo y la intención del hablante.

2.2 *Procesos pragmáticos primarios*

En la teoría de Recanati se distingue el significado codificado de las palabras del que las palabras aportan a la proposición. El primer significado es semántico, y el segundo es semántico y pragmático, ya que es el resultado de operaciones pragmáticas.

Las actividades pragmáticas asociativas que sirven para establecer el significado de la parte explícita de un enunciado y construir así *lo dicho*$_{int.}$ son la *__saturación__ y la *modulación* (véase *__enriquecimiento libre__ y *__modulación y microlenguajes__). Estos términos han pasado al lenguaje de varios teóricos, que los usan aunque consideren que estos procesos son inferenciales y no asociativos.

La saturación es la tarea interpretativa que consiste en encontrar las referencias de los deícticos y completar el significado de otras expresiones subdeterminadas, que deben completarse en contexto porque así lo exige una norma gramatical. Los significados insuficientes o vagos requieren ser completados o especificados. La tendencia dominante en pragmática considera que el lenguaje tiene una semántica totalmente subdeterminada y que sin pragmática no podríamos comunicarnos (véase *__subdeterminación semántica__). La saturación de la teoría de Recanati solamente comprende los casos de subdeterminación en que la lengua misma da instrucciones para completar sus significados en contexto. La saturación es pragmática, ya que requiere información contextual, pero depende de normas lingüísticas. La modulación, por el contrario, opera en sentido inverso, de arriba hacia abajo, ya que consiste en ajustar o adaptar un significado de acuerdo con la intención del hablante y el contexto general, aunque no lo exija ninguna regla semántica. La saturación es obligada y la modulación, por el contrario, es libre, al menos no obedece a normas lingüísticas, aunque casi siempre sea imprescindible para poder interpretar el significado de lo *dicho*$_{int}$.

Véanse ejemplos de saturación:

(2) El retrato de Pedro está en el salón.

(3) Dile que venga mañana.

En (2), la construcción *retrato de Pedro* no es suficientemente específica, y exige saturación para establecer, en contexto, qué relación hay entre Pedro y el retrato: puede tratarse de un retrato que represente a Pedro, o del retrato (de otra persona) pintado por Pedro, o propiedad de Pedro, o preferido de Pedro, o dejado en herencia por Pedro, etc.

El ejemplo (3) presenta varios elementos deícticos que requieren obligatoriamente saturación: los pronombres sujetos, ausentes pero indicados por las desinencias verbales; el sema deíctico del verbo *venir*, que señala, gramaticalmente, el lugar donde está el hablante, que debe suplirse por saturación; el sufijo verbal que indica tercera persona, o sea una referencia que debe completarse; y finalmente el adverbio deíctico *mañana,* que se refiere, por su valor gramatical, al día siguiente al de la emisión del enunciado, y debe completarse también, obedeciendo a su significado gramatical o carácter (véase **carácter y contenido*).

La modulación no obedece a normas lingüísticas, sino a las necesidades de la interpretación, y también se hace con datos del contexto. Véanse los siguientes casos:

(4) Paula es <u>feminista</u>.

(5) Carlos es un <u>marciano</u>.

En (4), la palabra que requiere adaptación al contexto es el adjetivo *feminista*. Solamente el contexto amplio, del que forman parte las intenciones del hablante, tal como las reconstruye el oyente, puede ayudar a determinar qué quiere decir, exactamente, este adjetivo en esa particular ocasión. No se trata de una palabra subdeterminada, como las que hemos visto para ilustrar la saturación. Tampoco es una palabra ambigua, con significados diferentes bien delimitados, ya que la ambigüedad no es una forma de subdeterminación (véase **desambiguación*). Pero es una palabra que requiere ajuste al contexto, para que podamos determinar si el hablante quiere decir que Paula es una teórica del feminismo, o que Paula suele solidarizarse con las mujeres, o que es un ejemplo de independencia, etc.

El ejemplo (5) es una metáfora: Carlos no es literalmente un marciano, pero tiene propiedades en común con los marcianos (existan o no tales individuos), por ejemplo vivir ajeno a las realidades del mundo, o hacer cosas raras. Para comprender qué quiere decir el hablante con esa metáfora el oyente debe modular el término hasta lograr la interpretación que se parezca a la que quiere transmitir el hablante. En la teoría de Recanati, las metáforas se obtienen, en la mayoría de los casos, por modulación, es decir, por asociaciones inconscientes, instantáneas. Las metáforas literarias, más complejas, requieren, en cambio, reflexión (véase **metáfora*).

Saturación y modulación son, en la pragmática de las condiciones de verdad, procesos *primarios,* anteriores a la proposición. Los procesos primarios son los que sirven para construir la proposición. Son procesos automáticos, como hemos visto, de los que el hablante no tiene conciencia, pero sí tiene conciencia, según Recanati, del producto de esos procesos, que es la proposición completa.

Los procesos secundarios, en cambio, son posteriores a la proposición. Consisten en inferir proposiciones implícitas, las implicaturas, tomando como base la proposición expresada tal como ha sido construida mediante los procesos primarios. Recanati considera que las implicaturas se obtienen mediante inferencias, y que son accesibles a la conciencia. En cambio, son subpersonales tanto el significado literal de la oración como los elementos contextuales que usamos para fijar su significado, según el siguiente esquema, que proviene de Recanati (2004, cap. 1):

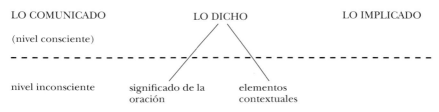

Fig. 1

Recanati propone un *principio de disponibilidad*, que organiza los procesos esquematizados en la Fig. 1. Este principio se deriva de la noción de intencionalidad de Grice. Lo dicho, según Grice, es parte del *significado no natural* y por lo tanto depende de las intenciones del hablante. Las intenciones del hablante deben ser reconocibles, públicamente expresadas, *disponibles*. Según Recanati, lo dicho se analiza de acuerdo con las intuiciones compartidas por los participantes de la interacción que comprenden el significado de un enunciado. Comprender el significado supone establecer las condiciones de verdad del enunciado: determinar qué condiciones debe cumplir el mundo para que el enunciado sea verdadero. El resultado de este proceso, como indica la Fig. 1, es consciente. Lo dicho y lo implicado son conscientes, pero no los procesos semánticos y pragmáticos que los producen.

La pragmática de las condiciones de verdad es un ejemplo de *contextualismo moderado* o, como dice Recanati, *débil*. Es una teoría contextualista porque sostiene que la semántica de la lengua es subdeterminada y requiere auxilio de la pragmática en todas las etapas de la comprensión de los enunciados. Y es moderada, por oposición a "radical", porque admite la existencia de un nivel básico mínimo de significado, un nivel de literalidad puramente semántica, sin intervención de la pragmática, es decir, el nivel del significado codificado de las expresiones (véase ***literalidad**). Este tipo o nivel de significado es reconocido por las teorías pragmáticas, que también lo consideran insuficiente para obtener el significado completo de lo dicho explícitamente. Los contextualistas radicales extienden la subdeterminación a toda la lengua, y solo admiten significados ocasionales (véase Travis, 2006).

PRESUPOSICIÓN

1. Definición

La presuposición es un tipo de inferencia pragmática, mediante la cual el locutor de un enunciado transmite una información implícita que debe ser verdadera para que el enunciado tenga sentido. Esta información presupuesta suele ser parte del conjunto común de conocimientos compartidos por hablante y oyente, o, al menos, se presenta como tal.

Véanse los siguientes enunciados, donde las expresiones subrayadas activan presuposiciones:

>(1) Fernando es colombiano.

>(2) Hemos dejado de comer carne.

Las proposiciones presupuestas por (1) y (2) son (3) y (4):

>(3) Fernando existe.

>(4) Antes comíamos carne.

Para que (1) y (2) tengan valor de verdad, es necesario que (3) y (4) sean verdaderos. La presuposición es, por lo tanto, una proposición que funciona como una verdad de fondo, no explícita pero entendida por ambos interlocutores, indispensable para que un enunciado pueda interpretarse.

Las presuposiciones tienen un rasgo que suele tomarse como definitorio: se mantienen bajo la negación. Si negamos (1) y (2), las presuposiciones, aquí indicadas con el signo >, son las mismas que para las versiones positivas (1) y (2):

>(5) Fernando no es colombiano.
>   > Fernando existe.

>(6) No hemos dejado de comer carne.
>   > Antes comíamos carne.

Otra característica propia de las presuposiciones es que están activadas por ciertas palabras o construcciones, es decir, son promovidas por formas lingüísticas, llamadas *activadores*. En los ejemplos (1) y (5), la presuposición es activada por el nombre propio, que designa a alguien. Las expresiones nominales como *la casa, el padre de Ema, mis libros*, etc., también activan presuposiciones de existencia.

En los casos (2) y (6), la expresión *dejar de* funciona como activador de la presuposición, del mismo modo que otros verbos que también indican cambio de estado. La existencia de activadores ha llevado a considerar que las presuposiciones son fenómenos semánticos. Pero hay muchos casos en los cuales los datos del contexto invalidan el efecto del activador, y la presuposición queda cancelada: esto indica que las presuposiciones son fenómenos semánticos y también pragmáticos, por su dependencia del contexto. Las teorías que consideran que la proposición es un fenómeno exclusivamente semántico son incompletas. Antes de analizar cómo se puede producir la cancelación, veamos algunos activadores.

2. Activadores

Los activadores de presuposición forman un grupo muy amplio y heterogéneo: nombres propios, construcciones nominales, verbos de varias clases, construcciones escindidas que distinguen información de fondo de información nueva, adverbios o expresiones adverbiales, cláusulas subordinadas temporales. A continuación se dan algunos ejemplos.

Frases nominales definidas:

    (7) La primera ministra pronunció/no pronunció un discurso.
       > La primera ministra existe.

Construcciones escindidas:

    (8) Fue/no fue la familia de la novia la que pagó la fiesta.
       >Alguien pagó la fiesta.

Verbos que indican cambio de estado:

    (9) Rita sigue/no sigue ganando premios.
       > Rita ganaba premios antes.

(10) Los chicos empezaron/no empezaron a llorar.
> Los chicos no lloraron antes.

Verbos factivos:

(11) Ellos saben/no saben que esos hongos son venenosos.
> Esos hongos son venenosos.

(12) Diego se arrepiente/no se arrepiente de haber sido espía.
> Diego fue espía.

Verbos y adverbios que indican iteración:

(13) El equipo volvió/no volvió a ganar.
> El equipo había ganado antes.

(14) Gutiérrez llamó/no llamó otra vez.
> Gutiérrez había llamado antes.

Cláusulas temporales:

(15) María Rosa se pintaba los labios antes de dar clase.
> María Rosa daba clase.

(16) Cuando Rocco se enfermó, su madre dejó de trabajar.
> Rocco se enfermó.

3. Propiedades de las presuposiciones

La presencia de activadores distingue las presuposiciones de otras inferencias pragmáticas que parecen similares, ya que comparten varias características: son implícitas, se transmiten voluntariamente, dependen en gran parte del contexto y pueden cancelarse. Observemos las diferencias entre presuposiciones e implicaturas conversacionales particularizadas (véase ***implicaturas**). En primer lugar, las implicaturas conversacionales particularizadas no tienen nunca activadores lingüísticos. Compárense (17) y (18):

Presuposición:

(17) María Eugenia lamenta/no lamenta haber estudiado filosofía.
> María Eugenia estudió filosofía.

Implicatura:

(18) Marcos: Mi gata tuvo cría. ¿No quieres un gatito?
Lila: Mi marido se niega a tener animales domésticos.

En (17), el verbo factivo *lamentar*, afirmado o negado, activa la presuposición de que María Eugenia estudió lingüística, y esta información pasa a formar parte del contexto de la conversación, y debe darse por verdadera para que el enunciado sea interpretable. Los hablantes hacen una inferencia activada por el verbo factivo *lamentar*, de cuyo significado forma parte que su complemento es verdadero, salvo que el contexto cancele este rasgo semántico, como se verá más abajo.

En (18), en cambio, el oyente debe inferir que Lila no acepta la oferta del gatito, pero ninguna expresión activa esta inferencia. Las implicaturas conversacionales particularizadas, como esta, provienen del conjunto de un enunciado, o sea, de la consideración de por qué un hablante racional dice lo que dice.

Pero esta implicatura, como todas, podría cancelarse, si la hablante agregara algo, por ejemplo que su hija quiere un gatito y que seguramente va a convencer a su padre de aceptarlo. Como las implicaturas, las presuposiciones pueden cancelarse con una alteración en el contexto.

Véanse, como ejemplos de cancelación, los enunciados siguientes. En (19), el activador *antes de* produce una presuposición, pero en (20), enunciado construido con el mismo activador, la presuposición queda anulada (la anulación se indica con el signo ~):

> (19) La tía Marta llamó a sus hijos antes de hacer su testamento.
> \> La tía Marta hizo testamento.
>
> (20) La tía Marta murió antes de hacer su testamento.
> ~> La tía Marta hizo testamento.

La presuposición activada en (19) por la cláusula temporal queda cancelada en (20), pese a la cláusula temporal. Nuestro conocimiento del mundo nos impide presuponer como información verdadera que una persona muerta pueda hacer un testamento. Véanse otros ejemplos:

> (21) Diego no se avergüenza de haber sido espía, si es que alguna vez lo fue.
>
> (22) Si Juana votó por este presidente, seguro que ahora se arrepiente de haberlo hecho.

En (21), la cláusula condicional deja en suspenso la verdad de la expresión *ser espía*, verdad que debería ser garantizada por el verbo factivo *avergonzarse*, si la presuposición fuera un fenómeno puramente semántico. Lo mismo en el ejemplo (22), donde otro verbo factivo, *arrepentirse*, pierde su condición de afirmar la verdad de su complemento, a causa de la cláusula condicional.

En las oraciones compuestas, las presuposiciones persisten a veces, y a veces no. (21) y (22) ilustran casos de oraciones compuestas en que las presuposiciones quedan suspendidas por efecto de una cláusula condicional. Pero en otras construcciones similares, la presuposición sobrevive. Compárese (21) y (22) con (23) y (24), donde las presuposiciones activadas por el verbo *darse cuenta* persisten, aunque la cláusula en que aparecen esté incluida en un periodo condicional, en (23), y en una construcción disyuntiva, en (24):

(23) Si Chacho no se da cuenta de que lo persiguen, lo van a arrestar.
> Persiguen a Chacho.

(24) O Chacho no se da cuenta de que lo persiguen, o quiere dar una pista falsa a la policía.
> Persiguen a Chacho.

Las presuposiciones han sido intensamente estudiadas en filosofía del lenguaje y, más tarde, en lingüística. Frege hizo observaciones sobre ellas en 1892, y, en el siglo XX, Russell y Strawson produjeron teorías importantes. Los lingüistas propusieron explicaciones sobre el comportamiento de las presuposiciones, que es muy difícil de sistematizar en el caso de las oraciones compuestas, y, además, las presuposiciones se evaporan si son incompatibles con nuestro conocimiento del mundo. Los verbos factivos pierden su capacidad de activarlas incluso en casos en que el hablante presupone algo falso:

(25) Los turistas saben que Sarajevo es la capital de Montenegro.

En (25), los turistas presentan como verdad presupuesta una información inaceptable, ya que Sarajevo no es la capital de Montenegro. Otra vez, nuestro conocimiento del mundo cancela la proposición. Pero ejemplos como este, en que algún intérprete podría tomar por verdadero lo que el hablante, por ignorancia o por otros motivos, presenta como verdadero, y no lo es, da a las presuposiciones un valor retórico: evocar de pasada, sin afirmarlo, lo que no es cierto pero el hablante trata como si fuera cierto. En general, es más difícil cuestionar la verdad de una presuposición que la de una afirmación explícita. Se encontrarán ejemplos en varios tipos de discursos, en especial en el de los abogados y políticos.

Las presuposiciones son semánticas y pragmáticas, y todavía no se ha propuesto una teoría integradora sobre su comportamiento. Tampoco se ha hecho todavía un estudio comparativo de las presuposiciones en varias lenguas.

4. Acomodación

Desde el punto de vista de la pragmática teórica, un fenómeno interesante relacionado con las presuposiciones es la *acomodación*. La acomodación consiste en incluir en el contexto, como si hubiera estado ahí siempre, una información que se presenta como presupuesta, aunque en realidad es nueva.

Supóngase que Sonia dice, cuando va a pasar una puerta de seguridad en el aeropuerto:

> (27) Ahora va a pitar mi marcapasos.

Si su interlocutora no sabe que Sonia tiene un marcapasos, incorpora esa información al contexto, es decir, la acomoda y trata como si fuera parte del terreno común de conocimientos compartidos. Este proceso obedece al principio básico de la comunicación: los hablantes son cooperativos, tratan de eliminar los obstáculos que puedan dificultar el entendimiento mutuo, y esperan que sus interlocutores hagan lo mismo. La acomodación exige reconocer la intención del hablante y cooperar en el proceso de comunicarse: podría verse como un caso especial de implicatura (véase Lapore y Stone, 2015)

PROCEDIMENTALES

1. Los procedimentales en la teoría de la relevancia

El análisis de los significados *procedimentales*, las expresiones que los codifican y sus funciones comunicativas forman parte de la *teoría de la relevancia (Blakemore, 1987, 1992; Sperber y Wilson, 1993; Wilson, 2011 y 2016). Las codificaciones procedimentales dan instrucciones sobre la interpretación, guiando las inferencias del intérprete, y en especial reduciendo el espacio de las inferencias posibles, es decir, constriñendo la cantidad de inferencias necesarias para crear un contexto y obtener efectos cognitivos. Esta definición describe los procedimentales típicos, por ejemplo los conectores discursivos: *pero, así que, después de todo, a menos que*, etc. Pero los procedimentales no solamente guían en la construcción de significados implícitos, sino que algunos de ellos, como, por ejemplo, los pronombres personales, influyen en la comprensión de los significados explícitos, como se verá.

En los trabajos de Blakemore se propone que ciertos elementos léxicos, por ejemplo los conectores discursivos, que no contribuyen a las condiciones de verdad de una proposición, deben analizarse como instrucciones semánticas que guían la interpretación de las proposiciones, es decir, como elementos semánticos que tienen una función pragmática. En la teoría de la relevancia, estos significados se distinguen de los *representativos* o *conceptuales*, codificados por palabras con contenido semántico como *zapato, pensar, azúcar, grande, ingenuamente*, etc.

La información conceptual se conecta con el sistema de representaciones que constituyen nuestra *lingua mentalis* y contribuye, en la mayoría de los casos, a las condiciones de verdad de la proposición. Los significados procedimentales, por su parte, no *describen* representaciones, sino que *indican* procedimientos de interpretación.

Los procedimentales pertenecen a distintos niveles lingüísticos: comprenden elementos léxicos como los conectores discursivos, los pronombres, los demostrativos, algunos adverbios; fenómenos gramaticales como los modos y tiempos verbales; o prosódicos, como la entonación, y también elementos no codificados, como los gestos faciales o, hasta cierto punto, las interjecciones y los diminutivos. Todos ellos pueden contribuir al proceso de comprensión del enunciado, ayudando a seleccionar inferencias para construir los efectos contextuales intentados por el hablante y buscados por el oyente.

Recientemente, los teóricos relevantistas han propuesto ampliaciones a la teoría original sobre los procedimentales. En primer lugar, se relacionan ahora los procedimentales con mecanismos cognitivos relacionados no solamente con el proceso inferencial que permite la *comprensión* de un enunciado, sino también con otros procedimientos, no ligados a la comprensión sino a otros aspectos de la comunicación, por ejemplo a la captación de emociones.

Se propone también, en estudios recientes, que no son solamente las formas consideradas, desde los inicios de la teoría, procedimentales (por ejemplo, los marcadores discursivos), los que dan instrucciones sobre cómo realizar inferencias manipulando los elementos conceptuales, sino que los elementos léxicos conceptuales pueden dar también indicaciones sobre cómo modular los significados para que el intérprete pueda recuperar el preciso valor contextual que esos elementos adquieren en diferentes ocasiones de uso. Muchas, o, según Wilson (2016), quizá todas, las unidades léxicas provistas de información conceptual incluyen o pueden incluir también en su significado instrucciones procedimentales (se verán ejemplos en § 4.2.2).

La tesis, ya enunciada en los trabajos de Oswald Ducrot, de que la semántica contiene instrucciones pragmáticas, tiene gran importancia teórica, porque reexamina la relación entre la naturaleza de las lenguas humanas y su uso, y propone que la semántica no es independiente de la pragmática, ya que las lenguas presentan, imbricadas en su gramática, guías sobre el uso del lenguaje en la comunicación (Ducrot, 1972, 1984). Estas codificaciones con valor semántico y función pragmática demuestran que la pragmática es *complementaria* de la semántica, sí, pero que la pragmática no trabaja con el *output* de la semántica, sino que por el contrario, en la mayoría de las palabras, quizá en todas, hay ciertos rasgos que sirven para determinar el modo en que serán interpretadas pragmáticamente. No se trata de rasgos semánticos esporádicos o marginales, sino que forman parte de la sintaxis y la semántica.

Veamos cómo funcionan los procedimentales, para pasar después a reseñar las nuevas ideas sobre su alcance e importancia.

2. Codificaciones conceptuales y procedimentales

En la versión clásica de la teoría de los procedimentales dentro de la teoría de la relevancia, se propone que las palabras con significado procedimental guían los procedimientos inferenciales necesarios para comprender un enunciado. Los conectivos oracionales, como *pero, así que*, son ejemplos típicos de expresiones con valor procedimental, ya que al conectar oraciones guían el proceso de inferir la relación entre ambas, reduciendo el espacio de las inferencias y evitando así un gasto de energía. Las codificaciones *conceptuales*, por su parte, contienen conceptos que forman un sistema de representación. Este sistema coincide con el llamado "lenguaje del pensamiento" (Sperber y Wilson, 1995, cap. 2).

Tanto las expresiones conceptuales como las procedimentales forman parte de la semántica de una lengua. Pero el acceso cognitivo a estas nociones presenta una diferencia importante: mientras los significados conceptuales o representativos permiten un acceso consciente, reflexivo, los procedimentales, por el contrario, son impenetrables a la introspección. Esto hace difícil describirlos. Podemos describir qué función cumplen en la activación cognitiva necesaria para comprender el enunciado, pero no podemos decir exactamente qué significan. Somos capaces, en cambio, de explicar el significado de cualquier ítem que exprese un contenido representativo, como *elefante* o *saltar*. Los elementos léxicos que indican procedimientos forman parte de una maquinaria lingüística subpersonal, de modo que son menos accesibles que los elementos conceptuales. Quizá por eso son los más difíciles de aprender cuando se estudia una lengua extranjera.

Los procedimentales pueden manifestarse en unidades léxicas, en construcciones y en categorías morfológicas o, incluso, como dijimos, pueden manifestarse como elementos no lingüísticos, por ejemplo gestos. Las palabras con contenido conceptual codifican las representaciones que forman la proposición, de modo que siempre contribuyen a las condiciones de verdad. Los indicadores procedimentales, en cambio, no tienen contenido en muchos casos, y funcionan desde una posición externa: en su mayoría, no contribuyen a las condiciones de verdad de la proposición. Son expresiones o construcciones que forman parte de la gramática, y tienen por lo tanto contenidos convencionales, pero suelen ser ajenas a las condiciones de verdad. Por ejemplo, compárense los dos enunciados siguientes (1a) y (1b), donde (1a) contiene una construcción con función procedimental:

(1) a. Lo que quieren es dinero.
b. Quieren dinero.

En (1a) hay una construcción copulativa enfática que pone de relieve un elemento informativo, el complemento *dinero*, y sirve de guía procedimental en la interpretación. En la versión (1b) se ha eliminado esa construcción, y el complemento aparece después del verbo, sin realzar. No obstante la diferencia sintáctica, las dos oraciones tienen las mismas condiciones de verdad, ya que la construcción procedimental de (1a) no colabora en la asignación de condiciones de verdad a la proposición enunciada. Las condiciones de verdad son las mismas con o sin la construcción enfática. Lo que esta hace es dirigir al oyente hacia inferencias que enriquecen el enunciado, pero no afectan su valor de verdad.

Según Wilson y Sperber (1993), los procedimentales pueden señalar de qué acto de habla se trata (afirmación o pregunta, por ejemplo, mediante estructuras gramaticales que indican una acción o la otra); o bien, en otros casos, determinan cuál es la actitud del hablante hacia la proposición, mediante expresiones especializadas en señalar actitud proposicional; o bien caracterizan cómo se hace el acto de habla, por ejemplo en el caso de los adverbios de contenido ilocutivo; también pueden indicar al intérprete, mediante conjunciones como *pero* o *por lo tanto*, cómo manipular dos proposiciones, por ejemplo si hay que contrastarlas, o conectarlas como causa y consecuencia. Algunos procedimentales dan una instrucción al oyente sobre cómo encontrar los referentes de las expresiones deícticas en el contexto, otros relacionan la proposición con un mundo posible, o arrastran consigo contenidos no expresados pero fuertemente convocados, como en el caso de los activadores de presuposiciones. Wilson (2011, 2016) considera tres funciones comunicativas:

PROCEDIMENTALES   323

- facilitar las inferencias necesarias para derivar implicaturas
- contribuir al valor de verdad, o sea a fijar la explicatura
- contribuir a la creación de explicaturas de nivel más alto

En cuanto a la última de estas tres capacidades, debe recordarse que las explicaturas de nivel más alto añaden información sobre la actitud del oyente hacia la proposición (véase *explicatura). Una gran cantidad de elementos procedimentales que no contribuyen al valor de verdad, por ejemplo indicadores de modo, partículas oracionales y discursivas, interjecciones, entonación, codifican constricciones procedimentales en la construcción de explicaturas de nivel más alto, y comunican información sobre actos de habla, actitud proposicional o actitud afectiva, como veremos.

Los siguientes enunciados ilustran algunas funciones de los procedimentales:

(2) a. Milena no se había preparado para el examen, y por lo tanto no aprobó.

(3) a. La casa es pequeña y cómoda.
b. La casa es pequeña pero cómoda.

(4) a. La jefa no es una fiera; nos trató bastante bien.
b. La jefa no es una fiera, así que nos trató bastante bien.
c. La jefa no es una fiera; después de todo, nos trató bastante bien.

(5) Yo no sé bailar el tango.

(6) Te vas.
a. ¿Te vas?
b. ¡Te vas!

En (2) el elemento procedimental *por lo tanto* marca una relación de causa y consecuencia entre las dos proposiciones. Si eliminamos el procedimental, no se altera el valor de verdad del enunciado, y la relación entre las partes se mantiene mediante el enriquecimiento pragmático de la conjunción copulativa, a la que se asigna el valor 'y como consecuencia', 'y por eso' (véase *enriquecimiento libre). En (2), la ausencia del procedimental tampoco afecta las condiciones de verdad de la proposición. Pero, además, la expresión *por lo tanto* no agrega aquí ningún matiz, ni pone de relieve ninguna parte del enunciado, como sí sucedía en (1). En usos como este, el procedimental sirve para facilitar la comprensión del oyente, reduciendo el trabajo interpretativo, ahorrando energía.

En (3), ejemplo típico de *implicatura convencional* en el sistema de Grice (véase ***implicatura***), se describen dos propiedades de la casa, en a) simplemente uniendo una a la otra mediante una conjunción copulativa, y en b) añadiendo, con un procedimental, un significado de contraste entre los adjetivos. La conjunción *pero* no tiene un contenido descriptivo, ya que no codifica una representación. Se refiere, en cambio, a la proposición expresada, señalando que hay un contraste entre las dos propiedades de la casa, y contribuye así al proceso inferencial necesario para comprender el enunciado, deshaciendo la expectativa que podía haber creado la primera parte del enunciado: que la casa es incómoda, ya que por lo general las casas pequeñas se consideran más incómodas que las grandes.

En (4), las proposiciones se relacionan mediante dos conectivos o marcadores discursivos: *así que* y *después de todo*. En (4b), la primera parte del enunciado sirve de prueba para la conclusión que sigue, explícitamente marcada por el conectivo *así que*. En (4c), el conectivo indica, por el contrario, una confirmación: la segunda parte del enunciado confirma, mediante el conectivo *después de todo*, lo que se afirma en la primera parte. Como en el caso anterior, (3), estos conectivos oracionales no contribuyen a las condiciones de verdad de la proposición, y su función es exclusivamente guiar el proceso inferencial.

En (5) se ejemplifica el caso del pronombre personal deíctico. El significado procedimental de los deícticos como *yo, tú, aquí*, etc., es una regla para identificar al referente. En este caso, la regla indica que *yo* se refiere al particular locutor de ese enunciado en un contexto (véase ***carácter y contenido***). La identidad del locutor varía de contexto a contexto, determinando el valor de verdad de la proposición en cada uno de esos contextos, de modo que el deíctico contribuye al valor de verdad del enunciado, pese a ser procedimental.

El enunciado (6) podría ser ambiguo en cuanto a su valor ilocutivo, ya que admitiría interpretarse como una comprobación, una queja, una pregunta, una amenaza, incluso una orden (véase ***desambiguación***). La entonación, y sus correspondientes signos prosódicos, sirven para desambiguar la expresión, indicando cuál es la actitud del hablante. En la versión (6b), la interrogación, marcada por signos en la escritura y por la entonación al hablar, es un indicio de que el acto de habla es interrogativo: tiene la fuerza ilocutiva de una pregunta. En (6b), la entonación puede señalar que el enunciado es una orden o también, según los contextos, que expresa diferentes actitudes, entre ellas temor o alegría. La entonación es una marca procedimental, ya que permite determinar, en muchos casos, cuál es la fuerza ilocutiva de un acto de habla. En la teoría de la relevancia se considera que los indicadores de interrogación forman parte de un conjunto de procedimentales que ayudan a construir una explicatura de nivel más alto, en este caso del tipo de 'Te pregunto si te vas'. Se verán más abajo otros ejemplos de esta función, al tratar las formas evidenciales.

2. Antecedentes teóricos de la teoría de los procedimentales

El precedente más importante de la teoría relevantista sobre los procedimentales es la teoría semántica y pragmática de Ducrot (1972, 1980) en la que se explica la capacidad del lenguaje para reflejar el proceso pragmático de enunciación en el enunciado y dar instrucciones sobre la interpretación (ver *polifonía (teoría de Ducrot)**).

Ducrot y el grupo de lingüistas franceses que trabajaron con él analizaron una serie de construcciones de tipo procedimental, considerándolas una manifestación de un fenómeno muy amplio: el fenómeno de cómo *el decir está inserto en lo dicho*, o la *parole* en la *langue*, en el marco de lo que se llamó, en los años setenta y ochenta, *pragmática integrada* (Ducrot, 1980). Los indicadores de procedimiento, a veces llamados *marcadores pragmáticos*, fueron siempre asociados a la pragmática, al *acto de hablar*, y no al *contenido de lo que se dice*, pese a estar codificados.

Ya desde los años sesenta Emile Benveniste y Roman Jackobson habían estudiado el comportamiento de los deícticos o *shifters*, como parte de lo que se llamó entonces una *teoría de la enunciación*, interesada por el proceso de producción de los enunciados y no por el sistema de la *langue* (véase la revista *Langages*, número 17, 1970, dedicada al proceso de enunciación). Tanto los análisis de Benveniste y sus colegas como los de Ducrot y Anscombre revelan un nuevo interés por el fenómeno de los significados codificados que sin embargo no pueden estudiarse con los métodos de la semántica basados en la noción de verdad. Estos estudios proponen lo mismo que hoy en día propone la teoría de la relevancia en pragmática: que las formas procedimentales son *constricciones en la inter-*

pretación lingüística. Los análisis lingüísticos y retóricos de Ducrot abrieron el camino a la pragmática para muchos investigadores, casi simultáneamente con la difusión de la famosa conferencia de Grice sobre la lógica de la conversación, publicada varios años más tarde (Grice, 1989, cap. 2).

Grice también se plantea el problema de las expresiones que, siendo parte del código, o sea, dotadas de significado convencional, no contribuyen, sin embargo, al valor de verdad de la proposición. Grice propone un tipo de implicatura que intenta categorizar los significados convencionales (semánticos, codificados) que no aportan valor de verdad y, por lo tanto, en el marco de su teoría, solamente pueden ser implicaturas. A este tipo de implicatura a caballo entre lo semántico y lo pragmático lo llama *implicatura convencional*. En la teoría de Grice, las implicaturas convencionales, a diferencia de las implicaturas conversacionales, no se derivan de la interacción entre el enunciado y el contexto, sino que surgen solamente de rasgos semánticos convencionales de una expresión. El ejemplo (3) (*La casa es pequeña pero cómoda*) presenta la conjunción adversativa activando lo que Grice considera una implicatura convencional.

Las implicaturas convencionales, por ser implicaturas, tienen contenido conceptual, y sin embargo ese contenido conceptual no participa en la asignación de condiciones de verdad. Grice dejó esbozada la idea de que las conjunciones del tipo de *pero, por otra parte, aunque,* funcionan como indicadores de fuerza ilocutiva, o sea que son expresiones que indican cómo identificar el acto de habla. Grice creía que hay dos niveles en un acto de habla, o sea que el hablante realiza dos actos a la vez: un acto básico, que produce lo que Grice llama *ground floor meaning,* y otro acto de un orden más alto, en el que comenta de algún modo el acto de habla básico. Al usar un conectivo con significado de contraste, como *por otro lado,* por ejemplo, el hablante contrasta un acto con otro. Mientras el significado del acto de habla básico se refiere al mundo y tiene por lo tanto condiciones de verdad, el acto de habla de nivel más alto, que comenta el enunciado básico, no toca, sin embargo, el valor de verdad del significado básico o *ground-floor meaning.* Como puede verse, esta descripción coincide en puntos esenciales con la teoría de las explicaturas de nivel más alto, que también se entienden como un comentario sobre la explicatura básica.

3. Nuevas ideas sobre los procedimentales

3.1 *Procedimentales y semántica*

Los lingüistas franceses que proponían en los años setenta y ochenta una pragmática imbricada en la gramática consideraban que las formas que hoy llamamos procedimentales eran, sin ninguna duda, semánticas, aunque no tuvieran valor de verdad. Grice, como se ha visto arriba, preservó la correlación entre semántica y condiciones de verdad, proponiendo que formas del tipo de *pero* tienen, sí, significados convencionales, como corresponde a entidades semánticas, pero, a la vez, deben analizarse como activadoras de implicaturas, por no tener valor de verdad. En la teoría de la relevancia, las que Grice llamaba implicaturas convencionales quedan subsumidas por los significados procedimentales.

En la clásica definición de Gazdar (1979), la pragmática tiene como objeto el significado no relacionado con las condiciones de verdad, que es tema de la semántica, considerada en un sentido estricto. El significado que queda fuera de lo que puede evaluarse por su verdad o falsedad se considera pragmático. El estudio de los procedimentales termina de destruir esta distinción entre semántica y pragmática, útil, quizá, cuando todavía la pragmática no tenía un lugar en los estudios sobre el significado, pero desmentida por las teorías actuales del significado. Los procedimentales revelan que existen elementos que son semánticos pero que no tienen valor de verdad, como sucede con la mayor parte de los procedimentales, y, por otra parte, que hay significados conceptuales que quedan fuera del valor de verdad de la proposición.

Los procedimentales son semánticos (y no pragmáticos) porque son codificaciones, partes de la gramática, que se aprenden junto con la lengua, del mismo modo que aprendemos los significados conceptuales. El proceso de aprendizaje es el mismo: aprendemos a asociar ciertas palabras con los conceptos correspondientes, y a asociar expresiones procedimentales a ciertos procedimientos. Nuestro conocimiento de la semántica de una lengua nos capacita para la etapa de la *descodificación*, el aspecto no inferencial de la interpretación lingüística. Los procedimentales sirven para guiar las inferencias, pero no son elementos pragmáticos, sino integrantes del código.

Se podría esperar que los procedimentales, por referirse a operaciones pragmáticas y no a conceptos, nunca aportaran nada a las condiciones de verdad de la proposición, pero no es así. Algunos procedimentales contribuyen a las condiciones de verdad de la proposición, como los pronombres personales, según vimos a propósito del ejemplo (5). Por otro lado, según Wilson (2011, 2016), hay formas que, pese a ser conceptuales, no contribuyen a las condiciones de verdad de la proposición enunciada. Ese es el caso de ciertos adverbios ilocutivos, que se refieren al acto de habla mismo, en ejemplos como (7):

(7) Francamente, Gutiérrez es un poco pesado.

El adverbio no forma parte de lo que se afirma, sino que se refiere a una explicatura de nivel más alto, y por lo tanto es un comentario sobre el acto de afirmar que Gutiérrez es un poco pesado, y no sobre el contenido afirmado. Se infiere una explicatura de nivel más alto como 'Te digo francamente que Gutiérrez es un poco pesado'. El adverbio no contribuye a las condiciones de verdad de la proposición, aunque mantiene su significado conceptual.

Como puede verse, no siempre se verifican las correlaciones, que parecían inalterables, entre conceptos y condiciones de verdad, por un lado, y entre procedimientos y ausencia de valores de verdad, por otro. Hay elementos conceptuales o representativos que no forman parte de la proposición enunciada o al menos de lo que Grice llamaba *ground floor meaning*, como ejemplifica (7). Y, por otro lado, procedimentales como los pronombres personales, que no expresan conceptos sino que indican el procedimiento para localizar al referente, contribuyen, sin embargo, a las condiciones de verdad.

3.2 *Extensión de la noción de procedimentales*

La teoría de la relevancia, al enfocar los procesos cognitivos de la comunicación, propone que los significados procedimentales tienen conexión directa con los mecanismos mentales, subpersonales, dedicados a la interpretación. Los elementos conceptuales se relacionan con representaciones de estados de cosas; los procedimentales con estados mentales del hablante.

En efecto, los teóricos relevantistas afirman que, mientras los elementos conceptuales están ligados a conceptos que forman parte de nuestro lenguaje mental, los procedimentales están relacionados sistemáticamente con módulos cognitivos dedicados a la comunicación lingüística (véase *__modularidad y comunicación__*). El nivel de activación de esos módulos cambia según reciban ciertos estímulos o directivas, de modo que el estado del usuario del lenguaje va cambiando, por obra de elementos semánticos que influyen directamente en la activación de procesos mentales.

Según una hipótesis reciente (Wilson, 2016), las codificaciones procedimentales activan no solamente los procedimientos mentales relacionados directamente con la comunicación, especialmente cuando guían el trabajo inferencial necesario para comprender un enunciado, sino que también activan otros procedimientos relacionados de diversas maneras con la comunicación. Entre estos procedimientos se encuentran la lectura de la mente y la lectura de emociones. La lectura de la mente, indispensable para atribuir al hablante intenciones basadas en comportamientos, está facilitada por una serie de indicadores, que van desde la entonación hasta elementos gramaticales, como por ejemplo los modos verbales.

3.2.1 Expresión de emociones

Los procedimentales que expresan valoración afectiva son muy numerosos. Algunos forman parte de la gramática, y otros, en cambio, se acercan al límite entre el significado lingüístico y el natural, o no forman parte de la semántica de la lengua, sino que son signos naturales, como los gestos. Entre los que forman parte de la gramática, se destacan en español los prefijos y sufijos que indican afecto, burla, menosprecio, en especial los diminutivos y los aumentativos. Algunas de estas formas están lexicalizadas y ya no se perciben como derivadas de otra palabra, por lo que no tienen el valor procedimental de guiar la percepción de emociones: *flequillo, cuartilla, estribillo, pañuelo, centralita*, etc. Estos términos se encontrarán en los diccionarios, ya que forman parte del léxico conceptual de la lengua. Las palabras formadas con una base y un prefijo, sufijo o interfijo de tipo apreciativo, en cambio, no están en los diccionarios (y no las reconocen tampoco, al menos por ahora, los aparatos electrónicos). Los diminutivos y aumentativos son, a la vez, elementos conceptuales y procedimentales, ya que su función es guiar inferencias sobre emociones. Los diminutivos como *casita*, *limpito, cerquita, tempranito* tienen un valor conceptual verificable, y además un valor procedimental: señalar una actitud de afecto o desprecio o, cuando se percibe un eco, una actitud irónica o sarcástica (por ejemplo, en un enunciado como "Su maridito querido la dejó en la miseria").

También transmiten emociones la entonación y las interjecciones y partículas que indican actitudes, por ejemplo ¡ay!, ¡oh!, etc. Las palabras tabúes y en general las llamadas "malas palabras", frecuentes en la conversación familiar, activan procedimientos para captar actitudes y emociones, además de servir otras funciones sociales, por ejemplo estimular la camaradería entre iguales. En lenguas como el español, el sistema de tratamientos gramaticaliza procedimientos que colaboran en la cognición social y pueden también indicar afecto, respeto o desprecio.

3.2.2 Formas híbridas y gramaticalización

Como se ha dicho ya, algunas expresiones que codifican conceptos, quizá todas, pueden tener también significados procedimentales. Ducrot propuso los primeros ejemplos de este aspecto del significado lingüístico. Expresiones como *poco* y *un poco*, por ejemplo, son, tanto en francés como en español, conceptuales, pero guían de diferente manera las inferencias del intérprete, en casos como los siguientes:

> (8) a. Juan sabe <u>poco</u> inglés, y por eso no pudo conversar con los turistas.
> b.?? Juan sabe <u>un poco</u> de inglés, y por eso no pudo conversar con los turistas.

La conclusión de que Juan no pudo conversar con los turistas es aceptable en (8a), pero no en (8b), pese a que en los dos casos se dice que Juan tiene pocos conocimientos de inglés, sin especificar cuánto sabe. A diferencia de *poco*, la frase *un poco* orienta al oyente a inferir que Juan sabe lo suficiente como para conversar con los turistas:

> (9) Juan sabe <u>un poco</u> de inglés, y por eso pudo conversar con los turistas.

Las dos expresiones, *poco* y *un poco*, son conceptuales y probablemente aporten al enunciado el mismo valor de verdad, pero tienen significados procedimentales diferentes, o, según la teoría de

Ducrot, tienen orientaciones argumentales diferentes, o sea provocan distintas conclusiones (Anscombre y Ducrot, 1983).

Las palabras, indiquen conceptos o procedimientos o ambos significados, tienen constricciones específicas, que guían su interpretación. Así sucede, por ejemplo, con la palabra *casi*, que en usos como el siguiente no es aceptable:

(10) ?? Qué bien, has llegado a tiempo: casi tres minutos tarde.

Puede entenderse que una persona que llega a una cita menos de tres minutos tarde llega, efectivamente, a tiempo, pero un argumento que empieza con *casi* parece contradecir ese significado. Lo que esperamos, en este caso, son expresiones como *apenas, tan solo*, etc., que disminuyen el valor argumentativo de los tres minutos: en (10), el adverbio *casi* opera en sentido contrario: agranda el valor argumentativo, en contradicción con la primera parte del enunciado, y por eso es inadecuado en este uso, salvo que se marque esa contradicción:

(11). Qué bien, has llegado a tiempo, pero casi tres minutos tarde, de todos modos.

Aprendemos estas constricciones junto con la semántica de nuestra lengua, son parte de la gramática, y afectan directamente la interpretación pragmática, inferencial. Pero estas son expresiones con contenido, que contribuyen a las condiciones de verdad, de modo que pueden considerarse conceptuales y además procedimentales.

Las formas que ayudan al intérprete a percibir valoraciones o emociones, como vimos en el apartado anterior, son también, por lo general, híbridas, a la vez conceptuales y procedimentales: expresiones como *amiguete, noviecito, amigazo, vinacho, cafecito*, contienen una representación semántica y además, los sufijos diminutivos y aumentativos que las constituyen funcionan como procedimentales que ayudan a captar valoraciones subjetivas.

Estos ejemplos de expresiones conceptuales y a la vez procedimentales nos permiten sacar dos conclusiones importantes. La primera es que el lenguaje contiene, en gran parte de su léxico, instrucciones de uso que nos ayudan a hacer inferencias, además de las expresiones gramaticalizadas que se dedican exclusivamente a activar procedimientos de interpretación.

La segunda conclusión se relaciona con las ideas fundadoras de la pragmática. Ejemplos como estos, en que los valores semánticos son más bien vagos o reducidos y se desambiguan o completan solamente en contexto, son confirmaciones de la idea, muy consolidada en pragmática, de que la semántica de las lenguas da indicaciones sobre el significado que quiere transmitir el hablante: no lo despliega, se limita a indicarlo, por lo general con significados mínimos que requieren enriquecimiento contextual. El contenido recuperado por el hablante sólo puede explicarse como el resultado de operaciones inferenciales, que, según los pragmatistas y algunos semanticistas, se originan en el aspecto procedimental de los elementos léxicos, incluso los que son predominantemente conceptuales.

La extensión de la noción de significado procedimental refuerza la idea de que el estudio pragmático del significado permite simplificar la descripción semántica: esta, en lugar de proponer que casi todas las palabras pueden ser ambiguas o presentar significados variables en contexto, solo tiene que registrar el significado mínimo de los elementos léxicos, y dejar lo demás en manos de la pragmática. Grice, al proponer la noción de implicatura conversacional, abrió el camino para distinguir los significados convencionales de los que, a partir de ellos, surgen en la conversación y son obtenidos por inferencia. La hipótesis, planteada por Ducrot y continuada por los teóricos relevantistas, de que las palabras con contenido conceptual dan instrucciones sobre procedimientos, refuerza esta aspiración de la pragmática a simplificar la descripción gramatical.

La idea de que los elementos conceptuales intervienen en las operaciones pragmáticas se compagina bien con uno de los postulados básicos de la teoría relevantista sobre el significado léxico: todas las palabras requieren ajustes en contexto, que enriquecen el significado, de modo que, cuando se codifica un significado conceptual, este significado incluye una instrucción para construir un *concepto ad hoc* que se acerca al intentado por el hablante.

Algunas palabras codifican conceptos completos, que aparentemente no indican constricciones sobre su uso, y otras, que hemos analizado en varios artículos de este libro, expresan en cambio conceptos incompletos, y suelen considerarse *sensibles al contexto*, como, por ejemplo, los adjetivos graduables, del tipo de *alto*, *bajo*, que requieren completar su significado con inferencias contextuales ('bajo para su edad', 'bajo para jugar al básquetbol'). Sperber y Wilson (1995) sostienen que las palabras, ya sea que expresen conceptos completos o incompletos, solo *apuntan* a significados, que el oyente debe construir en contexto mediante inferencias, siguiendo instrucciones imbricadas en la semántica misma. En este marco teórico, resulta muy aceptable la idea de que los significados conceptuales pueden tener también aspectos procedimentales.

Un ejemplo típico de la coexistencia de ambos significados, con uno de ellos dominante al fin del proceso, es el fenómeno llamado *gramaticalización*. La gramaticalización es un proceso histórico por el cual una expresión con valor conceptual evoluciona hasta tener significado procedimental. El significado conceptual originario se anula total o parcialmente (Sweetser, 1994). Son buenos ejemplos las perífrasis verbales, donde el verbo auxiliar es el que ha sufrido la gramaticalización: <u>tengo</u> que irme, <u>volvió</u> a llamar, <u>se largó</u> a llover, esto <u>puede</u> terminar mal, etc. Según Wilson (2011), si consideramos que todos los términos conceptuales tienen al menos algún significado procedimental, resulta más fácil explicar este desplazamiento: el significado procedimental se va reforzando con el tiempo, a costa del significado conceptual, que se vuelve superfluo.

3.2.3 Persuasión y escrúpulos epistemológicos

Según Wilson (2016), las funciones de los procedimentales no se limitan al manejo de inferencias, sino que algunos de ellos cooperan con las argumentaciones que sirven para convencer al oyente de que el hablante dice la verdad, y otros ayudan al hablante a demostrar que sus afirmaciones merecen confianza, por lo general ofreciendo información sobre las fuentes de su conocimiento.

Los mecanismos lingüísticos que orientan al oyente a seguir un argumento para llegar a ciertas conclusiones son, por un lado, las formas lógicas *si*, *y*, *o*, *a menos que*, y, por otro, procedimentales que indican relaciones inferenciales, como *por lo tanto*, *pero*, *a menos que*, en algunos de sus usos.

Los procedimentales pueden servir también para indicar que el hablante tiene escrúpulos epistemológicos, y prefiere indicar cómo ha adquirido el conocimiento de lo que afirma. Ciertas lenguas gramaticalizan significados *evidenciales*, por medio de partículas o morfemas que indican la fuente de una afirmación, con el objeto de señalar cómo se ha llegado a ese conocimiento. Los evidenciales indican, por ejemplo, si el hablante sabe algo porque se lo han dicho otros, o si es resultado de una inferencia. El japonés, el búlgaro, el turco, algunas lenguas indígenas de América, tienen partículas evidenciales que son obligatorias (Aikhenvald, 2004). Las lenguas que no tienen evidenciales lexicalizados expresan este significado mediante construcciones que indican un proceso inferencial para llegar a la verdad de lo que se afirma, o bien mediante significados citativos de las formas verbales. Los procedimentales con valor evidencial afectan a la explicatura de nivel más alto, ya que se refieren a la proposición básica para indicar cómo se ha llegado a conocerla, ofreciendo garantías o restricciones posibles de la verdad. Los siguientes ejemplos muestran usos evidenciales en español:

(12) a. (Mirando el piso mojado.) Parece que ha llovido.
b. Antes del viernes se conocerían los resultados.
c. Julia se iba a Grecia mañana: tenemos que llamarla antes de que se vaya.
d. Como dijo Marx, la religión es el opio de las masas.

En (12a) la expresión *parece que* indica que el hablante está haciendo una inferencia: observa que el piso está mojado, e infiere que ha llovido recientemente. En general, los hablantes tratan de mantener su buena reputación, de parecer confiables, y las formas procedimentales que indican el proceso por el que se llega a un conocimiento y en consecuencia a una afirmación actúan como salvaguarda, en algunos contextos. La importancia de los procedimentales en la relevancia de una información es variable. En algunos contextos tienen un papel secundario, como afirma Wilson (2016).

En (12b), el uso del condicional, que procede de un texto de prensa, indica que el que escribe no puede afirmar completamente que los resultados se conocerán antes del viernes, y por lo tanto su afirmación está debilitada por la forma condicional, que indica que la noticia procede de otra fuente. El condicional citativo se usa casi exclusivamente en textos periodísticos. En (12c) el imperfecto no expresa tiempo pasado, sino una fuente verbal: es un imperfecto citativo. La responsabilidad de lo dicho recae en el testimonio de otros, que el hablante cita de manera implícita. También es citativa, pero de manera explícita, la construcción subrayada en (12d). El uso de la construcción *como dice X*, antepuesta o pospuesta a la afirmación, tiene la función comunicativa de evidencial, en este caso respaldando la opinión propia con la de otra persona, con la que se demuestra conformidad. El uso de *según dijo X* es también evidencial, pero la explicatura de alto nivel que provoca es diferente, ya que en este caso el hablante se distancia de la opinión ajena, para aminorar su compromiso con la verdad de la afirmación.

A diferencia de las codificaciones conceptuales, los procedimentales no pueden ser modulados con información contextual. Cuando hay contradicción entre dos significados y uno de ellos es procedimental, este se impone sobre el significado conceptual o el significado contextual. Por ejemplo, si un verbo con significado *desinente*, como *salir, llegar, morir*, etc., o sea un verbo cuya acción no se cumple si no termina, se combina con una forma verbal imperfectiva, que presenta la acción en curso, sin indicar su fin, se produce un choque entre la semántica del verbo y el valor procedimental de la forma verbal imperfectiva. El choque se resuelve siguiendo la instrucción procedimental, que se impone al valor conceptual del verbo. En la interpretación, la acción no termina, sino que se presenta como repetida o bien como incoativa. En (13) y (14) se ven ejemplos de este conflicto resuelto por el procedimental:

(13) En el campo, Cristina se *levantaba* temprano.

(14) Jon *salía* de su despacho cuando Blein lo detuvo.

En (13), la acción de levantarse se interpreta como habitual, ya que predomina el valor procedimental del imperfecto sobre el contenido conceptual del verbo: la acción no puede presentarse como terminada para que pueda decirse que ha sucedido, como exige el valor conceptual del verbo, y el conflicto se resuelve acudiendo al significado de acción repetida: la acción se describe como una repetición que está en curso en el pasado, siguiendo la exigencia del imperfecto. En (14), la acción de salir no se cumple, o no se sabe si se cumple, sino que queda iniciada, porque el valor procedimental del imperfecto impone otra interpretación que cancela en parte la semántica del verbo salir. En ambos casos, el aspecto verbal imperfectivo predomina sobre la clase de acción del verbo desinente, que es un valor léxico y no gramatical (Escandell Vidal y Leonetti, 2011).

El estudio de los procedimentales promete nuevas hipótesis y revelaciones sobre uno de los temas más importantes de las teorías sobre el significado lingüístico: la relación entre semántica y pragmática.

PROPOSICIÓN

Se llama *proposición* al contenido semántico de una oración declarativa, contenido que es evaluable como verdadero o falso. De acuerdo con la perspectiva tradicional de la semántica lógica, la proposición, así definida, está formada por un argumento y un predicado, y se refiere a un estado de cosas en el mundo. Esa es su *referencia al mundo* o *extensión* (véase ***intensión y extensión**). La proposición es verdadera si concuerda con el estado de cosas al que se refiere, falsa si no concuerda. En el caso de la proposición contenida en (1),

>(1) Los cisnes son blancos.

la proposición es verdadera si los cisnes son blancos, y falsa si no lo son. Pero aunque no se pueda verificar la verdad o falsedad de una declaración, siempre se puede comprender qué condiciones tendrían que cumplirse en el mundo para que la oración fuera verdadera. En el caso de (1), la condición que tendría que cumplirse es que los cisnes fueran blancos. Podamos o no comprobarlo, sabemos lo que la oración significa y sabemos que la proposición que contiene es verificable. Desde esta perspectiva, el significado de una oración consiste en el *conjunto de condiciones que deben cumplirse en el mundo para que la afirmación sea verdadera o falsa*. (Véase ***condiciones de verdad**.)

También los términos léxicos que constituyen una oración se conectan con el mundo: se refieren a objetos y propiedades del mundo. Las palabras así enganchadas individualmente al mundo se combinan, en la oración, siguiendo las normas de la sintaxis, y el conjunto de argumento y predicación se refiere a un estado de cosas, y puede ser evaluado por su verdad o falsedad. Según la semántica lógica, una oración bien formada, es decir, que obedece a las normas gramaticales de la lengua, está completa y no contiene ambigüedades, vaguedades u omisiones que impidan llegar a las condiciones de verdad de su contenido semántico.

Pero algunos teóricos del significado no creen que tales proposiciones se puedan encontrar siguiendo solamente la ruta léxico-semántica al significado, sin ir más allá y recurrir a datos del contexto. El problema consiste en determinar si el análisis puramente semántico de las oraciones usadas en contexto permite obtener proposiciones completas. El análisis semántico incluye la descodificación del significado tipo (fuera de contexto, constante) de la oración, y, considerando en un segundo paso la oración en su contexto, la resolución de la referencia de los deícticos y demostrativos, y de cualquier ambigüedad. Lo que no es descodificación es trabajo pragmático, pero la semántica admite solamente una pequeña cantidad de pragmática. El resultado es una proposición mínima, que es el contenido estable, transmitible, de una proposición en contexto (véase ***minimalismo**).

Las objeciones a estas teorías literalistas o minimalistas apuntan sobre todo al hecho de que rara vez una proposición mínima puede darnos la información necesaria para otorgarle valor de verdad en contexto. Los filósofos contextualistas, que proponen una semántica contextualizada, o sea nutrida por datos del contexto (véase ***contextualismo**), y también los teóricos de la pragmática, en general, sostienen que para llegar a una proposición completa hace falta realizar otras tareas pragmáticas, y no solamente resolver las ambigüedades y completar los deícticos. Estas tareas exigen el reconocimiento de la intención del hablante, que es la tarea pragmática por excelencia y que está más allá de la gramática.

Desde este punto de vista, las proposiciones intercambiadas en la conversación se consideran meros esquemas o guías, o raíces proposicionales, y no proposiciones completas y evaluables (Bach, 1994; Recanati, 2011; Wilson y Sperber, 2012). Un ejemplo repetido en la literatura sobre proposiciones esqueléticas e incompletas se encuentra en el enunciado siguiente:

    (2) Bueno, no te vas a morir.

Si esto se dice a un niño que llora porque se ha cortado un dedo, lo que la proposición expresa literalmente es que el niño no se va a morir, lo que es falso (véase Bach, 1994). Esta proposición requiere añadir lo que falta, para obtener un significado completo y evaluable como 'no te vas a morir por ese corte'.

Las teorías semánticas minimalistas proponen que el significado de una oración queda agotado por su estructura gramatical, sin necesidad, casi, de pragmática, y defienden la noción tradicional de proposición como valor semántico evaluable de una afirmación en contexto. Para algunos minimalistas, el contenido evaluable de una oración en contexto no es una abstracción, sino un contenido comunicado, es uno de los pensamientos comunicados en una interacción, como sostienen Cappelen y Lepore (2005), al proponer su teoría de la *semántica insensible* (véase ***contenido semántico mínimo**). Desde esta perspectiva, la proposición es el contenido mínimo del enunciado de una oración bien formada, una vez fijados los referentes de los deícticos y los demostrativos, y desambiguadas las expresiones ambiguas, y es también el objeto de un acto ilocutivo y el contenido semántico sobre el cual estamos de acuerdo o no cuando discutimos (Cappelen y Hawthorne, 2009).

Emma Borg (2012), también miembro de las fuerzas minimalistas, reconoce que la proposición no siempre es comunicada, y que el hablante no tiene por qué tener acceso psicológico a ella, ya que el concepto de proposición no se relaciona con la comunicación, sino con los significados lingüísticos estrictos, derivados del léxico, la sintaxis y la semántica, a los que llegamos automáticamente, mediante la *facultad del lenguaje.*

Borg defiende el ***proposicionalismo**, expresión acuñada por Bach (2007) para referirse a la idea, rechazada por él, de que toda oración bien formada, relativizada a un contexto de enunciación, es capaz de expresar una proposición. Bach rechaza el proposicionalismo porque admite en su teoría proposiciones incompletas, que requieren compleción pragmática (véase ***implicitura**). Borg, en cambio, considera que si no se acepta el proposicionalismo, hay que abandonar el minimalismo, porque este no puede permitir que haga falta tanta pragmática para llegar a una proposición. Pero, según ella, abandonar la noción de proposición mínima completa, aunque esta noción sea una idealización, sería deslizarse hacia el campo enemigo de los contextualistas, que exigen toda clase de operaciones pragmáticas para llegar al contenido proposicional (como proponen la ***pragmática de las condiciones de verdad** y la ***teoría de la relevancia**). Este deslizamiento es, para Borg y otros, una pendiente resbaladiza por la que puede caer una investigadora minimalista demasiado complaciente, y así ser engullida por el contextualismo (Borg, 2012).

PROPOSICIONALISMO

El *proposicionalismo* (término acuñado por Bach, 1994) es un principio central de la semántica entendida como estudio de las *condiciones de verdad de una *proposición. Según este principio, cada oración declarativa produce una proposición evaluable, al menos en referencia a un contexto. Si esto es así, las teorías del significado no pueden considerar oraciones fragmentarias o deficientes que no expresen una proposición, ya que solo las proposiciones pueden evaluarse como verdaderas o falsas.

Esta posición, criticada por Bach, autor de la teoría de la *implicitura, es defendida por los minimalistas, que proponen un nivel de *significado mínimo* proposicional que es casi independiente del contexto (véase *minimalismo y *contenido semántico mínimo).

La mayoría de los teóricos del significado, sin embargo, sostiene que existen proposiciones incompletas, que requieren la incorporación de datos del contexto para tener significado completo. Un ejemplo de proposición incompleta es la siguiente:

(1) Hilda está lista.

En este enunciado, la expresión *estar lista* parece exigir un complemento que indique para qué está lista Hilda, si queremos alcanzar el nivel de la proposición, o sea el significado evaluable, que debe estar completo, y podría ser, por ejemplo, 'Hilda está lista para salir de viaje'. En el enunciado (2),

(2) Daban un regalo a cada niño.

la frase *cada niño* debe enriquecerse para que la proposición esté completa: 'cada niño de la familia, de la clase, del hospital'. (Estos dos casos con el adjetivo *listo* o el cuantificador *cada*, y otros semejantes en que una expresión parece exigir, sin intervención de la gramática, un significado contextual, se han tratado, en pragmática, como ejemplos de la existencia de ***constituyentes no articulados***).

Algunos minimalistas, como Cappelen y Lepore (2005), niegan que las proposiciones de ejemplos como (1) y (2) estén incompletas, ya que, si lo admitimos, podemos caer en la tentación de exigir más y más compleciones, en un proceso que es como una pendiente resbaladiza, sin fin. Una vez completada la oración *Hilda está lista* con el complemento, obtenido pragmáticamente, *para salir de viaje*, podríamos querer añadir más complementos: salir de viaje adónde, y salir de viaje cuándo, y por qué, y con quién, etc. Borg (2012), a su vez, busca otras maneras de acomodar en su minimalismo la intuición de que esta oración requiere un complemento, y prefiere excavar el subsuelo de la gramática para completar significados sin acudir al contexto.

El proposicionalismo también es defendido por los teóricos de la semántica llamada *indexicalista*, en especial Stanley (2007), que presenta una teoría diferente sobre proposiciones que no parecen completas, aduciendo que lo son, aunque no lo parezcan en la superficie, porque contienen, en su forma lógica, las variables que se completan en contexto, según reglas lingüísticas (véase ***indexicalismo***).

REFERENCIA COMO FENÓMENO PRAGMÁTICO

Usamos el lenguaje para referirnos al mundo, al mundo real o a mundos posibles, y lo hacemos mediante expresiones referenciales, que son nombres propios o frases nominales definidas, como *el libro, los gatos de Roma, Andrés Bello, América*, etc.

Gottlob Frege, iniciador de la filosofía del lenguaje moderna, es el punto de partida obligado cuando se habla de referencia. En un artículo publicado en 1892, Frege sostiene que una expresión tiene dos dimensiones de significado: sentido y referencia. El sentido, llamado también *intensión*, es el significado lingüístico de la expresión, su manera de presentar un objeto del mundo. La referencia, también llamada *extensión* o *denotación*, es la designación de un objeto del mundo, del que se predica algo. Expresiones con sentidos diferentes pueden tener la misma referencia. Así se ve en un ejemplo como el siguiente:

(1) a. Miguel de Cervantes murió en 1616.
 b. El autor del *Quijote* murió en 1616.

Si, según la semántica de las condiciones de verdad, el significado de una oración equivale a las condiciones que deben cumplirse en el mundo para que la proposición sea verdadera o falsa, en el ejemplo (1) las dos oraciones tienen el mismo significado, por tener la misma referencia y las mismas condiciones de verdad. Y eso es así aunque los modos de presentación del objeto sean diferentes, ya que en (1a) la referencia la realiza un nombre propio, y en (1b), la frase nominal señala a un individuo que tiene la característica de ser autor del *Quijote*. Las expresiones referenciales de (1a) y (1b) tienen diferentes *sentidos*, pero la misma referencia o extensión: son semánticamente equivalentes (véase ***intensión y extensión** y ***condiciones de verdad**).

Para Frege el sentido es más importante que la referencia. Las expresiones que no tienen referencia no son, según Frege, verdaderas ni falsas, pero tienen significado. Véanse, por ejemplo, las proposiciones contenidas en las siguientes oraciones:

(2) El unicornio es blanco.

(3) Dulcinea es hermosa.

Ni el unicornio ni Dulcinea existen en el mundo real, de modo que no pueden verificarse ni el color del unicornio ni la belleza de Dulcinea, pero el nombre y la frase nominal significan, tienen *sentido* lingüístico, ya que presentan un objeto de determinada manera. (2) y (3), por no referirse a objetos reales, no son oraciones verdaderas ni falsas.

Bertrand Russell (1905) propuso una teoría de la referencia según la cual las proposiciones no verificables, como (2) y (3), son falsas, ya que no tienen referentes en el mundo real. Para Russell, si el unicornio no existe para la zoología, tampoco existe para la lógica. Las entidades imaginarias no existen en la realidad y por lo tanto las predicaciones sobre ellas no son verificables. Son falsas porque *presuponen*, erróneamente, la existencia de una entidad: en (2) se presupone la existencia del unicornio, en (3), la de Dulcinea. Russell no admite que estos seres existan en otras dimensiones. Lo que existe, para Russell, es la imaginación en que se produjeron esas figuras, pero no las figuras mismas.

En su teoría sobre la referencia, Keith Donnellan (1966) incorpora al análisis las intenciones comunicativas de los hablantes, y distingue *referencia* y *denotación*: la referencia es pragmática (ya que está determinada por la intención de referirse a algo) y la denotación es semántica, es lo que la frase descriptiva significa literalmente. Para llegar a esta distinción, Donnellan propone *usos* diferentes de las descripciones en la conversación.

Ni la teoría de Frege ni la de Russell ofrecen, según Donnellan, un análisis completo de las descripciones definidas, ya que, desde su punto de vista, una descripción definida de un objeto inexistente puede dar lugar a una afirmación falsa, pero también a una afirmación verdadera. Las descripciones pueden funcionar de más maneras que las consideradas por Frege y Russell. Estos filósofos analizan solamente la semántica del lenguaje. Donnellan propone una caracterización que incluye factores pragmáticos, o sea, los significados que surgen si se consideran el hablante y su situación de comunicación. Este análisis se relaciona con la idea del lenguaje como acción: debemos considerar qué *hacen* los hablantes con el

REFERENCIA COMO FENÓMENO PRAGMÁTICO 345

lenguaje. No basta con analizar las palabras mismas. Son los hablantes, y no las palabras, los que se refieren al mundo.

Donnellan propone dos tipos de *usos* de las descripciones, según cuál sea la intención del hablante en una interacción comunicativa: los *usos referenciales* y los *usos atributivos*. De acuerdo con esta distinción, la teoría de Frege ofrece un análisis referencial de las descripciones en el que las descripciones, semejantes a los nombres propios, como hemos visto arriba, en (1), identifican objetos de la realidad, son referenciales. Russell, en cambio, defiende lo que Donnellan llama una visión atributiva de las descripciones.

¿Cuál es la diferencia entre *descripción referencial* y *descripción atributiva*? Según Donnellan, cuando un hablante usa una descripción de forma atributiva, la descripción se aplica a un objeto del mundo que cuadre exactamente; el atributo de ser tal cosa, por ejemplo autor del *Quijote*, es lo más importante. En el caso de las descripciones usadas de forma referencial, en cambio, el hablante sólo intenta que sus oyentes puedan identificar una persona o cosa de la realidad. La descripción misma no importa mucho, siempre que logre su objetivo de identificar un objeto. Así, si queremos guiar al interlocutor para que identifique un automóvil del que queremos decir algo, en ciertos contextos tanto da usar la descripción "el coche rojo" o "el Ford estacionado enfrente", o, si el coche está a la vista, señalarlo con el dedo. El hablante sólo quiere que su descripción sirva para identificar algo.

Donnellan ilustra la diferencia entre usos atributivos y referenciales de las descripciones con el siguiente ejemplo. Supongamos que un detective encuentra el cadáver mutilado de un hombre al que llamaremos Ruiz. El detective comenta lo siguiente: "El asesino de Ruiz es demente". El detective no sabe quién es el asesino, o sea que la frase descriptiva se refiere a cualquier individuo que tenga la propiedad de ser el asesino de Ruiz. Este es un claro uso atributivo de la descripción. No sabemos si la proposición es verdadera o falsa, porque primero hay que identificar al asesino y comprobar si es demente.

Pero esta descripción puede tener también un uso referencial. Imaginemos que se culpa a un tal Gutiérrez por el asesinato de Ruiz, y Gutiérrez se comporta de manera extraña durante el juicio. Alguien, por ejemplo un miembro del jurado, podría señalarlo y decir exactamente lo mismo: "El asesino de Ruiz es demente".

El miembro del jurado lograría, con esta descripción, identificar a Gutiérrez: este uso es referencial.

Ahora supóngase que Gutiérrez no es el asesino de Ruiz, aunque lo están juzgando por serlo, y se comporta de forma extraña durante el juicio. El mismo jurado podría decir "El asesino de Ruiz es demente", y lograría identificar a su referente, Gutiérrez, aunque este no sea en realidad el asesino. La descripción no es acertada, pero logra identificar un objeto, y tiene valor de verdad si se entiende que la intención del hablante es identificar a un individuo. Dicho de otro modo, si no importa que la descripción cuadre exactamente con el objeto, el uso es referencial, y el acto de habla será satisfactorio, o afortunado, cualquiera sea la verdad o falsedad de la descripción, si conduce al intérprete a identificar el objeto del mundo que ha querido señalar el hablante.

A partir de análisis de este tipo, Donnellan distingue denotación, concepto semántico, de referencia, concepto pragmático. La denotación es el significado convencional de una descripción definida, y cuando el hablante la usa atributivamente, su verdad depende de la coincidencia entre el contenido de la proposición y un estado de cosas del mundo. La referencia, en cambio, es una noción pragmática: depende de que la intención del hablante al usar la expresión sea identificar a un objeto único del mundo. Si la descripción no es acertada, pero captamos la intención del hablante y sabemos a qué se refiere, identificaremos el objeto, y podremos asignar a la proposición condiciones de verdad.

Esto quiere decir que se puede usar una expresión que significa literalmente A, para transmitir, en contexto, un significado B, J o S, siempre y cuando el intérprete capte la intención. Las descripciones desacertadas, aproximadas o erróneas con las que los hablantes logran hacer referencias que pueden tener valor de verdad son muy comunes en la conversación. Unos pocos ejemplos:

> (4) ¿Quién era la chica rubia que te saludó? (La chica no es en realidad rubia, sino pelirroja, pero el oyente puede identificar a la persona correcta, en contexto.)
>
> (5) El marido de Estela es dentista. (No es literalmente cierto que se trate del marido de Estela, ya que no está casado con ella, sino que, por ejemplo, vive con ella, pero la frase logra identificar a la persona a la que se refiere el hablante.)
>
> (6) El primer ministro se reunió con el rey. (En realidad no es el primer ministro, ya que ese cargo no existe en ese país, sino que es, por ejem-

plo, el presidente del gobierno, pero los oyentes pueden entender a quién se refiere el hablante.)

(7) Mi Alfa Romeo está averiado. (El hablante es irónico al referirse a su auto, pero si la ironía es captada por los oyentes, la proposición es verdadera, ya que la descripción irónica identifica el objeto de la predicación.)

Los enunciados (4-7) son, semánticamente, falsos, ya que ni la chica es rubia, ni el hombre en cuestión es el marido de Estela, ni existe un primer ministro en ese país, ni el hablante o la hablante posee un Alfa Romeo. Pero todos esos enunciados, en el contexto adecuado, comunican lo que el hablante quiere comunicar, si el oyente es capaz de hacer las inferencias necesarias para comprenderlos.

Todas las expresiones que designan objetos del mundo, sean nombres propios, frases nominales, demostrativos o cuantificadores, pueden usarse para transmitir significados que van más allá del estricto contenido semántico de esos términos o frases. Este fenómeno no altera la semántica. Los análisis clásicos de Frege, Russell y otros quedan intactos, si se separa el significado convencional del significado pragmático (salvo que se discuta la existencia misma de un significado convencional estable, como en el caso de los contextualistas extremos: véase ***contextualismo***).

La teoría de Donnellan pierde interés porque no refuta a Russell, ni la visión semántica de la referencia. El hecho es que Russell ofrece una visión exclusivamente semántica que es totalmente compatible con las observaciones de Donnellan sobre la denotación como fenómeno semántico. Pero la distinción entre la denotación como fenómeno semántico y la referencia como fenómeno pragmático tiene la virtud de hacer reflexionar sobre la relación entre el análisis semántico y el análisis pragmático en el campo de las descripciones, un tema que sigue siendo debatido. (Véanse ***minimalismo*** y ***pragmática de las condiciones de verdad***.)

RELATIVISMO

1. Nociones preliminares

El *relativismo* es un conjunto de teorías de la filosofía del lenguaje que intentan explicar la variabilidad del significado de algunas expresiones lingüísticas, y en especial la fluctuación de las condiciones de verdad de las proposiciones en diferentes contextos. Las teorías relativistas contribuyen al debate sobre la oposición entre *estabilidad* y *variabilidad* del significado lingüístico, en que participan tanto la pragmática como las teorías semánticas reseñadas en este libro: ***contextualismo**, ***minimalismo** e ***indexicalismo**, desarrolladas o consolidadas, como el relativismo contemporáneo, a partir del cambio de siglo.

Las diferentes versiones del relativismo comparten una idea básica: la variación de los valores de verdad de expresiones y proposiciones se debe a parámetros contextuales que incluyen pero también sobrepasan los tradicionales de persona, tiempo y lugar de la enunciación, y van más allá, también, del parámetro de los mundos posibles, establecido por la lógica modal.

La teoría de una verdad relativa, al menos en ciertos usos del lenguaje, es antiquísima en la historia de la filosofía. Platón cita, en el *Teeteto*, unas palabras atribuidas a Protágoras: "El hombre es la medida de todas las cosas, para las que son, de su ser, y para las que no son, de su no ser". Sócrates interpreta estas palabras, hablando con Teeteto, de esta manera: "Las cosas son para mí tales como me parecen, y para ti tales como te parecen", y se pregunta a continuación por qué Protágoras no propuso, en lugar del hombre como medida, un cerdo o una rana, que son capaces de percibir también. Esta primera parte del *Teeteto*, cuyo significado se ha discutido mucho, es el punto de partida de la tradición relativista. La filosofía analítica despreció, hasta hace muy pocos años, las teorías relativistas, consideradas incoherentes y confusas. Pero actualmente las nuevas formulaciones del relativismo han empezado a atraer la atención de los filósofos.

Los teóricos del relativismo actual sostienen que su teoría intenta explicar aspectos de nuestro pensamiento y uso del lenguaje sobre los que no existen teorías semánticas satisfactorias. Entre estos fenómenos se encuentran los juicios evaluativos, por ejemplo los que evalúan el sabor de los alimentos. Para dar cuenta de los cambios en el valor de verdad de estas proposiciones, el relativismo propone, como se verá enseguida, una nueva categoría, el *contexto de evaluación*, que se añade al *contexto de enunciación o de uso* estudiado por el contextualismo.

La variación en la verdad de una proposición es contextual, pero no debe confundirse con la variación considerada por la pragmática y las teorías contextualistas, que tiene que ver con los cambios en el contexto de enunciación, donde se incluye la intención del hablante. El caso típico de variación contextual son los deícticos, cuya denotación depende de los parámetros de persona, tiempo y lugar (véase *deixis), que cambian su referencia de contexto en contexto de modo regulado por la gramática. Dos proposiciones en que se usa el deíctico *tú* pueden ser idénticas pero expresar significados diferentes, si el contexto de uso de *tú* es diferente, es decir, si en un caso el hablante que dice *tú* se dirige a Pedro y en otro caso a Nora. Pedro y Nora serán las extensiones de *tú* en esos contextos. La lógica modal establece, por su parte, que la verdad varía según su relación con mundos posibles: algunas proposiciones son *contingentes,* por oposición a *necesarias*. El relativismo centra sus análisis en otros tipos de contingencia.

Para presentar el problema, consideremos el caso de la verdad de las proposiciones que expresan evaluaciones personales, como la contenida en (1):

(1) El cilantro es delicioso.

Según el contextualismo, (1) expresa diferentes proposiciones en diferentes contextos, en relación con la persona, tiempo, lugar de la enunciación, como también propone la pragmática. Para los relativistas, expresiones como (1) no enuncian diferentes proposiciones en diferentes contextos, sino la misma proposición, que puede tener diferentes valores de verdad según el *contexto de interpretación*. Lo que varía es la verdad, no la proposición. La verdad de un enunciado como (1) depende de un estándar de gusto variable: para algunos intérpretes, quizá, el cilantro no es delicioso, de modo que la verdad de (1) dependerá de diferentes valoraciones del sabor del cilantro, según diferentes contextos de interpretación, con diferentes jueces de su sabor. Este tipo de predicado obliga a añadir un parámetro nuevo al contexto: la *norma o estándar de gusto* desde la que se hace la evaluación.

2. CONTEXTO DE ENUNCIACIÓN Y CONTEXTO DE INTERPRETACIÓN

Las teorías del relativismo no niegan la existencia de un mundo real objetivo, que se puede conocer usando los métodos de la ciencia. Pero, según los teóricos relativistas, un punto de vista estrictamente objetivo no logra explicar de una manera filosóficamente adecuada ciertos enunciados subjetivos, como, entre otros, los que varían según gustos personales. Desde un punto de vista objetivo, los predicados evaluativos son verdaderos o falsos según las propiedades objetivas de las entidades evaluadas. Adjetivos como *sabroso* expresan la propiedad de tener un gusto agradable para un miembro normal de la especie humana en una situación normal. A lo sumo, el adjetivo podrá ser sensible al contexto de producción, como lo son todos los adjetivos graduables. Esta explicación objetivista va contra nuestras intuiciones, ya que, para la mayoría de los hablantes, los adjetivos evaluativos como *sabroso* o *delicioso* están relacionados con gustos personales, y provienen de experiencias personales. Sería extraño decir, por ejemplo,

(3) ?? Nunca probé el pescado crudo, pero es delicioso.

Este ejemplo suena mal porque, aunque el hablante se considere un miembro normal de la especie y afirme (3) en una situación normal, la referencia al sabor del pescado crudo exige tener experiencia personal del sabor. Este ejemplo, y otros por el estilo, revelan que los predicados evaluativos tienen un aspecto *evidencial*, o sea que indican un conocimiento de primera mano del objeto evaluado, por ejemplo el sabor de un alimento.

Si se trata de otros adjetivos que no son evaluativos, como *salado* o *azul*, los hablantes pueden hacer afirmaciones diferentes entre sí: a algunos la sopa no les parece salada, y a otros sí, y hay quien ve ciertos tonos de azul como verdes. Pero en esos casos difícilmente nos empecinamos en defender nuestra percepción frente a la de otros; si Inés dice que la blusa es azul y Elsa la ve verde, Elsa puede pensar que es a causa de la luz, o de los colores circundantes, y dudar de su percepción del color (aunque su visión sea normal). En cambio, los adjetivos evaluativos como *rico, delicioso,* y otros como *divertido, gracioso,* en un ámbito diferente, requieren otro tipo de explicación.

Es natural pensar que lo delicioso, lo divertido o lo agradable lo es en relación con los gustos del hablante, de modo que se puede decir, por ejemplo, "Los sesos de vaca a la parrilla son deliciosos para los argentinos", o "Para Agustín, pintar la casa es divertido". Cuando no tenemos el segundo argumento, que indica para quién algo es delicioso o divertido, lo provee el contexto, como es frecuente. Según el contextualismo, estos adjetivos de gusto personal funcionan de la misma manera que *alto,* o *listo*: la interpretación requiere otro argumento, junto a la cualidad, por ejemplo *alto* en comparación con qué estándar de altura, *listo* para qué (para dar examen, para salir a bailar, etc.).

Pero los relativistas objetan que si la explicación contextualista fuera suficiente, es decir, si lo que es sabroso para uno no lo es para otro por la simple razón de que cada uno tiene diferentes gustos, no se percibiría un desacuerdo entre dos personas que evalúan un alimento. Si Eliana y Tomás evalúan el sabor de los kinotos desde diferentes normas de gusto, se produce un desacuerdo:

(4) Eliana: Los kinotos son deliciosos.

(5) Tomás: Los kinotos no son deliciosos.

Los kinotos son deliciosos considerados desde la norma gustativa de Eliana, pero Tomás tiene una norma diferente, y considera que no son deliciosos. Alguien que oye o lee (4), llamémosla Ema, dirá que (4) no es verdad si ella, Ema, no tiene un estándar de gusto semejante al de Eliana, y por lo tanto estará en desacuerdo con Eliana.

Para el contextualismo, este desacuerdo, si realmente existe, no puede explicarse, ya que cada hablante dice algo que evaluamos en su contexto de enunciación, con su propia norma de gusto. Pero los relativistas defienden la noción de desacuerdo, y, entre otras pruebas, ofrecen el siguiente diálogo, que suena extraño:

(6) Eliana: Los kinotos son deliciosos.
    ??Tomás: Sí, estoy de acuerdo, pero no son deliciosos para mí.

Si Tomás estuviera de acuerdo, sus palabras no parecerían contradictorias. Las expresiones sensibles al contexto como *alto, listo, cerca* no producen este desacuerdo:

>(7) Pat: El cine está cerca.
>Pili: Sí, de acuerdo, cerca de tu casa, pero no de la mía.

Otro rasgo que pone aparte a las proposiciones que tratan de gustos personales es que los hablantes pueden retractarse, si su gusto cambia, de modo que, si a Julia de pequeña le gustaba el regaliz, por ejemplo, y ahora les parece horrible, puede retractarse de sus evaluaciones anteriores. Esto no es necesario ni natural desde una perspectiva contextualista, ya que la verdad de cada evaluación depende exclusivamente del contexto en que se emitió el enunciado. Comportamientos como este revelan que las proposiciones sobre gustos tienen rasgos específicos y deben analizarse desde otra perspectiva.

Partiendo de un ejemplo como (1), MacPharlane (2005, 2014) construye el relativismo en base al concepto de *sensibilidad a la evaluación* (*assessment sensitivity*), y propone, paralelamente al *contexto de uso* formado por parámetros de tiempo, agente, lugar, etc., un *contexto de evaluación,* que es el contexto en que se evalúa la verdad o falsedad de una proposición. Una proposición que tiene diferentes valores de verdad en relación con diferentes contextos de evaluación es *sensible a la evaluación.* El contexto de evaluación determina un *estándar de gusto,* o sea una norma a partir de la cual una proposición es verdadera para alguien que tenga ese estándar o norma, y no para otros.

Ambos contextos, el de uso y el de interpretación, desempeñan un papel en la evaluación. La proposición contenida en (8),

>(8) Esto es delicioso.

es verdadera, usada en un contexto C y evaluada en un contexto C', solamente si el referente del demostrativo en el tiempo y en el mundo del contexto C es evaluado positivamente en relación con el estándar de gusto del contexto de evaluación C'.

3. Relativismo del contenido de la proposición

El *relativismo del contenido* es una versión del relativismo actual que se presenta como una opción superior al relativismo de la verdad. El relativismo del contenido defiende que una proposición puede ser verdadera o falsa *simpliciter* (absolutamente), sin depender de ningún parámetro contextual, y critica la proliferación de parámetros contextuales del relativismo de la verdad. Lo que propone el relativismo del contenido es que hay términos léxicos susceptibles de variación, pero afirma que no es la verdad lo que varía, sino el contenido de la proposición, y esta variación depende del intérprete. El intérprete es co-creador de significado, lo que separa a esta teoría de otras semejantes.

Los teóricos del relativismo del contenido intentan hacer notar las deficiencias del relativismo que ha adquirido mayor prestigio en la filosofía actual, el de la verdad. Para lograr esa meta, no solo refutan algunos de sus análisis, como se verá en el apartado siguiente, sino también los fundamentos filosóficos que provocaron su surgimiento en este siglo (Cappelen y Hawthorne, 2009).

Es útil siempre comparar las diferentes versiones del relativismo con las teorías contextualistas. Algunos teóricos contextualistas son muy escépticos del relativismo y creen que el contexto de producción es suficiente para explicar los significados de las oraciones en contexto. El contextualismo propone dos tesis que lo diferencian del relativismo:

(9) a. El contenido semántico de una proposición es el mismo en relación con diferentes intérpretes.
b. El valor de verdad del contenido semántico de una proposición es el mismo en relación con diferentes intérpretes.

Los relativistas niegan (9a) o (9b), según las versiones. El relativismo del contenido refuta (9a).

Según esta teoría, las lenguas humanas tienen muchas palabras *sensibles a la interpretación*. La interpretación correcta de estos términos sensibles a la interpretación varía, no en relación con el contexto de producción, como propone el contextualismo, sino según los contextos de interpretación.

Como hemos visto, los relativistas de la verdad creen que el intérprete no contribuye a la interpretación con un componente del contenido semántico, sino con un parámetro de la circunstancia de evaluación. Según estos relativistas, que proponen una verdad variable según una serie de parámetros contextuales, las afirmaciones sobre gustos personales se evalúan, para asignarles un valor de verdad, en relación a normas de gusto. Si un hablante dice "Esto es delicioso" y otro dice "Esto no es delicioso", ambos dicen la verdad, a partir de sus propias normas. El contenido semántico de la afirmación no hace mención de esas normas, es neutral. Para un relativista del contenido, en cambio, el estándar de gusto forma parte del contenido de la proposición que contiene términos como *delicioso*. A diferencia de los contextualistas, no creen que esos estándares estén determinados por el contexto de enunciación: creen que están fijados por el contexto de interpretación. Así, el enunciado *X es delicioso* expresa, en relación con un intérprete, la proposición 'X es delicioso según el estándar E', y en relación con otro intérprete, puede expresar la proposición 'X es delicioso según el estándar E*'. E y E* son estándares fijados por los contextos de los respectivos intérpretes.

Un ejemplo de Cappelen (2009) ilustra bien el papel del intérprete en la creación de contenido. Se trata de una instrucción que reciben los funcionarios del sistema de seguridad del aeropuerto:

(10) Mueva cualquier paquete sospechoso lo más lejos posible de la gente.

Según Cappelen, la persona que da la instrucción (10) no puede anticipar qué va a ser sospechoso en un objeto en todos los contextos de interpretación posibles. El enunciado prevé que la palabra *sospechoso* tendrá un contenido diferente para cada intérprete, cuando llegue el momento, de modo que el instructor cuenta con la colaboración de los intérpretes para crear el contenido de la expresión. Se han dado también ejemplos con referencia al lenguaje legal y a otras expresiones diseñadas para que sus extensiones varíen según el contexto del intérprete (Egan, 2009).

4. Limitaciones del relativismo

Es muy importante tener en cuenta que las nuevas teorías del relativismo solo tienen como objeto ciertas áreas del discurso, las que expresan subjetividad o dependen de situaciones epistémicas variables. No son teorías globales sobre el significado, no pretenden serlo, ya que conciernen solamente a cierto tipo de proposición. Esto es válido para sus diferentes manifestaciones teóricas.

Si bien los especialistas en semántica pueden considerar que el área reducida de aplicación es una limitación del relativismo, en el caso del relativismo de la verdad puede verse como una ventaja, ya que evita un problema más grave: si el relativismo se refiriera a la inestabilidad de la verdad en todos los usos del lenguaje, o sea, si negara la existencia de una verdad absoluta, sus propias afirmaciones serían verdaderas para algunos y no para todos. Pero, planteado como una teoría local y no global, no corre el riesgo de autorrefutarse.

Algunos teóricos escépticos creen que tanto el contextualismo como el relativismo pueden explicar igualmente bien las predicaciones subjetivas. El contextualismo, objetan, las analiza a partir de los parámetros del contexto de producción, por ejemplo gustos personales, o sentido del humor, o grado de conocimiento del hablante sobre el tema de su predicación. Pero MacFarlane (2014) aduce que el contextualismo no puede explicar el desacuerdo que perciben los hablantes cuando sus evaluaciones son opuestas. Supongamos otra vez dos hablantes con perspectivas opuestas:

(11) Lorena: Julia podría estar en Acapulco.
Rosa: Julia no puede estar en Acapulco.

En este caso los conocimientos de Lorena sobre el paradero de Julia no son suficientes, y los de Rosa son, en cambio, mejores, o así parecen. Cada hablante, sin embargo, dice lo que cree verdadero, según el estado de sus conocimientos. De modo que el uso de modales epistémicos desde diferentes estados de conocimiento produce, como pasa con los gustos personales, un desacuerdo. Las hablantes de (11) pueden creer con razón que están en desacuerdo, ya que lo que Lorena dice es compatible con lo que ella sabe, mientras, por el contrario, en el contexto de Rosa la proposición de Lorena es incompatible con lo que Rosa sabe (que Julia no puede estar en Acapulco). Desde la perspectiva de Rosa, la proposición de Lorena es falsa, pero no lo es para Lorena. El contextualismo no puede predecir que entre las dos hablantes hay un desacuerdo. El relativismo propone que lo que es verdad para Lorena no es verdad para Rosa, y considera que en casos como estos el contexto de evaluación es más importante que el de producción, y que se puede explicar el desacuerdo, que procede de dos normas diferentes.

Sin embargo, hay que tener en cuenta, en este ejemplo, que Lorena bien puede admitir que su proposición es verdadera solamente de acuerdo al estado de sus conocimientos, y que otras personas, con otros conocimientos, consideran su proposición falsa. Por lo tanto solamente puede creer que su proposición es verdadera en relación con sus conocimientos, y no verdadera para todos. Si fuera así, no habría disensión y la explicación contextualista sería satisfactoria.

La mayor parte de las críticas al relativismo procede de las teorías contextualistas. Estas atacan, sobre todo, la idea del desacuerdo entre los hablantes y la incapacidad del contextualismo para explicarla. Especialmente vulnerable a las críticas es la noción de *desacuerdo sin error*, en el que ambos interlocutores dicen lo que creen ser verdad, y los dos tienen razón, desde sus respectivos estándares. Llevando esta idea a sus últimas consecuencias, el relativismo parece aprobar la verdad de oraciones como la siguiente, lo que sería inaceptable:

(12) El hablante no comete falta si afirma algo que es falso.

Puede objetarse también que dos proposiciones sobre gustos no tienen por qué expresar un desacuerdo. El siguiente ejemplo está adaptado de Cappelen y Hawthorne (2009). Supóngase que Damián y Jorge han aceptado una invitación para una fiesta. Jorge espera ver en la fiesta a una mujer de la que está medio enamorado. Damián sabe que va a encontrarse con su ex mujer, a la que preferiría no ver. Ambos dicen lo siguiente:

(13) Jorge: La fiesta va a ser divertida.
Damián: La fiesta no va a ser divertida.

Ni Jorge ni Damián pueden acusar al otro de estar equivocado: no hay desacuerdo, sino que cada uno tiene sus razones para considerar que la fiesta va a ser o no va a ser divertida. Este ejemplo parece similar a los anteriores sobre gustos personales, salvo que no hay desacuerdo. El contextualismo puede explicar un ejemplo así fácilmente. Para el relativismo, la falta de desacuerdo es problemática. Un relativista puede objetar que la fiesta es un evento complejo, y que los hablantes se refieren a aspectos diferentes del evento: la perspectiva de encontrarse con alguien interesante, y la de encontrarse con alguien que uno prefiere no ver. Esta complejidad diferencia a (11) de ejemplos en que solamente se trata del sabor de un alimento. Sin embargo, hay que considerar también estos casos y justificar la necesidad de un tratamiento relativista para explicarlos.

Los filósofos relativistas intentan explicar la *subjetividad* de cierta parte de nuestros pensamientos y actos lingüísticos, con unos métodos que no se habían usado antes en la filosofía. Su proyecto, que se está desarrollando en estos años, todavía debe defenderse del escepticismo o la incomprensión de algunos filósofos, pero ya ha establecido su lugar en las teorías sobre el significado lingüístico.

SATURACIÓN

La *saturación* es un proceso pragmático que consiste en asignar un valor contextual a las expresiones subdeterminadas semánticamente, entre ellas los deícticos. El concepto de saturación forma parte de la teoría semántica de François Recanati (2004, 2010), donde la saturación se distingue de otros procesos pragmáticos porque es exigida por la gramática de las lenguas: es un proceso obligatorio y no libre. La saturación es indispensable para construir una proposición completa, que pueda evaluarse como verdadera o falsa.

Los elementos deícticos de las lenguas ofrecen el caso más claro de saturación o compleción obligatoria. Los deícticos tienen un significado gramatical o *carácter* que señala el referente que hay que identificar en el contexto, que será la denotación correspondiente a ese deíctico en ese contexto particular. La denotación, en el caso de los deícticos, varía de contexto a contexto (véase ***deixis**). Supóngase un enunciado como (1):

(1) Yo soy tu esposa y tu madre.

La verdad o falsedad de lo afirmado requiere saturar contextualmente los dos pronombres: el pronombre personal *yo* señala al locutor y el posesivo *tu* al interlocutor, desde el punto de vista del locutor. Si la locutora es Yocasta y el interlocutor Edipo, la proposición será verdadera, por ejemplo, en el mundo posible del mito. El significado gramatical del pronombre personal *yo* y el sema personal del posesivo *tu* nos orientan para completar la saturación.

En el ejemplo siguiente, la construcción *sustantivo + de* exige también saturación:

(2) He perdido la foto de Ángel.

La frase *foto de Ángel* requiere, para comprenderse, conocimiento del contexto: puede tratarse de la foto que representa a Ángel, o la foto de la que es autor, o la foto que compró, recomendó, criticó, etc.

Según la pragmática y las teorías semánticas contextualistas, que extienden la sensibilidad al contexto más allá de los deícticos (véase ***contextualismo**), el material lingüístico que sirve de *input* o entrada al proceso comunicativo es insuficiente, como norma general, para poder asignar valor de verdad a la oración enunciada, y el oyente debe completar los significados de la mayor parte de las expresiones, y no solamente los deícticos o frases como la ilustrada en (2), mediante inferencias o asociaciones, con el objetivo de captar lo que el hablante transmite explícitamente (véase ***pragmática de las condiciones de verdad**). Esa parte explícita de los enunciados, como tal descodificable, pero casi siempre o siempre enriquecida con inferencias, se llama ***explicatura**, o *contenido básico*, o, también, *lo dicho intuido*, en la teoría de Recanati. La saturación es solo uno de los dos procesos de enriquecimiento que distingue Recanati, como se verá más abajo, y es el único que está regulado por la gramática.

En efecto, el proceso de saturación es pragmático, pero en este caso la pragmática está subordinada a la semántica, ya que es el material lingüístico el que exige la saturación. Por este motivo, la saturación es la única operación pragmática que admiten los proponentes de una semántica minimalista (véase ***minimalismo**). Según estos teóricos, una oración en contexto tiene contenido evaluable por su verdad o falsedad sin más ayuda de la pragmática que la saturación, o sea, exponiéndose a una pragmática mínima, guiada por la gramática, donde caben pocas expresiones que sean intrínsecamente sensibles al contexto. Para los teóricos del minimalismo, los intérpretes solo necesitan conocer los datos de persona, tiempo y lugar que constituyen lo que se llama *contexto estrecho*, que es el requerido, según ellos, por los deícticos y las expresiones que varían de significado en ocasiones de uso. El contexto estrecho no da cabida a la intención del hablante. (Véase ***efectos pragmáticos fuertes y débiles**).

Por el contrario, para filósofos contextualistas como Recanati, no hay saturación sin intención del hablante: debemos tenerla en cuenta hasta en el caso de los deícticos llamados "puros", como *aquí*. En un enunciado como el siguiente,

(3) Aquí hace frío.

aquí puede referirse a una habitación, una casa, parte de una casa, un quirófano, el probador de la tienda, una ciudad o un hemisferio. No basta, en muchos casos, con saber el valor constante de *aquí*, su *carácter*, o sea su referencia al lugar donde está el hablante, sino que importa saber qué lugar es saliente para el locutor, de qué está hablando, qué intenta decirnos. Todo eso pertenece a la zona pragmática del significado y no cabe en un contexto estrecho. Así, las reglas que constituyen el contenido semántico de los deícticos indican que, por ejemplo, el pronombre *yo* señala al locutor. Pero si aparece en un anuncio publicitario, *yo* deja de tener su valor normal, ya que no se refiere al autor del enunciado, sino a un individuo imaginario, no necesariamente identificable en el contexto, que, por ejemplo, afirma consumir el producto anunciado.

En textos paródicos, por otra parte, el pronombre *yo* se refiere a alguna persona reconocible por los interlocutores, y no al que los imita para burlarse. En la poesía o en las narraciones literarias, entendemos que *yo* no se refiere al autor o autora de carne y hueso, sino a un narrador o a un personaje. *Tú*, por otra parte, puede referirse a un interlocutor real o imaginario, y también a nadie en particular, cuando se usa en construcciones impersonales, como por ejemplo en enunciados que se refieren a experiencias que suponemos compartidas. Véase, por ejemplo, el caso en que una mujer le cuenta a su amiga una visita a su médico:

(4) Fui al médico, y pasó lo de siempre: *tú* esperas que el médico *te* escuche, pero no, no *te* deja hablar y *te* despacha en cinco minutos.

En este caso, el pronombre de segunda persona, cuyo carácter determina que se refiere al interlocutor, señala aquí a una serie indefinida de personas, entre las que pueden encontrarse la locutora y su amiga, sin duda, pero absorbidas en un conjunto de individuos a quienes se atribuye la misma experiencia. El pronombre ha perdido su valor deíctico, ya que no señala al interlocutor solamente.

Las teorías que estudian la relatividad del contenido y su dependencia del contexto de evaluación del mensaje (por oposición al contexto de enunciación) han propuesto ejemplos en los cuales el pronombre de segunda persona depende no del contexto de producción del mensaje, centrado en el yo, aquí y ahora del hablante, sino en el contexto de la evaluación del mensaje, como en la declaración *Jesus loves you*, que puede verse en letreros y pegatinas en Estados Unidos. Los autores de esa declaración no se dirigen a un interlocutor determinado, sino a cada individuo que se sienta aludido en el presente y en el futuro: la significación de *Jesus loves you* depende de la recepción del mensaje, que está diseñado para que sea saturado en el contexto de evaluación (véase ***relativismo**).

Los filósofos relativistas han estudiado las diferencias entre la saturación del pronombre de primera singular y la del pronombre plural *nosotros*. Puede decirse que el significado del deíctico *yo* se obtiene del contexto por un algoritmo: 'el contenido de yo es el hablante'. *Yo* no depende de los destinatarios del enunciado, está claramente centrado en el contexto de producción. La forma plural *nosotros*, por el contrario, no se puede computar por ningún algoritmo, y, además, varía de contenido según las intenciones del hablante y también según a quiénes se hable (Weatherson y Egan, 2011). Véase un ejemplo de cada caso.

    (5) Nosotros íbamos mucho al cine.

    (6) (Locutor de radio:) Ahora vamos a escuchar la sonata número 8 en A menor de Mozart.

En (5), la saturación del pronombre personal requiere conocer a quiénes se refiere el hablante, según quiénes sean las personas salientes en el contexto. El ejemplo siguiente, (6), es todavía más interesante para un estudioso del relativismo semántico, ya que el significado de *nosotros*, en este caso, depende del auditorio, que ni siquiera el locutor conoce, ya que habla ante un micrófono a un público invisible. En casos como este, no sabemos tampoco si debemos incluir al hablante en el significado del pronombre plural. La ausencia del hablante del pronombre que, según su *carácter*, debería incluirlo, es frecuente en varios usos de *nosotros* en la vida diaria, en que el hablante se incluye solamente por mostrar solidaridad o simpatía, por ejemplo en saludos y preguntas del tipo de "¿Qué tal estamos?", "¿Nos sentimos mejor hoy?" (Véase ***intensión y extensión** sobre el tema de la rigidez semántica de los pronombres y sobre los operadores monstruosos.)

Los desplazamientos contextuales son habituales en nuestras comunicaciones con máquinas. Si el saludo de un contestador telefónico afirma, por ejemplo, lo siguiente:

    (7) No puedo atenderte en este momento.

la expresión adverbial *en este momento* no se refiere al presente de quien grabó ese texto, sino al presente de cada uno que llama, que, a su vez, es denotado, sin identificación, solamente como interlocutor, por la segunda persona articulada como complemento directo del infinitivo *atenderte*. En estos casos, las expresiones que son habitualmente deícticas dejan de serlo, y la saturación se suspende.

Si creemos, con los filósofos contextualistas y con los teóricos de la pragmática, que el lenguaje está profundamente ligado al yo, aquí y ahora de la enunciación, que suele ser el centro deíctico a partir del cual se sitúa lo dicho, los desplazamientos deícticos, que cambian por completo el escenario del acto de habla, sus participantes, su lugar y su tiempo, son un fenómeno de gran interés, porque, pese a su aparente anormalidad, realzan ciertas características esenciales del lenguaje. En efecto, el desplazamiento del punto de vista desde el que se produce un enunciado refleja la versatilidad del lenguaje, su capacidad de referirse a lo real y lo posible, a este lugar y otros lugares imaginarios, a esta persona y a otras. Los hablantes, por tener competencia lingüística, social y cultural, captan estos desplazamientos fácilmente, desde la infancia. Sin esos desplazamientos y nuestra capacidad y gusto por comprenderlos, no existiría la institución que llamamos literatura.

Los deícticos forman parte del grupo de expresiones que en la *teoría de la relevancia se llaman *procedimentales. Los procedimentales pertenecen a la semántica de las lenguas, pero su función es guiar o facilitar el proceso inferencial que lleva a derivar implicaturas, o, en algunos casos, contribuye a crear explicaturas de nivel básico o de nivel más alto. Los conectores discursivos como *pero, así que, después de todo*, etc., son procedimentales típicos, que reorganizan y facilitan las inferencias del intérprete. Mientras los procedimentales típicos guían al intérprete en la construcción de un contexto y de efectos cognitivos implícitos, los deícticos se caracterizan porque contribuyen al valor de verdad del enunciado, es decir, contribuyen a fijar la explicatura y no las implicaturas: la saturación de los deícticos es parte del proceso por el cual se establece la explicatura de un enunciado, a partir de la cual se buscan las implicaturas.

En la teoría de Recanati (2004, 2010) la saturación es una de las dos operaciones primarias de la interpretación lingüística. La otra es la *modulación*. Este último concepto incluye los ajustes léxicos que deben realizar los oyentes para enriquecer y especificar significados, aunque no lo exijan las reglas gramaticales. Un caso típico de modulación es atribuir su sentido apropiado a una expresión metafórica, y determinar, por ejemplo, qué significa la palabra *araña* en un enunciado como (6):

(8) Su madre es una araña.

El contenido de *araña* debe modularse para obtener su significado metafórico, y este ajuste o modulación requiere considerar un contexto amplio (véase ***enriquecimiento libre**).

En la teoría de la pragmática de las condiciones de verdad de Recanati (2010), que es una teoría contextualista muy afín a la pragmática, en especial a la teoría de la relevancia, la saturación —exigida por normas gramaticales— y la modulación —*no* exigida por normas gramaticales— son actividades pragmáticas *primarias*, que sirven para establecer el significado de la parte explícita de un enunciado. Recanati no las considera inferenciales. Según él, dependen de asociaciones activadas automáticamente, bajo el nivel de la conciencia. El segundo estadio de la interpretación, que consiste en la derivación de implicaturas, sí es inferencial, como estableció Grice.

En la teoría de la relevancia, en cambio, no se distinguen significados primarios y secundarios, y el proceso de enriquecimiento de lo explícito, si bien es local, ya que se ejerce sobre ítems léxicos, es tan inferencial como la derivación de implicaturas, que son globales, derivadas por el oyente a partir del significado de toda la proposición. Además, en la visión relevantista, saturación, modulación y derivación de implicaturas interactúan, de modo que las inferencias van produciendo otras inferencias, en el orden que requiera la interpretación, guiada por el principio de relevancia.

SUBDETERMINACIÓN SEMÁNTICA

Se llama *subdeterminación semántica* a la insuficiencia, vaguedad e imprecisión que, según muchos filósofos y pragmatistas, caracterizan a los contenidos semánticos. En casi ningún caso, se afirma, las expresiones codificadas son suficientes para transmitir por sí mismas, en las interacciones lingüísticas, el contenido que el hablante quiere comunicar. El intérprete debe hacer inferencias para completarlas, y estas inferencias comienzan casi al mismo tiempo que la descodificación.

Teóricos de diferentes tendencias, entre ellos Searle (1979), Carston (2002), Recanati (2010), sostienen que ninguna, o casi ninguna, oración puede expresar en forma satisfactoria lo que el hablante quiere decir, ya sea porque no todo lo que los hablantes intentan transmitir está codificado o porque la semántica es insuficiente.

La subdeterminación semántica es una noción central de la *teoría de la relevancia y del *contextualismo, teorías que defienden la idea de que la pragmática es indispensable no solamente para comprender lo implicado (véase *implicatura), sino para poder completar la *proposición, es decir, el nivel básico de significado, considerado tradicionalmente semántico, que permite atribuir al contenido de una oración enunciada valores de verdad o falsedad.

Veamos algunos ejemplos de subdeterminación semántica.

(1) Le rompieron la muñeca.

Este enunciado requiere dos operaciones pragmáticas: en primer lugar, la *desambiguación de *muñeca*, que puede significar 'parte del brazo' o 'juguete'; y en segundo lugar, la asignación de referente a los pronombres personales.

Otro ejemplo de subdeterminación:

(2) Maite se puso el vestido de la tía.

La construcción *de* + *sustantivo* tiene varios significados posibles, que dependen del contexto. Sin un contexto, la construcción puede querer decir varias cosas: 'el vestido que le hizo/le regaló/le prestó/le dejó en herencia/ le aconsejó usar/era propiedad de/es el preferido de la tía'. El proceso pragmático en la interpretación de (2) es similar al que realizamos para asignar referentes a los deícticos (véase ***saturación**).

En el siguiente ejemplo, es necesario indicar el alcance del cuantificador, que no transmite su significación literal:

(3) Nadie lee a los clásicos.

El intérprete de enunciados como (3) no toma el cuantificador en su valor literal, sino que lo adecua a las exigencias del contexto y a su reconocimiento de la intención del hablante. (4) puede significar 'pocos estudiantes', 'casi ningún profesor', etc.

A continuación se ve un ejemplo de expresión vaga y aproximada, *cerca*:

(4) La casa de Marta queda cerca del centro.

Cerca puede indicar distancias muy diferentes. Compárese (4) con (4')

(4') a. Segovia está cerca de Madrid.
c. La luna está más cerca de la tierra que el sol.

En estos ejemplos, nos basta el contexto oracional para conceptualizar diferentes distancias aproximadas; en otros casos, los datos lingüísticos no son suficientes y se necesitan otras pistas contextuales.

En el ejemplo siguiente, vemos el caso de una expresión cuyo significado puede variar de contexto a contexto, aunque no es ambigua ni vaga:

(5) Miguel es humano.

Sin contexto, no sabemos si el adjetivo clasifica a Miguel como un miembro de la especie humana, o si el hablante le otorga cualidades propias de los humanos. En ese caso, la cualidad depende del contexto: "humano", en un contexto, puede significar que Miguel es sensible, generoso, noble, y en otro contexto, en cambio, transmite que Miguel es débil y cambiante, entre otras posibilidades. El adjetivo nos da una pista, pero solamente el contexto nos permite captar todo el significado que adquiere en el uso (véase ***sensibilidad al contexto**).

En el caso siguiente, se trata de determinar de qué acto de habla se trata:

(6) <u>Van a ofrecer</u> unos mojitos en el consulado de Cuba.

En (6) puede identificarse un anuncio, una predicción, una suposición, incluso una pregunta, con la ayuda de leves variaciones prosódicas, o simplemente del contexto de la conversación. Es tarea del intérprete adjudicar una fuerza ilocutiva a este enunciado (véase *teoría de los actos de habla).

Los *actos de habla indirectos* y las implicaturas conversacionales son buenos ejemplos de la necesidad de interpretación pragmática:

(7) ¿Le diste de comer al perro?

(8) Presidente: Espero, Fernández, que solucione el asunto a la brevedad.
Fernández: Sí, señor.

(9) Quique se portó como siempre.

En (7), podría interpretarse, en contexto, que el hablante hace una petición indirecta: la petición de que interlocutor le dé de comer al perro, si no lo ha hecho ya. En (8), Fernández toma el enunciado del presidente como una orden, aunque literalmente es la expresión de un deseo, pero, cuando un agente tiene más poder que otro, un deseo es una orden muy clara. En (9), cómo se portó Quique es un conocimiento que forma parte del contexto compartido de los hablantes, y que está implícito: se puede haber portado bien, o mal.

Finalmente, puede considerarse el caso de las metáforas, en las cuales el significado literal difiere del significado que intenta transmitir el hablante. Pese a esa complicación, las metáforas de la conversación se interpretan con facilidad, por lo general automáticamente. Una niña pequeña sabe que si la abuela le dice lo siguiente, no pretende afirmar que la niña esté hecha de chocolate, sino que alude a los atributos positivos asociados con los bombones, y, por lo tanto, captará el sentido metafórico de (10):

(10) Eres un bombón.

Numerosas expresiones, que no se consideran ambiguas, deben enriquecerse, muchas veces automáticamente, para interpretar un enunciado. Véase, por ejemplo, el enunciado siguiente:

(11) Vivir con tanto lujo cuesta dinero.

Debe entenderse que el hablante se refiere a 'una cantidad grande de dinero', aunque ninguna regla gramatical exija esta ampliación de significado. En otras ocasiones, la expresión *dinero* no requiere ese enriquecimiento, sino más bien una disminución, ya que solamente significa 'unas monedas':

(12) Encontré dinero caído entre los almohadones del sofá.

En el siguiente enunciado no hay, tampoco, palabras ambiguas:

(13) Dame el lápiz rojo.

Quien pide un lápiz rojo puede referirse a un lápiz de mina roja o a un lápiz rojo por fuera. Para los defensores de las teorías semánticas contextualistas, que proponen una extensa sensibilidad al contexto, esta expresión es un ejemplo muy bueno de que todas las palabras, incluso algunas inocentes como los nombres de los colores, pueden ser vagas y subdeterminadas y por lo tanto varían según los contextos, y requieren inferencias contextuales para ser comprendidas.

Searle (1979) estudió los muchos significados diferentes del verbo *cortar*, según el contexto: no es lo mismo cortar el césped que cortar una tarta o cortar la conversación. En cada ocasión de uso, debemos asignar al verbo *cortar* un significado específico, y lo interesante es cuánto varían esos significados, y cómo los obtenemos, explotando un contexto muy amplio, que abarca los conocimientos de ambos interlocutores sobre el mundo, y la capacidad de calcular la intención del hablante.

Según la teoría de la relevancia, el hecho de que el lenguaje por sí mismo nunca exprese los pensamientos completos de alguien le da mayor flexibilidad y eficacia. Gracias a nuestra *competencia pragmática*, que nos permite interpretar intenciones de otros y tener expectativas de que otros comprendan las nuestras, podemos usar la misma construcción para decir muchas cosas diferentes, contando con que el interlocutor va a interpretar las palabras teniendo en cuenta un contexto muy amplio, que incluye la intención del hablante. La capacidad de usar el lenguaje deriva de otra capacidad, adquirida en un estadio previo de la evolución humana, la capacidad de "leer" la mente ajena, o al menos hacer hipótesis plausibles acerca de lo que los otros piensan, quieren, desean pedir o compartir con sus actos de habla. No solamente entendemos las palabras, sino que entendemos por qué alguien las dice, y podemos hacer hipótesis sobre el hecho de que alguien diga algo en cierto contexto. Esta operación pragmática, interpretar *acciones,* que pueden ser lingüísticas o gestuales, en el caso de interacciones comunicativas cara a cara, se añade al conocimiento del código, que resultaría insuficiente en la mayor parte de nuestras conversaciones.

Las operaciones de compleción y enriquecimiento de los elementos léxicos de un enunciado que no están reguladas por la gramática, es decir, que forman parte del proceso llamado ***enriquecimiento libre**, requieren el conocimiento de un conjunto amplio de datos contextuales. En los casos de subdeterminación, cualquier información contextual puede ser importante, a diferencia de la información requerida para asignar referencias a los deícticos, operación que solamente requiere conocimiento de un contexto estrecho: quién habla, a quién, dónde, cuándo. (A veces, sin embargo, los deícticos, en especial los demostrativos, exigen un conocimiento de la intención del hablante, y por lo tanto de un contexto más amplio que el de los parámetros de persona, tiempo y lugar.)

Según algunos teóricos, el contexto más estrecho es semántico, y obedece a reglas gramaticales como la que estipula que el pronombre *yo* se refiere al hablante, mientras que el contexto amplio abarca todos los conocimientos compartidos, incluso la intención del hablante, y es por lo tanto pragmático (véase ***contexto**). Si aceptamos que la subdeterminación semántica está muy extendida en las lenguas naturales, nuestra teoría tiene que decidir entre dos opciones: o bien la interpretación semántica es incompleta y requiere operaciones pragmáticas, o bien debemos empezar por las operaciones pragmáticas, para fijar el significado de las expresiones subdeterminadas, y solo entonces podremos hacer la interpretación semántica. La segunda decisión lleva a lo que Recanati y otros llaman ***pragmática de las condiciones de verdad**, teoría en la cual la pragmática es necesaria para obtener el valor de verdad de un enunciado. Los relevantistas sostienen lo mismo, dentro de un marco teórico donde estas operaciones se guían por el principio de relevancia, es decir, por la búsqueda de mayor eficacia en la adquisición de conocimiento.

La pragmática y los teóricos contextualistas afirman que la parte explícita de un enunciado nos da un significado incompleto o insuficiente, en los casos numerosos en que contiene expresiones subdeterminadas, y que necesitamos inferencias contextuales, a veces exigidas por reglas de la gramática (como en el caso de los deícticos o construcciones como *de + sustantivo*), y a veces no, como en varios de los ejemplos vistos, para obtener proposiciones completas. Por otra parte, la interpretación del acto de habla global exige inferencias que permiten derivar implicaturas conversacionales. Estas completan el significado que el hablante transmite implícitamente.

Los teóricos minimalistas rechazan estas ideas, que no son compatibles con su propósito de reducir al mínimo la participación de la pragmática en la semántica (véase ***minimalismo**). Una nueva teoría de la filosofía del lenguaje, la ***teoría de la convención y la imaginación**, reduce drásticamente la intervención de la pragmática en los procesos interpretativos, y propone una semántica muy amplia, que contiene *convenciones* de varios tipos, surgidas de la experiencia repetida de establecer coordinación entre hablante y oyente (véase ***teoría de la convención y la imaginación**).

En el conjunto de las teorías sobre el significado, pueden verse varias maneras de concebir la semántica de las lenguas: desde la semántica extremadamente mínima de la teoría de la relevancia, que es un esbozo de significados que apenas *indican* lo que quiere decir el hablante, hasta la semántica entendida como un conjunto de convenciones lingüísticas y sociales para comunicarse, que no requiere procesos de enriquecimiento y ni siquiera implicaturas. Entre un extremo y otro, hay diferentes modelos de minimalismo y de contextualismo, y, consecuentemente, diferentes maneras de tratar la relación entre el significado lingüístico y el contexto.

TEORÍA DE LA CONVENCIÓN Y LA IMAGINACIÓN

1. Convención e imaginación

La pragmática y algunas teorías semánticas que intentan explicar la relación entre significado y contexto muestran, en la actualidad, una tendencia a conceder mayor alcance teórico a las inferencias en la interpretación, y a disminuir, en cambio, la intervención de las convenciones gramaticales. La ***teoría de la relevancia**, por ejemplo, presenta una semántica mínima, que es apenas un esbozo de lo dicho por un enunciado y requiere inferencias contextuales para convertirse en una proposición. La que vamos a llamar *teoría de la convención y la imaginación* propone reexaminar la relación entre gramática e inferencia. En esta nueva teoría, las convenciones gramaticales se amplían y las inferencias se reducen, de modo que nociones tan centrales en pragmática como la de implicatura se consideran superfluas. La teoría proviene de la filosofía del lenguaje, y sus autores, Ernest Lepore y Matthew Stone, la exponen en varios artículos (2010, 2015b) y, de forma completa, en un libro titulado *Imagination and convention* (2015a), que aquí convertimos en la denominación de la teoría.

Las nociones de *convención* y de *imaginación* explican los dos tipos de interpretación lingüística que distinguen los autores: en primer lugar, la que depende de convenciones que provienen del conocimiento del lenguaje y de las estrategias retóricas de una comunidad; y, en segundo lugar, la interpretación que no depende de convenciones, sino de la creatividad y la imaginación, por ejemplo la interpretación del lenguaje figurado y del lenguaje poético.

Lepore y Stone (en adelante LyS) afirman que usamos el lenguaje con propósitos muy diferentes. A veces, el lenguaje es parte de una indagación conjunta sobre cómo son las cosas del mundo, y buscamos conclusiones y acuerdos con nuestros interlocutores. Otras veces, usamos el lenguaje para expresar nuestra percepción o experiencia particular de algo, e invitamos al oyente a acompañarnos y a alinear su perspectiva con la nuestra. El lenguaje es siempre el mismo, lo que cambia en cada tipo de uso es nuestro *modo de relacionarnos* con el lenguaje. En la conversación sobre temas prácticos los interlocutores se coordinan en sus indagaciones, sus argumentos, sus negociaciones y litigios, gracias a su conocimiento de la gramática y de las estrategias retóricas convencionales. En el caso de los enunciados que contienen figuras o lenguaje evocativo, nuestra interpretación es, en cambio, improvisada, creativa, y las conclusiones son abiertas y susceptibles de nuevas interpretaciones. Según LyS, la pragmática vigente puede explicar las diferencias entre una metáfora y una ironía, por ejemplo, pero no puede explicar la riqueza de inferencias heterogéneas que permite interpretar y dar valor a estas figuras. La pragmática inferencial inspirada en las ideas de Paul Grice considera que, en lo esencial, todas las interpretaciones lingüísticas siguen los mismos procesos, explicados con principios generales como la racionalidad cooperativa o la relevancia. LyS rechazan esa uniformidad: según ellos, los procesos interpretativos son muy diferentes según se trate de la conversación o de figuras y textos poéticos, y eso es lo que debe explicar una teoría del uso del lenguaje.

Al distinguir y caracterizar dos tipos diferentes de interpretación, la teoría de la convención y la imaginación (en adelante TCI) pone en cuestión nuestras "ideas recibidas" sobre semántica y pragmática. Según estas ideas, tal como las reseñan LyS, la semántica y la pragmática son dos dominios de conocimiento diferentes. La semántica tiene que ver con el conocimiento del lenguaje, y la pragmática con el comportamiento de agentes racionales. La semántica describe la relación arbitraria entre las palabras y sus interpretaciones en contextos de uso, de acuerdo con las normas de un lenguaje particular. La pragmática, por su parte, analiza qué acciones realizamos con nuestras contribuciones a la conversación, por ejemplo pedir, prometer, narrar, etc. Para que esa identificación sea posible, los locutores tienen que mostrar qué hacen, y los oyentes deben reconocer esas acciones. La pragmática estudia, en la visión recibida o tradicional, cómo evalúan los interlocutores cada contribución en relación con los propósitos de la conversación.

La pragmática recibida es, para LyS, la que se inspira en la teoría de Grice sobre el significado intencional. En esta teoría la división entre semántica, con sus normas arbitrarias, y pragmática, con sus principios motivados, está marcada por el fenómeno que Grice llamó *implicatura conversacional* (véase ***implicatura**). La implicatura es un significado comunicado implícitamente, que el interlocutor debe inferir en cada ocasión de uso del lenguaje. Grice propone que las implicaturas se *calculan* partiendo de lo que el hablante dice explícitamente y teniendo en cuenta si el contenido implícito hace avanzar los propósitos de la conversación. Esto es así porque los agentes dan por sentado que sus interlocutores son racionales y cooperativos. La noción de implicatura es, sin duda, la más importante en la teoría de Grice y en la fundación de la *pragmática inferencial*, paradigma al que pertenecen tanto el modelo de Grice como las propuestas de los neogriceanos (por ejemplo Levinson, 2000 y Horn, 2004), y también la teoría de la relevancia, aunque esta fundamenta sus conclusiones por medio de hipótesis cognitivas ausentes en las demás teorías neogriceanas.

La TCI refuta las ideas centrales de ese paradigma, en especial la teoría de la implicatura, la noción griceana de significado intencional, y, también, el concepto cognitivo de relevancia como explicación única de toda interpretación. La filosofía, sostienen LyS, puede ofrecer una explicación mejor de los usos del lenguaje, y ellos quieren proponer una, que, la aceptemos o no, nos obligue a pensar de nuevo en la comunicación lingüística.

En la primera línea de su libro, los autores afirman que son defensores de la gramática, el significado lingüístico y el sentido común. Para demostrarlo, dan a las convenciones gramaticales y discursivas el papel más importante en la interpretación lingüística. LyS recogen y reinterpretan ideas que tienen una tradición establecida en filosofía, como por ejemplo el concepto de convención como *competencia social*, que procede de la teoría de Lewis (1969), y las nociones asociadas de cooperación y coordinación entre los hablantes. En cuanto a la interpretación del lenguaje imaginativo, los autores se inspiran en el concepto de metáfora presentado por Davidson (1979) para poner en cuestión que la metáfora y, en general, el lenguaje poético, transmitan contenidos comunicativos.

En suma, la TCI es, por un lado, una crítica radical a la pragmática, y, por otro, es una teoría en la que se recogen ideas sobre el lenguaje y la interacción lingüística que hacen hincapié en la importancia de las convenciones gramaticales y discursivas y en la creatividad de la interpretación poética. LyS consideran que la semántica griceana es una semántica "esquelética" (*bare-bones seman-*

tics), que comprende solamente las reglas léxicas y composicionales sobre referencia y predicación que se necesitan para establecer las condiciones de verdad de la oración. La TCI defiende una noción mucho más amplia de convención, que, siguiendo a Lewis, la presenta como el conocimiento de *un conjunto amplio de acuerdos de fondo sobre el significado*, y como una *competencia social* que permite a los agentes coordinarse en su tarea conjunta de usar el lenguaje. Por eso en la TCI la distinción entre semántica y pragmática sufre una revisión profunda. La pragmática, como se verá en lo que sigue, queda a cargo de desambiguar los enunciados, lo que no es poco trabajo, ya que el lenguaje está recargado de ambigüedades, pero no es el trabajo que le adjudican las teorías de la pragmática, ya que *no* consiste en el enriquecimiento de la semántica (véase ***enriquecimiento libre**) ni en la derivación de implicaturas.

2. Crítica a los principios generales de la pragmática

La TCI encuentra insuficientes las ideas de Grice y también las de los neogriceanos, entre las que se destaca la teoría de los significados presumibles de Levinson (véase ***interpretaciones preferidas**). Esta teoría, al proponer significados que se obtienen gracias al conocimiento del uso habitual de ciertas expresiones, y no por cálculos sobre racionalidad y cooperación, se aproxima a la TCI más que otras, pero no aspira a explicar la interpretación lingüística en su totalidad, ni se aparta de Grice en la teoría de la implicatura.

Las ideas básicas de la teoría de la relevancia tampoco son aceptables, según LyS, ya que reducen el papel de la gramática y de otros sistemas convencionales en la comunicación, y explican todas las interpretaciones con un solo principio, el de relevancia. Aunque los autores reconocen el valor de la teoría de la relevancia, especialmente la noción de *inferencia eficiente* que permite a los hablantes comprender enunciados ambiguos o subdeterminados, lo que LyS critican, sobre todo, es la idea de que un solo principio general pueda explicar todo tipo de interpretación lingüística, ya se trate de la idea de *cooperación racional* propuesta por Grice, o de la idea de *eficacia cognitiva* defendida por la teoría de la relevancia. Los teóricos de la TCI no creen que un solo principio pueda dar cuenta de la complejidad de la interpretación y sus diferentes manifestaciones. Sostienen, en cambio, que los hablantes siguen, en sus interacciones, *convenciones* que forman parte de sus conocimientos del lenguaje, y que, cuando se les presentan enunciados figurativos o evocativos, improvisan sus interpretaciones, que son abiertas y permiten crear más interpretaciones.

LyS critican especialmente la teoría de la ***implicatura**, entendida, en la tradición griceana, como significado que está por encima y más allá de los significados literales de las palabras usadas, y que los oyentes infieren por cálculo, contando con que se cumple el principio general de cooperación. Es un lugar común innegable que los interlocutores son cooperativos. Son cooperativos y eso precisamente los lleva, según LyS (siguiendo a Lewis, 1969), a buscar formas de coordinar sus comportamientos repetidos, e ir así creando convenciones, que, una vez asentadas, sirven para facilitar la cooperación, sin necesidad de que intervengan cálculos basados en la racionalidad.

La implicatura conversacional no tiene lugar en una teoría de la interpretación, y esto es así, para LyS, porque la noción de implicatura depende totalmente de la noción de racionalidad cooperativa, ya que surge de un cálculo sobre racionalidad en cada ocasión. La TCI propone, en cambio, que los oyentes recuperan significados explícitos e implícitos reconociendo las convenciones, tanto las gramaticales como las discursivas, que forman parte de su conocimiento del lenguaje y de su competencia social.

Para LyS, mucho de lo que se considera implicatura conversacional es en realidad expresión del conocimiento lingüístico de los interlocutores, es decir, resultado de su capacidad para coordinarse unos con otros y actuar de acuerdo con sus expectativas sobre cómo debe proceder la conversación. Estas expectativas son convenciones que están ligadas a formas lingüísticas particulares. Algunas de las convenciones describen las posibilidades que tiene el hablante para organizar el discurso como investigación, argumento, negociación. Estas convenciones sobre estructuras discursivas van más allá de lo que suele entenderse por sintaxis y semántica, pero, según los autores, forman parte también del conocimiento gramatical del hablante.

Para criticar el concepto de implicatura, LyS recuerdan uno de los clásicos ejemplos de Grice, en que un hablante dice que tiene un problema y su interlocutor le ofrece una solución:

(1) A: No tengo gasolina.
B: Hay una gasolinera a la vuelta de la esquina.

Este es un caso en que no se transgrede ninguna máxima del principio de cooperación, sino que la obediencia a las máximas es la que crea la implicatura: si A espera que B sea racional y cooperativo, va a inferir que B menciona la gasolinera porque sabe que está abierta. Según la glosa que hace Grice de este ejemplo, B violaría la máxima de pertinencia (*relevance*), que explica la conexión entre la afirmación de A y la reacción de B, si B no creyera, o no creyera probable, que la gasolinera está abierta. La implicatura es, por lo tanto, que la gasolinera de la vuelta está abierta, y se calcula, como todas las implicaturas conversacionales, a partir de la noción de racionalidad cooperativa. Grice distingue así el significado convencional (el que tiene la afirmación de B) y el significado conversacional implícito de esa misma afirmación, que es, en su modelo, una implicatura.

LyS consideran, contradiciendo a Grice, que lo que este ejemplo muestra es una *estrategia retórica convencional* que consiste en responder a alguien que anuncia una dificultad con una sugerencia sobre cómo resolverla. Es lo normal y lo esperado y por eso es tan fácil de interpretar. Pero si las normas según las cuales los agentes realizan acciones conjuntas fueran diferentes, la interpretación sería diferente. En una comunidad que se guiara por otras normas, la respuesta de B sobre la gasolinera podría entenderse como una reacción hostil, o bien como una invitación del hablante para ir a la gasolinera juntos, etc.

De manera similar, LyS afirman que la interpretación de actos de habla indirectos depende de conocimientos lingüísticos y no, según las teorías de Grice y de Searle (1975), de la derivación de implicaturas. Supóngase un enunciado como el siguiente:

(2) ¿Me puede traer un café?

Este acto de habla indirecto, que literalmente es una pregunta sobre lo que alguien puede hacer, se interpreta como una petición en las lenguas y en las comunidades en que esta es una manera convencional de pedir algo (a un camarero, por ejemplo). Según LyS, nuestro conocimiento lingüístico asocia normas con restricciones interpretativas que determinan el contenido de la interpretación. La supuesta implicatura conversacional de (2), según la cual el camarero toma el contenido de (2) como una orden o petición y no como una pregunta sobre lo que puede hacer, no es en realidad una implicatura, sino que es un significado convencional, que forma parte del conocimiento del lenguaje y es independiente de cálculos de racionalidad.

Al identificar actos de habla, los interlocutores confían en expectativas mutuas no determinadas por la racionalidad o por otros principios generales de interpretación. Las elecciones interpretativas de los individuos de una comunidad reflejan su conocimiento de las prácticas comunicativas arbitrarias –las convenciones– de esa comunidad. La indirección de actos de habla como el ilustrado en (2) varía de lengua a lengua y de comunidad a comunidad.

Las diferencias se notan mejor en las estrategias que utilizan los usuarios en interacciones dificultosas, como pedir algo y disculparse. La estructura discursiva de peticiones y disculpas cambia según las culturas y las lenguas, e, incluso, en variedades de una misma lengua. Los actos de habla indirectos son, por cierto, cooperativos, puesto que, como otros recursos de cortesía, sirven para lubricar las buenas relaciones entre los interlocutores.

LyS demuestran que el uso de la expresión *por favor*, en casos como (2), es prueba de que los actos de habla indirectos utilizados para pedir algo, por ejemplo, se interpretan gracias a nuestro conocimiento de las convenciones sociales. Aunque (2) sea, literalmente, una pregunta sobre lo que puede hacer el interlocutor, se presenta como una petición y es interpretado como una petición. Así, (2) puede tener la variante (3):

(3) ¿Me puede traer un café, por favor?

Compárese (3) con los siguientes enunciados, que tienen en común con (2) y (3) el hecho de que pueden provocar cierta acción en el interlocutor, entre ellas traer un café, pero, sin embargo, no son presentados ni interpretados necesariamente como peticiones, y por eso no admiten el uso de *por favor*:

(4) ??Tengo ganas de tomar un café, por favor.

(5). ??Necesito tomar un café, por favor.

Como vemos, en la TCI el significado depende de convenciones lingüísticas en medida mucho mayor de lo que reconocen Grice y todos sus seguidores. Según la TCI, las interpretaciones están ya marcadas lingüísticamente. Una marca gramatical de gran importancia es la entonación. LyS presentan el caso de una persona que, alarmada por haber comido todas las galletas que encontró a la vista y pensando que quizá esas galletas estaban destinadas a otros, pregunta si se ha comido todas las galletas y recibe la respuesta de que ha comido algunas galletas, con el énfasis en la palabra *algunas*:

>   6. A. Did I eat all of the cookies?
>   B. You ate *some* of the cookies.

En la pragmática clásica, la expresión *algunas* implica 'no todas', considerada una *implicatura escalar*. La escala, en este caso, consiste en dos términos: /todas, algunas/. *Todas* es la expresión más fuerte, la que transmite más información. La teoría de las implicaturas escalares propone que, si el hablante no usa el término más informativo, pero cumple con la máxima de cantidad (que exige dar la información necesaria, ni más, ni menos), esa elección, no usar el término más informativo, se debe a que el hablante la descarta por no ser aplicable a este enunciado. Descartarla es lo mismo que negarla, de donde surge la implicatura 'no todas (las galletas)'. (Nótese que *algunas* no es incompatible con *todas*, ya que se podría decir, por ejemplo, "Comí algunas, en realidad todas, las galletas", sin contradicción: esto da lugar a que el significado 'no todas' se considere, en el paradigma griceano, una implicatura generalizada, y no parte del significado convencional de *algunas*; este tema es analizado a fondo en Levinson, 2000).

LyS proponen que si entendemos que *algunas* significa 'no todas' es porque eso está expresado claramente por la gramática, en este caso por la entonación, que pone énfasis en *algunas*. La respuesta no sería una respuesta si no interpretáramos que A no comió todas las galletas. Se trata de gramática, plasmada en la facultad del lenguaje, y en las expectativas mutuas de los hablantes sobre cómo usar el lenguaje para transmitir mensajes en contexto. Para LyS, es evidente que los usuarios del lenguaje hacen elecciones retóricas que surgen de su competencia lingüística, y no de su racionalidad.

3. Convención, intención, coordinación, marcador conversacional

La TCI parte de la idea de que el conocimiento de la gramática forma parte de la competencia social compartida por los interlocutores. Gracias a esa competencia los hablantes asignan significados a los enunciados lingüísticos. Las convenciones lingüísticas, tanto las que unen sonidos a significados como las que regulan la estructura de los discursos, deben verse como el caso prototípico de la competencia social, y su papel es central en la comunicación.

LyS creen que necesitamos una competencia social específica para resolver los problemas de coordinación que se presentan en las interacciones comunicativas. Las nociones de convención y coordinación están íntimamente asociadas. Las personas se coordinan en alguna práctica conjunta cuando reconocen las intenciones de los otros y tienen en cuenta las expectativas mutuas. Si existe la convención de conducir el automóvil por la derecha, se espera que los demás automovilistas conduzcan por la derecha, porque la coordinación evita accidentes. Si la convención es diferente, por ejemplo en Gran Bretaña o en Japón, conducimos por la izquierda y tenemos la expectativa de que todos lo hagan de la misma manera. A veces podemos ponernos de acuerdo explícitamente sobre la coordinación, como cuando hablamos por teléfono y la conexión es mala y los interlocutores deciden quién llama a quién si se corta la comunicación. Pero por lo general seguimos convenciones establecidas, tácitas, que han surgido de la resolución habitual de problemas semejantes.

La competencia social se fundamenta en conocimientos que ya tienen los agentes: las convenciones. Las convenciones son arbitrarias, es decir, no motivadas, pero se han ido creando para facilitar las tareas racionales cooperativas recurrentes, de modo que *una convención es la consolidación social de estrategias interpretativas*. Por eso las convenciones son *expectativas* que sirven para coordinar comportamientos en las tareas conjuntas. Y esto demuestra, según la TCI, que es el lenguaje mismo, a través de sus convenciones, el que establece qué aportes hacemos a la conversación.

Esta preeminencia de las reglas del lenguaje en los procesos de interpretación pone en cuestión nada menos que la noción de comunicación intencional propuesta por Grice y aceptada por todos sus seguidores. Grice considera que la comunicación está constituida por el reconocimiento de la intención, en un proceso que podría describirse como en (4):

> (4) Para que un hablante signifique P con un enunciado, es necesario que emita el enunciado con la intención de que P produzca un efecto en el auditorio, pero ese efecto se producirá solamente si el auditorio reconoce la intención de producirlo.

LyS afirman, por el contrario, que el significado lingüístico es más amplio de lo que imaginaba Grice, y las diferencias entre interpretaciones son mayores de lo que él creía. En el modelo de Grice no se reconocen las diferencias entre los usos del lenguaje en que los aportes de los interlocutores hacen avanzar la conversación y llegar a acuerdos, y, por otro lado, los usos poéticos, donde las inferencias responden a intuiciones y a alineaciones entre el pensamiento de autor y lector. Para Grice, todo lo transmitido implícitamente es una implicatura calculable a través del principio de cooperación, y los significados son proposiciones homogéneas, cualquiera sea su origen.

El significado no puede reducirse, según LyS, a la intención comunicativa, pero el reconocimiento de las intenciones de otros agentes es muy importante en todo lo que hacemos juntos. El reconocimiento es indispensable para cualquier tipo de colaboración entre agentes, sea lingüística o no. Pero LyS observan que nuestras contribuciones a la conversación, así como nuestras contribuciones a cualquier actividad conjunta, siguen adelante de acuerdo a una dinámica que en realidad es previa a las intenciones de los agentes, y además independiente de ellas.

En efecto, LyS consideran que uno de los problemas de la noción de comunicación intencional de Grice es que no siempre el significado coincide con una intención ocasional del hablante, sino que muchas conversaciones tienen ya una serie de temas y de direcciones de discusión en pie, y que no es una intención comunicativa aislada lo que determina el significado, sino las convenciones que guían la dinámica de esa conversación. Los propósitos ya vigentes son anteriores a cada aportación conversacional y a cada intención. Reconocemos intenciones al usar el lenguaje, pero a veces la intención no coincide con el significado del enunciado, que depende, más bien, de las numerosas y complejas convenciones de la conversación.

Por otra parte, según LyS, la intención es ubicua y heterogénea, y los métodos de reconocimiento de intenciones varían. Esto es así debido a que la acción lingüística es compleja, más de lo que parece ser si nos atenemos a la expectativa de racionalidad y cooperación del modelo de Grice.

En la TCI se distinguen tipos diferentes de intención comunicativa, entendiendo por intención la actitud que compromete a realizar una acción. El comportamiento lingüístico es un ciclo de deliberaciones y acciones. Cada deliberación da como resultado un juicio sobre cómo hacer la acción, y este juicio depende de las creencias, deseos e intenciones de los hablantes, y provoca acciones inmediatas, resultado de intenciones *directas*. Estas intenciones no coinciden con las que propone Grice para definir el significado. En la teoría de Grice, el *significado no natural* se define, como se ve en la descripción (4), por su efecto sobre el destinatario, que es el efecto buscado por el locutor. LyS llaman a la intención que propone Grice *intención prospectiva*, ya que el locutor planea un efecto futuro. La *intencionalidad directa*, en cambio, consiste en ligar el significado de un enunciado a las convenciones pertinentes. Cualquier palabra, gracias a las convenciones, puede conectarnos con su significado, y nos basta usar la palabra para acceder al significado. Las estructuras sintácticas, a su vez, nos dan maneras básicas de asociar significados en expresiones complejas, que pueden ser, así, nuestros aportes a la conversación.

La teoría de la intencionalidad directa tiene gran alcance en la TCI. Los autores argumentan que emitir un enunciado con una estructura lingüística específica es una de las capacidades humanas heredadas, y que esta capacidad proviene de la *facultad del lenguaje*. En la visión de la TCI, la facultad del lenguaje nos permite no solamente usar estructuras sintácticas y semánticas, sino contribuir con esas estructuras a la conversación.

Siguiendo las ideas de Lewis (1979), LyS proponen conceptualizar las contribuciones a la conversación como actualizaciones de un registro o marcador abstracto, que Lewis llama *scoreboard*, 'marcador', asemejándolo a los marcadores que se usan en los estadios de béisbol. El registro conversacional es abstracto, y está constituido por las reglas con las que los interlocutores están de acuerdo, ya sea explícitamente o implícitamente, de modo que el registro comprende las decisiones que producen significado y hacen avanzar la conversación. En este registro, como en el marcador de las canchas de béisbol, no entra todo lo que pasa en el juego. El juego se desarrolla entre otros acontecimientos, que no forman parte del juego o no tienen importancia en el juego. No todas las movidas del juego pasan al marcador, ni las de la conversación pasan al registro. Las reglas convencionales de la conversación otorgan un estatus especial a ciertas movidas, que sí quedan en el registro y sirven para rastrear las operaciones realizadas por los hablantes para hacer públicos sus significados, por ejemplo identificando preguntas que importan en la conversación y tratando de lograr acuerdos en las respuestas.

En el registro conversacional las proposiciones que se discuten durante la conversación se hacen públicas y se someten al análisis de los interlocutores. El registro puede evolucionar en cualquier dirección, según los acuerdos entre los interlocutores, que dependen de su buena coordinación. Aquí las dos teorías de Lewis, la de la convención y la del registro conversacional, se unen y complementan: los interlocutores se coordinan para actuar juntos en la comprensión de las actualizaciones del marcador, y esa coordinación se apoya en convenciones que han surgido precisamente de la necesidad de resolver problemas de coordinación entre los agentes. La descripción del proceso que propone la TCI es como sigue:

> (5) Para que un hablante quiera decir P con un enunciado, el hablante debe emitir el enunciado con la intención de coordinarse con los demás interlocutores y agregar P al marcador conversacional.

La diferencia entre la teoría griceana y la TCI, tal como se observa comparando (4) y (5) y sus consecuencias, recae en que para la TCI el significado es un asunto de convenciones: un enunciado tiene un significado asignado por una *gramática*, y esta es una *competencia social* compartida que ha surgido de la resolución de problemas de coordinación, y tiene la forma de convenciones. Las convenciones están fundamentadas en los conocimientos de los hablantes, que tienen experiencias del comportamiento flexible que se requiere para coordinarse y analizar conjuntamente el marcador conversacional. Dicho de otro modo, el significado de un enunciado depende de la intención directa del hablante de participar en las convenciones, y está determinado solamente por las convenciones que regulan la actualización del registro conversacional, lugar donde los hablantes analizan conjuntamente las proposiciones en cuestión, para llegar así a conclusiones y acuerdos.

LyS consideran igualmente importantes, para entender la interpretación lingüística, los casos que no pueden teorizarse a partir de las nociones que nos han servido hasta ahora: intención, coordinación, registro conversacional. En esos casos, funciona otro tipo de interpretación, que los autores llaman imaginativa o poética.

4. Interpretación imaginativa: metáfora, ironía, imaginación poética

En las interpretaciones que en la TCI se llaman imaginativas o creativas, las convenciones pasan a segundo lugar, ya que los hablantes *interpretan imágenes*, y no significados. Las convenciones siguen en pie, pero solamente sirven para identificar que un enunciado es metafórico o irónico, por ejemplo, gracias a nuestra capacidad para captar intenciones ajenas, que aplicamos a todas nuestras tareas conjuntas, y a las claves que nos dan el contexto y los propósitos y dirección del intercambio, como en cualquier interpretación.

Una vez desambiguado el enunciado, que es la tarea de la pragmática, en la interpretación creativa dejamos de captar intenciones comunicativas y de seguir convenciones lingüísticas, porque lo que procesamos son imágenes. En la TCI, la noción de imagen se distingue nítidamente de la noción de significado. Por imagen se entiende no solamente la representación de un objeto o persona (que podemos encontrar, por ejemplo, en una metáfora, expresada con lenguaje o por otros medios), sino una posibilidad imaginada, una perspectiva diferente, que nos lleva a una interpretación improvisada, abierta a nuevas interpretaciones. La imagen no equivale a una proposición, expuesta a juicios de verdad, sino que tiene valores que se expanden o son cambiantes, que se alinean con los modos de percibir de nuestros interlocutores, según las perspectivas desde las que se produzca la interpretación.

El propósito de la interpretación de imágenes es obtener nuevas percepciones, intuiciones o perspectivas. Ya no se trata de recuperar significados, sino de explorar posibilidades que quedan abiertas y pueden ser reevaluadas una y otra vez. Cuando el hablante produce imágenes, sus intenciones comunicativas tampoco tienen validez para dar sentido a la imagen, ya que la interpretación es abierta y solamente depende de la creatividad de los participantes.

LyS distinguen dos tipos de interpretación de imágenes: el lenguaje figurado y la interpretación de la poesía, que llaman *imaginación poética*. En cuanto a las figuras, cada una produce diferentes revelaciones, por métodos también diferentes. Los autores insisten mucho en las diferencias que distinguen a cada tipo de interpretación creativa. La metáfora, por ejemplo, lleva al intérprete al esfuerzo imaginativo de pensar en una cosa como si fuera otra, y verla así con percepción nueva y más rica. La ironía y el sarcasmo, por su parte, invitan al oyente a captar incongruencias, divergencias y contrastes, o bien a imaginar a un hablante capaz de afirmar lo dicho literalmente, y a contraponer creencias y valores. La interpretación poética, finalmente, permite analizar y problematizar el lenguaje mismo, su forma, su articulación y su relación con el significado.

LyS niegan que las metáforas sean implicaturas, como sostienen Grice (1989) y Searle (1979) (véase *metáfora). Tampoco la *ironía es, para ellos, una implicatura, y en esto se oponen a las teorías pragmáticas, que consideran la ironía un ejemplo típico de implicatura conversacional. Por no ser implicaturas, ni la metáfora ni la ironía pueden parafrasearse: si fueran implicaturas serían proposiciones, y podríamos enunciarlas sin dificultad mediante una paráfrasis. Pero no son proposiciones.

Lo que un hablante transmite metafóricamente no es un contenido cerrado y definitivo. Según LyS, el mismo locutor ignora tal contenido, o al menos no podría verbalizarlo fácilmente. Lo que la metáfora transmite es una invitación a explorar la imagen propuesta. Esa invitación deja en las manos del interlocutor –en sus capacidades imaginativas– el significado de los enunciados figurados.

Tomemos como ejemplo, para ilustrar las ideas de LyS, una metáfora del poema de Jorge Luis Borges titulado "De que nada se sabe":

(6) ¿Qué arco habrá arrojado esta saeta
    Que soy?

El poema se refiere a que tanto las cosas como los humanos ignoramos qué somos. En las dos últimas líneas, citadas parcialmente en (6), el hablante se presenta como una saeta sin origen. La expresión *soy una saeta*, en este contexto, y la mención del arco desconocido que la dispara, otorgan al arco y la saeta imaginarios unas propiedades específicas que relacionan dos dominios, el dominio del vehículo de la metáfora (representado por la imagen de la saeta) y el del objetivo de la metáfora, que es el yo hablante. Las similaridades entre ambos dominios enriquecen con nuevas características y relaciones al objetivo de la metáfora, que podríamos representar como "yo". Pero "yo" puede ampliar su referencia, y referirse no solamente al hablante poético, sino a cualquier humano, en el contexto de la dimensión universal evocada por el poema, que menciona los astros, los objetos cotidianos, Dios como creación fútil, y el poeta mismo. Obtenemos así, mediante la imagen, y usando intuiciones y conceptualizaciones de muchos tipos (entre ellas, que la vida es movimiento de un punto a otro), una nueva perspectiva sobre nuestras vidas humanas como objetos rápidos que atraviesan el tiempo y el espacio, sin destino, dirigidas por una voluntad incomprensible. Este es el tipo de análisis que propone la TCI y que, en su despliegue imaginativo, va más allá de los procesos por los cuales derivamos implicaturas o modulamos los significados al construir explicaturas.

En efecto, a diferencia de otros teóricos, entre ellos Wilson y Sperber (2012) y Recanati (2010), LyS niegan la "teoría deflacionaria" de la metáfora, según la cual la metáfora es el producto de un proceso de enriquecimiento libre o modulación, de origen pragmático, semejante al que interviene en la interpretación general de los elementos léxicos. Según la teoría de la relevancia, la metáfora se distingue por una cuestión de grado, no de cualidad, ya que todos los componentes léxicos enunciados explícitamente sufren mayores o menores ajustes de significados para coincidir con la intención del hablante y la búsqueda de relevancia. LyS niegan que la metáfora sea meramente una cuestión de grado y que se interprete de la misma manera que otras palabras y frases. Para la TCI, las metáforas requieren interpretaciones diferentes, al igual que la ironía, las sugerencias, las bromas. Siguiendo a Davidson (1983), LyS afirman que las metáforas no tienen contenidos proposicionales, o sea, no tienen significado, en el sentido en que ellos entienden el significado:

> (7) El significado lingüístico es el contenido públicamente accesible que garantiza la conversación, entendida como investigación conjunta sobre cómo son las cosas.

Las metáforas buscan la comprensión de algo promoviendo razonamientos analógicos que derivan interpretaciones abiertas. Esto es así especialmente en las metáforas más creativas. Las que suelen llamarse "muertas", o sea las expresiones que casi no tienen ya valor metafórico, son, en la TCI, casos de polisemia convencional, y no realmente figuras retóricas.

LyS distinguen el *sarcasmo* y la *ironía literaria*. (La mayor parte de los teóricos ven aquí, en cambio, un solo fenómeno, que llaman ironía.) En la TCI estas figuras, junto con los enunciados humorísticos, se consideran *presentaciones* de lenguaje. El lenguaje no se usa, sino que se presenta, y se invita al interlocutor a interpretar las imágenes creativamente. Como sucede con las metáforas, es muy difícil o inútil parafrasear un sarcasmo o una ironía, ya que las imágenes producidas no pueden convertirse en proposiciones, porque no son contenidos semejantes a los contenidos públicos que dan validez a nuestras conversaciones sobre el mundo, según la descripción (7).

Véanse dos ejemplos de sarcasmo, del tipo de los analizados por LyS:

(8) Gracias por sostener la puerta. (Dicho cuando alguien deja que se cierre una puerta en la cara del hablante).

(9) Cuántas cosas sabe Ud. (Dicho a un sabelotodo que no para de hablar.)

Como se ve en estos ejemplos, el sarcasmo no consiste solamente en una inversión de significado. La persona a quien se refiere el enunciador en (8) no cumple con los requisitos de la amabilidad, pero la observación sarcástica, al mencionar la norma deseable (que una persona sostenga la puerta, o que todos seamos considerados con los demás) nos hace pensar en cómo deberían ser las cosas y no son. Es diferente emitir un enunciado sarcástico como (8) que decir que alguien es grosero, o, en el caso de (9), que alguien habla de lo que no sabe, o habla demasiado. Efectivamente, ni (8) ni (9) son fáciles de parafrasear con una proposición. LyS sostienen que no se puede adjudicar al sarcasmo un contenido proposicional. Tal contenido proposicional sería deficiente, respecto al sarcasmo, en uno de los valores fundamentales del sarcasmo: crear complicidad y acuerdo entre los interlocutores, una relación que es más fuerte cuando hay un juego de implícitos entre los hablantes.

En lo que LyS llaman "ironía literaria" el hablante tampoco suscribe lo que dice, de manera muy obvia. En la ironía el hablante finge hablar como hablaría otra persona u otra clase de persona, cuyos valores y creencias son aberrantes, incongruentes o equivocadas en relación a la situación de la que se trata. LyS consideran que uno de los mejores ejemplos de ironía es el famoso *Modest proposal* de Jonathan Swift (publicado en 1729). Swift, refiriéndose a la pobreza en Irlanda, que nadie parece interesado en aliviar, propone un método "justo, barato y fácil" para que esos niños hambrientos sean útiles a la sociedad: comérselos.

El lector del panfleto interviene en una interpretación imaginativa: imaginar al hablante fingido y captar sus ideas, sus creencias y sus valores, para rechazarlos. Eso produce un alineamiento del lector con los niños pobres y una nueva visión del problema de la pobreza. Lo descabellado de la solución puede producir reacciones incómodas o dolorosas sobre el egoísmo y la crueldad en que todos participamos, aunque sea por indiferencia, aunque el texto no se refiera a eso, sino solamente a una solución eficiente para remediar la pobreza.

Por otra parte, la ironía, entendida como ficción en que otra voz dice cosas aberrantes o simplemente ridículas, es muy común en nuestra conducta lingüística y cumple muchas funciones, la mayoría de ellas relacionada con reforzar las relaciones con nuestros interlocutores, creando complicidades. Puede asociarse, como reconocen LyS, con otras figuras: hay, por ejemplo, metáforas irónicas e ironías humorísticas, pero los procesos de interpretación de cada figura son diferentes, y el hecho de que podamos unirlas y crear enunciados muy complejos solamente revela la flexibilidad de nuestra capacidad inferencial.

El humor se trata en esta teoría como la expresión de una perspectiva nueva y por lo general sorprendente. Como el sarcasmo y la ironía, el humor presenta lenguaje, en lugar de usarlo para comunicar algo, y cuenta, para su interpretación, con las facultades creativas e imaginativas del destinatario. En el humor, el sarcasmo, la ironía, la metáfora, y también en las insinuaciones y las burlas, el locutor no intenta comunicar contenidos de manera directa y transparente, no se propone comunicar significados, en el sentido de la definición (7), sino invitar al oyente o lector a hacer interpretaciones cambiantes, que no se agotan inmediatamente, sino que son susceptibles de nuevas interpretaciones.

Finalmente, al analizar el lenguaje de la poesía como segundo tipo de interpretación imaginativa, LyS hacen hincapié en que la experiencia de interpretarlo es diferente, no porque el lenguaje poético sea intrínsecamente diferente, sino porque la poesía nos inspira para analizar creativamente las posibilidades del lenguaje y de la experiencia. Otra vez estamos ante una práctica lingüística que no produce significado (en el sentido de (7), arriba) y que no puede explicarse utilizando los principios de la pragmática clásica. En pragmática, solamente la teoría de la relevancia ha intentado teorizar los *efectos poéticos, y si bien pueden encontrarse opiniones compatibles entre ambas teorías, los teóricos relevantistas parten de la noción de implicatura, y los teóricos de la TCI, por el contrario, niegan que esa noción explique la interpretación imaginativa.

Al incorporar lo que llaman *imaginación poética* al estudio de la interpretación lingüística, LyS se proponen demostrar que el lugar del significado en las prácticas lingüísticas es más diverso y complejo de lo que podría parecer si nos atuviéramos, por ejemplo, a la teoría del significado intencional de Grice. Otro propósito de los autores es dar un lugar a la imaginación poética en la filosofía del lenguaje, reconciliando algunos puntos de vista de los críticos literarios y de los filósofos del lenguaje. La teoría de la imaginación poética justifica algunas observaciones de los expertos en literatura, que la pragmática clásica no podría explicar tan fácilmente.

En efecto, los críticos literarios y también los poetas han insistido siempre en que la poesía es intraducible o casi intraducible y en que es, como las figuras, no parafraseable. Lo que quiere decir el poeta es lo que dice el poema y tal y como lo dice. No hay otra versión de lo mismo que produzca la misma interpretación. Sin embargo, los poetas usan las mismas formas que usamos todos, unidas a los mismos significados según las mismas convenciones y normas, o sea, la misma gramática, aunque tienen licencia para tomarse libertades, ya que su intención es llamar la atención sobre el lenguaje mismo. LyS sostienen que lo que difiere es el tipo de interpretación que provoca la poesía, y eso es lo que debe interesar a los filósofos del lenguaje.

Parte de la esencialidad del poema reside en su organización formal, que LyS llaman *articulación*. Un aspecto importante de la articulación poética, por ejemplo, es el sonido de las palabras y sus combinaciones, que muchas veces se relacionan con sus temas, como en los versos de Garcilaso de la Vega:

> 10. En el silencio solo se escuchaba
> Un susurro de abejas que sonaba.

Las fricativas llevan al intérprete a comparar su sonido con el de las abejas. Cualquier cambio por palabras de significado semejante destruye el efecto. Si, por ejemplo, cambiamos "susurro" por "zumbido" alteramos al valor sugerente del endecasílabo. Para LyS, el poema *trata de su propia articulación*, ya que requiere ser entendido poéticamente, es decir, con atención a todos los aspectos de su articulación, sonidos, pausas, aliteraciones, incluso la disposición visual de los versos en la página. El poema exhibe su articulación. En la medida en que el lenguaje es exhibido, desplegado, la poesía se asemeja a la cita directa, pero la diferencia es que el poema exige una actividad interpretativa específica, que produce nuevas intuiciones y percepciones.

Estas revelaciones no son significados. Para LyS, los significados, tal como los entendemos en filosofía, son transparentes. En poesía, las interpretaciones son cambiantes, complejas y expansivas, y el lector puede llegar a interpretaciones que no necesariamente fueron intentadas por el poeta. A diferencia de la visión pragmática estándar de cómo interpretamos enunciados, en la interpretación poética, tal como se la ve en la TCI, la intencionalidad pierde importancia, y no hay una interpretación única.

Quien presenta un poema, dicen LyS, somete la articulación lingüística del poema a la imaginación poética de los intérpretes. La finalidad de esta práctica es explorar la articulación lingüística *al mismo tiempo* que el contenido del poema, para obtener visiones y conocimientos que no se obtendrían sin las sutiles complicaciones creadas por la articulación, o sea, por el lenguaje mismo, convertido en referente.

TEORÍA DE LA RELEVANCIA

1. Alcance explicativo

La *teoría de la relevancia* (en adelante TR), propuesta por Dan Sperber y Deirdre Wilson (1995), es la más influyente en la pragmática actual. Como todas las teorías pragmáticas, su objetivo es explicar cómo interactúan el significado lingüístico y los factores contextuales en el proceso de interpretación de los enunciados, pero se distingue de las demás porque estudia los procesos interpretativos desde un punto de vista cognitivo. La TR tiene orígenes filosóficos, ya que aprovecha ideas esenciales de la teoría de la conversación de Grice (véase ***Grice: lógica y conversación**), pero está asentada en las ciencias cognitivas, que estudian la estructura de la mente y las propiedades especiales atribuidas a ciertos mecanismos mentales llamados *módulos*. Los módulos se especializan en tareas de análisis lingüístico necesarias para la interpretación, y además, se atribuye a un módulo especial la tarea de reconocer los estados mentales ajenos, es decir, lo que otra persona piensa, cree o intenta. Gracias a esta capacidad de la mente los hablantes pueden reconstruir las intenciones comunicativas de sus interlocutores, que determinan los significados transmitidos en los intercambios verbales.

Sperber y Wilson describen minuciosamente la teoría de la relevancia en su libro *Relevance,* publicado en 1986 (reeditado en 1995, con un Postfacio). Los mismos autores, y sus discípulos y seguidores, han ido aportando numerosos trabajos sobre diferentes aspectos de la teoría y sobre intentos de comprobar empíricamente sus hipótesis. También han ofrecido, a lo largo de los años, compendios sobre las ideas principales del relevantismo. Estos *abregés* se encuentran en los manuales generales y en las enciclopedias de pragmática, en las recopilaciones de artículos sobre pragmática y también, a cada paso, en las publicaciones de los más activos proponentes de la teoría, que son, aparte de Wilson y Sperber, Robyn Carston, Diane Blakemore y otros.

La noción central de la teoría, *relevancia*, indica la relación entre el *beneficio cognitivo* obtenido en la comunicación (por ejemplo, información nueva) y el *esfuerzo mental* que cuesta conseguir ese beneficio. Cuanto más efectos cognitivos por menor esfuerzo, más relevancia. La búsqueda de relevancia explica el proceso de interpretación de principio a fin. Como cualquier teoría científica, la TR se propone comprobar sus ideas empíricamente; esta tarea está en marcha.

La TR es la teoría pragmática de mayor alcance explicativo. En primer lugar, explica cómo, mediante qué procesos mentales, se salva la brecha entre el significado codificado de un enunciado y todo lo que el hablante intenta comunicar con ese enunciado. La brecha fue señalada por Grice, que propuso distinguir dos tipos de significado: por un lado, el contenido semántico, independiente del contexto salvo por la necesidad de desambiguación y asignación de referencias, y, por otro lado, los significados implícitos intencionales, que se derivan por inferencias y son puramente pragmáticos. La TR afronta este *décalage* proponiendo una teoría donde la inferencia tiene un papel más importante que en el modelo de Grice, y la búsqueda de relevancia es la que guía, en muchos casos automáticamente, el salto entre lo dicho explícitamente y lo implicado. La búsqueda de relevancia es lo que nos hace pasar del significado literal, que en la TR se considera pobre y fragmentario, al significado más rico que intenta transmitir el hablante y que solamente se comprende saliendo de la semántica, o sea de los significados codificados, y haciendo inferencias contextuales.

La TR parte de una reconsideración de la semántica. En esta nueva visión, la semántica no puede proveer, independientemente de la pragmática, las ***condiciones de verdad** de una oración en contexto. En esto la TR coincide con otras teorías sobre el significado, como la teoría semántica de Recanati (2010), que subraya la subdeterminación de los valores semánticos. Para la TR, los contenidos semánticos de un enunciado son apenas un esbozo de lo que el hablante quiere decir con ese enunciado, y el interlocutor debe hacer todas las inferencias contextuales necesarias, en su constante búsqueda de relevancia. Incluso las palabras simples y unívocas, al usarse en la conversación, exigen del oyente un trabajo de ajuste contextual, porque de otro modo no reflejarían la intención comunicativa del hablante.

Además de ofrecer una explicación cognitiva al proceso que va de descodificar un enunciado a comprender el significado total transmitido por el hablante mediante ese enunciado, la TR va analizando una serie de fenómenos lingüísticos tratados por la lingüística y también por la retórica, y los integra en su visión cognitiva. Entre estos temas se encuentran, entre otros, los enunciados metarrepresentativos, el modo oracional, las formas lingüísticas procedimentales, la ironía, la metáfora, los efectos poéticos, la noción de estilo. La TR ha propuesto nuevas descripciones de estos y otros fenómenos gramaticales y discursivos, creando nuevas categorías que a veces cortan transversalmente distinciones clásicas, y reorganizándolas. Las categorías lingüísticas propuestas por la TR están conectadas con los procesos cognitivos que tienen lugar en la interpretación, quedando así legitimadas por los fundamentos cognitivos de la teoría.

La TR considera que comprender un enunciado consiste en construir una hipótesis sobre lo que el hablante quiere decir con ese enunciado. Siguiendo a Grice, afirma que para formar esa hipótesis y confirmarla el intérprete debe hacer inferencias con las que pueda recuperar la intención comunicativa del hablante en esa particular enunciación. Para Grice, la comunicación tiene carácter metapsicológico, de modo que las inferencias que hacemos al conversar exigen comprender no solo qué dice el hablante explícitamente, sino qué quiere decir con sus palabras, y lograr así una ***metarrepresentación** de su pensamiento. Las inferencias que se hacen durante la conversación se desarrollan a partir de ciertas expectativas compartidas, que las respaldan. En la pragmática de Grice la expectativa más importante es que nuestros interlocutores sean cooperativos, es decir, que colaboren adecuadamente en la tarea conjunta de conversar: la expectativa de cooperación es lo que permite captar significados intencionales que van más allá de las palabras dichas (véase ***implicatura**). La TR retiene la idea griceana de que la comunicación es un proceso metapsicológico, y retiene también el papel central de las expectativas de los hablantes, pero esta expectativa, en la TR, no es ya que nuestros interlocutores sean cooperativos, sino que sean relevantes. La TR propone, en efecto, que la comunicación se explica por la expectativa de relevancia, ya que la interpretación de un estímulo comunicativo está guiada por la búsqueda de relevancia: cuando se ha encontrado la relevancia buscada, se puede reconstruir el significado del hablante, y, satisfecha esa expectativa, allí termina la interpretación.

Para los teóricos relevantistas, la comunicación se puede explicar en su totalidad a partir de la tendencia cognitiva a maximizar la relevancia de cualquier estímulo comunicativo. Las explicaciones de las teorías estructuralistas y semióticas, que veían la comunicación como actos de codificación y descodificación de signos, son, desde esta perspectiva, no solo insuficientes sino erróneas, y aunque han sido superadas, siguen ejerciendo influencia en el pensamiento de muchos teóricos. Para la TR, la comunicación no se puede explicar si no se entiende que los humanos estamos programados para buscar relevancia en cualquier estímulo, verbal o no verbal, siempre, sin excepciones, como parte de nuestros recursos de supervivencia.

La TR ofrece una reinterpretación de las figuras retóricas, siguiendo la inspiración de Grice. En su teoría de la producción de implicaturas, Grice incluye los tropos, en especial la ironía y la metáfora, y los estudia como fenómenos comunicativos de la conversación ordinaria. Siguiendo esa tradición, la TR trata a las figuras como a todos los demás mecanismos de la comunicación verbal. Pero, a la luz de la noción de relevancia, la ironía y la metáfora ya no son transgresiones a una máxima de verdad, como en el modelo de Grice, sino procedimientos comunicativos capaces de transmitir una amplia gama de significados. Ya en un trabajo anterior a *Relevance*, Sperber y Wilson (1981) presentan una teoría nueva sobre los enunciados irónicos, sugiriendo que no transmiten meramente un significado opuesto al literal, sino significados más ricos: se refieren al mundo a través de la mención, cita o eco de enunciados anteriores, reales o posibles, y de una actitud negativa hacia ellos y hacia sus enunciadores (véase ***ironía**).

La metáfora sufre, en la TR, un tratamiento deflacionario, para usar la expresión de Sperber y Wilson; este tratamiento contradice dos mil años de retórica y creencias preteóricas muy arraigadas sobre el valor del lenguaje literal y la condición desviante de las figuras. El tratamiento deflacionario consiste en presentar las metáforas como significados que se obtienen del mismo modo que todos los otros: por descodificación y enriquecimiento inferencial de lo descodificado (véase ***enriquecimiento libre**). Salvo en el caso de metáforas literarias muy elaboradas, las otras se interpretan automáticamente (véase ***metáfora***).

En los apartados siguientes se verán, primero, las nociones cognitivas centrales de la teoría, y, después, en qué consiste, según la TR, el proceso de interpretación. Nótese que algunos conceptos de la TR se tratan con más pormenor en artículos separados, indicados a lo largo del texto.

2. Fundamentos cognitivos

La TR se presenta como un intento de responder con una teoría coherente a dos preguntas centrales de la pragmática: 1) ¿Cuáles son las operaciones que nos permiten pasar del significado literal de las expresiones al significado que el hablante quiere dar a esas expresiones para comunicarse?, y 2) ¿Qué principio guía esas operaciones? La respuesta a la primera pregunta es que la comunicación humana depende en gran parte de inferencias, algunas conscientes pero la mayoría de ellas subconscientes o subpersonales, que permiten ir más allá del significado lingüístico y captar lo que el hablante quiere transmitir en contexto. La respuesta a la segunda pregunta es que lo que guía las inferencias, en gran parte automáticas, que nos permiten llegar a la interpretación adecuada es una propiedad, la *relevancia*, que se encuentra en los estímulos lingüísticos y en muchos otros, y que responde a la capacidad del cerebro humano de obtener el máximo de información posible con el menor esfuerzo.

Según la TR, los enunciados transmiten *la presunción de su propia relevancia*: prometen siempre, sin excepciones, efectos cognitivos. Estos efectos prometidos por el comunicador y buscados por el destinatario son positivos, o sea, permiten obtener conocimientos nuevos, reforzar otros, corregir otros, reorganizar otros. Si los efectos son negativos, por ejemplo si la nueva información derivada por el oyente es errónea, no habrá relevancia. Así como los hablantes de Grice confían en que sus interlocutores sean cooperativos, los hablantes de la TR confían, y están acertados al hacerlo, en que sus interlocutores sean relevantes, es decir, que ofrezcan compensación adecuada por el esfuerzo de atender a lo que dicen e interpretarlo. El proceso de interpretación, según esta teoría, es inferencial y automático y está guiado por la búsqueda de relevancia dese el principio del proceso hasta el final, cuando el intérprete obtiene un significado que satisface su expectativa de relevancia.

La pragmática inferencial, o, como se verá enseguida, ostensivo-inferencial, propone, como se ha dicho ya, que el lenguaje está subdeterminado semánticamente y requiere inferencias contextuales a lo largo de todo el proceso de la comunicación (véanse ***subdeterminación semántica** e *inferencia*). Las inferencias comienzan, según la TR, casi al mismo tiempo que la descodificación.

La TR sostiene que la estructura lingüística *subdetermina* la interpretación de un enunciado porque el significado lingüístico es ambiguo, o elíptico, o vago, y contiene expresiones referenciales que no identifican claramente a sus referentes. Tampoco la fuerza ilocutiva (lo que el enunciado hace: preguntar, prometer, etc.) está especificada lingüísticamente en todos los casos. Las implicaturas no están codificadas. Hay enunciados que, si se toman literalmente, no transmiten lo que el hablante quiere decir, como sucede, por ejemplo, en la ironía o en la metáfora. De modo que una teoría de la comunicación verbal tiene que explicar cómo superan los hablantes la subdeterminación semántica y logran comunicar lo que quieren decir con sus palabras y por encima de sus palabras.

En la TR no hay máximas que pueden transgredirse, ni comportamientos más o menos cooperativos. Un solo principio, el principio de relevancia, explica cómo interactúan la estructura lingüística y el contexto para determinar la comprensión de los enunciados. Para que un enunciado sea comprendido debe tener una –solamente una– interpretación compatible con el hecho de que el hablante ha intentado que su enunciado sea relevante para el oyente. Esa interpretación satisfactoria será, en términos de los teóricos de la relevancia, *consistente con el principio de relevancia*. La tarea del hablante es encontrar la interpretación que es consistente con el principio de relevancia, a riesgo de no entender el enunciado, si no se deja guiar por este principio.

La TR se basa en dos principios generales, uno cognitivo y el otro comunicativo, ambos relacionados con la noción cognitiva de relevancia:

Principio cognitivo de relevancia: La cognición humana tiende a orientarse hacia la máxima relevancia.

Principio comunicativo de relevancia: Cada enunciado (u otro acto de comunicación inferencial) comunica la presunción de su propia relevancia óptima.

La *relevancia* es una propiedad de los enunciados lingüísticos y de otros estímulos que sirven de entrada a procesos cognitivos, ya sean externos, como sonidos o visiones, o internos, como pensamientos o recuerdos. Un *input*, ya sea una percepción, un pensamiento o un enunciado, procesado en un contexto formado por proposiciones (conocimientos, supuestos) con los que el *input* se conecte, puede producir efectos cognitivos de varios tipos, que se añaden a supuestos anteriores o los reorganizan. La relevancia tiene grados: será mayor si se obtienen más efectos cognitivos por el menor esfuerzo mental posible.

La atención y los recursos dedicados a procesar estímulos se orientan hacia los estímulos que parezcan más relevantes. El *principio de óptima relevancia* estipula que el hablante, por el acto de dirigir la palabra a alguien, comunica que su enunciado *es el más relevante compatible con sus habilidades y preferencias, o que, por lo menos, es suficientemente relevante como para merecer el esfuerzo de procesarlo*.

Los hablantes confían en este principio en sus tareas alternadas de comunicador y destinatario de la comunicación. Si A sabe de cierto que B se orienta siempre, sin excepciones, hacia los *inputs* que tengan más relevancia, puede construir un enunciado que tenga tres características: que atraiga la atención del oyente, que se conecte con conocimientos previos del oyente y que lo guíe en el proceso de interpretación.

La relevancia no es necesariamente información nueva, o puramente información. La TR considera que las *impresiones* que nos producen los enunciados poéticos son también efectos cognitivos positivos, porque estas impresiones modifican de alguna manera las imágenes mentales o "paisaje mental" del oyente (véase ***efectos poéticos**). El esfuerzo de procesamiento es mayor si es mayor la exigencia de creatividad, imaginación, activación de temas archivados en la memoria, tiempo invertido en la interpretación. El productor de un enunciado debe calibrar cuánto esfuerzo cuesta interpretar lo que quiere decir; si exige mucho esfuerzo, debe compensar con más efectos cognitivos, de modo de mantener el balance requerido. Nótese que el hablante tiene la función de guiar al oyente, y el oyente de seguir esta guía, que lo llevará a la relevancia. Debe haber coordinación entre comunicador y destinatario. En un pasaje de *Relevance*, Sperber y Wilson comparan la coordinación a la requerida en los bailes de salón, en que los bailarines deben coordinar sus movimientos.

Grice daba por sentado que conversar es una coordinación entre mentes, dado que los participantes en la conversación deben atribuir intenciones y pensamientos a su interlocutor, a partir de las palabras intercambiadas. Siguiendo esta idea, que es el fundamento de la noción griceana de *significado no natural* (véase ***Grice: lógica y conversación**), la TR afirma que la característica esencial de un estímulo comunicativo es ser abiertamente intencional. La intención de comunicar debe mostrarse, es pública, y solo se cumple al ser reconocida por su destinatario. Si Lucía deja a la vista de Violeta su copa vacía, y Violeta, al verla, la llena de nuevo, quizá Lucía haya conseguido lo que quería, pero no ha habido un acto de comunicación. Si, en cambio, Lucía expresara abiertamente su deseo de que Violeta le llenara la copa, por ejemplo señalando la copa con el dedo, levantándola, o pidiendo verbalmente más bebida, y Violeta reconociera esa intención (cualquiera fuera su respuesta), en ese caso sí habría un acto de comunicación. El gesto o el enunciado serían un *estímulo ostensivo*, que demostraría *abiertamente* la intención del hablante.

Toda comunicación, en cuanto es ostensivo-inferencial, tiene dos niveles de intencionalidad: el informativo y el comunicativo. La TR propone la siguiente definición del concepto de comunicación *ostensivo-inferencial*:

Comunicación ostensivo-inferencial:
a. *Intención informativa*:
Intención de informar de algo al auditorio.
b. *Intención comunicativa*:
Intención de informar al auditorio de la propia intención informativa.

El proceso de interpretación de un enunciado comienza con la descodificación del material lingüístico. El producto de la descodificación es la *forma lógica* de la oración, su estructura básica. Las teorías actuales de la semántica y la pragmática presentan maneras a veces totalmente opuestas de concebir la estructura lingüística obtenida por descodificación. La corriente llamada *literalismo* o ***minimalismo** considera que las oraciones codifican casi en todos los casos proposiciones completas, que pueden ser evaluadas como verdaderas o falsas. La pragmática, para los teóricos minimalistas, se define, según la fórmula muy citada de Gazdar (1979), como equivalente a "significado menos condiciones de verdad". Para algunos filósofos del lenguaje que no son minimalistas, la forma lógica no es, sin embargo, defectuosa o incompleta, sino muy rica, ya que contiene, encubiertas pero accesibles, casi todas las variables que se completan en contexto, de modo que es la gramática la que guía la relación entre lenguaje y contexto, y lo transmitido implícitamente son, en su mayor parte, implicaturas. Esta posición, que suele llamarse ***indexicalismo**, describe una forma lógica diferente tanto de la que conciben los minimalistas como de la propuesta por la TR.

La TR considera que la forma lógica es un mero esbozo del significado intentado por el hablante. Para llegar a construir una hipótesis sobre el significado que el hablante quiere comunicar, y confirmar esa hipótesis, no nos basta, según la TR, con los datos proporcionados por la forma lógica: hacen falta inferencias, que hacemos a base de datos contextuales. Las inferencias no son necesariamente posteriores a la descodificación, ya que los significados codificados requieren a cada paso enriquecimientos o precisiones que se obtienen gracias a inferencias contextuales. Es la insuficiencia semántica la que activa la necesidad de inferencias. Las inferencias son de dos tipos: las que enriquecen los términos léxicos, y las que surgen del conjunto de lo dicho, o sea las locales y las globales. A estas últimas se las llama, como propuso Grice, *implicaturas*.

3. Cómo se comprende lo explícito y lo implícito

El *procedimiento de comprensión* es descrito por Sperber y Wilson de la siguiente manera:

Siga el camino del menor esfuerzo para computar los efectos cognitivos.
a) Considere las interpretaciones en orden de accesibilidad.
b) Pare cuando se satisfaga su expectativa de relevancia.

Las expectativas de relevancia se van creando y ajustando durante la interpretación, ya que el contenido explícito y las implicaturas requieren ajustes mutuos, que están constreñidos por el principio de relevancia.

Desarrollando, a base de descodificación e inferencia, la forma lógica de la oración enunciada, el oyente obtiene un *contenido explícito* o *explicatura*. Según la definición de Sperber y Wilson (1995), la *****explicatura** es la proposición comunicada por un enunciado, si y solo si es un desarrollo de la forma lógica codificada por el enunciado. La explicatura es, por lo tanto, la parte explícita en una comunicación, aunque tenga siempre o casi siempre contenidos que no son explícitos, derivados inferencialmente. La explicatura es la proposición completa que el hablante puede juzgar, intuitivamente, verdadera o falsa.

La TR distingue lo explícito o explicatura de lo implícito o implicatura. La definición de implicatura es la siguiente: la implicatura es una proposición comunicada por un enunciado, pero no explícitamente (Sperber y Wilson, 1995). Mientras el concepto relevantista de implicatura coincide con la noción de *implicatura conversacional particularizada* de Grice, la noción de explicatura, por incluir inferencias, está lejos de parecerse a la noción griceana de *lo dicho. Esta es una noción informal, de sentido común, que designa la parte del enunciado que tiene condiciones de verdad. De este modo, Grice, en su teoría del significado del hablante, intentaba separar lo semántico de lo pragmático, relegando lo pragmático a dos procesos: el de desambiguación y asignación de referencias, imprescindibles para obtener *lo dicho*, y el inferencial, o sea los razonamientos y cálculos que permiten derivar implicaturas. La TR extiende el proceso inferencial a lo explícito: va mucho más allá de la desambiguación y la asignación de referencias.

En efecto: casi todos los enunciados exigen un enriquecimiento de ciertas construcciones y elementos léxicos, a fin de desarrollar una explicatura. En los siguientes ejemplos, lo codificado, si se interpretara estrictamente, sin hacer inferencias, sería insuficiente, ambiguo o falso. Los significados que podrían agregarse, en contexto, entre otros posibles, figuran entre paréntesis:

(1) El joven Napoleón era demasiado tímido (para atraer a las mujeres).

(2) El libro de Pablo (el libro que Pablo escribió, compró) es caro.

(3) Se desvistió y (después) se acostó.

(4) No tengo nada (adecuado) que ponerme.

(5) Félix odia el violín (el sonido del violín, tocar el violín).

(6) Adrián es un ropero (un hombre alto y corpulento).

(7) Compré una botella de vino espumante. La etiqueta (de la botella) dice "brut".

En (1), la afirmación de que Napoleón era demasiado tímido

requiere ser completada en contexto, ya que por sí misma no constituye, desde el punto de vista de la pragmática relevantista (o, en general, de la semántica contextualista: véase *contextualismo), una proposición completa. La construcción *demasiado* + adjetivo suele ofrecerse como un ejemplo típico de la subdeterminación del lenguaje, ya que exige ser completada en contexto. El ejemplo (2), por su parte, exige conocer información contextual para precisar el sentido de la construcción con preposición, que, fuera de contexto, puede tener varios sentidos (el libro escrito, comprado, reseñado, admirado, prestado, etc., por Pablo).

La conjunción copulativa *y* puede adquirir una serie de significados contextuales. En el caso de (3), la conjunción significa, como tantas veces, 'y después'; ese significado se obtiene, según la TR, de un proceso de enriquecimiento inferencial (otros investigadores, siguiendo a Grice, lo consideran una implicatura).

Ejemplos como (4) son objeto de explicaciones teóricas diferentes. Para la TR, se trata de un caso, muy frecuente, en que el cuantificador requiere una modulación o ajuste contextual, ya que, si se toma en su literalidad, la proposición significa algo diferente de lo que quiere decir la hablante, por lo menos en situaciones en que sabemos que la hablante tiene ropa en su armario (y no es, por ejemplo, una inmigrante a la que se rescata de un naufragio). (5) muestra un ejemplo típico de modulación, imprescindible para saber qué significa un enunciado como este, ya que la palabra *violín* puede entenderse de varias maneras, que dependen del contexto.

La interpretación de la metáfora, en el ejemplo (6), puede enriquecerse más de lo indicado entre paréntesis, aunque esta metáfora no es novedosa ni requiere mayor reflexión, al menos para los hablantes que usan habitualmente la palabra *ropero*. Este término puede sugerir, al asociarse con el aspecto de un ser humano, cualidades del mueble que sirve para guardar ropa, aunque no sean las cualidades salientes del mueble. Como descripción de un hombre, *ropero* sugiere atributos como 'grande', 'pesado', 'rígido', 'cuadrado', etc. Según la teoría de la relevancia, para comprender las metáforas seguimos el camino del menor esfuerzo para computar efectos cognitivos, y lo que aquí es más accesible es que Adrián se parece a un ropero en lo grande, pesado, quizá cuadrado, y no en rasgos como ser de madera y tener puertas, que forman parte del significado literal de la palabra *ropero*. Interpretar una metáfora considerando primero el significado literal para después seleccionar los rasgos que vienen al caso sería un esfuerzo superfluo, que restaría relevancia al enunciado. Salvo en el caso de metáforas literarias complejas no obtenemos el significado comparando interpretaciones diferentes, sino yendo directamente a una sola interpretación, la que es compatible con la relevancia buscada (véase ***metáfora***).

En (7) el procedimiento de comprensión exige ligar el contenido de la primera oración y el de la segunda. Para eso es necesario atribuir un referente a la frase nominal *la etiqueta,* ya que ese referente no está indicado de forma explícita. La atribución se realiza mediante una inferencia, que utiliza conocimientos generales sobre las botellas de vino, en especial que las botellas tienen etiquetas y que las etiquetas dan ciertas informaciones sobre el vino. Una vez recuperada esta información de la memoria, el referente de *la etiqueta* se vuelve accesible y permite comprender el enunciado, uniendo lo dicho explícitamente en la primera oración y el referente implícito de la segunda (véase ***accesibilidad**). La disponibilidad de datos pertinentes en la memoria del oyente es crucial, y un hablante que no calcule correctamente qué contexto puede formar el oyente, sin esfuerzo, espontáneamente, no podrá comunicarse.

Un enunciado puede ser más o menos explícito. Los grados de explicitud se miden por la relación entre descodificación e inferencia. Cuanto mayor sea el aporte de la descodificación y menor el aporte de las inferencias pragmáticas, más explícito será un enunciado, y a la inversa. A su vez, según el grado de explicitud, las explicaturas pueden ser fuertes o débiles. Las más fuertes son las más explícitas, ya que dependen más de la descodificación. En cambio las más débiles son las que exigen más inferencias, ya que las inferencias, que corren por cuenta del oyente, tienen un significado más indeterminado. También las implicaturas pueden ser fuertes o débiles, y las más débiles son las que menos parecen transmitidas voluntariamente por el hablante, aunque el enunciado las suscite. Los textos literarios, según Sperber y Wilson, abundan en implicaturas débiles.

Como hemos visto, una de las tareas del oyente, durante la interpretación, es crear los contextos adecuados para interpretar los enunciados. El oyente crea un contexto con la guía del hablante, de modo que, si el hablante quiere que su enunciado se entienda de determinada manera, debe esperar que el oyente sea capaz de proporcionar el contexto que facilite la interpretación buscada.

La TR propone una noción de *contexto que difiere de las habituales, tanto las preteóricas como las de otras teorías, por su carácter cognitivo. Según la TR, el contexto de un enunciado incluye datos sobre la situación (lugar, tiempo, otros individuos) y sobre los conocimientos previos de los interlocutores, pero todos estos datos son material psicológico, o sea, material *percibido, supuesto o conocido* por los hablantes.

El *entorno cognitivo* de un individuo es una función de su entorno físico y sus habilidades cognitivas. El entorno cognitivo no está compuesto exclusivamente por representaciones mentales. En lugar de la noción de *representación*, Sperber y Wilson proponen la de *manifestación*, que es más débil, y por lo tanto más amplia. En la noción de *lo manifiesto* entra, por un lado, *lo sabido* (mentalmente representado con una garantía de verdad), *lo presumido* (mentalmente representado pero sin garantía de verdad), y *lo manifiesto*, o sea, lo que el individuo es capaz de inferir o percibir, aunque todavía no lo haya hecho. También son manifiestas las cosas que percibimos sin prestarles atención (un ruido, etc.).

En la comunicación se produce, según Sperber y Wilson, un "encuentro de mentes", una coordinación entre hablante y oyente, por la cual los entornos cognitivos de ambos, en alguna medida, se superponen. Si la superposición de entornos cognitivos no es suficiente, o contiene información contradictoria, entonces la comunicación puede fallar.

4. Eficacia comunicativa, modularidad y relevancia

La TR adopta la teoría, expuesta por Fodor (1983), de que en el cerebro hay sistemas especializados, generalmente llamados *módulos*, que se dedican exclusivamente a realizar una tarea (véase *modularidad y comunicación). En el caso de la comunicación, sus regularidades específicas, diferentes de las que presentan otras actividades, han promovido, durante el desarrollo de la especie humana, la aparición de un módulo cuyo dominio es la comunicación. Sperber y Wilson comparan la emergencia del módulo comunicativo con la aparición de ojos o alas, ya que es una transformación discreta dedicada a asegurar mayor eficiencia. El módulo comunicativo tiene sus propios principios y mecanismos, y, por estar dedicado exclusivamente a la comunicación, la hace más rápida y automática.

La tendencia a buscar la máxima relevancia en los estímulos comunicativos, una tendencia continua, se ha ido desarrollando a lo largo de la evolución, y no es de extrañar que diera lugar a un módulo especializado en obtener la mayor relevancia de los estímulos. La especie humana ha hecho una inversión gigantesca en acrecentar y facilitar la cognición.

La función de la cognición es observar y controlar el entorno de los individuos de una especie, y también el propio organismo, para aprovechar las oportunidades de crecimiento y procreación y para evitar peligros. La eficacia cognitiva consiste, como cualquier otra eficacia, en lograr más beneficios por menos esfuerzo. Cuanto más eficiente sea la cognición, más capacitado está el individuo para medrar en un ambiente estable, o para adaptarse a cambios, si el entorno deja de ser estable.

El proceso de comprensión descrito en el apartado anterior, que señala el camino del menor esfuerzo, propone una actividad eficiente que está guiada por la búsqueda (siempre activa, ya que está inscrita en los genes humanos) de beneficio informativo, con mínimo gasto de tiempo y energía. Este tipo de procedimiento ilustra lo que suele llamarse *fast and frugal heuristics*, es decir, una metodología rápida y poco costosa para obtener la mayor ganancia informativa y acrecentar la eficacia cognitiva. Recuérdese que la TR sostiene que nuestra actividad inferencial, tanto para completar lo explícito como para añadir las implicaturas, es en su mayor parte un trabajo rápido y automático, que sucede por debajo de la conciencia.

En este marco teórico, fundado en los estudios de psicología evolucionista y en las ciencias cognitivas, se propone que en la evolución de los homínidos ha habido una presión constante hacia una mayor eficacia cognitiva, por lo cual la cognición humana tiende a maximizar la relevancia (como se indica en el principio cognitivo de relevancia, visto arriba). Como resultado de la tendencia a buscar relevancia, los humanos pueden *predecir y manipular* los estados mentales de los demás, hasta cierto punto.

En efecto, los humanos pueden prever qué estímulos, en el entorno de una persona, pueden atraer su atención, o sea, cuáles son los estímulos más relevantes para esa persona. También pueden anticipar qué supuestos, almacenados en la memoria, puede usar un individuo para procesar un estímulo; esos supuestos serán los más relevantes. También se puede predecir, finalmente, qué inferencias va a derivar el oyente, ya que sabemos que se orientará siempre hacia la máxima relevancia. De este modo, el comunicador construye sus enunciados contando (dentro de sus habilidades y preferencias) con que puede prever a qué va a prestar atención el destinatario, qué va a procesar este más fácilmente, y a qué conclusiones llegará, que son precisamente las que el comunicador intenta.

Según Wilson y Sperber (2012), el módulo comunicativo es un submódulo del módulo que nos permite tener una teoría sobre los estados mentales de otros individuos, llamado *lectura de la mente* y también *teoría de la mente*. La comunicación, antes de que existiera el lenguaje, cuando solo se usaban gestos, era puramente inferencial, y se originaba en la capacidad de leer la mente ajena a través de los gestos. Todavía utilizamos gestos e inferimos sus significados, cuando no media lenguaje. Quizá esa misma capacidad de leer la mente ajena a través del comportamiento de un individuo es lo que, según sugieren Sperber y Wilson (1995), facilitó el desarrollo de lenguajes, que, pese a estar codificados, exigen captar las intenciones del hablante.

Es la conducta de otro individuo lo que nos puede dar pistas para saber qué intenta o piensa, ya sea conducta voluntaria (exagerar un bostezo para mostrar aburrimiento) o encubierta (tratar de no bostezar). En numerosos experimentos los niños demuestran que a partir de cierta edad son capaces de captar qué creen otros niños o personajes de sus juegos, y también si creen algo falso. Para la comunicación verbal, es esencial inferir en qué piensa otra persona, aunque no tenga relación con lo que pensamos nosotros. Si queremos manipular el pensamiento ajeno, tenemos que saber qué es relevante para otras personas, y producir estímulos que, por ser relevantes, provoquen su atención y su procesamiento.

La TR presenta la comunicación no solamente como una actividad metapsicológica (en lo que esta teoría se afilia a la de Grice) sino como el trabajo especializado de un submódulo de la teoría de la mente. Este submódulo es una *adaptación* producida en la evolución humana, que actúa automáticamente y procesa estímulos comunicativos ostensivos guiándose por la búsqueda de relevancia.

Algunas codificaciones del sistema lingüístico, los ***procedimentales**, están dedicadas a intervenir directamente en el trabajo del módulo comunicativo, lo que revela que la gramática de las lenguas naturales contiene indicadores pragmáticos que facilitan la comunicación.

TEORÍA DE LOS ACTOS DE HABLA

Hablar es realizar actos: afirmar, pedir, prometer, jurar, nombrar, convencer, contradecir, disculparse, bautizar, aconsejar, recriminar, amenazar, disuadir, elogiar, insultar, contestar, explicar, y muchísimos otros. La idea de que el lenguaje tiene la capacidad de cumplir acciones se incorporó a la teoría filosófica a mediados del siglo XX, gracias a la obra de John L. Austin, profesor de filosofía de la Universidad de Oxford. La recopilación de sus conferencias, publicadas póstumamente, en 1962, con el título de *Cómo hacer cosas con palabras* (*How to do things with words*), extendió la noción de actos de habla a la lingüística y a otras disciplinas.

John R. Searle siguió desarrollando las ideas de Austin en su libro *Actos de habla* (*Speech Acts*), publicado en 1969, uno de los libros más influyentes en la historia de la filosofía y de la lingüística. Los trabajos de ambos filósofos, Austin y Searle, junto con la teoría sobre el significado del lenguaje en la conversación, desarrollada en los mismos años por otro filósofo de Oxford, Paul Grice, cambiaron el rumbo de los estudios sobre el significado lingüístico y dieron lugar al nacimiento de la pragmática, disciplina dedicada al estudio sistemático del uso del lenguaje en la comunicación (véase ***Grice: lógica y conversación**). En lo que sigue se explicarán las nociones fundamentales de las teorías de Austin y Searle.

1. Austin: cómo hacer cosas con palabras

La idea central de la *teoría de los actos de habla,* propuesta por Austin, es que el lenguaje sirve para realizar acciones, y no solamente para describir el mundo, tarea que era objeto exclusivo, hasta entonces, del estudio filosófico del lenguaje. Según Austin, los enunciados tienen la capacidad, la *fuerza,* de hacer cosas, si se cumplen ciertas condiciones; ese fenómeno, según Austin, debe interesar a la filosofía.

En efecto: la tesis del lenguaje como acción se opone a las ideas filosóficas que prevalecían cuando Austin comenzó a tratar en sus clases de Oxford el *lenguaje ordinario*, el que usamos en la conversación diaria. La filosofía consideraba que el lenguaje sirve o tendría que servir para describir el mundo, o, más exactamente, para describir qué es verdadero y qué no lo es, según pueda verificarse o no en la realidad: los filósofos creían que el lenguaje es el instrumento para llegar a la verdad. De ahí la idea, esencial en la semántica lógica, de que el significado de una oración coincide con las condiciones que hacen ese significado verificable en el mundo (véase *condiciones de verdad). Pero tanto el filósofo y matemático Bertrand Russell a principios del siglo XX como, poco después, los positivistas lógicos del Círculo de Viena, dudaban de que el lenguaje fuera un instrumento apto para juzgar lo verdadero y lo falso, ya que las lenguas naturales son imprecisas e ilógicas y no permiten siempre hacer ciencia. Russell creía que solo un lenguaje artificial, preciso y lógico, es adecuado para poder discutir temas científicos.

La teoría de los actos de habla surge como reacción a estas ideas y es una defensa del lenguaje natural. Presenta dos tesis. La primera es que el lenguaje es también acción, y la segunda es que el lenguaje ordinario contiene la sabiduría acumulada de muchas generaciones, y que para poder discutir un tema filosófico conviene empezar por ver qué nos dice el lenguaje ordinario sobre ese tema.

La idea compartida por Austin, Grice, y jóvenes filósofos como Peter Strawson, entre otros, era que la primera tarea de la filosofía debía ser analizar el lenguaje, ya que el lenguaje es el mejor testimonio que tenemos de la estructura de la mente humana y de su conocimiento del mundo, y solo analizando las distinciones conceptuales reveladas por sus usos en la conversación estaremos en condiciones de plantearnos problemas filosóficos. Bertrand Russell, fiel a su creencia de que el lenguaje natural, por carecer de lógica, era un pésimo instrumento para hacer ciencia, se burló de los intentos de Austin y su grupo de estudiar el lenguaje corriente, y consideraba superfluo analizar "las cosas tontas" que dice "la gente tonta".

El interés de Russell, como matemático, era hacer ciencia, y veía en las expresiones y modismos del lenguaje trampas que confundían los razonamientos científicos y ambigüedades que impedían la expresión unívoca. Su discípulo Ludwig Wittgenstein dijo que la filosofía era una lucha contra el encantamiento que el lenguaje ejerce sobre la mente humana. Wittgenstein cambió más tarde su visión del lenguaje, y en sus *Investigaciones filosóficas*, libro publicado en 1953, hizo célebre la noción de que "el significado es el uso", es decir, de que el lenguaje debe ser estudiado como un instrumento que sirve para diferentes usos, y por lo tanto no es invariable, sino que cambia según sus usos. Las palabras presentan conjuntos bastante laxos de significados, que son independientes entre sí, aunque tienen, según Wittgenstein, "un parecido de familia".

1.1. *El lenguaje ordinario*

Austin y su grupo analizaban las palabras, frases y modismos del inglés con la misma atención y rigor con que, según la comparación de Austin, los botánicos estudian los organismos vegetales. El grupo observaba cómo el lenguaje diario establece categorías, conceptos y sutiles distinciones que revelan la manera en que la mente humana estructura su conocimiento del mundo. Austin proponía analizar el diccionario minuciosamente, o bien juntar los conocimientos sobre el uso del lenguaje de los filósofos que integraban el grupo de trabajo que había formado y dirigía.

Los miembros del grupo hacían listas de palabras relacionadas con el tema de discusión. Una vez que habían reunido una colección de términos pertinentes, buscaban ejemplos claros de cómo se usaban esos términos, en qué circunstancias, en qué contextos. En uno de los pocos escritos que quedan sobre esos análisis, que Austin no consideró nunca necesario publicar, tenemos el ejemplo del adverbio *freely*, 'libremente', que solo se usa cuando se intenta negar que la acción expresada por el verbo ha sido hecha por la fuerza. El adverbio indica que algo se hace 'con libertad', en los casos en que interesa negar que algo se hace 'sin libertad'. Sin este significado negativo, el adverbio es aberrante. Ejemplos de este uso podrían ser enunciados como "Edgardo se casó con Tina libremente (nadie lo obligó)", "El ladrón se presentó libremente a la policía (no fue arrestado)", etc.

Las palabras que interesaban para estudiar un tema filosófico se analizaban una por una, en sus usos, tratando de extraer la sabiduría acumulada por generaciones de usuarios y determinar así su significado. Era un trabajo muy lento y, para sus detractores, algo frívolo. Grice llamaba en broma *play group*, 'grupo de juego', al círculo de Austin, que se reunía fuera de las horas de clase, y al que, por otra parte, Grice asistía regularmente.

Quizá el ejemplo más conocido de este método, usado para llegar a la definición de un concepto filosófico, provenga del mismo Grice. En su famoso artículo titulado "Meaning" (1957), Grice explica qué es el significado lingüístico, al que llama *significado no natural*, y para definirlo hace un poco de botánica, como proponía Austin: analiza, ante todo, qué quiere decir, en el uso ordinario, la expresión *meaning*, 'significado', y observa que el verbo *to mean*, 'significar', 'querer decir', se usa en dos contextos diferentes, lo que revela que los hablantes de inglés conciben la noción expresada por el verbo *to mean* de dos maneras diferentes. Por un lado, se usa *to mean*, 'significar', en oraciones como "La fiebre significa que hay una infección","La humedad significa que va a llover". Por otro lado, *significar* se emplea en enunciados como "La bandera roja significa que el mar está picado", o "Cuando Lila dice 'mi peor es nada' quiere decir 'mi novio'", etc. En el segundo tipo de contextos es donde el verbo indica lo que Grice llamó significado no natural, o significado intencional, el producido y reconocido en un acto de comunicación, y a partir de allí explicó su teoría del significado lingüístico (véase Chapman, 2005, cap. 4).

Los dos usos se diferencian por una serie de propiedades lingüísticas. Los usos del primer grupo, por ejemplo, implican la verdad de la afirmación. Si digo que la fiebre significa infección no puedo agregar que no hay una infección sin contradecirme. En cambio los usos del grupo de significados no naturales no implican la verdad de la afirmación. Estos pueden ser seguidos de palabras entre comillas; los del primer grupo no. Grice observa varias diferencias de uso entre un matiz de significado y el otro. Todos estos detalles de uso de las palabras pertinentes permiten construir una teoría filosófica a partir del lenguaje mismo, tal como proponía Austin.

El análisis "botánico" de los usos de las palabras fue perdiendo interés y prestigio, pero lo que sobrevivió, pese al disgusto de los lingüistas y filósofos que no creían que valiera la pena estudiar cómo habla la gente todos los días, fue la centralidad del lenguaje ordinario en las varias disciplinas que fueron surgiendo desde la década de los setenta: la pragmática, el análisis del discurso, el análisis de la conversación, los estudios sobre la lengua oral.

1.2. Constatativos y realizativos

Austin distinguió, en la primera etapa de su pensamiento sobre los actos de habla, entre actos de habla constatativos (*constatives*) y realizativos (*performatives*). Los constatativos son declaraciones sobre un estado de cosas, como, por ejemplo, (1) y (2):

(1) La profesora está explicando los actos de habla.

(2) Los Rolling Stones actuaron anoche en La Habana.

Este tipo de enunciado puede evaluarse en términos de condiciones de verdad. En cambio los enunciados realizativos no se refieren a estados de cosas, sino que realizan actos:

(3) Te felicito por tu nuevo libro.

(4) Discúlpeme por llegar tarde.

En estos casos, proponía Austin, las proposiciones enunciadas no pueden juzgarse por su verdad o falsedad. *Te felicito* no es una afirmación verdadera, ni tampoco es falsa, ya que no describe ninguna realidad, sino que es una felicitación: el verbo no describe, sino que hace algo, felicitar. Lo mismo sucede en (4): *discúlpeme* no describe, sino que hace, y por lo tanto no puede evaluarse como verdadero o falso. Si dijéramos, en forma constatativa,

(5) Alonso le pidió disculpas por llegar tarde.

estaríamos describiendo un hecho verificable en la realidad.

Para que un realizativo funcione como tal, deben cumplirse ciertas condiciones. En (4), el acto de pedir disculpas no se cumple si, por ejemplo, el locutor habla sarcásticamente, o sea, en palabras de Austin, "no seriamente". (Véase **Glosario**, *s. v. lenguaje no serio*.)

Austin propuso que para probar que un enunciado es realizativo basta agregar la palabra *hereby*, que quiere decir 'por medio del presente documento,' o 'por virtud del presente comunicado':

(6) Por la presente cancelo mi suscripción a la revista "Ameba".

La fórmula *por el/la presente* solo vale en contextos formales, pero sirve como prueba para distinguir estos enunciados de los constatativos, porque estos no admiten nunca dicha fórmula:

(7) ?? Por el presente (enunciado), los niños juegan en el parque.

A veces, sin embargo, el acto de habla no se refiere a sí mismo mediante un realizativo explícito. Austin distinguió entre realizativos explícitos e implícitos. Una promesa, por ejemplo, se puede hacer usando o no usando el verbo *prometer*, o sea explícita o implícitamente:

(8) Te prometo que mañana sin falta te devuelvo el libro.

(9) Mañana sin falta te devuelvo el libro.

Una pregunta se hace sin emplear, por lo general, el verbo *preguntar*, y una amenaza rara vez se realiza nombrándose a sí misma:

(10) ¿Quién mató al comendador?

(11) (Dicho por el jefe a un empleado:) Gómez, me parece que usted quiere perder su puesto.

En (10) la pregunta lleva sus marcas prosódicas características, por las que se identifica el acto de preguntar. En (11) el hablante afirma algo que en contexto puede tomarse, sin duda, como una amenaza, aunque formalmente es una afirmación. Austin distinguió entre constatativos y realizativos explícitos, pero más tarde admitió que los constatativos también realizan acciones, en primer lugar, afirmar algo. Unos y otros tienen *fuerza ilocutiva* (*illocutionary force*), o sea, realizan una acción.

A Austin le interesaba mantener su idea inicial de que las condiciones de verdad y las condiciones de satisfacción del acto de habla son importantes para un estudio filosófico del uso del lenguaje, pero no le parecía tan claro que solamente los constatativos cumplieran condiciones de verdad. Los realizativos también son declaraciones descriptivas y tienen condiciones de verdad. Un enunciado con un verbo realizativo, por ejemplo (12),

(12) Le advierto que no hay dinero para comprar libros.

puede cumplirse felizmente, si sigue las reglas que gobiernan las advertencias, pero si luego resulta que hay dinero para libros, el interlocutor entendería que la advertencia se realiza felizmente pero que es falsa.

Hay una serie de restricciones formales para que los actos de habla se cumplan felizmente, restricciones que tienen que ver con la gramática y la prosodia. Por ejemplo, el orden de palabras y la entonación, marcada en la escritura con signos de interrogación, son habituales en las preguntas. Pero estas marcas formales, que Searle, discípulo de Austin, llamó *mecanismos que indican fuerza ilocutiva*, no son indispensables. Hay varias maneras más o menos directas o indirectas de preguntar sin usar entonación ni sintaxis interrogativas, como en (13):

(13) La más alta de las chicas (en la foto) es tu hija, estoy segura.

Austin distinguió claramente entre la *forma* de un enunciado y su *función* en contexto. Una afirmación como (13) puede funcionar, en ciertos contextos, como una pregunta, aunque formalmente no es una pregunta. El interlocutor puede contestar *sí* o *no*, o sea, tomar (13) como una pregunta, pero puede también continuar la conversación de otra manera, diciendo, por ejemplo, que su hija se ha estirado de golpe, y en ese caso la aportación de la locutora de (13) a la conversación es interpretada como una declaración y no una pregunta.

Para que el acto de habla se cumpla satisfactoriamente, deben cumplirse una serie de condiciones de índole pragmática. La primera es que el interlocutor pueda identificar el acto de habla correctamente, y para eso debe reconocer, como en toda comunicación lingüística, la intención del hablante, noción esencial en la teoría del significado de Grice. Es la intención del hablante, reconocida por un oyente, lo que hace que el comentario del jefe, en (11), sea una amenaza en una determinada situación de comunicación, y que (13) pueda funcionar como una pregunta.

La teoría de los actos de habla exige calibrar cuidadosamente el papel que tienen en el uso del lenguaje las convenciones lingüísticas, por un lado, y el reconocimiento de las intenciones del hablante, por otro, teniendo en cuenta que las convenciones lingüísticas no son las que indican la fuerza ilocutiva de un enunciado en todos los casos.

La noción de acto de habla es relativamente sencilla, pero el estudio de cómo se producen e interpretan los actos de habla en la conversación revela muchas complejidades. Hay cientos de verbos, como notó Austin, para mencionar actos de habla, verbos del tipo de *preguntar, prometer, contar, negar, declarar, exigir, rogar, quejarse, insultar, pedir, llamar, comunicar, consolar*, etc. Basta estudiar el diccionario para ver todos los actos lingüísticos codificados por una lengua. (Austin parte de los significados codificados de los verbos para hacer una clasificación de los actos de habla; véase abajo, § 2.2.) El vocabulario de una lengua es capaz de discernir actos de habla muy sutilmente, pero los actos mismos, en su realización en contextos reales, no siempre pueden identificarse, aunque se cumplan todas las condiciones requeridas. Esto es así porque las señales formales no bastan por sí mismas, o pueden ser equívocas, y porque los hablantes, por razones variadas, entre ellas por cumplir las normas de ***cortesía**, utilizan actos de habla que cumplen su función indirectamente. Un enunciado con forma gramatical de pregunta, por ejemplo, puede con frecuencia ser una orden, como en (14), y una petición puede presentarse como una afirmación sobre un estado de cosas posibles, como en (15):

    (14) Gómez, ¿podría terminar el trabajo antes de irse?

    (15) Si me hicieras el favor de comprar papel, yo podría imprimir el artículo.

La dificultad de identificar actos de habla se nota muy bien en los comentarios metapragmáticos que hacen los hablantes, cuando discuten para qué y cómo usó alguien el lenguaje (véase **Glosario**, s.v. *metapragmática*). Un tema frecuente de estas conversaciones sobre el uso del lenguaje es qué quiso decir alguien con sus palabras, y para eso es necesario muchas veces identificar el acto de habla. ¿Qué intentó *hacer* alguien cuando dijo tales palabras? ¿Advertirme de un peligro, hacer un chiste, sugerir que conoce mis secretos? Si la identificación del acto es dudosa, o si es imposible, la comunicación fracasa.

Austin distingue forma de función: un acto de habla que es formalmente un elogio, por ejemplo, puede funcionar como una crítica. Supóngase que la profesora March, al terminar la conferencia de su colega la profesora Ruiz, se acerca al podio y elogia el vestido de la conferenciante, o el acento con que habla el español, o alguna otra cosa agradable, pero no relacionada con la conferencia misma. Sería razonable entender que el cumplido, en este caso, funciona como una crítica, ya que transmite una implicatura negativa: que a March la conferencia no le ha interesado, o no le ha gustado, ya que omite referirse a ella en una ocasión en que la conferenciante espera una opinión sobre la conferencia, y no sobre su vestido. La crítica es implícita, en este caso, y se puede anular, pero la destinataria del "elogio" bien puede interpretarlo como un comentario negativo.

Austin hace hincapié en que los actos de habla y sus formas y funciones dependen de normas sociales, desde los actos más rituales, como bautizar o jurar, con sus verbos realizativos explícitos, hasta los actos de habla menos ritualizados.

Los hablantes tienen, además de su competencia lingüística, que les permite comprender el lenguaje, una *competencia pragmática*, que los capacita para interpretar los significados explícitos e implícitos que ha intentado comunicar el locutor. Gracias a la competencia pragmática se distinguen los actos de habla, por su forma y por su función, y también se derivan las implicaturas conversacionales, que son productos del acto de habla completo (véase *implicatura).

1.4. *Condiciones para el feliz cumplimiento de los actos de habla*

Austin enumeró las *felicity conditions*, que son las condiciones o circunstancias que deben cumplirse para que el acto de habla se lleve a cabo de forma feliz, es decir, afortunada, satisfactoria. Las *condiciones de felicidad* o las *condiciones de satisfacción* de los actos de habla propuestas por Austin son las siguientes:

(16) Condiciones de felicidad:
A.1. Tiene que existir un procedimiento convencional aceptado que tenga cierto efecto convencional: este procedimiento debe incluir la emisión de ciertas palabras por ciertas personas en ciertas circunstancias;
A.2. Las personas y circunstancias deben ser apropiadas para cada procedimiento particular;
B.2. El procedimiento debe ser ejecutado por todos los participantes de manera correcta y
B.3. Completamente.
γ1. Cuando, como sucede a menudo, el procedimiento requiere que quienes lo usan tengan ciertos pensamientos o sentimientos, o está dirigido a producir cierta conducta correspondiente de algún participante, entonces quien recurra al procedimiento debe tener tales pensamientos y sentimientos, o los participantes deben tener el propósito de conducirse de forma adecuada, y además
γ2. los participantes tienen que conducirse efectivamente así.

Si los hablantes transgreden una o más de estas reglas, su acto de habla será desafortunado. Hay, como veremos, diferentes tipos de infortunios.

Las reglas se distinguen por letras romanas (las primeras) y la letra griega gamma, las segundas. Si transgredimos las primeras reglas, las del tipo A o B, el acto no se lleva a cabo. Estas condiciones se aplican a actos que suceden en un marco institucional o ritual. Por ejemplo, el acto de hacer un juramento al asumir un cargo no se realizaría si el hablante emite la fórmula de juramento de forma incorrecta, o con las palabras cambiadas de lugar, o de manera incompleta, o si esa persona se confunde y jura ante la señora de la limpieza y no ante la ministra: en esos casos, el acto de asumir el cargo no se realiza. En los casos gamma, si las condiciones no se cumplen el acto sí se realiza, pero no satisfactoriamente. Si el participante no es sincero, por ejemplo, y hace una promesa sin intención de cumplirla, el acto se cumple, pero el participante no tiene los pensamientos o sentimientos adecuados y es probable que la promesa quede incumplida en el futuro. Austin llamó a los infortunios del tipo A y B, en los que no se logra llevar a cabo el acto, *desaciertos* (*misfires*), y a los del segundo tipo los llamó *abusos*.

1.5. *Estructura del acto de habla: acto locutivo, ilocutivo y perlocutivo*

Cada acto de habla consiste, según Austin, en tres actos simultáneos: el acto locutivo (*locutionary act*), el acto ilocutivo (*illocutionary act*) y el acto perlocutivo (*perlocutionary act*).

El acto locutivo es el acto básico, que consiste en transmitir lingüísticamente un significado. Presenta, a su vez, tres subactos: el *acto fónico* de producir un enunciado, el *acto fático* de crear una expresión según las reglas y convenciones de un lenguaje, y el *acto rético* de contextualizar el enunciado, asignando referencias a los deícticos y desambiguando las expresiones ambiguas.

El acto ilocutivo es lo que el hablante hace con su enunciado. Cada acto cumplido, sea declarar, denunciar, acusar, prometer, dar permiso, agradecer, se considera la fuerza ilocutiva de un enunciado. Muchas veces se utiliza la expresión *acto de habla* como sinónimo de acto *ilocutivo*. Como se ha visto arriba, la misma expresión lingüística se puede usar para diferentes actos ilocutivos. Así, (17) puede funcionar para dar una información, para hacer una advertencia o para amenazar:

(17) Viene la policía.

Por otro lado, diferentes enunciados pueden tener la misma fuerza ilocutiva:

(18) a. Un pan integral, por favor.

b. Quería un pan integral.
　　　c. ¿Me puede dar un pan integral?

El acto perlocutivo consiste en ejercer una influencia en el interlocutor: la fuerza ilocutiva de un acto de habla provoca ciertos efectos. En (17), arriba, los efectos pueden ser asustar a un agresor, por ejemplo. La perlocución puede ser intencional o no, es decir, los efectos que producen nuestras palabras, y los comportamientos que provocan o no provocan, no están totalmente bajo el control del locutor. Supóngase que el dentista, antes de dar una anestesia, anuncia al paciente asustado lo siguiente:

　　　(19) El pinchazo le va a doler un poco.

Este anuncio pretende tener el efecto perlocutivo de tranquilizar al paciente, explicándole qué va a pasar, pero puede tener el efecto contrario de provocar más miedo. En general, las perlocuciones son indeterminadas. Cuando un candidato a un puesto público electivo promete algo a los constituyentes, con la intención de obtener sus votos, algunos votantes se decidirán a votarlo y otros, a partir de la misma promesa, a no votarlo. La retórica clásica nos ofrece un magnífico repertorio de recursos para obtener el más preciado de los efectos perlocutivos: convencer a otros.

2. Searle: hablar es un comportamiento gobernado por reglas

En su teoría de los actos de habla, Searle parte de la hipótesis de que hablar una lengua es participar en una forma de comportamiento gobernada por reglas (Searle, 1969, cap. 2). Searle retoma las condiciones estipuladas por Austin para el cumplimiento satisfactorio de los actos de habla, y considera que esas condiciones no solamente determinan si los actos son apropiados o no, sino que son, en su conjunto, las *reglas constitutivas* de los actos de habla. Las reglas constitutivas son las que *crean* el acto de habla, y por lo tanto deben distinguirse de las *reglas regulativas*. Estas últimas regulan comportamientos preexistentes: en su ejemplo, las reglas de la etiqueta indican exigencias sobre relaciones interpersonales, pero estas existen independientemente de las reglas que las regulan. Las reglas constitutivas, en cambio, definen el comportamiento: las reglas del ajedrez no solamente regulan sino que definen el ajedrez, y las reglas constitutivas del fútbol constituyen el juego de pelota que se llama fútbol. De la misma manera, realizar un acto de habla es obedecer a las reglas que lo constituyen, así que, completando la hipótesis del comienzo, hablar una lengua es participar en un comportamiento creado por ciertas reglas constitutivas.

Searle distingue cuatro categorías básicas, siguiendo el modelo de las condiciones de felicidad propuesto por Austin: 1) contenido proposicional, 2) condición preparatoria, 3) condición de sinceridad y 4) condición esencial. Como ejemplo de estas categorías, veamos las que corresponden al acto de prometer (Searle, 1969, cap. 3). Las abreviaturas son H, el hablante que promete; O, oyente que recibe la promesa; A, acto futuro que H promete realizar:

> (20) Condiciones de felicidad del acto de prometer:
> 1) Contenido proposicional: acto futuro A de H.
> 2) Condición preparatoria: O prefiere que H haga A a que no lo haga, y H lo cree así. No es obvio para O y H que H haría A en el curso normal de los acontecimientos.
> 3) Condición de sinceridad: H intenta hacer A.
> 4) Condición esencial: la emisión del enunciado cuenta como el compromiso de hacer A.

El contenido proposicional delimita a qué se refiere el acto de habla: en el caso de la promesa, a una predicación sobre una acción futura. Las condiciones preparatorias son las que establecen los requisitos de la acción en el mundo real. En el caso de una promesa, es necesario que el destinatario prefiera que el acto de habla se cumpla y que quien hace la promesa lo sepa, y ambos sepan que esa acción futura prometida no se realizaría en el curso normal de los acontecimientos. La condición de sinceridad se diferencia de las otras en que, si bien es indispensable para realizar la promesa sinceramente, su incumplimiento no impide que la promesa quede realizada. Se trataría, en ese caso, de un abuso, en la terminología de Austin.

La última condición, que Searle llama esencial, es la que define el acto, y se cumple si el hablante tiene la intención de que su acto de habla valga como el acto identificable de prometer, y sea reconocido por el oyente como tal.

2.2. *Tipos de actos de habla*

En la última de las conferencias reunidas en *How to do things with words*, Austin propone una clasificación de los actos de habla según

TEORIA DE LOS ACTOS DE HABLA 419

su fuerza ilocutiva. Esta clasificación inspiró varias taxonomías, entre ellas la de su discípulo Searle, que ha sido la más influyente. Para confeccionar una lista de los actos de habla, Austin propone recorrer un diccionario y recopilar los verbos que indican actos de habla, usando la primera persona de singular de indicativo. Austin recoge una lista de verbos en el orden de 10 a la tercera potencia (lo que no significa que haya 1000 verbos que indiquen fuerza ilocutiva, sino que podemos considerar un margen de 1000 a 9999). La lista permite distinguir cinco clases generales de verbos:

(21) Tipos de verbos de acción lingüística:
    1) Verbos de judicación, o judicativos.
    2) Verbos de ejercicio, o ejercitativos.
    3) Verbos de compromiso, o compromisorios.
    4) Verbos de comportamiento, o comportativos.
    5) Verbos de exposición, o expositivos.

Los verbos judicativos tienen como caso típico el acto de emitir un veredicto, por ejemplo "condeno", "absuelvo", "doy por establecido", "determino", "calculo", "valoro", etc. Se trata de juicios sobre valores o sobre hechos, basados en alguna prueba o testimonio.

Los verbos ejercitativos se relacionan con actos en que se ejerce poder o influencia. Se trata de decidir que algo tiene que ser así, lo que es diferente de *estimar* que algo es así. Algunos ejemplos: "destituyo", "rebajo (de categoría)", "despido", "mando", "nombro", "anulo", "recomiendo", etc.

Los verbos compromisorios comprometen al hablante a alguna acción futura, como "prometo", "intento", "me comprometo", "tengo en vista", "garantizo", "consiento", "apuesto", etc. Austin observa que las declaraciones de intención difieren de los compromisos, y que quizá sea equivocado incluirlos en la misma lista, pero que tanto compromisos como declaraciones de intención están comprendidos bajo el realizativo "lo haré".

Los verbos comportativos se refieren a la interacción social, especialmente a las reacciones y actitudes frente a la conducta de los demás. Verbos comportativos típicos son "pido disculpas", "agradezco", "felicito", "aplaudo", "lamento", "desafío", etc. En este campo, observa Austin, además del riesgo de infortunios que son comunes a todos los tipos de actos ilocutivos, hay más oportunidades para la falta de sinceridad.

Finalmente, los verbos expositivos se usan en actos que consisten en expresar cómo lo que se dice cuadra con el contexto: "niego", "juro", "concedo", "afirmo", "cito", "respondo", "conjeturo", etc.

Austin presenta esta clasificación brevemente, sin trabajarla a fondo, quizá como un esbozo susceptible de ser completado y mejorado. Searle reelaboró la clasificación siguiendo el modelo esbozado por Austin. La tipología de Searle (1975) es la que menos objeciones ha provocado, entre varias propuestas anteriores y posteriores a la suya. Sin embargo, si se analizan detenidamente los tipos de fuerzas ilocutivas propuestas por Searle, se encontrarán datos problemáticos que no se ajustan a la taxonomía. En todo caso, como ya hemos visto en varios ejemplos anteriores, y comprobaremos nuevamente al tratar los *actos de habla indirectos* (en § 2.3., abajo), las teorías sobre la estructura y la tipología de los actos de habla requieren calibrar, en cada caso, convención e intención: un acto de habla puede tener correspondencia estrecha con una convención gramatical, o no tenerla, pero de todos modos ser interpretado como el acto de habla intentado por el hablante, si el oyente ha podido captar su intención comunicativa. ¿Cómo establecer una clasificación definitiva de tipos de fuerza ilocutiva, cuando la interpretación de cada acto depende siempre, en alguna medida, del reconocimiento de intenciones, que varían según los contextos? Por otro lado, como ya observó Austin, el mismo verbo, en diferentes ocasiones de comunicación, puede tener diferentes fuerzas ilocutivas. "(Yo) describo", por ejemplo, puede ser judicativo o expositivo, por lo cual Austin lo incluye en las dos listas.

Para evitar algunos de los problemas de la clasificación de verbos de Austin, Searle no basa su clasificación en tipos de verbos, sino en tipos de fuerza ilocutiva, siguiendo cuatro criterios de clasificación: i. *propósito del acto de habla*, ii. *dirección de la correspondencia entre las palabras y el mundo*, iii. *estado psicológico expresado*, iv. *contenido proposicional*. La dirección de correspondencia entre las palabras y el mundo (*direction of fit*) es una noción nueva, que se refiere a la relación entre las palabras y el mundo: las palabras deben cuadrar con los hechos del mundo, o bien los hechos del mundo tienen que cambiar para cuadrar con las palabras usadas. La correspondencia se manifiesta en dos direcciones: de las palabras al mundo, del mundo a las palabras. A partir de estos criterios, los actos de habla pueden ser de cinco tipos:

>   (22) Tipología de los actos de habla:
>   1) representativos o asertivos,

2) directivos,
3) compromisorios,
4) expresivos,
5) declarativos.

Esta tipología delimita qué clases de actos realizan los hablantes, en lugar de intentar definir las diferentes fuerzas ilocutivas. En los actos asertivos, el hablante se compromete con la verdad de lo que dice, como, por ejemplo, en el enunciado siguiente:

(23) El agua hierve cuando alcanza una temperatura de 100 grados.

La dirección de correspondencia, en los representativos o asertivos, exige que las palabras cuadren con el mundo.

En los actos directivos, en cambio, el hablante intenta que el oyente haga algo, dando una orden, pidiendo, invitando, rogando, de modo que las palabras cuadren con el mundo a través de la acción del oyente. Dos ejemplos:

(24) ¿Por qué no vienen a casa el domingo?

(25) Llame mañana a las 9, por favor.

Los compromisorios coinciden con la categoría propuesta por Austin; son los actos que comprometen al hablante a alguna acción futura: ofertas, rechazos, amenazas, etc., como muestran los siguientes ejemplos:

(26) Mañana te llamo.

(27) Vamos a contratar a dos expertos en computación.

Los expresivos son los que expresan una actitud psicológica del hablante, ya sea alegría, pena, vergüenza, etc. Los casos típicos en esta categoría son las felicitaciones, disculpas, agradecimientos, etc. En esta categoría no hay dirección de correspondencia entre palabras y mundo.

(28) ¡Oh, qué bueno!

(29) Estoy muy preocupada.

Los actos declarativos, finalmente, producen cambios en algún estado de cosas, muchas veces con el apoyo de las instituciones y sus fórmulas específicas: declarar la guerra o la paz, declarar casadas a dos personas, nombrar un candidato, sentenciar a un acusado.

Nótese que los ejemplos (23-29), que ejemplifican las categorías de Searle, no utilizan realizativos explícitos, aunque podrían reformularse añadiendo los realizativos. Lo que distingue una clase de otra es el *propósito ilocutivo*, que es el criterio más importante para estructurar la taxonomía. Searle (1975) observa que los verbos utilizados no siempre se relacionan directamente con un tipo de acción. El mismo verbo puede usarse para realizar acciones diferentes. El verbo *advertir*, por ejemplo, en español, puede usarse en actos que dan información a alguien, llamando la atención sobre algo que el otro no ha notado, como en (30), o que son amenazas, como en (31):

(30) Te advierto que hace frío.

(31) Le advierto que si no se calla lo vamos a echar de aquí.

Searle afirma que si adoptamos la noción de propósito ilocutivo como la noción básica para clasificar los usos del lenguaje, veremos que hay una cantidad limitada de actos lingüísticos: decirles a otros cómo son las cosas, tratar de que hagan algo, comprometernos a hacer algo, expresar nuestros sentimientos y actitudes y cambiar un estado de cosas. Muchas veces, agrega Searle, hacemos más de un acto con las mismas palabras.

La idea de que con un enunciado podemos realizar más de un acto dio lugar a la noción de *actos de habla indirectos*, que, según algunos teóricos, es la aportación más importante de Searle a la teoría de los actos de habla.

3.3 *Actos de habla indirectos*

Los actos de habla indirectos cumplen con su propósito ilocutivo a través de un acto que es, si lo consideramos en su literalidad, diferente. Los actos directivos son los que más frecuentemente se realizan de forma indirecta, es decir, mediante otro acto distinto:

(32) ¿Puedes revisar este documento?

(33) Podrías revisar este documento.

(34) Me gustaría que revisaras este documento.

Los tres enunciados son directivos, pero la directiva se realiza en (32) con una pregunta, y en (33-34) mediante afirmaciones. Hemos visto más arriba otros ejemplos semejantes, en que una pregunta se realiza mediante una afirmación literal o se da una orden haciendo una pregunta (ejemplos (14), (15) y (17)).

Los actos directivos de los ejemplos (32-34), que provocan en el oyente el efecto perlocutivo de decidir hacer lo que se le pide, están muy convencionalizados, y suelen usarse para hacer peticiones o dar órdenes, pero no puede decirse que su fuerza directiva forme parte de su significado literal. Son típicos actos de habla indirectos, ya que realizan dos actos simultáneamente, uno (el que corresponde al propósito ilocutivo) por medio de otro (el literal).

Nos quedan dos cuestiones por tratar respecto de los actos indirectos. La primera de ellas es doble: ¿por qué hay expresiones convencionalizadas para realizar esos actos y por qué son tan fáciles de interpretar? Y, en segundo lugar, ¿por qué nos tomamos el trabajo de realizar actos de habla indirectos?

Para contestar la primera pregunta, debemos recordar que Searle distingue entre fuerzas ilocutivas partiendo de las condiciones de felicidad o satisfacción que deben cumplirse en cada caso. En las condiciones de felicidad de los directivos, una de las condiciones preparatorias es que el oyente debe ser capaz de realizar el acto que se le pide; la condición de sinceridad, por otra parte, exige que el hablante quiera que el oyente realice el acto. Las formas convencionalizadas de pedir o mandar se refieren a estas condiciones: (32), en su significado literal, pregunta si se cumple la condición preparatoria; (33) afirma que la condición se cumple; y (34), a su vez, es una aserción sobre la condición de sinceridad: al hablante le gustaría que el oyente hiciera lo que le pide. Según Searle, las convenciones gramaticales que usamos para los actos de habla indirectos se relacionan con las condiciones que estos actos deben cumplir para ser realizados satisfactoriamente. Algunos actos indirectos han alcanzado un nivel de convencionalización tan grande que admiten la expresión *por favor*, que es incongruente con el acto de habla literal, pero no con el acto indirecto directivo:

(35) a. ¿Podrías llamarme más tarde, por favor?
b. Señorita, necesito un lápiz de labios de color 3, por favor.

En cuanto a la segunda pregunta, por qué usamos actos de habla indirectos, la respuesta más aceptable es que los actos de habla indirectos son más corteses que los directos, al menos en algunos casos (véase *cortesía). Los actos directivos, que intentan que el hablante haga algo, son imposiciones, o pueden ser tomados como imposiciones, como maneras de amenazar la autonomía de nuestro interlocutor, y la cortesía exige que suavicemos las imposiciones. Los actos de habla indirectos dan un rodeo para dejar que el hablante no se sienta obligado a cumplir con lo que se le pide, o encuentre una vía discursiva más fácil para negarse a actuar.

La teoría de los actos de habla revela que cada enunciado tiene varios niveles de significado, empezando por la distinción de Austin entre el acto locutivo, el ilocutivo y el perlocutivo, distinción que ha tenido un papel importante en los análisis pragmáticos del significado. Austin recalcaba en sus conferencias que la forma y la función de un acto de habla pueden diferir, y que para resolver estas diferencias debemos reconocer la intención del hablante, otro tema central de la pragmática. Searle, a su vez, revela nuevos niveles del acto de habla, al distinguir fuerzas ilocutivas confluyentes, una más cercana a la articulación lingüística, y la otra motivada por el propósito ilocutivo, que a su vez depende de una serie de reglas sociales y también del reconocimiento de la intención del hablante.

GLOSARIO

ACOMODACIÓN. Procedimiento interpretativo que consiste en introducir un dato nuevo en la conversación como si ese dato ya formara parte del contexto. Esto sucede cuando los hablantes saltan de una información a otra tomando atajos, y usan frases cuyas presuposiciones no se satisfacen en el contexto de la conversación, contando con que el oyente capta sus intenciones comunicativas y es cooperativo, y va a reponer lo presupuesto. En el enunciado "Voy a llevar a mi hijo al colegio", por ejemplo, la expresión referencial definida *mi hijo*, que presupone la existencia de un hijo del hablante, debe tomarse como conocida, es decir, como parte de los conocimientos compartidos por los interlocutores, aunque no lo sea. Los hablantes se ayudan así a construir el contexto de la conversación (véase *cooperación y *presuposición).

AJUSTE O MODULACIÓN. Modificación que hace el oyente del significado de algunos elementos léxicos de un enunciado, para adaptarlo al contexto y a las intenciones del hablante. Es un procedimiento pragmático imprescindible en la interpretación de un enunciado, según la *teoría de la relevancia y las teorías contextualistas de la semántica, como la *pragmática de las condiciones de verdad. En la teoría de la relevancia se considera que cualquier interpretación es el resultado de un ajuste mutuo, hecho por el oyente, entre lo transmitido explícitamente y lo transmitido implícitamente por un enunciado. Hasta que el ajuste se estabiliza, el oyente tiene una hipótesis sobre ambos contenidos, que deben ser garantizadas por el acuerdo entre lo explícito, lo implícito y el contexto. En esta teoría, el ajuste está guiado en todas sus etapas por la búsqueda de relevancia, y el resultado final de la interpretación está garantizado por el principio comunicativo de relevancia. Véase también PROCONCEPTOS. (Sperber y Wilson, 1995; Bach, 1995; Recanati, 2010; Ludlow, 2015).

AMBIGÜEDAD. Una señal es ambigua cuando puede formar parte de varios mensajes diferentes. Un enunciado como "A Mary se le rompió la muñeca" tiene dos significados posibles, según se entienda la palabra *muñeca*, que puede significar 'juguete' o bien 'parte del brazo'. Resolver ambigüedades es una tarea pragmática, ya que exige considerar datos contextuales. La descodificación de la parte explícita del enunciado no puede completarse hasta que no se desambigüen los términos que lo requieran, y por lo tanto, según la pragmática, desambiguar es una tarea presemántica. Véase *__desambiguación__.

__ANÁFORA.__ Fenómeno que consiste en interpretar el significado de una expresión a través de otra que es anterior en el discurso, su *antecedente*. El anafórico y su antecedente se refieren a las mismas entidades. Los elementos que pueden funcionar como anafóricos son pronombres (reflexivos, demostrativos) y también las expresiones definidas, como en los siguientes ejemplos: "Nora es muy inteligente: ella nos va a resolver el problema"; "Cervantes murió en 1616. Muchos críticos consideran que el autor del Quijote es el creador de la novela moderna".

__ANOMALÍA PRAGMÁTICA.__ Se llaman anómalas las oraciones que no son enunciados posibles. La anomalía pragmática se marca por lo general con dos signos de interrogación, como en los siguientes ejemplos: ?? "El agua hierve a cien grados, pero yo no lo creo"; ?? "Los alumnos de Luis son buenos, y Luis no tiene alumnos"; ?? "Ven allá". Es imposible imaginar contextos normales en que oraciones como estas sean apropiadas, es decir, sean *usadas* de forma apropiada.

__ARBITRARIEDAD.__ Relación no motivada entre un signo y su significado: por ejemplo, la relación entre términos como *perro* o *libertad* con los referentes de ambas expresiones no tienen ninguna motivación. La mayor parte de los signos del código lingüístico son arbitrarios, pero también hay signos que son *icónicos* o que comparten ambas propiedades, en diferentes proporciones. El numeral latino II se diferencia del arábigo 2 en que su forma refleja su significado, pero, sin embargo, también el número romano tiene aspectos arbitrarios, por ejemplo su tamaño y la posición vertical de las barras. Por otra parte, cuando un signo tiene usos múltiples, con diferentes significados, las relaciones entre los usos no son arbitrarias, sino que manifiestan asociaciones motivadas, muchas veces metafóricas, como en el caso del verbo *ver*, por ejemplo, que puede referirse a una percepción visual, como en "Veo que llueve" o a la comprensión de algo, como en "Veo que me he equivocado". La relación entre el término *ver* y el tipo de percepción correspondiente es arbitraria, pero la relación entre ambos usos del verbo está motivada, ya que expresa una conexión metafórica entre 'ver' y 'comprender' o 'saber'. Véase POLISEMIA.

__ARGUMENTO.__ En lógica, la secuencia abstracta de proposiciones constituida por premisas y conclusión; en este sentido técnico equivale a *silogis-*

mo. En el uso normal del término, un encadenamiento de razones que se dan en la conversación (o mentalmente) para justificar una conclusión. El argumento, en este sentido, no coincide necesariamente con el argumento descrito por la lógica. Por lo general los hablantes, para convencer a alguien con razones, expresan primero la conclusión, y luego aducen las razones, o algunas de las razones, que pueden apoyar la conclusión ya enunciada. Los argumentos de la conversación, o los de abogados o políticos, difieren de los argumentos lógicos, abstractos e intemporales, no solamente porque el orden del encadenamiento de razones es diferente, sino también, y sobre todo, porque los argumentos de la conversación no intentan probar la validez de la conclusión, sino convencer a los destinatarios, es decir, hacer que admitan que el argumento que se les presenta es un buen argumento a favor de la conclusión. Al elegir una secuencia de argumentos, no buscamos necesariamente la verdad, sino la eficacia retórica de las razones que damos. Estas funciones están inscritas en la estructura de las lenguas naturales, que poseen dispositivos semánticos especializados que ponen restricciones específicas para la vinculación de los argumentos. Según Anscombre y Ducrot (1994), en una argumentación algunas expresiones favorecen ciertas conclusiones, de modo que no se puede usar cualquier expresión a favor de cualquier conclusión. Es pragmáticamente anómalo, por ejemplo, decir algo como "Muy pocos estudiantes saben latín (casi el 10%)" si la expresión *casi el 10%* se aduce como un argumento para autorizar la afirmación previa. No es, en cambio, anómalo el enunciado "Muy pocos estudiantes saben latín (no más de/solamente/ apenas el 10%)", donde el paréntesis funciona realmente como justificación de lo anterior. El porcentaje de alumnos que saben latín no varía, pero en el primer ejemplo se produce una contradicción. *Casi el 10%* y *no más del 10%*, dos expresiones cuyo valor semántico podría ser idéntico (ambas podrían significar, en contexto, 'el 9%') funcionan de maneras diferentes en la argumentación. Véase **procedimentales*.

CAMBIO SEMÁNTICO. Proceso por el cual una forma adquiere, históricamente, una nueva función para reemplazar o aumentar otras anteriores. Los cambios semánticos muestran ciertas regularidades: por lo general, a los significados concretos les siguen, en el tiempo, significados abstractos, y los signos con contenidos contextuales pasan a ser ***procedimentales**. Véase también GRAMATICALIZACIÓN.

CANCELACIÓN. Proceso que consiste en anular un significado inferido, o susceptible de ser inferido. Grice lo considera propio de las implicaturas, por lo cual puede servir como prueba para verificar si una proposición es o no es una implicatura: si el hablante, al intentar cancelar un significado, se contradice o produce un enunciado anómalo, el significado en cuestión no es una implicatura. La prueba funciona mejor en el caso de implicaturas conversacionales particularizadas. En un diálogo como el siguiente la respuesta de B comunica una implicatura de ese tipo:

(Dos amigas eligiendo ropa en una tienda:)
Lorena: Mira, esta blusa gris te quedaría muy bien.
Bea: No me gusta el color gris.

Bea implica que descarta esa blusa, ya que no le gusta el color, pero esta implicatura puede cancelarse sin contradicción, si Bea añade algo como "pero a veces uso ropa gris, me la voy a probar de todos modos". Esta sería una cancelación *explícita*. Otras cancelaciones son *contextuales*, y se producen cuando cambia el contexto y la expresión analizada ya no comunica una implicatura, o comunica otra diferente. En la ***teoría de la relevancia**, las partes de la explicatura obtenidas por inferencia se tratan igual que las implicaturas, como significados que pueden cancelarse contextualmente o explícitamente. En el siguiente ejemplo, se cancela la información procedente de un enriquecimiento contextual, por el que la expresión "dinero" se ajusta para que signifique 'mucho dinero':

A. Gutiérrez anda en un coche despampanante. Se nota que el tipo tiene <u>dinero</u>.
B. No, no tiene <u>mucho dinero</u>. Lo que tiene son deudas, y el coche no es suyo.

CIENCIAS DE LA COGNICIÓN. Estudian las capacidades de la mente para procesar la información sobre el entorno que es necesaria para el bienestar de los organismos. El cerebro es un procesador de información en todos los organismos, desde los más simples a los más complejos. En la actualidad, uno de los temas centrales de la ciencia cognitiva es la articulación modular del cerebro: la neurociencia y la psicología evolucionista consideran que la cognición se realiza mediante mecanismos especializados, llamados *módulos*, dedicados a tareas específicas, por ejemplo la descodificación del lenguaje o el reconocimiento de las intenciones comunicativas (véase ***modularidad y comunicación**). La ciencia cognitiva se propone identificar esos mecanismos, que están inscritos en los tejidos cerebrales, y explicar su funcionamiento (Mercier y Sperber, 2017). En filosofía del lenguaje y pragmática, la ***teoría de la relevancia**, cuyo objeto es la comunicación lingüística y los mecanismos psicológicos que la hacen posible, se considera parte de una teoría cognitiva, postulando un principio general cognitivo, el de relevancia, para explicar los procesos comunicativos.

CODIFICACIÓN E INDICACIÓN. Distinción entre dos funciones del significado lingüístico en el uso del lenguaje. Las palabras codifican significados convencionales, que forman parte de la semántica de las oraciones tipo.

GLOSARIO   429

Pero cuando la oración es usada en un enunciado, el valor semántico no basta para expresar el significado del hablante, ya que, para los filósofos del lenguaje que defienden las teorías contextualistas (véase ***contextualismo***) y para la pragmática, los significados convencionales no son suficientemente ricos, precisos o matizados, y el contexto determina significados *ad hoc*, adaptados a la situación. En un enunciado como "Este ojal es pequeño (para este botón) "solamente la comparación del ojal y el botón nos permitirá asignar a la palabra *pequeño* un grado determinado de pequeñez, que vale para ese contexto. En este caso el concepto expresado por *pequeño* en el código de la lengua debe sufrir un ajuste contextual (véase AJUSTE O MODULACIÓN, y también PROCONCEPTOS). Según la teoría de la relevancia, los enunciados no *codifican* el significado exacto que quiere comunicar el hablante, sino que lo *indican*: dan pistas para construirlo, mediante la descodificación de la forma lógica y las inferencias requeridas para llegar a comprender lo que el hablante quiere decir.

COMPETENCIA SEMÁNTICA. Capacidad de los hablantes de atribuir significado a oraciones de su lengua. Según la teoría tradicional de la semántica lógica, disputada por las nuevas corrientes semánticas y por la pragmática, la competencia semántica incluye la capacidad de determinar las condiciones de verdad de la oración, y para eso basta con conocer un contexto limitado: quién habla, dónde, cuándo, con quién. Según esta concepción, las reglas del lenguaje bastan para atribuir condiciones de verdad, sin necesidad de COMPETENCIA PRAGMÁTICA.

COMPETENCIA PRAGMÁTICA. Capacidad para comprender lo que un hablante quiere decir con su enunciado. Según las teorías de la pragmática, la competencia pragmática se manifiesta desde el principio del intercambio comunicativo, ya que la parte explícita del enunciado requiere tanto descodificación (realizada, según la pragmática cognitiva, por el módulo lingüístico) como inferencias contextuales (a cargo de otros módulos; véase ***modularidad y comunicación**). Las inferencias adaptan o enriquecen lo esbozado por la forma lógica, y el oyente obtiene así una proposición completa. También se requieren inferencias para recuperar las implicaturas (véase ***implicatura**).

COMPOSICIONALIDAD (PRINCIPIO DE). Principio sintáctico-semántico que establece que el significado de una expresión compleja es una función composicional de los significados de sus partes, es decir, que el significado de una oración o una frase que contiene varios componentes dotados de significado es el resultado de la combinación de los significados de esos constituyentes. Las combinaciones están reguladas por la sintaxis. Una teoría composicional puede explicar un rasgo esencial del lenguaje humano: la *productividad,* que habilita a los hablantes para producir un número ilimitado de oraciones bien formadas. En la teoría semántica denominada ***pragmática de las condiciones de verdad** se propone que el AJUSTE O MODULACIÓN, un proceso central de la interpretación, es compatible con la composicionalidad, ya que los elementos léxicos se modulan antes de combinarlos: en el caso de las expresiones complejas, la interpretación semántica es una función de los significados modulados de sus componentes y de la manera en que se combinan (Recanati, 2010).

COMUNICACIÓN ENCUBIERTA. La comunicación se define, en pragmática, por ser abiertamente intencional: el proceso comunicativo se cumple cuando el oyente reconoce la intención comunicativa. Sin embargo, existen, fuera del ámbito de estudio de la pragmática, variedades de comunicación *no ostensiva.* Esta tiene por lo menos dos tipos de manifestación: la transmisión accidental de información (por ejemplo, cuando el hablante tiene la voz gangosa y no puede ocultarla, de manera que sus interlocutores advierten que tiene inflamada la garganta), y, en segundo lugar, los casos en que la transmisión de información no es accidental sino deliberada, pero se esconde la intención comunicativa: por ejemplo, un hablante quiere que su interlocutor note que está cansado, pero no desea que el interlocutor advierta su deseo de comunicar esa condición (Wilson y Sperber, 2012).

CONCEPTO. Categoría que agrupa una clase de entidades del mundo, según las propiedades que comparten: *árbol* es el concepto que incluye a todas las plantas que tienen ciertas características: un tallo único que se ramifica a cierta distancia del suelo, etc.; *gato* a los mamíferos felinos domésticos, etc. Los conceptos corresponden a representaciones mentales, y nos permiten almacenar información sobre el mundo, asignando objetos a diferentes categorías, y de ese modo comprender el mundo como un sistema de categorías, y no como un conjunto de entidades individuales, que sería difícil conocer y manipular (véase REPRESENTACIÓN MENTAL). Las palabras con contenido conceptual codifican nuestras representaciones mentales, y a veces también procedimientos de interpretación. Otras palabras codifican solamente procedimientos: por ejemplo *pero, así que, de todos modos,* etc. (Véase ***procedimentales**).

CONTEXTO ESTRECHO Y CONTEXTO AMPLIO. Distinción generalmente implícita, que depende de cómo traten las teorías del significado la relación entre contenido proposicional y contexto. El contexto estrecho es una categoría semántica, que comprende los parámetros indispensables de persona, lugar y tiempo, de modo que puedan asignarse extensiones a las expresiones deícticas. En estas teorías, el contexto estrecho es suficiente

GLOSARIO 431

para asignar valor de verdad a una *oración en contexto*. El contexto amplio es el contexto pragmático; se lo define como conjunto de conocimientos compartidos, incluyendo datos del entorno físico de la comunicación o provenientes de la memoria (véase ***contexto**). Lo que separa tajantemente la noción de contexto amplio de la de contexto estrecho es que el primero incluye la intención del hablante.

CONTEXTO HIPERINTENSIONAL. La *intensión* es el significado de una expresión, por oposición a su capacidad denotativa, que es la capacidad de referirse al mundo (véase ***intensión** y **extensión**). En el ejemplo clásico de Frege, las expresiones *estrella de la mañana* y *estrella de la tarde* se refieren al mismo objeto del mundo, el planeta Venus, por lo cual tienen la misma denotación o extensión, pero sus intensiones son diferentes. De la misma manera las expresiones *el aldeano Sancho Panza* y *el escudero de don Quijote* se refieren al mismo personaje, y *las islas Malvinas* y *las islas Falkland* a las mismas islas, pero las intensiones cambian en cada acto de referencia. Se dice que un contexto es *hiperintensional* cuando una expresión sinónima o correferencial no vale para preservar su valor de verdad. En el siguiente ejemplo, el enunciado (2), donde se ha permutado la expresión *Roma* por otra de extensión equivalente, no mantiene a salvo la verdad de (1):

(1) "Roma" tiene cuatro letras.
(2) La capital de Italia tiene cuatro letras.

La hipertensionalidad es un caso extremo de *opacidad*, que se manifiesta en los contextos citativos y puede servir como uno de los criterios para distinguir las citas metalingüísticas, que no permiten la permutación, como pasa en (1) y (2), y el conjunto de citas en que lo citado se atribuye a un locutor, ya se trate de citas directas, indirectas o mixtas.

CONTINGENTE. En lógica modal, se llaman contingentes a las proposiciones que cambian su valor de verdad a través de diferentes mundos posibles. La cualidad de *contingente* se opone a la de *necesaria*, aplicada a las proposiciones cuyo valor veritativo permanece fijo en diferentes mundos posibles.

CONVENCIONAL, SIGNIFICADO. Significado inherente o dado de una expresión lingüística, asignado por una gramática. Suele llamarse, en pragmática, *significado codificado*, por oposición a *significado inferido pragmáticamente*. Los hablantes comunican más que lo que su enunciado codifica, y para llegar al significado del hablante debemos conocer la intención comunicativa y los datos contextuales pertinentes. En un nivel muy estricto, la semántica estudia significados convencionales independientes del contexto o dependientes de un contexto estrecho (véase CONTEXTO AMPLIO Y CONTEXTO ESTRECHO), y la pragmática estudia la relación entre esos significados y las inferencias que los completan en contexto, es decir, la interacción entre significados convencionales y contexto.

Algunos filósofos del lenguaje consideran que una convención lingüística es la consolidación social de estrategias interpretativas, que se van creando para lograr la coordinación necesaria para comunicarse, de modo que, según estos filósofos, un gran número de fenómenos que se observan en el uso del lenguaje no dependen de expectativas de cooperación ni de búsqueda de relevancia, sino de convenciones. Véase *teoría de la convención y la imaginación.

DEÍCTICOS PUROS E IMPUROS. Se llaman puros a los deícticos que solamente codifican los parámetros contextuales de persona, tiempo y lugar. *Aquí* y *yo*, entre otros, son deícticos puros. Otros deícticos, los llamados impuros, dan información extra, por ejemplo indican el género o el número de su referente: *estas*, *él*, etc.

DESCITACIÓN (*DISQUOTATION*). Extracción de una cita contenida en un reportaje directo, por ejemplo al narrar o reportar un uso del lenguaje mediante un discurso indirecto, eliminando las comillas o la entonación u otros rasgos del original. Para algunos teóricos, las citas directas son, por naturaleza, descitables, y su significado no varía cuando se las extrae de su contexto y se las incluye en otro (Cappelen y Lepore, 2007). Pero en el caso de las expresiones sensibles al contexto, como los deícticos, esa norma no puede cumplirse. Para una cita como "Renée dijo 'yo soy la domadora de leones'", el discurso indirecto produciría "Renée dijo que ella era la domadora de leones": como puede verse, los deícticos, que son los casos típicos de sensibilidad al contexto, ya que cambian su denotación de contexto en contexto, no pueden retenerse en la descitación, ya que no podemos reportar ese enunciado, *salva veritate*, diciendo "Renée dijo que yo soy la domadora de leones", donde el pronombre de primera persona se refiere a la autora del reportaje. La descitación se usa como prueba para verificar si una expresión es sensible al contexto: si la expresión no puede desplazarse de un contexto a otro sin cambios, es sin duda sensible al contexto (Cappelen y Lepore, 2005). Sin embargo, algunas expresiones consideradas sensibles al contexto, como *cerca*, *lejos*, *a la derecha*, etc., presentan un comportamiento variable, y a veces se mantienen intactas en la descitación, con lo cual la prueba de sensibilidad al contexto no funciona. En esos casos las expresiones se consideran *parásitas*. Véase aquí, PARÁSITOS y también MONSTRUOS.

ELIPSIS. Fenómeno sintáctico, que consiste en la omisión de una o varias palabras, que parecen innecesarias y pueden recuperarse en el contexto de la oración misma, como en "El asado es para ti; las verduras,

GLOSARIO   433

para mí", donde se elide la forma verbal *son*; o "Lucas les dio la noticia a sus hermanos, y Elsa a sus compañeros", donde se elide el verbo y su complemento directo: *les dio la noticia*. Cuando la construcción elíptica es ambigua, se requieren operaciones pragmáticas, como en cualquier otro caso de ambigüedad, para poder establecer la proposición (véase *desambiguación).

ENUNCIADO Y ORACIÓN. La noción de *enunciado* es pragmática. Se entiende por enunciado el conjunto de señales lingüísticas emitidas en un contexto, que tiene un agente y sucede en un tiempo, lugar y mundo. El enunciado es el producto del acto de enunciar una secuencia de palabras con la intención, mostrada abiertamente, de comunicarse, tanto explícita como implícitamente, con o sin otras señales extralingüísticas como gestos o tonos de voz. Para interpretar un enunciado, según la pragmática, hace falta captar su significado contextual, del que forma parte la intención del hablante. Los enunciados pueden tener diferente longitud, y suele considerarse que sus límites están fijados por los turnos de los participantes en una conversación. Tampoco deben ser oraciones completas. Expresiones como "¡Fuego!" o "La tercera puerta a la derecha" pueden ser enunciados, aunque no son oraciones completas. La *oración*, por otra parte, es un constructo de la sintaxis. La oración está formada por una secuencia de palabras que se combinan siguiendo las normas sintácticas y semánticas de una lengua. La oración tiene sentido independientemente de los contextos en que se use. Oraciones como "Ayer ella llevaba un traje verde", o "Esta es tu casa", tienen significado por sí mismas, el significado de las oraciones tipo, que no depende de ningún contexto concreto, pero, según los pragmatistas, no pueden tener valor de verdad, ya que no podemos asignarles extensiones al mundo real, ni sabemos quién las emite. En suma, el enunciado es el resultado de la acción lingüística de alguien en un lugar y tiempo, y la oración es una abstracción de la gramática, que se utiliza para estudiar las estructuras lingüísticas y los significados mínimos (véase *minimalismo).

EVIDENCIALES. Marcadores gramaticales o léxicos que los hablantes emplean para señalar la fuente de su conocimiento y justificar así la fiabilidad de sus afirmaciones. Los orígenes del conocimiento que marcan los evidenciales son la observación directa de un hecho (un hecho visto, oído, etc.), una inferencia realizada a partir de un hecho observado, o el testimonio de otra persona. Algunas lenguas, como el turco, el búlgaro y varias lenguas indígenas de América, tienen clíticos y morfemas especializados para indicar evidencialidad; otras lenguas, como el español, expresan ese significado por medio del léxico, como en las oraciones siguientes: "Los vi escapar por la ventana", "Aparentemente no hay nadie", "Según los alumnos, el examen fue fácil". Los modales epistémicos comunican también significados evidenciales, pero no en relación a las fuentes de la afirmación sino al grado de certeza que tiene el hablante sobre la factualidad de lo que afirma, como sucede en algunos usos del subjuntivo y del condicional. Los marcadores de evidencialidad pertenecen a la categoría de los ***procedimentales**, ya que dan instrucciones que guían las inferencias necesarias para la comprensión de un enunciado.

EXTENSIÓN E INTENSIÓN. Distinción semántica. La extensión de una expresión denotativa, como por ejemplo un nombre o una descripción definida, es la cosa a la que la expresión se refiere, llamada *referente*. La extensión de un predicado es el conjunto de cosas a las que se aplica el predicado. La extensión de una oración, a su vez, es su valor de verdad. La intensión es, por el contrario, el sentido o significado de una expresión, que determina su extensión al mundo y su contenido verificable como verdadero o falso. Véase ***intensión e extensión** y también ***carácter y contenido**.

FORMA LÓGICA. La forma lógica es el conjunto estructurado de conceptos que, en el proceso de comunicación lingüística, deben ser descodificados por el intérprete. La teoría de la relevancia sostiene que la forma lógica debe enriquecerse con inferencias para llegar a constituir una proposición completa similar a la que el hablante quiere comunicar. (Carston, 2002; Sperber y Wilson, 1995.)

FORMALISMO. Las teorías formalistas, originadas en Frege, Russell y Wittgenstein (*Tractatus logico-philosophicus*, 1922), y propuestas en el siglo XX por Montague y Davidson, entre otros, estudian el significado lingüístico al nivel de la oración tipo, es decir, el significado de las expresiones lingüísticas en abstracto, independientemente del uso que se hace de ellas. El formalismo propone que se puede interpretar el significado proposicional, es decir, las condiciones de verdad de la proposición, expresado por una oración en un lenguaje natural, operando sobre la sintaxis de la oración: los elementos léxicos que contiene y sus combinaciones. Por el contrario, las teorías semánticas que tienen en cuenta el uso para atribuir significado lingüístico parten de la enunciación de la proposición en un contexto, y consideran que la semántica de la proposición está influida por los datos contextuales (véase ***carácter y contenido**).

FUERZA ILOCUTIVA. Componente del significado de un enunciado, que no se relaciona con la verdad o falsedad de la proposición, y, por lo tanto, no puede explicarse siguiendo la semántica lógica. Es una noción que proviene de la teoría de los actos de habla. La fuerza ilocutiva es lo que un

GLOSARIO   435

hablante *hace*, bajo ciertas condiciones, al emitir un enunciado: pedir, preguntar, jurar, declarar, protestar, consultar, advertir, amenazar, averiguar, etc. Estos actos de habla no son descripciones del mundo, y por lo tanto no se analizan según la concordancia entre su contenido y el mundo, sino según ciertas condiciones que especifican su uso apropiado, llamadas *condiciones de felicidad*. Estas son condiciones que se deben satisfacer para realizar el acto de habla de manera adecuada; se dividen en condiciones preparatorias, condiciones de sinceridad y condiciones esenciales (véase *teoría de los actos de habla).

FUNCIONALISMO. Tipo de análisis lingüístico que se propone explicar los hechos lingüísticos asociándolos a factores externos, especialmente a las causas que los motivan o a las funciones que cumplen en el uso de la lengua. El funcionalismo surgió a principios de los años setenta, como reacción a las gramáticas formales: las gramáticas funcionales intentaban explicar problemas que la gramática formal no podía resolver, como, por ejemplo, el orden de palabras en la oración, que es un fenómeno sintáctico que solamente puede explicarse relacionándolo con las propiedades de la estructura de la información: cómo presentan los hablantes la información en sus interacciones comunicativas (véase TÓPICO, TEMA, REMA Y FOCO). Los funcionalistas proponen que cada aspecto de un mensaje comunicado está codificado de alguna manera, de modo que, al asociar forma con funcionamiento, no salen del ámbito de la gramática, y por eso no dan ningún papel a la inferencia ni a los significados implícitos, ni distinguen la gramática y la pragmática como dos capacidades cognitivas diferentes. Sin embargo, los análisis funcionales de fenómenos lingüísticos sirvieron de inspiración a los primeros estudios de pragmática inferencial, que aparecieron en esos mismos años. La pragmática y el funcionalismo comparten el interés por determinar qué efectos tiene el uso del lenguaje sobre el sistema lingüístico (Ariel, 2010).

GRAMÁTICA. Conjunto de códigos que forman la estructura de las lenguas naturales. Pueden distinguirse tres niveles gramaticales: fonología, morfología y sintaxis, aunque los estudios de gramática descriptiva suelen tratar solamente la morfología y la sintaxis. Para los filósofos del lenguaje y para los pragmatistas, la gramática incluye un cuarto nivel, la semántica, ya que, como los demás subcódigos de la estructura de una lengua, la semántica está constituida por elementos que tienen valores convencionales. Por lo general, al oponer pragmática a gramática, se la opone específicamente a la semántica, ya que ambos niveles lingüísticos (y subdisciplinas que los estudian) están directamente relacionados con el significado. Pero mientras la semántica de una lengua es un conjunto de asociaciones convencionales entre formas y significados, gobernadas por reglas, la pragmática tiene que ver con inferencias contextuales que enriquecen los contenidos codificados de la gramática y permiten obtener significados implícitos, intencionales, no codificados ni sujetos a reglas (véase ***Grice: lógica y conversación***). Desde un punto de vista diacrónico, el proceso de ***gramaticalización** muestra que las inferencias pragmáticas se convierten, con el tiempo, en convenciones gramaticales. Véase también ***procedimentales**.

HABLANTE Y OYENTE. Denominaciones que se dan, en las teorías del significado, a los agentes humanos que participan en un acto comunicativo lingüístico: al productor de un enunciado y a su destinatario e intérprete, respectivamente. Estas expresiones, consagradas por el uso en la filosofía y en la pragmática, se refieren a cualquier productor e intérprete de un acto comunicativo, ya sea que utilice lenguaje oral o escrito, o lenguaje de signos, o enunciados complementados por gestos. Hablante y oyente tienen competencia semántica y pragmática: conocen la gramática de su lengua y los significados de las palabras; seleccionan (en la medida de sus posibilidades) las señales más apropiadas para lo que quieren transmitir; perciben anomalías semánticas, incoherencias y ambigüedades; pueden figurarse el estado mental del interlocutor y captar su intención comunicativa; distinguen tipos de actos de habla; entienden metáforas, ironías y otras figuras; recuperan significados implícitos; hacen juicios metapragmáticos: evalúan qué formas son apropiadas a la situación, corteses o elegantes. Aunque la mayor parte de sus usos del lenguaje dependen de procesos cognitivos subpersonales, rápidos y eficientes, hablantes y oyentes tienen la capacidad de reflexionar sobre el lenguaje, elegir expresiones, sopesar sus méritos comunicativos o poéticos. Las contribuciones de hablante y oyente a la conversación pueden ser más o menos afortunadas, pero su competencia en el conocimiento de su lengua y de cómo usarla no se pone en duda. En todas las teorías de la pragmática, el hablante, además de las competencias lingüísticas indicadas, tiene intención comunicativa, es racional y cooperativo, y –en la teoría de la relevancia– intenta que su enunciado sea relevante. El oyente, por su parte, es también racional y cooperativo y tiene una serie de expectativas: según la teoría de Grice, el oyente espera que el hablante le dé la cantidad necesaria de información verdadera y pertinente y que sea claro; según la teoría de la relevancia, el oyente, aparte de sus expectativas de racionalidad y cooperación, tiene expectativas de relevancia, es decir, de obtener más efectos cognitivos con la menor cantidad posible de esfuerzo.

En las teorías del significado, las expresiones *hablante* y *oyente* se refieren siempre a los roles alternantes de los agentes de un intercambio comunicativo, dotados de las capacidades indicadas, cualesquiera que sean su sexo, edad, condición social, profesión, etnia, etc. Otras disciplinas, en especial la sociolingüística, tienen en cuenta esas variables en sus teorías.

HIPÉRBOLE. Afirmación exagerada, muy común en el lenguaje coloquial, que no tiene por fin engañar al interlocutor, sino dar énfasis o crear efectos humorísticos. Ejemplos: "Pierre se comió el bife en dos segundos", "Era alto como una torre". La hipérbole se combina frecuentemente con la metáfora y el símil. Véase *metáfora.

INOCENCIA SEMÁNTICA. Noción de la semántica lógica, que se refiere a la propiedad por la cual algunas expresiones tienen la misma denotación en una gran cantidad de contextos lingüísticos.

INTENCIONALES, ESTADOS. Desde Aristóteles, se considera que los pensamientos, creencias, deseos, percepciones e imágenes tienen *intencionalidad*, porque se refieren a cosas, tienen la propiedad distintiva de ser *acerca de* objetos, existentes o inexistentes.

INTUICIONES. Tipo de inferencias que producen juicios que consideramos justificados, sin tener razones para justificarlos: sabemos algo sin saber cómo lo sabemos. Es un proceso semejante al de reconocer, en la calle, la cara de un amigo. Según la psicología experimental, las intuiciones se producen gracias a diferentes mecanismos del pensamiento, y no son producto de una facultad o talento especial del que están dotadas algunas personas más que otras, y que se llama en el lenguaje preteórico "intuición". No hay prueba alguna de que exista la intuición, como facultad mental, pero las intuiciones son constantes y casi siempre las evaluamos como certeras, aunque no se puedan explicar. Constituyen una categoría *metacognitiva* (véase METACOGNICIÓN). Como tal categoría, se experimentan como estados mentales: no sabemos cómo las producimos, pero tenemos conciencia de su contenido y mayor o menor confianza metacognitiva en su validez (Mercier y Sperber, 2017). Los hablantes nativos de una lengua tienen intuiciones acerca de la gramaticalidad o falta de gramaticalidad de una expresión, y también tienen intuiciones acerca de la verdad o falsedad de un enunciado en diferentes situaciones. Según algunos filósofos del lenguaje, las intuiciones son los únicos instrumentos adecuados para construir una teoría del significado en una lengua natural (Stanley, 2007). En la interpretación, nuestra confianza en la plausibilidad de nuestras intuiciones no siempre se justifica. De ahí el interés reciente por la *pragmática experimental*, que intenta justificar con pruebas empíricas las hipótesis teóricas (véase Noveck y Sperber, 2004).

LECTURA DE LA MENTE O TEORÍA DE LA MENTE. Capacidad de la mente de metarrepresentar contenidos de las mentes de los demás. La mente humana hace inferencias continuas tanto sobre lo que sucede en el entorno físico cuanto sobre lo que sucede en las mentes de otros, de modo que puede reproducir y anticipar las creencias, deseos e intenciones de los demás. Las teorías pragmáticas sostienen que la lectura de la mente hace posible la comunicación lingüística, que depende del reconocimiento de intenciones (véase ***intención comunicativa** y ***metarrepresentación**).

LENGUAJE NO SERIO. Lenguaje en el cual los actos de habla no tienen FUERZA ILOCUTIVA, ya que, según Austin (1962), son *imitaciones* de actos de habla verdaderos. Austin los llama también actos *parasitarios*, iguales, en la forma, a los del lenguaje serio, pero que tienen lugar en dimensiones no reales. Una promesa hecha por un personaje en un escenario teatral no es una promesa, es la imitación de una promesa: el hablante *hace como que* afirma, pregunta, pide, pero no realiza los actos que finge realizar. Por eso los actos no serios quedaron fuera de la teoría de Austin y sus discípulos. Sin embargo, el lenguaje no serio es parte constante de la conversación, donde algunos enunciados o partes de enunciados *no son afirmados por el hablante*, y son interpretados como tales, como no afirmados, aunque mantengan la sintaxis y semántica de las afirmaciones "serias". La afirmación exige un compromiso con la verdad de lo que se afirma, y, si este compromiso se suspende, el hablante no es responsable de la verdad de su enunciado en el mundo real, no es "serio", sino que habla en broma, o irónicamente, reproduciendo lo que dice o diría otro, imitando, o sin asumir la verdad de partes de su enunciado. Entre los enunciados no serios figuran la ironía, la metáfora, la actuación e imitación de personas, la ficción, los chistes, los ejemplos, el lenguaje aproximado (por ejemplo, "Francia es hexagonal"), y el estilo indirecto libre (por ejemplo: "Qué alegría: mañana era Navidad"). También son enunciados no serios los constituyentes de oraciones complejas, por ejemplo los periodos condicionales ("Si su padre viera esto, volvería a morirse").

LÍTOTE. Atenuación de la cantidad, cualidad o importancia de algo, para lograr un efecto retórico, por ejemplo expresar modestia, como cuando el autor se refiere a su importante obra diciendo *mi pequeña contribución*. La lítote puede tener valor humorístico, generalmente irónico, en frases como "Albert ha tomado una copita", dicho cuando Albert está claramente ebrio. En todos los casos, la lítote puede y suele servir para realzar precisamente lo que se pretende disminuir.

MARCO O ESQUEMA DE INTERPRETACIÓN. Conjunto más o menos organizado de conocimientos o supuestos sobre el mundo que permiten comprender los significados de las palabras. Si la combinación de dos pala-

GLOSARIO 439

bras forma una secuencia coherente, podemos decir que existe un esquema abstracto que esa secuencia pone de manifiesto. Una secuencia es, por el contrario, incoherente, cuando el intérprete no posee un esquema de interpretación que sirva de fondo para comprender la secuencia. Hablando de una visita al médico, es fácil interpretar un enunciado como "La enfermera me tomó la presión", aunque la enfermera no se haya mencionado antes, ni sea identificable, pese a formar parte de una frase definida. La enfermera pertenece al marco 'consultorio médico' y por lo tanto se interpreta a través de ese marco, y se acomoda al contexto (véase ACOMODACIÓN). En otros casos más interesantes, términos como *soltero*, que significa 'hombre no casado', no se puede aplicar, sin embargo, a todos los hombres (no se aplica, por ejemplo, a los sacerdotes católicos). Por lo tanto, *soltero* se interpreta en un marco que no abarca todos los hombres adultos, sino a los que pueden casarse (Cruse, 2006).

METACOGNICIÓN. Cognición sobre la cognición. Capacidad de los seres humanos de evaluar sus propios estados mentales. Somos conscientes, por ejemplo, de tener INTUICIONES, aunque no podamos justificarlas, y evaluamos la mayor o menor exactitud de sus contenidos.

MENTE. En biología, la mente es la capacidad del cerebro para procesar información, o bien el conjunto de operaciones realizadas por el cerebro, lo que el cerebro *hace*. Para algunos neurobiólogos y filósofos, mente y cerebro no se distinguen (Dennet, 2017).

METAPRAGMÁTICA. Es un tipo de práctica metarrepresentativa, que, como otras prácticas de la misma índole, se basa en la capacidad de incluir una representación dentro de otra, que la enmarca y comenta, y en la naturaleza reflexiva del lenguaje mismo (véase ***metarrepresentación**). La metapragmática se manifiesta como un nivel más alto de comunicación, en que el mensaje se refiere directa o indirectamente al uso mismo del lenguaje. Los hablantes hacen metapragmática cada vez que tienen conciencia de sus elecciones lingüísticas, de la adecuación de su acto de habla al contexto, del modo positivo o negativo en que puede entenderse la actitud del hablante (por ejemplo, en la ***cortesía**). El nivel de conciencia sobre el uso del lenguaje, sus normas, su adecuación o sus características, es típico de muchos enunciados, e interesa no solamente a la pragmática, sino también a la sociolingüística y a la antropología, que lo ha estudiado extensamente (véase Lucy, 1993 y Silverstein, 1993).

MODALIDAD EPISTÉMICA. Modo que concierne al conocimiento y la creencia, incluyendo la expresión de posibilidad, probabilidad y certeza, y también, en algunas teorías, al grado de compromiso del hablante con la verdad de su afirmación. Véase aquí, EVIDENCIALES.

MODULACIÓN. Véase AJUSTE O MODULACIÓN.

MONSTRUOS. Expresiones o construcciones que, como, por ejemplo, el discurso indirecto, provocan desplazamientos de contexto y por lo tanto desplazamiento de significado en expresiones que normalmente mantienen su intensión constante. Véase *carácter y contenido.

OPACIDAD. Noción de semántica. Consiste en el predominio del aspecto del significado llamado *intensión* sobre el aspecto llamado *extensión* (véase *intensión y extensión y también, aquí, CONTEXTO HIPERINTENSIONAL). La intensión es el significado de una expresión, y la extensión su capacidad de designar un objeto del mundo. Cuando predomina la intensión, el lenguaje no es transparente, es decir, no señala directamente al objeto al que se refiere, sino que nos obliga a detenernos en el significado de la expresión misma.

OSTENSIVO. Estímulo o información que tiene la propiedad de ser manifiestamente intencional, como las señales comunicativas (enunciados, gestos, mímica, etc.).

PARÁSITOS. Expresiones que, aunque son normalmente sensibles al contexto, en algunos casos no cambian de significado al pasar de un contexto a otro, y permanecen inalterables como huéspedes de un nuevo contexto. Véase *carácter y contenido.

PENSAMIENTOS Y SUPUESTOS. En la teoría de la relevancia, los pensamientos son representaciones conceptuales, por oposición a representaciones sensoriales o a estados emocionales (véase REPRESENTACIONES MENTALES). Se llaman *supuestos* los pensamientos tratados como representaciones del mundo real, por oposición a ficciones, deseos o metarrepresentaciones. Los supuestos, sean verdaderos o falsos, se consideran *información* si el hablante los presenta como verdaderos, aunque sean dudosos o falsos. (Sperber y Wilson, 1995).

PLEONASMO. Tipo de ANOMALÍA SEMÁNTICA en que parte del significado expresado es superfluo, en casos como, por ejemplo, "Juan subió arriba", donde *arriba* es ya parte del significado del verbo "subir", y por lo tanto es redundante. Hay duplicaciones de significado en que el segundo término no es redundante, porque sirve para aumentar el grado de una propiedad, por ejemplo en casos como "Este asunto es muy, muy importante", o bien sirve para dar énfasis, como en "Lo vi con mis propios ojos".

GLOSARIO 441

POLISEMIA. Fenómeno semántico. Son polisémicos los morfemas o palabras que tienen múltiples significados relacionados entre sí. La palabra *mesa*, por ejemplo, puede significar 'mueble de ciertas características', 'meseta', 'junta directiva', etc. Los significados de las formas polisémicas tienen entre sí, generalmente, relaciones metafóricas o metonímicas. Los términos *ambiguos*, en cambio, son formas con significados diferentes que no están relacionados (véase AMBIGÜEDAD).

PRAGMÁTICA INFERENCIAL. La pragmática inferencial proviene de las ideas del filósofo Paul Grice (véase *Grice: lógica y conversación) y comprende tanto la teoría de Grice como las teorías neogriceanas (como, por ejemplo, la teoría de las *interpretaciones preferidas) y también la *teoría de la relevancia. El objetivo de la pragmática inferencial es explicar los procesos mediante los cuales el oyente comprende el significado intencional del hablante, o sea el significado que el hablante, voluntaria y abiertamente, le transmite. Estos procesos dependen solo en parte de las reglas sintácticas o semánticas del lenguaje, cuyo conocimiento permite al oyente descodificar los enunciados. La descodificación se complementa con inferencias que conectan los significados descodificados con datos del contexto. Las inferencias son rápidas y muchas veces automáticas. Quedan abiertas, sujetas a corrección o cambio, y por lo tanto no se puede garantizar que el significado obtenido inferencialmente por un oyente corresponda con exactitud al que intenta comunicar el hablante explícita e implícitamente.

PRAGMÁTICA MÍNIMA. El *minimalismo tiene varias versiones, pero todas sostienen, esencialmente, que cualquier ocurrencia de una oración declarativa bien formada en contexto puede expresar un contenido proposicional, y que sus relaciones con el contexto, a través de los deícticos y otras expresiones sensibles al contexto, están regidas por la gramática, por lo cual la pragmática requerida es mínima y controlada lingüísticamente.

PRAGMÁTICA RADICAL. Corriente de la pragmática surgida en los años setenta e inspirada en el modelo de Grice, que quedó absorbida luego en la PRAGMÁTICA INFERENCIAL. Se proponía simplificar las descripciones gramaticales, y para eso trató fenómenos lingüísticos considerados tradicionalmente semánticos como fenómenos pragmáticos (véase Cole, 1981). La ventaja de la simplificación de la semántica, que sigue siendo un objetivo de la pragmática, es evitar la proliferación de significados. La conjunción copulativa *y*, por ejemplo, puede adquirir, en contexto, varios significados: puede tener su valor lógico ∧, puede expresar secuencia cronológica (por ejemplo: "Se casaron y tuvieron dos hijos"), consecuencia (por ejemplo: "Protestó y la echaron"), o adversación (por ejemplo: "Dice que es pobre y gasta dinero en tonterías"). Para dar cuenta de esa pluralidad de sentidos, la semántica tendría que considerar que la conjunción *y* es ambigua, pero la pragmática radical, siguiendo a Grice, propone reducir la semántica y considerar los significados contextuales como el producto de inferencias pragmáticas. En la teoría de Grice, los distintos significados de la conjunción *y* son implicaturas conversacionales. En la teoría de la relevancia, se ven como resultados de la modulación o enriquecimiento inferencial del enunciado. El mismo tipo de simplificación puede hacerse con los tiempos verbales y con otras formas lingüísticas. Algunos filósofos del lenguaje, sin embargo, defienden actualmente una hipótesis contraria a la de la pragmática radical: admiten que el lenguaje está plagado de ambigüedades, extienden las convenciones de la semántica, y eliminan la necesidad de implicaturas (ver *teoría de la convención y la imaginación).

PROCONCEPTOS. Un proconcepto es un concepto o representación semántica esquemática, incompleta, que debe ser completada en cada ocasión de uso. Según la la teoría de la relevancia, y según el *contextualismo en filosofía, algunas palabras son proconceptos, pero todas o casi todas se comportan como tales, porque exigen que su significado sea precisado en contexto. Ejemplos de proconceptos son términos como *cercano*, *alto*, *caro*, *nuevo*, etc., cuyo significado variable debe ajustarse al contexto en cada uso, y suelen presentarse como claros ejemplos de la *sensibilidad al contexto. Pero también palabras que expresan conceptos completos, como *cansado*, *suave*, *democracia*, *elegancia*, *dormir*, etc., requieren AJUSTE O MODULACIÓN.

PROPOSICIÓN ANALÍTICA Y PROPOSICIÓN SINTÉTICA. Es *analítica* una proposición que es necesariamente verdadera, ya que su valor de verdad está determinado por su propio significado, independientemente de cómo sea el mundo. Ejemplos: "el triángulo tiene tres lados", "los solteros no están casados", etc. En estos casos, el tema del predicado (tener tres lados, estar casado) está contenido ya en el concepto del sujeto, de modo que es necesariamente verdadero. En una proposición *sintética*, en cambio, el valor de verdad está determinado por la relación entre su propio significado y el mundo. Por ejemplo, en enunciados como "Los perros son cuadrúpedos" o "Joan se casó seis veces", el tema del predicado no está contenido en el sujeto, y para evaluar la verdad de la proposición es preciso buscar correspondencias con estados de cosas: si los perros son cuadrúpedos, y si Joan se casó seis veces, las oraciones son verdaderas.

PROSODIA. Parte de la gramática que estudia los rasgos suprasegmentales: acento, tono, ritmo y curva melódica. Las variaciones prosódicas sirven para dar énfasis, para unir o separar segmentos, o sea, en general,

para estructurar un enunciado. También tienen un papel importante en la expresión de emociones. La curva melódica o entonación de un enunciado puede indicar diferentes actos de habla. Compárense las entonaciones señaladas por los signos ortográficos en los siguientes enunciados, donde a) es una afirmación, b) es una pregunta, y c), en el contexto adecuado, un mandato, tal como indicarían sus respectivas entonaciones en una situación de habla:
    a. Estudia mucho.
    b. ¿Estudia mucho?
    c. ¡Estudia mucho!

Según la teoría de la relevancia, los elementos prosódicos funcionan como ***procedimentales**, ya que codifican instrucciones para guiar al oyente en el proceso inferencial de comprensión. A veces un elemento prosódico contribuye a la interpretación cuando todavía no ha terminado la descodificación. Una entonación interrogativa, por ejemplo, permite al oyente anticipar que el enunciado que está descodificando va a ser una pregunta o una petición, reduciendo así el esfuerzo de interpretación inferencial.

RACIONALIDAD. Cualidad de *racional* mostrada por cualquier agente, y, en pragmática, por los hablantes. Un agente se comporta racionalmente cuando adopta medios apropiados para llegar a sus metas, por ejemplo elegir las palabras adecuadas para transmitir alguna información. La racionalidad es, en parte, constitutiva de las intenciones, deseos y acciones. La teoría de Grice se fundamenta en la noción de racionalidad: los hablantes pueden transmitir significados explícitos y hacer inferir significados implícitos según un principio básico de cooperación, que se sustenta en la expectativa de racionalidad. En efecto, si no esperáramos que nuestros interlocutores fueran racionales, no podríamos interpretar sus enunciados. El caso más notable es el de los hablantes que actúan como si transgrediesen las normas de cooperación, por ejemplo diciendo algo que no parece venir al caso, o dando información insuficiente u obviamente falsa. Si estos hablantes logran comunicar lo que realmente quieren decir, es porque sus interlocutores tienen firmes expectativas sobre la racionalidad de los demás hablantes, y eso los motiva a recuperar el significado producido por esa aparente falta de cooperación, que toman como una maniobra racional para transmitir significados extra. Véase ***Grice: lógica de la conversación** e ***implicatura**.

RECURSIVIDAD. Inclusión de una construcción dentro de otra construcción mayor del mismo tipo. Es una capacidad del lenguaje y de la mente. En el lenguaje se manifiesta en la subordinación sintáctica, o sea en la inserción de una oración dentro de otra. Para la pragmática, la recursividad es esencial para explicar los procesos psicológicos de interpretación de enunciados: somos capaces, mediante la LECTURA DE LA MENTE O TEORÍA DE LA MENTE, de insertar los pensamientos de otros en los nuestros, y así comprenderlos. Veáse ***metarrepresentación**.

REPRESENTACIONES MENTALES. Estructuras informativas que ocurren, se transforman y se almacenan en la mente. Tienen la función de proporcionar información sobre un estado de cosas. Pueden surgir como resultado de la comprensión de enunciados en la comunicación, pero no deben confundirse con imágenes o enunciados, que son objetos de nuestro entorno que utilizamos para comunicarnos. Las representaciones son internas y no se usan para la comunicación, sino para procesar información. Las inferencias que los organismos hacen continuamente toman como *input* representaciones, y producen otras representaciones que aumentan la información o la hacen más digna de confianza. Las teorías cognitivas postulan que las representaciones se producen en el cerebro de los individuos capaces de hacer inferencias para sobrevivir: animales humanos o no humanos y también robots (Mercier y Sperber, 2017).

SEMÁNTICA. Como disciplina lingüística, la semántica es un componente de la *gramática* de las lenguas naturales, el componente que corresponde a la relación convencional entre los signos lingüísticos y su significado. La interacción de la semántica con la sintaxis y la pragmática puede esquematizarse como sigue. La sintaxis establece las condiciones estructurales invariables para interpretar las relaciones entre los elementos léxicos. La semántica, por su parte, constriñe los significados de las *oraciones tipo*, es decir, los significados literales, que se pondrán en efecto en los usos particulares. El significado codificado no es suficiente, sin embargo, para determinar qué quiere decir un hablante con una oración en un contexto: hacen falta otros elementos extralingüísticos, como el conocimiento del mundo, de las intenciones de los hablantes, etc., que corresponden al nivel de la pragmática. En la filosofía y en la lógica, la tarea de la semántica es estudiar la relación entre formas lingüísticas y significados, para especificar sistemáticamente los significados de las expresiones de una lengua.

SEMEJANZA ENTRE PROPOSICIONES. En la teoría de la relevancia, se propone que dos proposiciones son semejantes cuando comparten implicaciones analíticas o lógicas: por una parte, las que cada proposición tendría por sí misma, fuera de contexto; y por otra parte, las implicaciones contextuales, producidas al combinarse una proposición y un contexto. Dos proposiciones pueden asemejarse mucho en un contexto y menos, o nada, en otro. La noción de semejanza es la que distingue el *lenguaje descriptivo*, dedicado a describir el mundo, del *lenguaje interpretativo*, que se refiere a enunciados lingüísticos y mantiene relaciones de semejanza (Sperber y Wilson, 1995, cap. 3).

SENSIBILIDAD AL CONTEXTO. Una expresión sensible al contexto tiene diferentes significados en diferentes contextos: el pronombre personal *tú*, por ejemplo, puede cambiar su referencia en cada contexto, según a quién se dirija el hablante. La sensibilidad al contexto se manifiesta también en las expresiones que se consideran semánticamente incompletas o subdeterminadas (véase ***subdeterminación semántica***). Según las teorías filosóficas contextualistas (véase ***contextualismo***) y según la pragmática, una expresión es sensible al contexto si su significado cambia según el contexto y si requiere compleción con datos del contexto, de modo que se le pueda atribuir un valor de verdad.

TAUTOLOGÍA. Afirmación que expresa una proposición que es necesariamente verdadera, como, por ejemplo, "La guerra es la guerra", "O lo dice o no lo dice". En principio, las tautologías no son portadoras de información. Sin embargo, se han analizado como transgresiones deliberadas a la máxima de cantidad de Grice, que requiere que los hablantes sean informativos. Para preservar la creencia de que el hablante es cooperativo, hay que entender que las tautologías transmiten información a través de implicaciones. "La guerra es la guerra" puede querer decir, en contexto, que siempre suceden cosas terribles en la guerra y que hay que aceptarlas.

TEORÍA DE LA MENTE. Véase LECTURA DE LA MENTE.

TIPO Y OCURRENCIA PARTICULAR. Distinción semántica entre el significado lingüístico de una palabra u oración, fuera de contexto, y *lo dicho* cuando esa palabra u oración se usa en una situación de habla. Supóngase la oración tipo "Ella toca el piano muy bien": su significado, aunque incompleto por la ausencia de referente para el pronombre personal, es independiente de los cambios del contexto: significa que una persona del sexo femenino toca el piano muy bien. Pero si se usara en contextos particulares, su significado cambiaría, es decir, sería una proposición diferente, según a qué persona se refiriera el pronombre, por ejemplo, o cómo habría que entender la evaluación *muy bien*. Además, la proposición expresada podría transmitir implicaciones: si se estuviera buscando un pianista, por ejemplo, la proposición en contexto podría servir también para implicar que "ella" sería una buena elección. La pragmática se interesa especialmente por los significados ocasionales de los usos particulares o *tokens*, y no por el significado de las expresiones tipo, que interesa, en cambio, a la semántica. Pero las oraciones tipo pueden tener, sin embargo, interpretaciones *presumibles*, que son implicaturas, salvo que el contexto las bloquee, según la teoría de Levinson (2000). Véase *__interpretaciones preferidas__*.

 TIEMPO VERBAL. Gramaticalización de la localización de acciones, procesos y estados en el tiempo. La localización temporal se realiza también por medios léxicos, mediante adverbios. Según la tradición de la filosofía occidental, y coincidiendo con la intuición preteórica, el tiempo puede representarse como una línea recta, donde el pasado está a la izquierda y el futuro a la derecha. Pasado y futuro se miden a partir de un punto, el presente, situado en medio de la línea. El presente forma parte del centro deíctico del hablante, indicado por los deícticos *yo, aquí, ahora* (véase *__deixis__*).

 TÓPICO, TEMA, REMA Y FOCO. Categorías que proceden de las teorías sobre distribución de información en el discurso, y que se aplican también a las oraciones. En la oración, el tópico se define, sintácticamente, como el segmento que está en una posición destacada o desgajada del resto de la oración, como, por ejemplo, la parte subrayada en la siguiente oración: "La fruta, me dijo que la iba a comprar ella". La noción de tópico es más restringida que la de *tema*, que abarca toda la información a la que se refiere una oración. Algunos teóricos llaman al tópico *tema marcado*. Lo que se dice acerca del tema suele llamarse *rema*, y también *comentario*, y por lo general es información nueva: en "El vuelo 676 aterriza a las tres de la tarde" el componente subrayado es el rema de la oración. En español, como norma general, la información nueva va a la derecha del tema, aunque el rema sea el sujeto gramatical: "Este cuadro lo pintó Marcia". En este caso, la parte que se da por conocida o esperable es que alguien pintó este cuadro, y la información nueva es quién lo pintó, que va a la derecha de la oración, aunque sea el sujeto gramatical, que, en otros casos, suele funcionar como tema. Desde un punto de vista pragmático, se distingue el *foco*, o parte del rema que pone de relieve cierta información en el interior de un mensaje, por ejemplo por medio de la entonación o de construcciones especiales, como la construcción escindida: "Fue Marcia la que pintó este cuadro". La distribución de información en el discurso requiere un análisis sintáctico, semántico y pragmático.

 VAGUEDAD. Propiedad del pensamiento y de las lenguas naturales. En filosofía del lenguaje, los términos *vagos* son aquellos cuyo *contenido semántico* no tiene límites definidos, y por lo tanto dificultan la evaluación de la verdad o falsedad de una aserción. Muchos filósofos consideran que tanto los términos vagos como los ambiguos son problemáticos y defectuosos (véase aquí, AMBIGÜEDAD). La vaguedad (como la ambigüedad) está

GLOSARIO 447

muy extendida en las lenguas. Es difícil precisar, por ejemplo, los límites del contenido semántico de palabras como *calvo, alto, bajo, cerca, lejos,* etc. ¿Hasta cuántos pelos puede tener X en la cabeza para que alguien pueda afirmar con verdad "X es calvo"? ¿Cuál es el máximo, en centímetros, que puede tener X para que pueda decirse que X es bajo? El contexto, en casos como *bajo, joven, viejo, cercano,* etc., debe proveer un estándar que permita comparar la propiedad mencionada con la de un conjunto de entidades con respecto a las cuales puede decirse con verdad que ciertos individuos son altos, bajos, cercanos, jóvenes. El *contextualismo, en epistemología y en pragmática, es la teoría que mejor explica estos casos límite. Los términos vagos son amplios y eso, según algunos filósofos, los hace más útiles, ya que pueden utilizarse en muchos contextos sin escrúpulos sobre su verdad. Si alguien afirma algo como "Mariquiña llevaba un vestido rojo", ¿el adjetivo *rojo* incluye también el color burdeos, el rojo casi marrón, el rosa intenso? En ciertos contextos la mención de una cualidad o una distancia espacial o temporal es menos específica que en otros, dependiendo de varios factores, pero en general, cuanto más específico es un término, más riesgo hay sobre su valor de verdad, y cuanto más amplia la categoría, menor será el riesgo, pero a costa de mayor imprecisión.

BIBLIOGRAFÍA

Manuales, enciclopedias e introducciones

Allan, Keith y Jaszczolt, Kasia M., eds., *The Cambridge Handbook of Pragmatics*. Cambridge Handbooks in Language and Linguistics. Cambridge, Cambridge University Press, 2012.
Archer, Down, Aijmer, Karin, y Wichmannn, Anne, *Pragmatics. An advanced Resource Book for Students*. Londres y Nueva York, Routledge, 2012.
Ariel, Mira, *Pragmatics and Grammar*. Cambridge Textbooks in Linguistics. Cambridge, Cambridge University Press, 2008.
Bertucelli Papi, Marcella, *Che cos'è la pragmatica*. Milán, Bompiani, 1993. (Versión esp. *Qué es la pragmática*. Barcelona, Paidós, 1995).
Birner, Betty J., *Introduction to Pragmatics*. Blackwell Textbooks in Linguistics. Malden, Wiley-Blackwell, 2013.
Calsamiglia Blancafort, Helena y Tusón Valls, Amparo, *Las cosas del decir. Manual de análisis del discurso*. Barcelona, Ariel, 1999.
Calvo Pérez, Julio, *Introducción a la pragmática del español*. Madrid, Cátedra, 1994.
Chapman, Siobhan, *Pragmatics*. Nueva York, Palgrave Macmillan, 2013.
Cruse, Alan. *A Glossary of Semantics and Pragmatics*. Edimburgo, Edinburgh University Press.
Escandell Vidal, M. Victoria, *Introducción a la pragmática*. Barcelona, Ariel, 1996.
Gutiérrez Ordóñez, Salvador, *Comentario pragmático de textos publicitarios*. Madrid, Arco/Libros, 1997.
Gutiérrez Ordóñez, Salvador, *Comentario pragmático de textos polifónicos*. Madrid, Arco/Libros, 1997.
Haverkate, Henk, Mulder, Gijs y Fraile Maldonado, Carolina, eds., *La pragmática lingüística del español. Recientes desarrollos*. Amsterdam, Rodopi, 1998.
Horn, Laurence R. y Ward, Gregory, eds., *The Handbook of Pragmatics*. Blackwell Handbooks in Linguistics. Malden, Oxford y Carlton, Blackwell, 2004.
Huang, Yan, *Pragmatics*. Oxford Textbooks in Linguistics. Oxford, Oxford University Press, 2007.

LEPORE, Ernest y SMITH, Barry C., eds., *The Oxford Handbook of Philosophy of Language*. Oxford, Oxford University Press, 2006.
LEVINSON, Stephen C., *Pragmatics*. Cambridge Textbooks in Linguistics. Cambridge, Cambrige University Press, 1983. (Versión esp., *Pragmática*, trad. de África Rubíes Mirabet. Barcelona, Teide, 1989.)
MEY, Jacob L. *Pragmatics. An Introduction.* Cambridge, Blackwell, 1993.
MEY, Jacob L., ed., *Concise Encyclopedia of Pragmatics*. Oxford, Elsevier Science Ltd., 1998.
MOESCHLER, Jacques y REBOUL, Anne, *Dictionnaire Encyclopédique de Pragmatique*, París, Editions du Seuil, 1994. (Versión esp., *Diccionario enciclopédico de pragmática*, trad. de María Tordesillas. Madrid, Arrecife Producciones, 1999.)
PONS BORDERÍA, Salvador, *Conceptos y aplicaciones de la teoría de la relevancia*. Madrid, Arco/Libros, 2004.
PORTOLÉS LÁZARO, José, *Pragmática para hispanistas*. Madrid, Síntesis, 2004.
REYES, Graciela, *El abecé de la pragmática*. Madrid, Arco/Libros, 1996.
Stanford Encyclopedia of Philosophy, https://plato.stanford.edu/

OBRAS CITADAS

AIKHENVALD, Alexandra, 2004. *Evidentiality*. Oxford, Oxford University Press.
ARIEL, Mira, 2010. *Defining Pragmatics*. Research Surveys in Linguistics. Cambridge, Cambridge University Press.
ANSCOMBRE, Jean-Claude y DUCROT, Oswald, 1983. *L'argumentation dans la langue*. París, Mardaga. (Versión esp., *La argumentación en la lengua*, trad. de Julia Sevilla y Marta Tordesillas. Madrid, Gredos, 1988.)
AUSTIN, JOHN L., 1962. *How to Do Things with Words*. William James Lectures (1955). Oxford, Clarendon Press. (Versión esp., *Palabras y acciones. Cómo hacer cosas con palabras*, compilado por J. O. Urmson. Buenos Aires, Paidós, 1971.)
BACH, Kent, 1994, "Conversational Impliciture", *Mind and Language*, 9, pp. 124-62.
BACH, Kent, 2007, "Regressions in Pragmatics (and Semantics)", en BURTON-ROBERTS, Noel, ed.
BACH, Kent, 2010, "Impliciture vs. Explicature: What's the Difference?", en SORIA, Belén, y ROMERO, Esther, eds.
BAKHTIN, M. M., 1981. *The Dialogic Imagination. Four Essays.* Ed. por Michael Holquist, trad. por Caryl Emerson y Michael Holquist. Austin y Londres, University of Texas Press.
BAR-HILLEL, Yehoshua, 1971, "Out of the Pragmatic Waste-basket", *Linguistic Inquiry*, 2, pp. 401-407.

BLAKEMORE, Diane, 1987. *Semantic Constraints on Relevance*. Oxford, Blackwell.

BLAKEMORE, Diane, 2010, "Communication and the Representation of Thought: the Use of Audience Oriented Expressions in Free Indirect Thought Representations", *Journal of Linguistics*, 46, 3, pp. 575-599.

BLAKEMORE, Diane, 2013, "Voice and Expressivity in Free Indirect Thought Representations: Imitation and Representation", *Mind and Language*, 28, 5, pp. 579-605.

BORG, Emma, 2004. *Minimal Semantics*. Oxford, Clarendon Press.

BORG, Emma, 2012. *Pursuing Meaning*. Oxford, Oxford University Press.

BRAVO, Diana y BRIZ, Antonio, eds., 2004. *Pragmática sociocultural: estudios sobre el discurso de cortesía en español*. Barcelona, Ariel.

BROWN, Penelope y LEVINSON, Stephen C., 1987. *Politeness. Some Universals in Language Use*. Cambridge, Cambridge University Press.

BURTON-ROBERTS, Noel, ed., 2007. *Pragmatics*. Basingtoke, Palgrave Macmillan.

CAMPS, Elizabeth, 2009, "Two Varieties of Literary Imagination: Metaphor, Fiction and Thought Experiments", *Midwest studies in Philosophy*, 33, pp. 107-130.

CAPPELEN, Herman, 2008, "The Creative Interpreter: Content Relativism and Assertion", *Philosophical Perspectives*, 22.1, pp. 23-46.

CAPPELEN, Herman y DEVER, Josh, 2016. *Context and Communication*. Contemporary Introductions to Philosophy of Language. Oxford, Oxford University Press.

CAPPELEN, Herman y HAWTHORNE, John, 2009. *Relativism and Monadic Truth*. Oxford, Oxford University Press.

CAPPELEN, Herman y LEPORE, Ernest, 2005. *Insensitive Semantics. A Defense of Semantic Minimalism and Speech Act Pluralism*. Oxford, Blackwell.

CAPPELEN, Herman y LEPORE, Ernest, 2006, "Précis of *Insensitive Semantics*", *Philosophy and Phenomenological Research*, 73, 2, pp. 469-492.

CAPPELEN, Herman y LEPORE, Ernie, 2007. *Language Turned on itself. The Semantics and Pragmatics of Metalinguistic Discourse*. Oxford, Oxford University Press.

CAPPELEN, Herman y LEPORE, Ernest, 2007. "Relevance Theory and Shared Content", en BURTON-ROBERTS, Noel, ed.

CARRUTHERS, Peter, 2006. *The Architecture of the Mind*. Oxford, Oxford University Press

CARSTON, Robyn, 2002. *Thoughts and Utterances*. Oxford, Blackwell.

CARSTON, Robyn, 2008. "Linguistic Communication and the Semantic/Pragmatic Distinction", *Synthèse*, 165, pp. 321-345.

CARSTON, Robyn, 2010a, "Explicit Communication and "Free" Pragmatic Enrichment", en SORIA, Belén y ROMERO, Esther, eds.

CARSTON, Robyn, 2010b, "Metaphor: Ad hoc Concepts, Literal Meaning

and Mental Images", *Proceedings of the Aristotelian Society*, CX, 3, pp. 295-323.
CARSTON, Robyn, 2012, "Word Meaning and Concept Expressed", *The Linguistics Review*, 29, pp. 607-623.
CARSTON, Robyn, 2016, "The Heterogeneity of Procedural Meaning", *Lingua*, 175-176, pp. 154-166.
CARSTON, Robyn y WEARING, Catherine, 2011, "Metaphor, Hyperbole and Simile: a Pragmatic Approach", *Language and Cognition*, 3-2, pp. 283-312.
CARSTON, Robyn y WEARING, Catherine, 2015, "Hyperbolic Language and its Relation to Metaphor and Irony", *Journal of Pragmatics*, 79, pp. 79-92.
CHAPMAN, Siobhan, 2005. *Paul Grice. Philosopher and Linguist.* Nueva York, Palgrave Macmillan.
CLARK, Herbert, 1996. *Using Language.* Cambridge, Cambridge University Press.
CLARK, Herbert y GERRIG, Richard, 1984, "On the Pretence Theory of Irony", *Journal of Experimental Psychology*, 113, pp. 121-126.
COLE, Peter, ed., 1981. *Radical Pragmatics.* Nueva York, Academic Press.
COLE, Peter y MORGAN, Jerry L., eds., 1975. *Syntax and Semantics, 3: Speech Acts,* Nueva York, Academic Press.
CORBALLIS, Michael C., 2014. *The Recursive Mind. The Origins of Human Language, Thought and Civilization.* Princeton, Princeton University Press.
CULPEPER, Jonathan, 2011. *Impoliteness: Using language to cause Offence.* Studies in Interactional Sociolinguistics. Cambridge, Cambridge University Press.
DAVIDSON, Donald, 1979, "What Metaphors Mean", en SACKS, Sheldon, *On Metaphor.* Chicago, University of Chicago Press.
DENNET, Daniel C., 2017. *From bacteria to Bach and back. The Evolution of Minds.* New York, Norton.
DONNELLAN, Keith, 1966, "Reference and Definite Descriptions", *Philosophical Review*, 77, pp. 203-215.
DUCROT, Oswald, 1972. *Dire et ne pas dire. Principles de sémantique linguistique.* París, Hermann.
DUCROT, Oswald, 1980. *Les mots de discours.* París, Minuit.
DUCROT, Oswald, 1984. *Le dire et le dit.* París, Minuit. (Versión esp., *El decir y lo dicho,* trad. de Sara Vassallo. Buenos Aires, Hachette, 1984.)
DUNBAR, Robin, 2016. *Human Evolution: Our Brains and Behavior.* Oxford, Oxford University Press.
EGAN, Andy, 2009, "Billboards, Bombs and Shotgun Weddings", *Synthèse*, 166, 2, pp. 251-279.
EGAN, Andy y WEATHERSON, Brian, "Introduction: Epistemic Modals and Epistemic Modality", en EGAN, Andy y WEATHERSON, Brian, *Epistemic Modality.* Oxford, Oxford University Press, 2011.

ESCANDELL VIDAL, Victoria y LEONETTI, Manuel, 2011, "On the Rigidity of Procedural Meaning", en ESCANDELL VIDAL, Victoria *et al.*, eds.

ESCANDELL VIDAL, Victoria, LEONETTI, Manuel y AHERN, Aoife, 2011. *Procedural Meaning: Problems and Perspectives.* Current Research in the Semantic/Pragmatic Interface, vol. 25. Bingley, Emerald Group Publishing Ltd.

FILLMORE, Charles F., 1997. *Lectures on Deixis.* Stanford, CSLI Publications.

FODOR, Jerry, 1983. *The Modularity of Mind.* Cambridge, MA, Cambridge University Press.

GAZDAR, Gerald, 1979. *Pragmatics. Implicature, Presupposition, and Logical Form.* Nueva York, Academic Press.

GIBBS, Raymond, ed., 2008. *The Cambridge Handbook of Metaphor and Tought.* Cambridge, Cambridge University Press.

GLUCKSBERG, Sam, 2008, "How Metaphors create Categories –Quickly", en GIBBS, Raymond, ed.

GLUCKSBERG, Sam y HAUGHT, C., 2006, "On the Relation between Metaphor and Simile: When Comparison fails", *Mind and Language*, 21, 3, pp. 360-378.

GOFFMAN, Erving, 1967. *Interaction Rituals: Essays on Face to Face Behavior.* Garden City, New York, Doubleday.

GOFFMAN, Erving, 1971. *Relations in Public.* New York, Harper and Row.

GRICE, Paul, 1957, "Meaning", *Philosophical Review*, 67. Reimpreso en STRAWSON, Peter F., ed., *Philosophical Logic.* Oxford, Oxford University Press, 1971.

GRICE, Paul, 1989. *Studies in the Way of Words.* Cambridge y Londres, Harvard University Press.

HARARI, Yuval Noah, 2015. *Sapiens. A Brief History of Humankind.* New York, Harper Collins.

HILLS, David, 1997, "Aptness and Truth in Verbal Metaphor", *Philosophical Topics*, 25, pp. 117-53.

HOPPER, Paul J. y TRAUGOTT, Elizabeth Cross, 2003. *Grammaticalization.* Cambridge Textbooks in Linguistics. Cambridge, Cambridge University Press.

HORN, Laurence R., 1984. "Toward a New Taxonomy for Pragmatic Inference: Q- and R- based implicature", en SHIFFRIN, D., ed., *Meaning, Form and Use in Context.* Washington, Georgetown University Press.

HORN, Laurence R., 2016, "Conventional Wisdom Reconsidered", *Inquiry*, 59, 2, pp. 3-29.

KING, J. and STANLEY, Jason, 2005. "Semantics, Pragmatics and the Role of Semantic Content", en SZABÓ, Zvetan, ed., *Semantics versus Pragmatics*, Oxford, Clarendon Press.

LAKOFF, George, 1993, "The Contemporary Theory of Metaphor", en ORTONY, Andrew, ed.

Lakoff, George y Johnson, Mark, 1980. *Metaphors we Live by*, Chicago, University of Chicago Press. (Versión esp., *Metáforas de la vida cotidiana*. Madrid, Cátedra, 2004).

Lakoff, Robin T., 1973, "The Logic of Politeness, or Minding your Ps and Qs", en *Papers from the Ninth Regional Meeting of the Chicago Linguistic Society*.

Lakoff, Robin, 1990. *Talking Power. The Politics of Language in our Lives*. Glasgow, Harper Collins.

Leech, Geoffrey, 1983. *Principles of Pragmatics*. Londres, Longman

Leech, Geoffrey, 2014. *The Pragmatics of Politeness*. Oxford Studies in Sociolinguistics. Oxford, Oxford University Press.

Lepore, Ernest y Stone, Matthew, 2010, "Against Metaphorical Meaning", *Topoi*, 29, 2, pp. 165-180.

Lepore, Ernest y Stone, Matthew, 2015a. *Imagination and Convention. Distinguishing Grammar and Inference in Language*. Oxford, Oxford University Press.

Lepore, Ernest y Stone, Matthew, 2015b, "The Poetic Imagination". En Caroll, Noel y Gibson, John (eds.), *Routledge Companion to the Philosophy of Literature*. Londres, Routledge.

Levinson, Stephen, 1995, "Interactional Biases in Human Thinking", en Goody, E., ed., *Social Intelligence and Interaction*. Cambridge, Cambridge University Press.

Levinson, Stephen C., 2000. *Presumptive Meanings. The Theory of generalized Conversational Implicature*. Cambridge, MIT Press. (Versión esp., *Significados presumibles. La teoría de la implicatura conversacional generalizada*, trad. de Beatriz Expósito de la Torre y Manuel Martí Sánchez. Madrid, Gredos, Biblioteca Románica Hispánica, 2004.)

Levinson, Stephen C., 2004, "Deixis", en Horn, Laurence R. y Ward, Gregory, *The Handbook of Pragmatics*. Malden, Oxford y Carlton, Blackwell.

Lewis, David K., 1969, *Conventions. A Philosophical Study*. Cambridge, MA, Harvard University Press.

Lewis, David K., 1979, "Scorekeeping in a Language Game", *Journal of Philosophical Logic*, 8, 3, pp. 339-59.

Lucy, John A., 1993, "Reflexive Language and the Human Disciplines", en Lucy, John A., ed.

Lucy, John A., ed., 1993. *Reflexive Language. Reported Speech and Metapragmatics*. Cambridge, Cambridge University Press.

Ludlow, Peter, 2014. *Living words. Meaning Underdetermination and the Dynamic Lexicon*. Oxford, Oxford University Press.

Mercier, Hugo y Sperber, Dan, 2017. *The Enigma of Reason*. Harvard, Harvard University Press.

Moliner, María, 1998. *Diccionario de uso del español*, 2 vols. Madrid, Gredos.

Noveck, Ira A. y Sperber, Dan, eds., 2004. *Experimental Pragmatics*. Londres, Palgrave Macmillan.

ORTONY, Andrew, ed. *Metaphor and Thought.* Cambridge, Cambridge University Press.
PORTOLÉS LÁZARO, José, 1998. *Marcadores del discurso.* Barcelona, Ariel.
PREYER, Gerhard y PETER, Georg, 2005. *Contextualism in Philosophy: Knowledge, Meaning and Truth.* Oxford, Oxford University Press.
REAL ACADEMIA ESPAÑOLA, 2009. *Nueva gramática de la lengua española*, Asociación de Academias de la Lengua Española, Madrid, Espasa Libros, S. L. U.
RECANATI, François, 1993. *Direct Reference: From Language to Thought.* Londres, Blackwell.
RECANATI, François, 2004. *Literal Meaning.* Cambridge, Cambridge University Press.
RECANATI, François, 2010. *Truth-conditional Pragmatics.* Oxford, Oxford University Press.
REYES, Graciela, 2002. *Metapragmática. Lenguaje sobre lenguaje, ficciones, figuras.* Valladolid, Universidad de Valladolid.
RUSSELL, Bernard, 1905, "On Denoting", *Mind*, 14, pp. 479-99.
Saul, Jennifer M., 2012. *Lying, Misleading, and What is Said. An Exploration in Philosophy of Language and in Ethics.* Oxford, Oxford University Press.
SAUSSURE, Ferdinand de, 1945. *Curso de lingüística general*, publicado por Charles Bally y Albert Sechehaye, con traducción, prólogo y notas de Amado Alonso. Buenos Aires, Editorial Losada.
SEARLE, John, 1969. *Speech Acts.* Cambridge, Cambridge University Press. (Versión esp., *Actos de habla*, trad. de Luis. M. Valdés Villanueva. Madrid, Cátedra, 1986.)
SEARLE, John R., 1975, "Indirect Speech Acts", en COLE, Peter y MORGAN, Jerry, eds.
SEARLE, John R., 1979, "Metaphor", en ORTONY, Andrew, ed.
SEARLE, John R., 1995. *The Construction of Social Reality.* New York, Free Press.
SILVERSTEIN, Michael, 1993, "Metapragmatic Discourse and Metapragmatic Function", en LUCY, John A., ed.
SORIA, Belén y ROMERO, Esther, eds., 2010. *Explicit Communication. Robyn Carston's Pragmatics.* Londres, Palgrave-Macmillan.
SPERBER, Dan y WILSON, Deirdre, 1981, "Irony and the Use-mention Distinction", en COLE, Peter, ed.
SPERBER, Dan y WILSON, Deirdre, 1995. *Relevance. Communication and Cognition.* Segunda edición. Oxford y Cambridge, Blackwell.
SPERBER, Dan y WILSON, Deirdre, 1990. "Spontaneous Deduction and Mutual Knowledge", *The Behavioral and Brain Sciences*, 3.1, pp. 179-84.
SPERBER, Dan y WILSON, Deirdre, 2002, "Pragmatics, Modularity and Mind-reading", *Mind and Language*, 17, 1-2, pp. 3-23.

Sperber, Dan y Wilson, Deirdre, 2008, "A Deflationary Account of Metaphor", en Gibbs, Raymond, ed.
Sperber, Dan y Wilson, Deirdre, 2012, "The Mapping between the Mental and the Public Lexicon", en Wilson, Deirdre y Sperber, Dan, *Meaning and Relevance*, cap. 2.
Stanley, Jason, 2007. *Language in Context. Selected Essays*. Oxford, Clarendon Press.
Stanley, Jason y King, Jeoffrey, 2007, "Semantics, Pragmatics and the Role of Semantic Content", en Stanley, Jason, *Language in Context. Selected Essays*.
Sweetser , Eve E., 1994. *From Etymology to Pragmatics. Metaphorical and Cultural Aspects of Semantic Structure*. Cambridge, Cambridge University Press.
Terkourafi, Marina, 2011, "Politeness and Pragmatics", en Allan, Keith y Jaszczolt, Kasia, *The Cambridge Handbook of Pragmatics*.
Thomason, Richmond H., 1990, "Acommodation, Meaning and Implicature", en Cohen, Philip, Morgan, Jerry, and Pollack, Martha, eds., *Intentions in Communications*. Cambridge, MA, MIT Press.
Tomasello, Michael, 2008. *Origins of Human Communication*. Cambridge, MIT Press.
Tomasello, Michael, 2014. *A Natural History of Human Thinking*. Cambridge, Harvard University Press.
Tomasello, Michael, 2016. *A Natural History of Human Morality*. Harvard, Harvard University Press.
Travis, Charles, 2006, "Insensitive Semantics", *Mind and Language*, 21, 1, pp. 39-49.
Volosinov, V. N., 1986. *Marxism and the Philosophy of Language*. Trad. de Ladislav Matejka y I. R. Titunik. Harvard, Harvard University Press.
Walton, Kendall, 1993, "Metaphor and Prop-Oriented Make-Believe", *European Journal of Philosophy*, 1, pp. 39-57.
Watts, Richard, 2003. *Politeness*. Cambridge, Cambridge University Press.
Wilson, Deirdre, 2011, "The Conceptual-Procedural Distinction: Past, Present and Future", en Escandell Vidal, Victoria *et al.*, eds.
Wilson, Deirdre y Sperber, Dan, 2012, "Explaining irony", en Wilson, Deirdre y Sperber, Dan, *Meaning and Relevance*.
Wilson, Deirdre, 2012, "Metarepresentation in Linguistic Communication", en Wilson, Deirdre y Sperber, Dan, *Meaning and Relevance*.
Wilson, Deirdre, 2016, "Reassessing the Conceptual-Procedural Distinction", *Lingua*, 175-176, pp. 5-19.
Wilson, Deirdre y Carston, Robyn, 2007, "A Unitary Approach to Lexical Pragmatics: Relevance, Inference and ad hoc Concepts", en Burton-Roberts, Noel, ed.
Wilson, Deirdre y Carston, Robyn, 2008, "Metaphor and the 'Emergent Property' Problem: a Relevance-theoretic Treatment", *The Baltic Inter-*

national *Yearbook of Cognition, Logic and Communication*, 3. http//thebalticyearbook.org/Baltic/article/view/23.
WILSON, Deirdre y MATSUI, Tomoko, 2012, "Recent Approaches to Bridging: Truth, Coherence, Relevance", en WILSON, Deirdre y SPERBER, Dan, *Meaning and Relevance*.
WILSON, Deirdre y SPERBER, Dan, 1993, "Linguistic Form and Relevance", *Lingua*, 90, pp. 1-25.
WILSON, Deirdre y Sperber, Dan, 2012. *Meaning and Relevance*. Cambridge, Cambridge University Press.
WITTGENSTEIN, Ludwig, 1922/2009, *Tractatus Logico-philosophicus*. Trad. esp., introducción y notas críticas de Isidoro Reguera Pérez, Madrid, Gredos.
WITTGENSTEIN, Ludwig, 1953/2017. *Investigaciones filosóficas*. Trad. esp., introducción y notas críticas de Jesús Padilla Gálvez. Madrid, Trotta.

OBRAS LITERARIAS Y DE CRÍTICA LITERARIA

ALONSO, AMADO, 1977. *Poesía y estilo de Pablo Neruda*. Buenos Aires, Sudamericana.
GIRONDO, OLIVERIO, 2002. *Obras de Oliverio Girondo*. Buenos Aires, Losada.
LISPECTOR, CLARISE, 2003. *Agua viva*, trad. esp. de Elena Losada. Madrid, Siruela.
NERUDA, Pablo, 2006. *Residencia en la tierra*. Madrid, Cátedra.
QUEVEDO, Francisco, 1969. *Obras completas*. Edición de José Manuel Blecua. Barcelona, Planeta.

Colección BIBLIOTHECA PHILOLOGICA
Dirección: LIDIO NIETO JIMÉNEZ

Alvar Ezquerra, M.: *De antiguos y nuevos diccionarios del español.*
Ariza, M.: *La lengua del siglo XII.*
—: *Sobre fonética histórica del español.*
—: *Insulte usted sabiendo lo que dice y otros estudios sobre el léxico.*
—: *Fonología y fonética históricas del español.*
Bello, A.: *Gramática de la lengua castellana.* Tomo I.
—: *Gramática de la lengua castellana.* Tomo II (2 vols.).
Carrasco Cantos, I. *et al.* (coords.): *Pragmática, Discurso y Norma.*
Carricaburo, N.: *El voseo en la literatura argentina.*
Clavería, G. y Freixas, M. (coords.): *El diccionario de la Academia en el siglo XIX: la 5ª edición (1817) al microscopio.*
Colón Doménech, G.: *Para la historia del léxico español* (I).
—: *Para la historia del léxico español* (II).
Congosto, Y. *et al.* (eds.): *Fonética Experimental, Educación Superior e Investigación* (3 vols.).
Corro, A.: *Reglas gramaticales.*
Cortés, L. y Camacho, Mª M.: *Unidades de segmentación y análisis del discurso.*
Coseriu, E.: *Lingüística del texto* (ed., anotación y estudio: Óscar Loureda Lamas).
Coseriu, E.: *La semántica en la lingüística del siglo XX: tendencias y escuelas* (ed. e introd.: Maximiano Trapero).
Domínguez García, M. N.: *Conectores discursivos en textos argumentativos breves.*
Dorta, J.: (ed.): *Gramática española* (de Rasmus Kristian Rask).
— y otros (coords.): *Historiografía de la lingüística.*
Enríquez Martínez, I.: *Del discurso a la gramática en el habla infantil.*
Escribano, A.: *La retórica publicitaria editorial. El arte de vender un libro.*
Fernández López, I.: *¿Cómo hablan los niños? El desarrollo del componente fonológico en el lenguaje infantil.*
Fernández Pérez, M. (coord.): *Lingüística de corpus y adquisición de la lengua.*
Fernández Ramírez, S.: *Gramática española: Prolegómenos.*
—: *Gramática española: Los sonidos.*
—: *Gramática española: El nombre.*
—: *Gramática española: El pronombre.*
—: *Gramática española: El verbo y la oración.*
—: *Gramática española: Bibliografía, nómina literaria e índices.*
—: *Problemas y ejercicios de gramática.*
—: *La enseñanza de la gramática y de la literatura* (2ª ed. aumentada y revisada).
Fradejas Rueda, J. M.: *Las lenguas románicas* (2ª ed.).
Frago Gracia, J.: *Historia de las hablas andaluzas.*
— *Don Quijote. Lengua y sociedad.*
Fuentes Rodríguez, C.: *Lingüística pragmática y Análisis del discurso* (3ª ed.).
— (coord.): *(Des)cortesía para el espectáculo: estudios de pragmática variacionista.*
— (coord.): *Imagen social y medios de comunicación.*
— y Alcaide, E: *Mecanismos lingüísticos de la persuasión.*
Gallardo Paúls, B. y Hernández Sacristán, C.: *Lingüística Clínica. Un enfoque funcional sobre las alteraciones del lenguaje.*
García Meseguer, Á.: *Clases y categorías de nombres comunes: un nuevo enfoque.*
García Sánchez, J. J.: *Atlas toponímico de España.*

Gil Fernández, J. (ed.): *Panorama de la fonología española actual.*
González Ollé, F: *Lengua y literatura españolas medievales* (2ª ed.).
González Ollé, F: *La Real Academia Española en su primer siglo.*
Gutiérrez Ordoñez, S.: *De pragmática y semántica* (2ª ed.).
—: *Forma y sentido en sintaxis* (2ª ed.).
—: *La oración y sus funciones.*
—: *Principios de sintaxis funcional.*
Kovacci, O.: *El comentario gramatical* (I).
—: *El comentario gramatical* (II).
Lacorte, M. (coord.): *Lingüística aplicada del español.*
Lope Blanch, J. M.: *Estudios de historia lingüística hispánica.*
López Eire, A. y Velasco López, Mª del H.: *La mitología griega: lenguaje de dioses y hombres.*
López García, A. *Gramática del español* I. *La oración compuesta.*
—: *Gramática del español* II. *La oración simple.*
—: *Gramática del español* III. *Las partes de la oración.*
Loureda Lamas, Ó. y Acín Villa, E. (coords.): *Los estudios sobre marcadores del discurso en español, hoy.*
Luquet, G.: *La teoría de los modos en la descripción del verbo español.*
Martín Zorraquino, Mª A. y Montolío Durán, E.: *Los marcadores del discurso. Teoría y análisis* (2ª ed.).
Mayans y Siscar, G.: *ABECÉ español.*
Mendoza Abreu, J.: *Estudio histórico de apellidos andaluces medievales.*
Moreno Fernández, F.: *La lengua española en su geografía. Manual de dialectología hispánica* (3ª ed.).
Morera, M. (coord.): *El gentilicio en español: aspectos teóricos y prácticos.*
—: *Cortesía, apodos e hipocorísticos en español: fundamentos lingüísticos.*
Munteanu, D.: *Breve historia de la lingüística románica* (3ª ed.).
Paredes Duarte, Mª J.: *Elipsis y cambio semántico.*
Penas Ibañez, Mª, A. (ed.): *Panorama de la fonética española actual.*
Pons Rodríguez, L.: *La lengua de ayer. Manual práctico de Historia del Español.*
Porto Dapena, J. Á.: *Manual de técnica lexicográfica.*
Porto Dapena, J. Á.: *La definición lexicográfica.*
Quilis, A.: *El comentario fonológico y fonético de textos* (3ª ed.).
Regueiro Rodríguez, Mª L. y Sáez Rivera, D. M.: *El español académico. Guía práctica para la elaboración de textos académicos* (2ª ed.).
Rodríguez Matritensis, C.: *Linguae Hispanicae Compendium.*
Ruiz Gurillo, L.: *La lingüística del humor en español.*
Salvá, V.: *Gramática de la lengua castellana.* Tomo I.
—: *Gramática de la lengua castellana.* Tomo II.
Sánchez-Prieto Borja, P.: *Cómo editar los textos medievales.*
Serrano, D.: *Formaciones parasintéticas en español.*
Suau Jiménez, F.: *La traducción especializada (en inglés y español en géneros de economía y empresa).*
Trujillo, R.: *Introducción a la semántica española.*
—: *Principios de semántica textual.*
Val Álvaro, J. F.: *Ideas gramaticales en el* Diccionario de Autoridades.
Varo Varo, C.: *La antonimia léxica.*
Venegas, A.: *Tractado de orthographía y accentos.*
Vivanco Cervero, V.: *El español de la ciencia y la tecnología.*
Zamorano, A.: *El subjuntivo en la historia de la gramática española (1771-1973).*